NomosBibliothek

Die Reihe **Nomos**Bibliothek bietet Studierenden der Sozial- und Geisteswissenschaften ausgezeichnete Einführungen in die jeweilige Fachdisziplin. Klar strukturiert und in verständlicher Sprache vermitteln die Bände grundlegende Fachinhalte und fundiertes Expertenwissen. Sie sind ideal geeignet zum Einstieg in das Studium und zur sicheren Prüfungsvorbereitung – ein unentbehrliches Handwerkszeug für alle angehenden Sozial- und Geisteswissenschaftler:innen.

Der Name ist Programm, denn ähnlich einer Bibliothek hat die Reihe den Anspruch, Studierenden prägnante und verlässliche Einführungen in das jeweilige Fachgebiet an die Hand zu reichen. In der Zusammenschau aller Einführungswerke entsteht dabei ein enzyklopädischer Wissenspool. Die markant gestalteten Bände dienen zudem der fachlichen Information auch über Studieninhalte hinaus.

Joachim Behnke

Politische Philosophie

Einführung

Onlineversion
Nomos eLibrary

Die Deutsche Nationalbibliothek verzeichnet diese Publikation in
der Deutschen Nationalbibliografie; detaillierte bibliografische
Daten sind im Internet über http://dnb.d-nb.de abrufbar.

ISBN 978-3-8487-8173-7 (Print)
ISBN 978-3-7489-2633-7 (ePDF)

1. Auflage 2024
© Nomos Verlagsgesellschaft, Baden-Baden 2024. Gesamtverantwortung
für Druck und Herstellung bei der Nomos Verlagsgesellschaft mbH & Co.
KG. Alle Rechte, auch die des Nachdrucks von Auszügen, der fotome-
chanischen Wiedergabe und der Übersetzung, vorbehalten. Gedruckt auf
alterungsbeständigem Papier.

Vorwort

Wenn man irgendwann beschließt, auch ein Buch über Politische Philosophie zu schreiben, dann stellt sich als Erstes die naheliegende Frage: Warum sollte man sich diese Arbeit machen, wenn es doch schon so viele herausragende Bücher über Politische Philosophie gibt? Ich persönlich habe sehr viel gelernt von den Einführungen in die Politische Philosophie u. a. von Jean Hampton, A. John Simmons, Jonathan Wolff, Adam Swift, Will Kymlicka, Bernd Ladwig und dem Buch meiner ehemaligen Bamberger Kollegen Michael Becker, Johannes Schmidt und Reinhard Zintl, und ich bin all diesen Autoren dafür sehr dankbar.

Auf die Frage, warum man dennoch den zahlreichen existierenden Büchern noch ein weiteres hinzufügen möchte, gibt es eine pragmatische Antwort und eine etwas grundsätzlichere. Die pragmatische Antwort lautet, dass dieses Buch, wie vermutlich so viele andere dieser Art, auf der Basis einer Veranstaltung zur Politischen Philosophie entstanden ist, die ich seit vielen Jahren regelmäßig gebe. In einem solchen Kontext drängt sich früher oder später der Gedanke, dass man daraus auch irgendwann ein Buch destillieren könnte, schon geradezu automatisch auf. Die etwas grundsätzlichere Antwort lautet, dass man, so sehr man auf den Arbeiten anderer aufbaut, immer doch auch seine eigene Herangehensweise entwickelt und eigene Akzente und Fokussierungen setzt, die man in die Gestaltung des Seminars einbringen und dann auch gerne als Buch komprimiert festgehalten sehen möchte.

Meine eigene Herangehensweise fußt auf bestimmten Vorlieben, die ich in meine Behandlung der Politischen Philosophie habe einfließen lassen: Erstens habe ich mich vor allem auf die Frage der Legitimation von Herrschaft bzw. der legitimen Anwendung von Zwang des Staates gegenüber seinen Bürgern konzentriert. Vertragstheorien stehen daher sehr stark im Mittelpunkt des Buches, wobei mich vor allem das Problem der Zustimmung interessiert. Welche Art von Zustimmung ist notwendig und mithilfe welcher Prozeduren wird sie ausgedrückt? Das sind die Fragen, die zwangsläufig zur Beschäftigung mit dem Wesen der Einstimmigkeitsregel und der Mehrheitsregel führen. Dies knüpft wiederum unmittelbar an mein Interesse an Wahlsystemen und der Analyse von Abstimmungsverfahren an. Vor allem lässt sich diese Thematik oft auch mit Methoden aus Disziplinen wie der Spieltheorie und der Statistik verdeutlichen, zwei meiner weiteren liebsten Beschäftigungsfelder. Die Konzentration auf den Aspekt der Zustimmung und Legitimation hat zudem die Gestaltungsmöglichkeit eröffnet, die einzelnen Kapitel über diesen sie einigenden Fokus so stark aufeinander zu beziehen, dass sie ein organisches Ganzes bilden. Das Werk kann daher auch als eine Art kleine „Entwicklungsgeschichte der Vertragstheorie" gelesen werden.

Zweitens war es mir wichtig, die Argumente hinter den jeweiligen Theorien besonders sichtbar zu machen, und zwar explizit *als Argumente* im logischen

Sinn. Denn das ist es und sollte es in erster Linie immer sein, worum es ganz allgemein in der Philosophie geht, und natürlich auch in der Politischen Philosophie im Speziellen, nämlich um die Formulierung konsistenter und stimmig konstruierter Argumente. Wobei ich der Ansicht bin, dass das nicht nur für die philosophische Diskussion unerlässlich ist, sondern auch eine gute Übung für den Alltag oder unser Leben und Handeln als Bürger in einer politischen Gesellschaft darstellt.

Argumente sind in der normativen Theorie zwar immer vorhanden, aber meistens doch in einer etwas lockeren Form, auch wenn Autoren wie Nozick, Kymlicka oder vor allem Dahl in seinem Frühwerk *A Preface to Democratic Theory* oft durchaus sehr explizit werden. Insofern war es mir ein besonderes Anliegen, die Struktur der Argumente auf klassische Weise zumindest ansatzweise zu skizzieren. Das A und O besteht dabei, wie in jeder Wissenschaft, im Liefern von Gründen, warum man bestimmte Schlussfolgerungen akzeptieren sollte oder eben auch nicht. Akzeptiert man die Prämissen und ist das Argument konsistent (valide, wie es in der Logik heißt), dann muss man die Schlussfolgerung akzeptieren, selbst wenn sie einem inhaltlich vielleicht eher wenig „schmecken" mag. Will man die Schlussfolgerung ablehnen, dann muss man entweder nachweisen, dass die Struktur des Arguments falsch ist oder die in das Argument einfließenden Annahmen keineswegs so selbstverständlich sind, wie es zuerst scheinen mag oder manchmal auch mit einer gewissen Chuzpe einfach behauptet wird. Den Wert dieser Vorgehensweise zu betonen, scheint mir gerade heute im Zeitalter von „alternativen Fakten" besonders wichtig. Vieles, was in der Öffentlichkeit als „Philosophie" be- oder verhandelt oder auch nur gut verkauft wird (mitunter auch im wörtlichen Sinn), verlässt sich eher auf die Wucht eines spontanen, unmittelbaren Gefallens als auf eine sorgfältige Herleitung von Gründen, warum wir denn bestimmte Behauptungen akzeptieren sollten. Je stärker ideologiegeladen und „moralisch" getränkt diese Behauptungen sind, desto größer die Gefahr, dass die Akzeptanz eher auf unmittelbarer Anmutung als auf reflektiertem Verstehen beruht. Alles gute Gründe, so scheint es mir, die althergebrachte, aber keineswegs altmodische Kunst des Argumentierens wieder stärker in den Vordergrund zu stellen. Ich gebe es zu, ich bin weiterhin ein leidenschaftlicher Fan von Rationalität und Vernunft, und es irritiert mich zutiefst, wie geradezu leichtfertig und ignorant in manchen Debatten der Eindruck erweckt wird, das Festhalten an vernunftorientiertem Denken wäre ein alter und überholter Zopf, der sich lediglich einem westlichen kulturellen Imperialismus verdanke.

Ich hoffe jedenfalls, mit diesem Buch einen kleinen Beitrag dazu geleistet zu haben, den Lesern eine Form des Zugangs zu den Problembereichen der Politischen Philosophie zu vermitteln, mit dem sie sich selbst die kritischen Aspekte der jeweiligen Argumente herauszuarbeiten vermögen. Die skizzenhaften Argumente am Ende der vertragstheoretischen Kapitel sind dabei eher als Proto-Argumente oder Entwürfe zu verstehen, die in erster Linie eine Ahnung von der Grundstruktur des Arguments vermitteln sollen. Sollten die Leser der Ansicht sein, dass meine Darstellungen aus ihrer Sicht falsch oder unzulänglich konstruiert sind, dann hätten sie damit schon genau die kritische Auseinandersetzung mit dem Argument begonnen, zu der ich sie ermuntern will. Bei Mill und Dworkin gibt es eine solche Zusammenfassung ihrer Theorie in Form eines Arguments nicht, weil es dort vor allem um die Vermittlung der Plausibilität der grundlegenden Annahmen ihrer Theorien geht.

Drittens habe ich versucht, die Positionen der Theorien verständlich zu machen, indem ich sie anhand von Beispielen erläutere und vertiefe. Dabei habe ich mich fleißig aus dem Fundus von Filmen, Romanen und Erzählungen bedient. Ich hoffe, dass diese Vorliebe nicht zu sehr als bloße Marotte erscheint, denn ich glaube, dass sich Szenen aus Filmen oder Theaterstücken in der Tat besonders gut zur Illustration bestimmter Handlungssituationen eignen, weil Filme, Romane und Theaterstücke ihre Kunst ja gerade darin entwickeln, die Darstellung bestimmter situativer Spannungen, von Konflikten oder Dilemmata auf eine paradigmatische Form hin zuzuspitzen. Dies macht sie ganz besonders geeignet, ethische Konflikte und Abwägungsprozesse darzustellen, um die es in der Politischen Philosophie häufig ja gerade geht. Aber natürlich ist die ausgiebige Benutzung dieser Referenzen eine weitere Verknüpfung mit einer großen Vorliebe meinerseits zur Belletristik und dem Kino.

Wie üblich schreibe ich dieses Vorwort, nachdem das Buch selbst zu einem Ende gekommen ist. Und wie immer bleiben an diesem Ende vor allem die Einsicht des Scheiterns und der ebenso traurige wie unvermeidliche Eindruck, dass man eigentlich ein besseres Buch hätte schreiben können. Es gibt immer noch so viele theoretische Versatzstücke, in die man sich gerne noch stärker vertieft hätte und bei denen ein Rest Unsicherheit bestehen bleibt, ob man sie denn wirklich verstanden und angemessen dargestellt hat. Und es verbleiben so viele Lücken, die man gerne noch gefüllt hätte, z. B. mit Ausführungen zur Gerechtigkeitstheorie und dem sogenannten Capability-Ansatz von Amartya Sen und Martha Nussbaum oder den Ansätzen zum Kommunitarismus oder Feminismus in der gegenwärtigen Politischen Theorie und Philosophie. Aber ich bin einer Devise gefolgt, die ich vor langer Zeit in einem Interview mit Friedrich Dürrenmatt gelesen habe und die sinngemäß ungefähr besagt, dass man sich irgendwann entscheiden müsse, die schlechtere Version stehen zu lassen.

Am Ende kommen die Widmungen und Danksagungen. Dieses Buch ist meinen ehemaligen Bamberger Kolleginnen und Kollegen am Lehrstuhl für Politische Theorie von Reinhard Zintl, der ein geschätzter Freund geworden ist, gewidmet. Das von ihnen geprägte Umfeld war intellektuell äußerst stimulierend und ist maßgeblich verantwortlich dafür, dass ich akademisch schwerpunktmäßig den Pfad der Politischen Philosophie und Theorie eingeschlagen habe. Mein ganz besonderer Dank gilt meinen beiden studentischen Hilfskräften Laura Knobloch und Augustin Renz, die beim Korrekturlesen einen wirklich fantastischen Job gemacht haben. Mein letzter und naturgemäß größter Dank gilt meiner Frau Nathalie und meinen beiden Kindern David und Jakob für all den Spaß, die mannigfaltigen Ablenkungen und Formen müßiger „Zeitverschwendung" und vor allem dafür, dass sie ein unverzichtbarer Quell aller Motivation sind.

Inhaltsverzeichnis

1. **Einführung: Die Legitimation von Herrschaft** — 13
   1.1 Der Gegenstand der Politischen Philosophie — 13
   1.2 Macht und Herrschaft bei Max Weber — 15
   1.3 Metaregeln und Verfassungen — 21

2. **Sinn und Notwendigkeit von Argumenten** — 27
   2.1 Die logische Form eines Arguments — 28
   2.2 Peter Singers praktischer Syllogismus — 29
   2.3 Zwei Gründe für die Zurückweisung der Konklusion eines Arguments — 32

3. **Verpflichtungen** — 39
   3.1 Verpflichtungen aufgrund von Gruppenzugehörigkeiten — 41
   3.2 Die Entstehung von Verpflichtungen aufgrund von Transaktionen — 45
     3.2.1. Reziprozitäts- oder Dankbarkeitstheorien — 45
     3.2.2. Zustimmungstheorien — 47
   3.3 Die Entstehung von Verpflichtungen aufgrund von „natürlichen Pflichten" — 54

4. **Zustimmung aufgrund von Eigeninteresse: Thomas Hobbes** — 57
   4.1 Der Naturzustand — 57
   4.2 Die Natürlichen Gesetze — 58
   4.3 Der Naturzustand als *Prisoner's Dilemma* — 59
   4.4 Der Naturzustand als *Assurance Game* — 65
   4.5 Der Leviathan als externe Gewalt, die das Kooperationsproblem löst — 70
   4.6 Hobbes' Argument — 73

5. **Demokratie, Repräsentation und das Mehrheitsprinzip: John Locke** — 77
   5.1 Der Naturzustand bei Locke und das Naturrecht — 78
   5.2 Das Eigentumsrecht bei Locke — 81
   5.3 Das Motiv, den Naturzustand zu verlassen und eine Gesellschaft zu bilden — 87
   5.4 Die Bildung der bürgerlichen Gesellschaft — 90
   5.5 Der „Agency"-Vertrag mit der Regierung — 94
   5.6 Die Legislative und die anderen Gewalten — 97
   5.7 Lockes Argument — 100

6. **Exkurs: Die Mehrheitsregel** — 103
   6.1 Die Mehrheitsregel zur Entscheidung über den Wahrheitsgehalt einer Aussage — 103
   6.2 Die Mehrheitsregel im Kontext von Interessen — 110

Inhaltsverzeichnis

    6.2.1   Die interessenbezogene Kollektivperspektive auf die Mehrheitsregel   111
    6.2.2   Die interessenbezogene individuelle Perspektive auf die Mehrheitsregel   114

7. Gemeinwohl, Gleichheit und Mehrheitsprinzip: Jean-Jacques Rousseau   119
   7.1   Naturzustand und erste Vergesellschaftung im *Diskurs über die Ungleichheit*   121
   7.2   Der „wahre" Gesellschaftsvertrag   128
   7.3   Gemeinwohl und Gemeinwille   131
   7.4   Rousseau und die direkte Demokratie   134

8. Die repräsentative Demokratie   137
   8.1   Direkte Demokratie als Ideal und Repräsentation als „zweitbeste" Lösung, die das Ideal nachzuahmen versucht   137
       8.1.1   Repräsentation durch eine Zufallsstichprobe   140
       8.1.2   Das Verhältniswahlsystem als Approximation an das Spiegelbildmodell   144
       8.1.3   Wahrheitsurteile und Interessenurteile bei reproduktiver Repräsentation   149
   8.2   Repräsentation als beste Lösung   151
       8.2.1   Der Vorteil der Auswahl   153
       8.2.2   Der Vorteil des erworbenen Expertentums   154
       8.2.3   Der Vorteil des mangelnden Einflusses des Wählers   156

9. Der Schutz der Freiheit vor dem Mehrheitsprinzip: John Stuart Mill   159
   9.1   Das Risiko der „Tyrannei der Mehrheit"   160
   9.2   Mills *Harm Principle*   164
       9.2.1   Wider den Paternalismus   165
       9.2.2   Wider ein Diktat der „Moral" und die Unangreifbarkeit der Privatsphäre   167
       9.2.3   Harm als Schädigung von durch Rechte geschützten Interessen   174
   9.3   Gedanken- und Meinungsfreiheit   179
       9.3.1   Die Wahrheit ist die unterdrückte Meinung   179
       9.3.2   Die Wahrheit ist die herrschende Meinung   184
       9.3.3   Die Wahrheit ist nicht „die ganze Wahrheit"   185

10. Gerechtigkeit als Fairness: John Rawls   187
   10.1   Das Konzept der Verfahrensgerechtigkeit   188
   10.2   Der Schleier des Nichtwissens und der Urzustand   193
   10.3   Die zwei Gerechtigkeitsgrundsätze   200
   10.4   Die möglichen Interpretationen der im zweiten Gerechtigkeitsgrundsatz enthaltenen Prinzipien   204

  10.4.1 Die beiden Interpretationen von „jedermanns Vorteil":
     Das Differenzprinzip 205
  10.4.2 Die beiden Interpretationen von „jedem offen" 209
 10.5 Die vier gesellschaftlichen Systeme in Abhängigkeit von der
   Deutung der beiden Prinzipien „jedermanns Vorteil" und
   „jedem offen" 211
 10.6 Rawls' Argument und die „natürlichen Pflichten" 215

11. Libertäre Freiheit: Robert Nozick 219

 11.1 Die Rolle von Entscheidungen und Verantwortung: „Historische
   Prinzipien" vs. „End-Resultat-Prinzipien" 220
 11.2 Nozicks Anspruchstheorie: Die drei „gerechtigkeitsbewahrenden
   Prinzipien" 224
 11.3 Nozicks Proviso 231
 11.4 Rechte und Soziale Ordnungen 239
 11.5 Der Minimalstaat 242
 11.6 Nozicks Argument gegen staatliche Eingriffe in die Verteilung 244

12. Ressourcengleichheit: Ronald Dworkin 247

 12.1 Wohlfahrtsgleichheit vs. Ressourcengleichheit 250
 12.2 Die Auktion und das Konzept der Neidfreiheit 254
 12.3 Kalkuliertes Glück, reines Glück und Versicherungen 260
 12.4 Arbeit, Ehrgeiz und Talent 268

Literatur 273

Personenregister 281

Stichwortregister 285

1. Einführung: Die Legitimation von Herrschaft

1.1 Der Gegenstand der Politischen Philosophie

Die Politische Philosophie beschäftigt sich mit politischen Entscheidungen. Der besondere Charakter von politischen Entscheidungen besteht dabei darin, dass sie kollektiv verbindlich sind. Wir können auch von einer Abgrenzung zwischen den Bereichen des Öffentlichen und des Privaten sprechen. Der Bereich des Privaten ist gekennzeichnet durch Entscheidungen, deren Charakter insofern „privat" ist, als sie keinerlei Konsequenzen für dritte Personen haben, sondern nur für den Entscheidenden selbst. Daher steht es auch jedem Einzelnen frei, solche Entscheidungen nach eigenem Belieben zu fällen, also den eigenen Präferenzen folgend. Ein klassischer Bestandteil des Privaten ist z. B. der Bereich des privaten Konsums. Welche Kleidung ich tragen möchte, welches Essen ich zu mir nehme, welche Freizeitgestaltung ich vorziehe, sollte nur von mir und meinen persönlichen Präferenzen abhängen, zumindest solange diese Entscheidungen nicht in das Leben anderer eingreifen. Kleidungsvorschriften z. B. könnten dann nötig werden, wenn ich durch unangemessene Kleidung die Gefühle und damit auch die Interessen anderer verletzen könnte. Oft wächst daher der Bereich des Privaten in den des Öffentlichen oder Politischen hinein, d. h., der politische Bereich setzt dann den Rahmen, innerhalb dessen die privaten Interessen verfolgt werden können. So sind z. B. unsere Konsummöglichkeiten beim Essen dahingehend eingeschränkt, dass wir keine Fische essen können, die aus Artenschutzgründen vom Fischfang ausgeschlossen sind etc.

Politische Entscheidungen sind kollektiv verbindlich, d. h., sie gelten für alle in gleicher Weise, keiner kann sich ihren Konsequenzen entziehen. Es handelt sich dabei um Entscheidungen, die nur für das Kollektiv bzw. die Gruppe als Ganzes getroffen werden können. Ein extremes Beispiel hierfür wäre die Entscheidung eines Landes, einen Krieg mit einem anderen Land zu beginnen. Alle Bürger dieses Landes sind dann Bürger eines Landes, das sich im Krieg befindet. Auch wenn der Krieg für verschiedene Bürger verschiedene Konsequenzen haben mag, in Abhängigkeit davon, welche Rolle sie übernehmen, sei es als Soldat, im Zivilschutz oder als Erntehelfer, so sind sie alle in gleicher Weise dem Kontext „Krieg" ausgeliefert. Den Prototyp kollektiv verbindlicher Entscheidungen in der Politik bilden Gesetze, die aufgrund ihres allgemeingültigen Charakters für alle in derselben Weise gelten. Zwar kann das Steuergesetz z. B. mit Bezug auf das Vorliegen bestimmter Merkmale Unterschiede bei der Behandlung machen, aber für diejenigen Mitglieder der Gruppe, die dieselben relevanten Merkmale besitzen, gilt, dass sie alle gleich behandelt werden müssen. Jeder ist verpflichtet, Steuern zu zahlen; im Zweifelsfall bedeutet dies, dass das Gesetz auch gegen seinen Willen und mit Zwang durchgesetzt werden kann, also auch durch Androhung und sogar Anwendung von Gewalt.

1. Einführung: Die Legitimation von Herrschaft

Entscheidungen, die für das Kollektiv verbindlich sind, sind für die Betroffenen mehr oder weniger schmerzhaft, je nachdem, wie weit sie sich selbst mit dem Kollektiv verbunden fühlen bzw. sich mit ihm identifizieren. Tatsächlich variieren die politischen Theorien gerade in dieser Hinsicht sehr stark, also inwieweit das Kollektiv selbst als einheitlicher Körper mit einem einheitlichen Willen betrachtet wird oder eher als Sammlung vieler einzelner Individuen mit jeweils einzelnen autonomen Willen und Präferenzen. Die Familie ist wohl der klassische Fall eines Kollektivs, von dem mit nachvollziehbaren Gründen angenommen werden kann, dass es als Einheit einen mehr oder weniger einheitlichen Willen hervorbringt. Selbst wenn es zwischen den Familienmitgliedern unterschiedliche Präferenzen und Geschmäcker geben mag, so ist das allen Mitgliedern der Familie gemeinsame Interesse, als Familie zu handeln, oft so dominierend, dass die Familie womöglich selbst dann eine „für alle verbindliche" Entscheidung trifft, wenn es im Prinzip auch möglich wäre, dass alle Mitglieder jeweils unabhängig voneinander ihre jeweils eigenen Entscheidungen treffen. Der Zweck, den gemeinsamen Familienurlaub eben gemeinsam als Familie zu verbringen, ist der maximalen Bedürfnisbefriedigung der jeweils einzelnen Mitglieder, also genau dem, was wir idealtypisch über den Mechanismus eines Marktes regeln, übergeordnet. Insofern könnten wir auch von einem Kontinuum sprechen. Am einen Pol des Kontinuums befindet sich das Kollektiv mit einem einheitlichen Willen, bei dem auch alle Mitglieder selbst als Teil dieser Einheit diesen Willen ebenfalls vertreten und über gar keinen eigenen Willen als Individuen verfügen, wie z. B. die Borg in *Star Trek – Next Generation*. Am anderen Pol des Kontinuums stellt das Kollektiv „lediglich" eine Gruppe von Individuen dar, und die Entscheidung des Kollektivs muss in irgendeiner Form über einen Mechanismus erfolgen, der eine Vielzahl individueller Willen in die Bildung eines einzigen Gesamtwillens überträgt.

Wenn dieser Wille des Kollektivs verbindlich ist, sodass sich ihm also keiner ad hoc entziehen kann, so bedeutet das, dass die Zugehörigkeit zum Kollektiv stabil sein muss und nicht von Einzelfall zu Einzelfall jeweils neu konstituiert wird. Im letzten Fall handelt es sich lediglich um eine Art von Verabredung zu einer gemeinsamen Unternehmung, die offensichtlich im Interesse jedes Einzelnen liegt, da er sonst nicht an dieser gemeinsamen Unternehmung teilnehmen würde. Der Zweck liegt aber nicht in der Gemeinsamkeit des Unternehmens, sondern im Unternehmen selbst, an dem alle gemeinsam ein Interesse haben. Die Verabredung von Studierenden z. B., die sich eben in einer Veranstaltung kennengelernt haben, abends zusammen in den neuen Blockbusterfilm zu gehen, ist ein solches Kollektiv, das nur zum Zweck der Verfolgung des gemeinsamen Unternehmens spontan gebildet worden ist. Bildet sich nun aus dieser Gruppe eine Untergruppe als Freundschaftsclique heraus, bei der dann die Gemeinsamkeit des Unternehmens selbst einen Zweck darstellt, dann ist die Entscheidung für den gemeinsamen Kinobesuch in Zukunft zumindest auch eine Entscheidung dafür, etwas zusammen zu machen. Die Gruppe wird sich dann bei der „politischen" Entscheidung, welcher Film es denn nun sein soll, ebenfalls vor der Herausforderung sehen, wie sie diese Entscheidung angesichts oft divergierender Präferenzen treffen soll.

Die Bereitschaft und der Wille, einem Kollektiv weiterhin anzugehören, werden also immer davon abhängen, wie oft vom Kollektiv für das Individuum verbindliche Entscheidungen getroffen werden, die dem Interesse des Individuums zuwiderlaufen, und in welchem Ausmaß diese gegen den Willen des Individuums getroffenen Kollektiventscheidungen mit dem Individualinteresse kollidieren.

Sprechen wir vom Staat als dem relevanten Kollektiv, dann können dessen verbindliche Gesetze offenkundig sehr stark mit den individuellen Interessen kollidieren. Im Extremfall kann dies bedeuten, dass das Individuum als Mitglied des Kollektivs, als Bürger, Freiheitsstrafen auferlegt bekommt oder Pflichten übernehmen muss, die mit einem hohen Risiko für das eigene Leben verbunden sein können, wie z. B. die Wehrpflicht. Solche starken Eingriffe in die individuellen Freiheiten müssen offensichtlich gerechtfertigt werden. Wir sprechen hier von der Legitimation des staatlichen Handelns. Da das staatliche Handeln wie gesagt Handlungen umfassen kann, die gegen den Willen der Betroffenen auch mit Gewalt und Zwang durchgesetzt werden, geht es also am Ende darum, unter welchen Umständen die Ausübung staatlicher Gewalt gegen die Bürger des Staates gerechtfertigt sein kann.

1.2 Macht und Herrschaft bei Max Weber

Sehr hilfreich, um sich dem Begriff der Legitimation der Ausübung von staatlicher Gewalt zu nähern, sind die grundlegenden Konzepte von Macht und Herrschaft, wie sie von Max Weber in *Wirtschaft und Gesellschaft* (1921/1972) definiert wurden. Macht ist dabei die Fähigkeit einer Person, andere Personen gegen ihren Willen zu einer Handlung zu zwingen. Wörtlich: „Macht bedeutet jede Chance, innerhalb einer sozialen Beziehung den eigenen Willen auch gegen Widerstreben durchzusetzen, gleichviel worauf diese Chance beruht" (Weber 1921/1972: 28). Insofern herrscht hier einerseits unmittelbarer Zwang, der ausgeübt wird, um die der Macht unterworfenen Personen zu Handlungen zu bringen, die diese nicht aus freiem Willen wählen würden.

Herrschaft hingegen definiert Max Weber auf folgende Weise: „Herrschaft soll heißen die Chance, für einen Befehl bestimmten Inhalts bei angebbaren Personen Gehorsam zu finden" (ebd.). Die der Herrschaft unterworfenen Personen unternehmen die mit dem Befehl verbundenen Handlungen, weil sie *akzeptieren*, dass die den Befehl gebende Einheit dazu autorisiert, also berechtigt ist. Insofern spiegelt der Gehorsam gegen den Befehl so etwas wie die Einsicht in die entsprechenden Hierarchiestrukturen und die damit

1. Einführung: Die Legitimation von Herrschaft

verbundenen Befehlsgewalten wider. Max Weber unterscheidet zwischen drei herausragenden Formen, in denen einer Herrschaft vonseiten der Beherrschten Legitimation zugesprochen wird.

Charismatische Herrschaft

Charisma definiert Weber als „eine als außeralltäglich [...] geltende Qualität einer Persönlichkeit [...], um derentwillen sie als mit übernatürlichen oder übermenschlichen oder mindestens spezifisch außeralltäglichen, nicht jedem andern zugänglichen Kräften oder Eigenschaften oder als gottgesandt oder als vorbildlich und deshalb als ‚Führer' gewertet wird" (Weber 1921/1972: 140).

Bei der charismatischen Herrschaft gibt es demnach eine Person, die über außergewöhnliche Fähigkeiten und Eigenschaften verfügt, sodass andere in gewisser Weise automatisch davon ausgehen, dass diese Person zu herrschen hat bzw. zur Herrschaft „auserkoren" oder „auserwählt" ist. Die Person ist sozusagen „zur Herrschaft geboren", indem sie mit den entsprechenden Eigenschaften ausgestattet wurde, was es für die anderen als eine nicht hinterfragbare Selbstverständlichkeit erscheinen lässt, dass sie ihren Befehlen zu folgen haben.

Wirksam wird das Charisma durch die freiwillige „Anerkennung durch die Beherrschten", die „aus Hingabe an Offenbarung, Heldenverehrung, Vertrauen zum Führer" (ebd.) erfolgt.

In der Realität dürften häufig aber vor allem die auserkoren Herrscher selbst die Wahrnehmung gehabt haben, dass sie zur Herrschaft geboren und damit diejenigen sind, die die Befehle zu geben haben, wobei sie mit Selbstverständlichkeit davon ausgehen, dass andere ihnen zu gehorchen haben. Insofern wird die Herrschaft von den charismatischen Herrschern häufig schlicht beansprucht, d. h., sie treten wie Usurpatoren auf, aber ihr Herrschaftsanspruch wird von den Dritten eben auch bereitwillig akzeptiert, zumindest von denen, die zur angebbaren Gruppe von Personen gehören, die sich dieser Herrschaft unterwerfen bzw. dieser Herrschaft Legitimität zusprechen. Der charismatische Herrschaftsanspruch ist daher nicht immer umfassend, die sich der Herrschaft unterwerfenden Personen erliegen dem Charisma des Herrschers oder eben auch nicht. Denn dieses Erliegen fußt auf einer „aus Begeisterung oder Not und Hoffnung geborene[n] gläubige[n] ganz persönliche[n] Hingabe" (ebd.).

Dem Charisma zu erliegen, ist also „psychologisch", d. h. in der Persönlichkeit derjenigen begründet, die die Herrschaft akzeptieren; es gibt keinen moralischen Grund, warum sie die Herrschaft akzeptieren müssten, es ist lediglich die faktische Wucht des Als-selbstverständlich-Scheinens des Herrschaftsanspruchs, die diesem seine Akzeptanzfähigkeit verleiht bzw. die

1.2 Macht und Herrschaft bei Max Weber

Nicht-Akzeptanz als unvorstellbar erscheinen lässt. Nicht nur aber ist die charismatische Herrschaft, da sie sich dem spontanen Eindruck verdankt, den sie auf Dritte macht, nicht allumfassend, sie ist auch nicht zwangsläufig stabil. Erlischt das Charisma und damit der von ihm erzeugte spontane Eindruck, erlischt auch der damit verbundene Herrschaftsanspruch. Charismatische Herrschaft kann daher nur so lange aufrechterhalten werden, wie der Herrscher über genügend Anhänger verfügt, die ihm Folge leisten, über Jünger und im wörtlichen Sinn „Follower", die dann die Durchsetzung des Herrschaftsanspruchs auch gegenüber den Nichtüberzeugten gewährleisten. Der Herrscher muss im Zweifelsfall vor allem seine „Prätorianer" durch sein Charisma an sich binden; diese können dann auch eine Art von Schreckensherrschaft durch Machtausübung in die Breite tragen. Kündigen aber die Prätorianer dem Herrscher die Gefolgschaft auf, dann ist seine Herrschaft damit in der Regel am Ende, wenn es ihm nicht gelingt, sie in eine andere Form der Herrschaftsbegründung, die dauerhaft und stabil sein kann, zu überführen.

Als prototypische Vertreter der charismatischen Herrschaft gelten üblicherweise Diktatoren wie Hitler, Stalin, Mao, deren „absoluter" Führungsanspruch so wenig infrage gestellt wird, dass sie in der Lage sind, ihre Anhänger zu jeder noch so mörderischen und verbrecherischen Aktion zu bewegen. Besonders deutlich tritt der spontane Überwältigungscharakter der charismatischen Herrschaft zutage, wenn sie in Form eines Putschs auftritt, d. h. wenn es dem charismatischen Herrscher gelingt, seine Anhänger dazu zu bringen, die Grenzen des bisher Gültigen zu überschreiten und das bisher geltende Gesetz durch seine „natürliche" Autorität zu ersetzen. Cäsars Überquerung des Rubikon ist die geradezu wörtliche Entsprechung dieser „Grenzüberschreitung". Auch hier zeigt sich, dass das Charisma nicht umfassend wirken muss: Der Senat war ja gerade nicht Cäsars Charisma erlegen, aber sehr wohl seine eigenen Legionen und vor allem das Volk in einer so überwältigenden Mehrheit, dass dem Senat nichts anderes übrig zu bleiben schien, als sich in das Unvermeidliche zu fügen. Dennoch manifestiert sich auch hier in charakteristischer Weise das verbleibende Moment der Unsicherheit des Die-Herrschaft-an-sich-Reißens in Form eines Putschs. Diese Unsicherheit wird geradezu paradigmatisch illustriert in Cäsars berühmten Zitat „alea iacta est", dessen Übersetzung ja gerade nicht – wie fälschlich oft behauptet – „Der Würfel ist gefallen" lautet, sondern „Der Würfel ist geworfen". Der Ausgang des Spiels ist also noch offen und wird eben erst dadurch bestimmt, ob es die kritische Masse gibt, die den Herrschaftsanspruch zu akzeptieren gewillt ist. Dass der Persönlichkeit von Diktatoren oft etwas Hasardeurhaftes anhaftet, ist daher alles andere als ein Zufall.

Traditionale Herrschaft

Um traditionale Herrschaft handelt es sich, wenn es eine Tradition, ein überliefertes Brauchtum gibt, wonach der Herrscher bestimmt wird. „Traditional soll eine Herrschaft heißen, wenn ihre Legitimität sich stützt und geglaubt wird auf Grund der Heiligkeit altüberkommener („von jeher bestehender") Ordnungen und Herrengewalten." (Weber 1921/1972: 130) Prototypisch sind hier vor allem die diversen Formen der Erbfolge, also üblicherweise das Recht des ältesten männlichen Nachfahren des alten Herrschers auf die Nachfolge desselben, meistens nach seinem Tod. Diese Form ist uns auch heute noch vertraut, z. B. in Bezug auf das englische Königshaus, auch wenn es einige kleinere Modifikationen gegeben hat, wie die, dass nun auch die weiblichen Erstgeborenen die Nachfolge antreten können.

Bei der traditionalen Herrschaft handelt es sich im Gegensatz zur charismatischen Herrschaft um eine abgeleitete Form der Legitimation des konkreten Herrschers. Während die charismatische Herrschaft die Vergangenheit umstürzt und „in diesem Sinn spezifisch revolutionär" ist, ist die traditionale Herrschaft „gebunden an die Präzedenzien der Vergangenheit und insoweit [...] regelhaft orientiert" (ebd.: 141). Während die Akzeptanz der Herrschaft bei der charismatischen Herrschaft sich der unmittelbaren Akzeptanz der Person selbst verdankt, wird bei der traditionalen Herrschaft das Prinzip, die Tradition, das Brauchtum akzeptiert, aufgrund dessen dann die konkrete Person bestimmt wird, der die Herrschaft zufällt. Im Unterschied zur charismatischen Herrschaft kann es hier daher auch zu einer durchgehenden, flächendeckenden Akzeptanz der Herrschaft kommen, zumindest soweit die Tradition selbst flächendeckend akzeptiert wird. Da die Tradition aber das ist, was die Gesellschaft erst zu einer Gesellschaft im Sinne einer Gemeinschaft macht, weil sie ihre Identität durch die von allen geteilten Überzeugungen erhält, ist es wesentlich wahrscheinlicher, dass es hier zu einer allgemeinen Akzeptanz der Herrschaft kommt, als bei einer charismatischen Herrschaft, bei der für eine allgemeine Akzeptanz jeder Einzelne dem Charisma des die Herrschaft Beanspruchenden erliegen müsste. Die Tradition ist ein die Gesellschaft konstituierendes Element, die Gesellschaft als Ganzes lässt sich daher leichter auf sie verpflichten als auf einen durch Charisma vermittelten spontanen Eindruck, der ja schon von der Natur der Sache immer nur auf Individuen bezogen sein kann.

Wird daher die Rechtmäßigkeit des Herrschers im traditionalen Modell angezweifelt, dann nicht wegen der Person selbst, sondern weil umstritten ist, ob die Person die im Sinne der Tradition „richtige" ist. Vor allem wenn die unmittelbare Linie des alten Herrschaftsgeschlechts ausgestorben ist, können sich hier Uneindeutigkeiten ergeben, die zu entsprechenden Machtkämpfen führen, wie wir es einerseits aus Shakespeare'schen Dramen kennen, insbesondere denen zu den sogenannten Rosenkriegen zwischen den Häusern York und Lancaster, aber natürlich auch in der „zeitgemäßen" Form eines Epos wie *Game of Thrones* bzw. George R. R. Martins Romanfolge *A Song of Ice and Fire*.

Eine wesentliche Frage, die sich in diesem Kontext stellt, ist aber natürlich die, wie denn, bevor wir über die legitime Erbfolge nachdenken, die Herrschaft überhaupt ursprünglich legitim an ein bestimmtes Herrschaftshaus gefallen ist. Denn die Frage der Rechtmäßigkeit der Übertragung eines Herrschaftstitels aufgrund von Erbfolge ergibt offensichtlich nur einen Sinn, wenn die Rechtmäßigkeit des Titels für das betreffende Herrschaftshaus nicht infrage steht. Hier greift oft die Figur des *Gottesgnadentums*, nach der die Herrschaft ursprünglich von Gott selbst an das Herrschaftshaus bzw. dessen erste Vorfahren übertragen worden ist. Da eine solche Herrschaftsübertragung aufgrund der biblischen Quellen allerdings nur für Adam bzw. Noah selbst verbürgt ist, hat der bekannteste Verfechter der Theorie des Gottesgnadentums, Robert Filmer, in seinem 1635 erschienenen Werk *Patriarcha* nicht wenig Mühe aufgewandt, um die direkte Erblinie von Adam bis zu den damals herrschenden europäischen Königshäusern nachzuweisen. Diese Theorie erschien allerdings schon zu seiner Zeit nicht wenigen Zeitgenossen als reichlich obskur, und John Locke hat mit seinen *Zwei Abhandlungen über die Regierung* eine so überzeugende und wirkungsmächtige Entgegnung auf Filmer verfasst, dass dieser heutzutage eigentlich nur noch aus dem Kontext von Lockes Werk bekannt ist.

Legale, rationale oder bürokratische Herrschaft

Die dritte Form der Legitimation von Herrschaft ist bei Max Weber die der legalen oder rationalen Herrschaft, manchmal auch „bürokratische Herrschaft" genannt, wobei sich dies darauf bezieht, dass eine solche Herrschaft mittels einer Bürokratie oder mit einem „Verwaltungsstab" ausgeübt wird. „Die bürokratische Herrschaft ist spezifisch rational im Sinne der Bindung an diskursiv analysierbare Regeln [...]." (Weber 1921/1972: 141) Diese Regeln sind „gesatzte Ordnungen", die ihre Legalität durch den Prozess, wie sie zustande kommen, erhalten. Man könnte auch von einer Herrschaftslegitimation aufgrund von Verfahren sprechen. Auch hier handelt es sich, wie bei der traditionalen Herrschaft, um eine abgeleitete Form der Legitimation, bei der die zur Herrschaft legitimierte Person nicht wegen persönlicher herausragender Eigenschaften als Person ausgewählt wird, sondern weil sie eine Art von spezifischem „Test" bestanden hat. Während dieser Test bei der traditionalen Herrschaft darin besteht, bestimmten Bedingungen z. B. der Abstammung zu genügen, der nur ganz bestimmte Personen überhaupt genügen können – in der Regel ja sogar nur eine –, damit der Herrschaftsanspruch eindeutig ist, besteht dieser Test bei der rationalen oder legalen Herrschaft im erfolgreichen Durchlaufen eines bestimmten Verfahrens, einer Regel. In Demokratien sind diese Verfahren üblicherweise die fair durchgeführten Wahlen.[1] Diese Form der Legitimation ist also wesentlich flexibler und offener, da im Prinzip

---

[1] Tatsächlich ist die Form der Demokratie nicht zwangsläufig an die Institution der Wahlen gebunden, wie häufig zu Unrecht automatisch angenommen wird. Einerseits könnte es

jeder, solange er den Test besteht, die Herrschaft übernehmen könnte. Das ist allerdings die A-priori-Sichtweise. A posteriori kann es natürlich nur einen legitimierten Herrscher geben. Der „Test" ist daher so angelegt, dass es in der Regel einen eindeutigen Sieger gibt. Damit bleibt die Eindeutigkeit gewahrt, vorausgesetzt, dass das Wahlsystem bzw. der Prozess, wie aus dem Wahlergebnis eine Regierung hervorgeht, entsprechend konstruiert sind.

Wie gesagt beruht die Legitimität bei der rationalen Herrschaft nicht auf der Akzeptanz der Person, sondern auf der Akzeptanz des Verfahrens, mit dessen Hilfe die Person bestimmt wird, die nun legitimerweise die Herrschaft ausüben kann. Diese von der Person losgelöste Form der Legitimation weist den großen Vorteil auf, dass auch die „Verliererseite" problemlos den Herrschaftsanspruch anerkennen kann, ohne sich selbst oder ihren Einstellungen und Wahrnehmungen zu widersprechen. Olaf Scholz ist legitimiert, als Chef der Regierung Herrschaft auszuüben,[2] weil er und seine Partei, die SPD, ein Wahlergebnis erzielten, das ihm ermöglichte, eine Mehrheitskoalition zu bilden, in der die SPD die stärkste Partei war. Tatsächlich müsste der Kanzler nicht der Kandidat der stärksten Partei in der Mehrheitskoalition sein, aber hier gibt es zumindest in Deutschland eine starke Tradition, die als eine Art von schwer zu überwindendem Präjudiz wirkt. Letztlich sieht die Regel nur vor, dass die Mehrheitskoalition aufgrund eines internen Aushandlungsprozesses jemanden festlegt, der oder die dann als Kanzler oder Kanzlerin die Regierung anführt. Da die Akzeptanz des so ausgewählten Kanzlers dieser Form des Prozesses zur Bestimmung der Regierung geschuldet ist, kann also auch jemand, der nicht Scholz gewählt hat und diesen womöglich auch gar nicht für einen geeigneten Kanzler hält, diesem dennoch als dem durch das Verfahren hervorgebrachten Kanzler die uneingeschränkte Loyalität entgegenbringen, die er ihm als Person an sich gegenüber nicht aufbringen würde.

Die Verallgemeinerungsfähigkeit der Akzeptanz ist daher bei der legalen Herrschaft in gewisser Weise noch umfassender als bei der traditionalen, allerdings fußt sie auf einer normativen, idealtypischen Annahme. Tradition kann, wie wir gesehen haben, genau dann eine allgemeine Akzeptanzfähigkeit nach sich ziehen, wenn die Tradition selbst allgemein geteilt wird und von niemandem infrage gestellt wird. Die Tradition muss also unhinterfragt als Gegebenes akzeptiert werden. Aber natürlich stellt sich früher oder später immer die Frage, und sei es nur für einen Teil der Bevölkerung, warum die Tradition denn überhaupt unhinterfragt akzeptiert werden sollte. In diesem

---

auch um direkte Formen der Demokratie gehen, in denen alle Bürger über die Belange der Gemeinschaft abstimmen, andererseits auch um Formen der repräsentativen Demokratie, in denen die Abgeordneten durch Losverfahren bestimmt werden (vgl. z. B. Manin 1997; Buchstein 2009; Reybrouck 2016).

2 Zwar ist es nicht üblich, im Kontext moderner Demokratien von „Herrschaft" zu sprechen, im konzeptionellen Sinn aber ist es natürlich genau das, worum es geht, wenn Regierungen regieren.

Moment ist auch keine allumfassende Akzeptanzfähigkeit aufgrund der Tradition mehr gegeben. Die Tradition ist dann nicht mehr der Test, sondern sie selbst muss sich einem Test unterstellen, warum sie denn überhaupt Tradition sein oder bleiben sollte. Das heißt, die von der Tradition überlieferten und etablierten Regeln müssen sich nun direkt und logischerweise unabhängig von der Tradition rechtfertigen lassen. Die Antwort: „Weil es immer schon so war" wird dann allein nicht mehr als befriedigend empfunden, sondern sie muss zumindest mit einem „Und das ist auch gut so" kombiniert werden können. Die Rechtfertigung der Regel liegt aber dann nur darin, dass sie eine „gute" Regel ist; die Einbettung in eine traditionelle Überlieferung ist lediglich dazu da, die Akzeptanzfähigkeit und die Verinnerlichung der Regel auf eine psychologisch naheliegende und kognitiv wenig anspruchsvolle Weise zu erleichtern.

Die Aussage darüber, dass eine bestimmte Regel eine gute Regel ist, stellt ein Urteil über die Qualität der Regel dar. Nehmen wir der Einfachheit halber bzw. um des Argumentes willen an, dass ein solches Urteil nicht willkürlich ist und nicht persönlichen Geschmäckern unterliegt, sondern tatsächlich einem „objektiven" Kern der Regel geschuldet ist, der von allen annähernd gleich wahrgenommen wird und bei dessen Beurteilung von allen mehr oder weniger dieselben Kriterien herangezogen werden. Dann wäre es im Prinzip möglich, für die Aussage „Diese Regel ist eine gute Regel" dieselbe Art von Übereinstimmung herzustellen wie für eine Aussage der Art „Das Auto dort auf der anderen Straßenseite ist rot" oder „Gegenstände, die nicht durch andere Gegenstände blockiert werden, fallen so lange nach unten, bis sie durch einen anderen Gegenstand (bzw. die Erde) blockiert werden". Während wir aber annehmen, dass unsere Urteile über Farben tatsächlich fast immer kongruent sind, scheint dies spontan bei Urteilen über Regeln weniger selbstverständlich vorausgesetzt werden zu können. Wir setzen daher des Weiteren voraus, dass „vernünftige" bzw. rationale Personen den Kern der Regel auf dieselbe Weise wahrnehmen und ihn nach denselben Kriterien beurteilen würden. Genau aus diesem Grund sprechen wir in diesem Zusammenhang eben von einer „rationalen" Form der Begründung der Legitimität von Herrschaft bzw. begründen ebendiese Rationalität dadurch, dass die Regeln „diskursiv analysierbar" sind. Das Verfahren ist geeignet, die Herrschaft zu bestimmen, weil ihm vernünftige Personen zustimmen würden. Damit haben wir schon wesentliche Grundelemente einer vertragstheoretischen Position skizziert, die wir dann im weiteren Verlauf des Buches näher erörtern werden.

1.3 Metaregeln und Verfassungen

Herrschaft beruht auf Akzeptanz. Im Falle von modernen demokratischen Rechtsstaaten bezieht sich diese Akzeptanz auf die Verfahren, mit denen Herrschaft vergeben und ausgeübt wird. Denn genauso wichtig wie die Herrschaft selbst ist der inhaltliche Charakter der Beschlüsse, in denen sich die Herrschaft ausdrückt. Im modernen Rechtsstaat sind dies die Gesetze, deren Einhaltung durch die Regierung erzwungen wird. Die Verfahren, die der grundlegenden Legitimität durch Akzeptanz bedürfen, sind also einerseits diejenigen, die sich auf die Übertragung der Herrschaft beziehen, andererseits die Metaregeln, wie die inhaltlichen Beschlüsse, deren Umsetzung Gegenstand der Herrschaft ist – also die Gesetze –, zustande kommen. Auch bei den Gesetzen gilt, dass ihre Akzeptanz eine abgeleitete ist. Es kommt nicht darauf an, ob ich ein bestimmtes Gesetz für mehr oder weniger sinnvoll halte, sondern es kommt nur darauf an, dass ich die Art und Weise, wie das Gesetz zustande kommt, akzeptiere. Die Legitimität eines Gesetzes über ein Tempolimit z. B. würde sich nicht der unmittelbaren Sinnhaftigkeit der Regelung selbst verdanken, sondern dem Umstand, dass es von einem Parlament verabschiedet worden ist, das dazu durch die entsprechenden Metaregeln ermächtigt ist. Nur so ist eine allgemeine Akzeptanzfähigkeit eines konkreten Gesetzes überhaupt vorstellbar. Denn über die prinzipielle Erwünschtheit des konkreten Gesetzes wird es immer unterschiedliche Ansichten geben, was im Falle des als Beispiel gewählten Tempolimits ja offen zutage tritt. Aber auch Menschen, die das Tempolimit aus inhaltlichen Gründen ablehnen, können es als Gesetz problemlos akzeptieren, wenn es auf die standardmäßige Weise verabschiedet wurde, weil diese standardmäßige Prozedur auch von denen akzeptiert werden kann, die das konkrete inhaltliche Ergebnis der Prozedur ablehnen.

Diese erwähnten Metaregeln, welche sehr abstrakter Natur sind und sowohl die Regeln der Herrschafts- und Machtübertragung enthalten als auch die der standardmäßigen Verabschiedung von Gesetzen, sind das, was wir als Verfassung eines Staats bezeichnen. Wenn wir also den modernen Staat rechtfertigen, indem wir auf die Figur der Legitimation durch Akzeptanz der Verfahren zurückgreifen, dann sind damit die Verfahren gemeint, die üblicherweise in einer Verfassung stehen bzw. im Sinne dieses Verständnisses in einer Verfassung stehen sollten.[3]

Politische Entscheidungen sind, wie anfangs erwähnt, kollektiv verbindlich; in der Tat ist es genau dies, was ihren „politischen" Charakter ausmacht. Politische Entscheidungen zu konkreten Sachfragen sind aber, wie ebenfalls schon erwähnt, immer oder fast immer umstritten; zumindest ist es nahezu ausgeschlossen, dass sie eine allgemeine Zustimmung erfahren. Das Wesen der Politik besteht daher auch darin, kollektiv verbindliche Entscheidungen,

---

[3] Juristen sprechen hier vom sogenannten „materiellen" Verfassungsrecht. Das Wahlsystem eines Staats z. B. gehört wegen seiner grundlegenden Funktion, die es im Zusammenhang mit der Übertragung der Herrschaftsgewalt ausübt, offensichtlich zu der Verfassung eines Staats. Es ist jedoch z. B. in der Bundesrepublik Deutschland nicht in der Verfassung, im Grundgesetz, festgelegt, sondern in einem einfachen Bundesgesetz. Es zählt aber aus den erwähnten Gründen zum materiellen Verfassungsrecht.

die für alle dieselben Konsequenzen haben, im Angesicht von Uneinigkeit darüber, wie denn diese kollektiv verbindlichen Entscheidungen aussehen sollten, herbeizuführen. Die allgemeine Akzeptanzfähigkeit der konkreten Entscheidungen aber ist gerade deshalb nötig, weil ihr ja nachher *alle* unterworfen sind. Die Dringlichkeit und die Notwendigkeit der Akzeptanzfähigkeit erhöhen sich noch einmal dadurch, dass diese Entscheidungen ja auch mit Androhung und Anwendung von Gewalt durchgesetzt werden können. Die Hürden für die Akzeptanzfähigkeit sind also denkbar hoch, denn sie bedeuten am Ende, dass *jeder* die Autorisierung einer bestimmten Instanz, die wir dann „Staat" nennen, zur Anwendung von Gewalt akzeptieren muss, diese Akzeptanz aber nicht auf der bloßen und resignativen Anerkennung der faktischen Gewalt beruhen darf, sondern auf der Einsicht der Notwendigkeit der Autorisierung des Staats zur Anwendung dieser Gewalt. Insofern beruht die Akzeptanz auf einer Bejahung der Notwendigkeit und damit auf einer Art von Zustimmung aufgrund von Einsicht. Da diese Gewalt aber im Zweifelsfall auch gegen einen persönlich angewandt werden kann, wenn man die konkrete Politik nicht wollte, bedeutet dies, dass die sich der Gewalt und Herrschaft unterwerfenden Personen gewissermaßen freiwillig einer Beschränkung ihrer Freiheit zustimmen müssen – nicht im konkreten Einzelfall, aber in Form eines Blankoschecks für den Staat –, die dann im konkreten Einzelfall angewandt werden kann, und das vor dem Hintergrund, dass wir sehr gute Gründe haben anzunehmen, dass Eingriffe in die persönliche Freiheit immer als großes Übel empfunden werden müssen. Dies scheint eine geradezu paradoxe Ausgangssituation zu sein, sodass es nahezu aussichtslos erscheinen könnte, dafür eine Lösung zu finden.

Der kluge, um nicht zu sagen geniale Trick aber besteht, wie ich schon gezeigt habe, eben darin, die Akzeptanz für die konkrete politische Maßnahme nicht auf einer Akzeptanz der Maßnahme selbst zu begründen, sondern als abgeleitete Akzeptanz auf der Akzeptanz von Regeln bzw. Metaregeln, die die Verfassung eines Staats bilden, und die festlegen, wie die konkrete politische Maßnahme beschlossen werden kann und darf. Die Akzeptanz dieser Verfassung ist die eigentliche und originäre Akzeptanz, um die es geht, wenn wir von Legitimation von Herrschaft sprechen. Dabei wird die Akzeptanz gegenüber der abstrakten Metaregel dadurch erleichtert, dass wir einer Blindheit gegenüber den konkreten Folgen der abstrakten Regeln unterliegen.

Bleibt die Frage, worauf diese originäre Akzeptanz der Metaregeln fußen könnte. Der vertragstheoretische Ansatz erscheint hier besonders vielversprechend. Er liefert ein plausibles Motiv für die Akzeptanzfähigkeit in Form der Zustimmung. Zustimmung ist wohl nicht die einzige und daher nicht eine notwendige Eigenschaft, damit eine Handlung als legitim anerkannt wird. Umgekehrt aber scheint es schwer vorstellbar, dass wir einer Handlung die Legitimität absprechen könnten, der wir zuvor explizit zugestimmt haben. Der Grundsatz der Vertragstheorie lautet daher „Volenti non fit iniuria". Die-

1. Einführung: Die Legitimation von Herrschaft

ser Satz stammt aus dem römischen Recht und wird üblicherweise mit „Dem Einwilligenden geschieht kein Unrecht" übersetzt. Solange die Umstände, unter denen die Einwilligung gegeben wurde, nicht zu beanstanden sind (weil sie u. a. weder durch Anwendung oder Androhung von Gewalt noch durch bewusste Täuschung kontaminiert sind, was die Einwilligung in der Regel unwirksam machen würde), wäre es geradezu absurd, den Einwilligenden nicht beim Wort zu nehmen und ihn nicht auch dann noch auf sein Wort zu verpflichten, wenn er möglicherweise zwischenzeitig seine Ansicht geändert hat. Wenn mir mein Nachbar gestern sein Fahrrad für 200 Euro verkauft hat, heute aber der Ansicht ist, dass er sein Fahrrad doch lieber behalten würde, dann macht das den Kauf keineswegs rückgängig, und nach allgemeinem Dafürhalten geschieht dem im Nachhinein unwilligen Verkäufer auch kein Unrecht, wenn wir weiterhin darauf bestehen, dass er sich an seine Zusage zu halten hat. (Sogenannte Rücktrittsklauseln beziehen sich in erster Linie auf Situationen, in denen von einem Überrumpelungscharakter ausgegangen werden kann.) In der Regel können wir seine Einwilligung so interpretieren, dass die verabredete Handlung oder Unternehmung auch in seinem Interesse liegt, denn warum hätte er sonst zustimmen sollen (zumindest solange es um sein „wohlverstandenes" Interesse geht?)? Diese Übereinstimmung der Einwilligung mit dem Interesse ist einerseits der Grund, warum wir davon ausgehen, dass dem Zustimmenden kein Unrecht geschieht, weil es ja nur um die Umsetzung von Handlungen geht, von denen auch er profitiert. Sie ist aber andererseits vor allem auch der Grund, warum wir die Institution einer Zustimmung, die einen bindet, benötigen, weil wir sonst gar nicht in der Lage wären, solche Unternehmungen, die im Interesse aller liegen, überhaupt durchzuführen. Wenn nun aber die Bindung an eine Verabredung durch die Zustimmung erfolgt und politische Entscheidungen alle binden, dann folgt daraus, dass politischen Entscheidungen aus diesem Grund im Prinzip auch alle zugestimmt haben müssen. Der Grundsatz „Quod omnes tangit ab omnibus approbari debet" (Was alle angeht, muss von allen gebilligt werden) ist insofern nur die konsequente Verallgemeinerung von „Volenti non fit iniuria" für Entscheidungen, die eben für alle Konsequenzen haben. Solche Entscheidungen sind also nach diesem Grundsatz nur dann rechtens, wenn sie einstimmig getroffen wurden. Da dies aber für konkrete politische Maßnahmen gar nicht möglich wäre, richtet sich das Einstimmigkeitserfordernis an die Metaregeln – an die Verfassung –, nach denen die konkreten Maßnahmen erlassen werden dürfen. Für die Legitimität von Maßnahmen, die in der Tat weitgehende Eingriffe in die persönlichen Freiheiten bedeuten, wie z. B. Maskenpflicht oder Impfpflichten oder Ausgehverbote, ist es daher völlig unerheblich, ob sie den betroffenen Personen gegen den Strich gehen; die einzig relevanten Fragen sind lediglich, ob zum einen diese Maßnahmen durch die in der Verfassung festgelegten Metaregeln gedeckt sind und ob wir zum anderen von einer Akzeptanzfähigkeit dieser Verfassung im Sinne einer wie auch immer stattgefunden habenden „Zustimmung" ausgehen können. Diese Fragen im Detail zu klären, wird Gegenstand der verschiedenen vertragstheoretischen Konzeptionen von Hobbes, Locke, Rousseau, Rawls und Nozick sein.

Literatur zur Einführung

Hampton, Jean (1997): Political Philosophy. Boulder, Col.: Westview Press, Kap. 1.
Schreyer, Bernhard/Schwarzmeier, Manfred (2005): Grundkurs Politikwissenschaft: Studium der politischen Systeme. Eine studienorientierte Einführung. 2., durchges. Aufl., Wiesbaden: Springer VS, Kap. 1.

Weiterführende Literatur

Anscombe, G. E. M. (1981): On the source of the authority of the state. In: G. E. M. Anscombe (Hg.): Ethics, Religion and Politics. Collected Philosophical Papers. Vol. 3. Minneapolis: University of Minnesota Press, 130–155.
Kersting, Wolfgang (1994): Die politische Philosophie des Gesellschaftsvertrags. Darmstadt: Wissenschaftliche Buchgesellschaft, Kap. 2.

2. Sinn und Notwendigkeit von Argumenten

Politische Philosophie ist der Teil der Philosophie, der sich mit Fragen der Rechtfertigung staatlichen Handelns beschäftigt. Es geht also um die Beantwortung normativer Fragen wie „Was sollte der Staat tun?", „Was darf der Staat tun?" und „Was schulden die Bürger dem Staat aus welchen Gründen?" etc. Es geht hier also um die Rechtfertigung bestimmter Formen des Handelns in einem bestimmten Kontext, insofern geht es um klassische Fragestellungen aus dem Bereich der Ethik oder Moralphilosophie bzw. finden wir die angemessenen Antworten durch Methoden, die denen der Ethik sehr ähnlich sind oder so auch in dieser angewandt werden.

Allerdings ist diese Nähe der Politischen Philosophie zur Moralphilosophie mit einem gewissen Risiko behaftet. Denn im Zusammenhang mit moralischen Fragestellungen gibt es zumindest im Alltagsverständnis vieler Menschen von Moral so etwas wie einen gewissen moralischen Subjektivismus, nach dem das, was für den einen moralisch erlaubt ist, für den anderen moralisch unzulässig sei, womit ein Eindruck von Beliebigkeit moralischer Aussagen entsteht. Doch dies ist schon im normalen Alltagsbereich individuellen Handelns eine wenig überzeugende Behauptung. Sicherlich gibt es so etwas wie verschiedene kulturelle bzw. ideologische Ausprägungen von bestimmten Moralkodizes (vgl. u. a. Haidt 2012) in Bereichen, in denen eine bestimmte Gestaltungsoffenheit besteht, sodass das Ergebnis eines bestimmten Ausformungsprozesses moralischer Normen nicht vorab feststeht. Andererseits gibt es gute Gründe anzunehmen, dass zumindest bestimmte Prinzipien (Metaregeln) von so fundamentaler Natur sind, dass es schwer vorstellbar ist, dass ihnen jemand mit vernünftigen Gründen widersprechen könnte. Insofern könnte man hier von einer Art von „moralischem Objektivismus" oder „moralischem Realismus" (vgl. u. a. Scanlon 1998; Parfit 2011) sprechen. In diesem Sinn können moralische Aussagen genauso wahr oder falsch sein wie naturwissenschaftliche Aussagen, und über den Wahrheitsgehalt solcher moralischer Aussagen muss sich dann theoretisch bei unvoreingenommenen Beobachtern und Urteilenden sogar Einigkeit, genau genommen Einstimmigkeit über den Wahrheitsgehalt bestimmter moralischer Urteile herstellen lassen (vgl. Gauthier 1987).

Doch selbst wenn man weniger strenge Maßstäbe anlegen würde, so ist offensichtlich, dass die Aussagen z. B. zur Legitimation der Herrschaftsgewalt nicht einfach beliebig sein dürfen in dem Sinn, dass ihnen je nach „moralischem Geschmack" der eine zustimmen und der andere widersprechen kann. Wenn wir von der allgemeinen Akzeptanzfähigkeit sprechen, dann muss es so etwas wie einen Zwang zur Einsicht oder eine Notwendigkeit der Einsicht geben, sodass sich niemand dem allgemein geteilten Urteil entziehen kann, solange es sich offen und vorurteilsfrei gegenüber den verwendeten Argumenten und den in ihnen enthaltenen Prämissen zeigt. Tatsächlich kön-

2. Sinn und Notwendigkeit von Argumenten

nen wir aber auch dementsprechend zwischen zwei Formen eines „moralischen Objektivismus" unterscheiden: einer schwachen Form, in der „nur" die Form logischer Argumente akzeptiert wird, und einer starken Form, in der sowohl die Gesetzmäßigkeiten der Logik als auch die Gültigkeit bestimmter normativ geladener Prämissen akzeptiert werden. Wie wir sehen werden, ist schon sehr viel gewonnen, wenn wir uns „nur" auf die schwache Form des moralischen Objektivismus einigen können, denn selbst dann ist schon leicht nachzuweisen, dass viele „Argumente" nur scheinbar überzeugend und in Wirklichkeit widersprüchlich sind. Eine solche Form des schwachen moralischen Objektivismus wird z. B. von Max Weber in Bezug auf seine Haltung im *Werturteilsstreit* vertreten (Weber 1922/1988). Wir können zwar nicht davon ausgehen, dass wir alle dieselben Werte teilen müssen bzw. können wir keinen objektiven Beweis erbringen, wie diese Werte auszusehen hätten. *Wenn* wir aber davon ausgehen, dass bestimmte Werte als anerkannt gelten, dann sind gewisse gesellschaftliche Institutionen damit vereinbar oder eben auch nicht. Um die Feinheiten dieses Anspruchs genauer zu erläutern, lohnt es sich, einen kurzen Ausflug in die Logik zu unternehmen, um zumindest in sehr rudimentärer Weise die Form eines Arguments zu erläutern.

2.1 Die logische Form eines Arguments

Jedes Argument besteht aus Prämissen und einer Konklusion. Ein Argument ist dann gültig, wenn aus der Wahrheit der Prämissen die Wahrheit der Konklusion notwendig abgeleitet werden kann (Salmon 2001). Das prototypische Beispiel eines Arguments ist der sogenannte *Modus Ponens*, der aus zwei Prämissen besteht, von denen eine die Behauptung einer (Tatsachen-) Aussage darstellt und die andere eine sogenannte Implikation, also eine „Wenn-dann-Behauptung", bei der aus dem Vorliegen des sogenannten Antecedens das Vorliegen des Konsequens impliziert wird. Schematisch wird der Modus Ponens auf folgende Weise dargestellt.

a

$a \rightarrow b$

---

b

Wenn also die Tatsache a vorliegt und außerdem gilt, dass, wenn a vorliegt, auch b vorliegt, dann kann aus der Kombination dieser beiden Aussagen geschlossen werden, dass b auch tatsächlich vorliegen muss. Am besten lässt sich dies anhand eines konkreten Beispiels illustrieren.

Es hat vor Kurzem geregnet.
(Immer) Wenn es vor Kurzem geregnet hat, dann ist die Straße nass.

Die Straße ist nass.

Häufig wird der Wenn-dann-Satz, also die Implikation, als Ausdruck eines kausalen Zusammenhangs verstanden, wie ja auch im obigen Beispiel. Dabei könnte es sich auch um ein Gesetz oder einen gesetzesartigen Zusammenhang handeln. In diesem Fall spricht man in der Wissenschaftstheorie auch vom Hempel-Oppenheim-Schema (Hempel/Oppenheim 1948). Interessant ist, dass wir in diesem Fall das Schema sowohl zur *Erklärung bestimmter Beobachtungen* einsetzen können als auch zur *Prognose bestimmter Sachverhalte*. Wenn ich weiß, dass es vor Kurzem geregnet hat, kann ich damit z. B. erklären, dass die Straße jetzt nass ist. Das ist nicht ganz so banal, wie es auf den ersten Blick aussehen mag. Denn die Straße könnte ja auch aus anderen Gründen nass sein, z. B. weil ein Straßenreinigungsfahrzeug sie besprengt hat oder ein angrenzender Rasensprenger. Aber der Regen selbst wäre eben auch eine hinreichende Ursache für das Nass-Sein der Straße. Insofern *kann* ich eben das Nass-Sein damit *erklären*, dass es geregnet hat. Wenn ich eindeutige Informationen dazu habe, dass es geregnet hat, könnte ich aber auch *prognostizieren*, dass die Straße jetzt nass sein muss, ohne die Straße selbst anzusehen. Das Ansehen der nassen Straße könnte dann als Überprüfung meiner Prognose dienen.

2.2 Peter Singers praktischer Syllogismus

Grundsätzlich kann ein solches Argumentationsschema aber sehr wohl auch herangezogen werden, um normative Fragen zu behandeln. Als Beispiel sei hier einer der wohl einflussreichsten Artikel aus der Ethik herangezogen, nämlich der Aufsatz *Famine, Affluence, and Morality* von Peter Singer aus dem Jahr 1972 (Singer 1972). Aufhänger des Aufsatzes ist die Frage, zu welcher Art von Hilfe und in welchem Umfang wir angesichts von katastrophalen Hungersnöten in bestimmten Ländern verpflichtet sein könnten. Berühmt geworden aber ist vor allem die Analogie zu dem Fall des „ertrinkenden Kindes", mit der Singer die ethische Grundkonstellation der Entscheidungssituation illustrieren wollte. Nehmen wir an, wir gingen an einem Teich vorbei und würden beobachten, dass ein kleines Kind vom Rand in den Teich hineinfällt. Offensichtlich kann das Kind nicht schwimmen und wir sind die einzige Person in der Nähe, die ihm zu Hilfe kommen könnte. Wozu wären wir unter diesen Umständen moralisch verpflichtet? Das allgemeine Argumentschema von Singer lässt sich so skizzieren:

2. Sinn und Notwendigkeit von Argumenten

Singers praktischer Syllogismus: Die starke Form

P1: Es gibt bestimmte Umstände, die ohne Zweifel schlecht sind, d. h. in Bezug auf welche niemand ernsthaft bezweifeln kann, dass es besser wäre, sie träten nicht auf. Eine vorliegende Situation S gehört zu diesen schlechten Umständen.

P2: Eine Person A wäre durch bestimmte Handlungen X in der Lage, diese schlechte Situation S zu verhindern bzw. zu beseitigen.

P3: Für die Handlung X muss A kein Opfer bringen, das von vergleichbarer moralischer Wichtigkeit wäre wie der durch S entstehende Schaden.

P4: Ist jemand in der Lage, durch eine Handlung X eine solche schlechte Situation S zu verhindern, ohne dafür etwas von vergleichbarer moralischer Wichtigkeit opfern zu müssen, dann ist diese Person moralisch dazu verpflichtet.

K: Person A ist moralisch verpflichtet, die Handlung X zu vollziehen, um die Situation S zu verhindern.

Versuchen wir, das Argument anhand unseres konkreten Beispiels zu untersuchen. Am unproblematischsten ist die Prämisse P2, denn hier handelt es sich schlicht um eine empirische Aussage. Wir gehen also in diesem Fall davon aus, dass die Person, die das Kind in den Teich fallen sieht, in der Lage wäre, es zu retten. Wäre diese rein empirische Voraussetzung nicht gegeben, wäre das Argument hinfällig. Das heißt, das Argument würde dadurch zwar nicht falsch bzw. ungültig, aber wir könnten es nicht mehr sinnvoll in diesem Kontext anwenden, denn die Konklusion könnte ja nur gezogen werden, wenn alle Prämissen wahr wären. Trifft dies schon für eine Prämisse nicht zu, können wir keine Schlussfolgerung mehr ziehen, zumindest nicht auf Basis des vorliegenden Arguments. Letztlich handelt es sich hier um die Entsprechung des Prinzips „Sollen impliziert Können". Ist die Person gar nicht dazu in der Lage, dem Kind zu helfen, erübrigt es sich, über ihre moralischen Verpflichtungen in diesem Zusammenhang zu spekulieren.

Für die weitere Diskussion gehen wir also davon aus, dass P2 wahr ist, d. h., dass der dort behauptete Sachverhalt empirisch stimmt. Auch P3 ist insofern relativ unproblematisch, weil es sich hier ebenfalls um eine empirische Aussage handelt. Allerdings benötigen wir dafür eine Metrik für moralische Wichtigkeit. Da es sich aber im Wesentlichen um einen Vergleich des durch S entstehenden Schadens und der Höhe des Opfers handelt, ist die Beurteilung, ob die Aussage zutrifft oder nicht, in der Regel nicht übermäßig kompliziert. Da es im Beispiel um die Rettung eines Menschenlebens geht, hieße das im vorliegenden konkreten Fall, dass das Opfer des potenziellen Retters des ertrinkenden Kindes geringer ausfällt als der durch die Situation entstehende Schaden, wenn die Person nicht eingreift, solange die Person dabei nicht ihr eigenes Leben riskieren muss. Insofern kann die Prämisse P3 durchaus mit Prämisse P2 verknüpft sein. Denn wenn es sich z. B. um einen Nichtschwimmer handelt, dann wäre sein Risiko, sein Leben bei der Rettungsaktion zu verlieren, zu hoch. Aber wir würden eher dazu neigen zu sagen, dass die Person gar nicht in der Lage ist, das Kind zu retten.[1] Doch nach Singer ist die Person auch dann nicht verpflichtet, wenn sie möglicherweise sehr wohl dazu in der Lage wäre, aber dafür ein Opfer bringen müsste, das dem Nutzen der geretteten Person entsprechen würde. Hier schlägt sich vor allem der grundsätzlich utilitaristische Ansatz von Peter Singer nieder, nach dem Verpflichtungen dann entstehen, wenn die Gesamtsituation für alle zusammen durch eine entsprechende Handlung verbessert werden kann.

Problematischer als die beiden empirischen Prämissen P2 und P3 ist die Prämisse P1. Allerdings noch nicht so problematisch, dass wir sie nicht in der Regel ebenfalls als „wahr" bzw. allgemein akzeptiert ansehen können. Die Aussage ist nicht in dem Sinne wahr, dass sie einer objektiv vorhandenen Tatsache der äußeren Welt entspricht. Hier kommen wir in den Bereich des moralischen Objektivismus. Die Aussage entspricht keinem empirischen Sachverhalt, der so vorliegen kann oder nicht, womit die Aussage wahr oder falsch wäre, sondern einer Beurteilung bestimmter Umstände, die bestenfalls insofern plausibel sein kann, dass wir davon ausgehen, dass sie üblicherweise von allen vernünftigen und „moralischen" Personen, d. h. Personen, deren moralisches Empfinden intakt ist, geteilt wird. In diesem Fall wäre das die Einschätzung, dass es schlecht bzw. schlimm wäre, wenn ein Kind ertrinkt. Meist hängt diese Einschätzung wohl damit zusammen, dass das Ertrinken des Kindes Leid verursachen würde, einerseits für das Kindes selbst (seine Todesangst, seine eventuellen Schmerzen, möglicherweise auch eine Art von „Leid" in Form des entgangenen zukünftigen Lebens), mehr noch aber womöglich bei den Hinterbliebenen, insbesondere seinen Eltern, Großeltern, Geschwistern und Freunden etc. Das grundlegende Prinzip lautet also, dass Umstände schlecht sind, die Leid verursachen. Daher sind Kriege, Hungersnöte, schlimme Epidemien etc. als etwas Schlechtes zu betrachten, und es wäre besser, es gäbe sie nicht. Es gibt keinen logisch zwingenden Grund, warum wir dieser Ansicht sein sollten, aber es gibt eine große Plausibilität, dass wir alle diese Ansicht teilen, weil sie uns selbstverständlich zu sein scheint.[2] Akzeptieren wir diese Prämisse nicht, dann müssen wir ebenfalls

---

1 In Erich Kästners Roman *Der Gang vor die Hunde*, der zuerst 1931 unter dem Titel *Fabian* mit dem bezeichnenden Untertitel „Die Geschichte eines Moralisten" erschienen war, versucht der Protagonist am Ende in einer ganz vergleichbaren Situation einen Jungen zu retten, der von einem Brückengeländer in einen Fluss fällt, indem er ebenfalls in den Fluss springt. Der Roman endet lakonisch mit den folgenden Sätzen: „Der kleine Junge schwamm heulend ans Ufer. Fabian ertrank. Er konnte leider nicht schwimmen."
2 Diese Ansicht setzt aber eine universalistische Sichtweise voraus, nach der das Leid von anderen Personen „zählt", selbst wenn diese Personen keinen unmittelbaren Bezug zu mir haben. Insofern handelt es sich hier um eine Art von ethischem Sprung von „we" zu

nicht mehr über die Möglichkeit der Anwendung des Arguments diskutieren. Wir gehen daher davon aus, dass diese Prämisse insofern ebenfalls „wahr" ist, als ihre Gültigkeit von allen als selbstverständlich angenommen wird.

Der Kern des Arguments liegt in der Prämisse P4. Diese enthält eine Art von moralischer Regel, vielleicht sogar eine Art von moralischem „Gesetz", das bestimmte Handlungen moralisch erforderlich macht, wenn bestimmte Bedingungen vorliegen. In der Logik wird eine solche Konstruktion auch als praktischer Syllogismus bezeichnet (vgl. u. a. Wright 1991: 93 ff.; Stegmüller 1987: 112 ff.). In dessen Prämissen sind üblicherweise sowohl positive Sätze empirischer Natur als auch normative Forderungen enthalten, sodass als Konklusion eine (präskriptive) Handlungsaufforderung deduziert werden kann. Dabei sind im vorliegenden Fall die Bedingungen die in den Prämissen 1 bis 3 festgelegten. Liegen diese vor, dann führt das moralische „Gesetz" dazu, dass die dort im Konsequens enthaltene Handlungsaufforderung als Konklusion des Arguments abgeleitet werden kann.

Grundsätzlich ist erst einmal festzuhalten, dass das Argument logisch valide ist. Das heißt, treffen die empirischen Sachverhalte der Prämissen 2 und 3 zu und werden die in den Prämissen 1 und 4 enthaltenen moralisch geladenen Aussagen akzeptiert, dann folgt zwingend als moralisches Handlungsgebot die in der Konklusion dargestellte Handlung. Allein daran zeigt sich schon der Nutzen, der darin liegt, über die genaue Form des Arguments nachzudenken. Und insofern man aus der Fehlbarkeit eines Arguments etwas lernen kann, kann man dies eben bei einem normativen Argument annähernd genauso wie bei einem, das sich auf einen naturwissenschaftlichen Bereich bezieht.

2.3 Zwei Gründe für die Zurückweisung der Konklusion eines Arguments

Letztlich sind wir aber ja gar nicht an dem Argument an sich interessiert, sondern an der Konklusion. Das Argument spielt nur insofern eine Rolle, als es uns hilft, die Konklusion zu beurteilen. Eine Konklusion kann nun aus zweierlei Gründen zurückgewiesen werden. Erstens, weil das Argument selbst widersprüchlich, inkonsistent oder zumindest löchrig ist. In diesem Fall hilft uns die Analyse des Arguments, weil wir dadurch enthüllen können, dass die Konklusion keineswegs so selbstverständlich oder zwingend aus den Prämissen folgt, wie es auf den ersten Blick scheint oder von den entsprechenden Autoren suggeriert wird. Dies ist oft gar nicht so einfach zu erkennen, weil die Argumente ja üblicherweise ganz und gar nicht in einer

---

„them", d. h. die Anerkennung der Gleichwertigkeit der Bedürfnisse von anderen Personen mit unseren eigenen (Greene 2014). Evolutionsgeschichtlich ist das eine Haltung, die erst im Laufe der Entwicklung der Menschheit entstanden ist; nichtsdestotrotz scheint es angemessen, sie aus heutiger Sicht als Standard anzunehmen.

2.3 Zwei Gründe für die Zurückweisung der Konklusion eines Arguments

logisch übersichtlichen Form dargeboten werden, sondern eher in Form eines Erzählstrangs, der lose von den oft nur beiläufig formulierten Prämissen zur Konklusion führt. Eine nicht zu unterschätzende Aufgabe besteht daher darin, den Kern des Arguments zu identifizieren und bloßzulegen. Können wir die Widersprüchlichkeit des Arguments nachweisen, dann ist die Konklusion zwar deshalb nicht falsch, aber wir haben durch das Argument eben nichts gelernt, was uns helfen würde, den Wahrheitsgehalt der Konklusion zu enthüllen. Im Idealfall hilft uns ein valides Argument, die Prämissenmenge so zu „melken" – wie es Hans Albert (1968/1991) einmal ausgedrückt hat –, dass wir durch die korrekte Ableitung in Form der Konklusion neue Erkenntnisse gewinnen, die im Prinzip von ihrem Informationsgehalt her zwar in den Prämissen schon enthalten, aber für den Normalsterblichen nicht unmittelbar sichtbar sind. Sind die Prämissen widersprüchlich, können sie dementsprechend nicht „gemolken" werden. Wir wissen aufgrund des fehlerhaften „Arguments" (das ja streng genommen eben gerade keines ist) über die Konklusion danach nicht mehr, als wir vor der Wahrnehmung der in sich widersprüchlichen Prämissen gewusst haben.

Häufig führt das Argument nicht zwangsläufig zur Konklusion, aber nicht deshalb, weil es widersprüchlich ist, sondern weil es unvollständig ist. Das heißt, im Argument fehlen bestimmte Prämissen, meist in Form von Brückenannahmen, die zusammen mit den Prämissen, die den inhaltlichen Kern des Arguments bilden, erst den Schluss möglich machen. Tatsächlich ist es ein gar nicht so ungewöhnliches Vorgehen, dass wir gewissermaßen von der Konklusion und bestimmten Kernprämissen ausgehen, um dann gezielt nach den fehlenden Prämissen zu suchen, die es uns erlauben, den gewünschten Schluss zu ziehen. In der mathematischen Beweisführung spielen z. B. sogenannte Hilfssätze oder Lemmata eine herausragende Rolle, die sozusagen als eine Art von Etappenzielen dienen, um zum gewünschten Endziel, also dem eigentlich zu beweisenden Theorem, was in diesem Fall die Konklusion ist, zu gelangen. Nehmen wir an, es sei das Ziel, das Theorem zu beweisen, dass aus dem Vorliegen bestimmter Bedingungen a auf das Vorliegen von c geschlossen werden kann. Wenn es uns gelingt zu zeigen, dass, wenn a vorliegt, auch b vorliegen muss, und wenn b vorliegt, auch c vorliegen muss, dann können wir mit diesen entsprechenden Lemmata das folgende Argument bilden:

a

$a \to b$

$b \to c$

---

c

2. Sinn und Notwendigkeit von Argumenten

Es kann mitunter sehr erhellend und hilfreich sein, diese *missing links* zu identifizieren, und es kann uns helfen zu beurteilen, ob wir das Argument insgesamt für überzeugend und ausreichend halten, um die Konklusion zu gewährleisten. Besteht das fehlende Glied in einer empirisch überprüfbaren Behauptung, dann können wir zeigen, dass der Schluss nur erlaubt ist, wenn die entsprechenden Bedingungen auch in der Wirklichkeit vorliegen. Besteht das fehlende Glied in einer normativen Aussage, dann ist das Argument nur gültig, wenn wir von einer allgemeinen Akzeptanzfähigkeit dieser normativen Aussage ausgehen.

Damit sind wir im Wesentlichen beim zweiten Grund, warum wir eine bestimmte Konklusion ablehnen können. In diesem Fall ist das Argument in seiner logischen Form selbst zwar gültig, aber die in ihm enthaltenen Prämissen sind offenkundig nicht wahr. Nehmen wir z. B. das klassische „Argument" zur Begründung des Ausschlusses von Frauen vom Wahlrecht. Einer der wesentlichen Ausschlussgründe lag dabei in der behaupteten mangelnden Rationalität von Frauen, sodass man in diesem Sinn das folgende „Argument" konstruieren könnte.

> P1: Demokratietheoretisch ist es erwünscht, dass die kollektiv getroffenen Entscheidungen des Demos qualitativ gut sind bzw. dass die Trefferquote des kollektiven Urteils so hoch wie möglich ist.
>
> P2: Die (epistemische) Qualität der kollektiv getroffenen Entscheidungen ist desto besser, je höher die Urteilskraft der Individuen (bei konstanter Anzahl der Abstimmenden) ist.
>
> P3: Die Urteilskraft von Männern ist höher als die von Frauen.
>
> P3a: Insbesondere ist die Trefferquote des richtigen Urteils von Männern deutlich höher als die zufällige Trefferquote, während sie sich bei Frauen nicht positiv vom Zufall abhebt und teilweise sogar schlechter als dieser abschneidet.
>
> P4: Institutionelle Designs, die wünschenswerte Eigenschaften besitzen, sind erstrebenswert.
>
> ---
>
> K: Aus demokratietheoretischer Sicht ist es erstrebenswert, dass nur Männer das Wahlrecht ausüben.

Das „Argument" ist formal gültig insofern, als die Konklusion wahr wäre, wenn alle Prämissen erfüllt wären. P1 und P4 sind im Wesentlichen normative Aussagen über die Erwünschtheit bestimmter demokratischer Institutionen, von deren allgemeiner Akzeptanz ausgegangen werden kann. Die Prämisse P2 ist im Wesentlichen eine Beschreibung des sogenannten Jury-Theorems von Condorcet, nach dem die Wahrscheinlichkeit, mit der eine Jury bestimmten Umfangs ein richtiges Mehrheitsurteil fällt, desto höher ist, je höher die individuelle Wahrscheinlichkeit der einzelnen Jurymitglieder ausfällt, ein korrektes Urteil zu fällen (Behnke 2011). Entscheidend ist die Prämisse P3 bzw. deren Konkretisierung P3a. Hier handelt es sich um empirische Aussagen, die wahr sind, wenn sie die Wirklichkeit korrekt abbilden, und falsch sind, wenn der in ihnen behauptete Sachverhalt nicht den in der Wirklichkeit vorliegenden Beobachtungen entspricht. Offenkundig spiegeln die Prämissen aber keine durch empirische Evidenz belegten Erkenntnisse wider, sondern schlichtweg Vorurteile, wie sie im 18. und 19. Jahrhundert üblich waren. Wenn Frauen womöglich bei der Wahrheitsfindung sogar schlechter als ein Zufallsmechanismus abschneiden, dann unterstellt dies, dass sie *systematisch* Fehlurteile fällen, weil sie vorhandene Evidenz gerade falschherum interpretieren. Diese Vorurteile wichen schließlich einer realistischen Perzeption der kognitiven Fähigkeiten von Frauen. Eine logische und zwingende Folge davon war, dass das Frauenwahlrecht in den meisten demokratischen Ländern in der ersten Hälfte des 20. Jahrhunderts eingeführt wurde (mit gelegentlich unrühmlichen Ausnahmen wie z. B. im Kanton Appenzell, in dem sich noch in den 1980er-Jahren eine Mehrheit von Männern gegen die Einführung des Frauenwahlrechts aussprach).

In diesem Fall ist die kritische Prämisse empirisch falsch. Aber genauso kann das Problem in einer normativen Prämisse liegen. Kommen wir zurück zu Singers Beispiel mit dem ertrinkenden Kind. Nach ihm wäre eine Person verpflichtet, zur Rettung eines Kindes, das sonst mit annähernder Sicherheit sterben würde, jedes Opfer zu bringen, solange es nicht von „vergleichbarer moralischer Wichtigkeit" ist, was in diesem Fall nur dann gegeben wäre, wenn der Retter ebenfalls mit annähernder Sicherheit sein Leben beim Rettungsversuch verlieren würde. Aber sogar dann, wenn diese Wahrscheinlichkeit immer noch erheblich wäre, aber deutlich unter 1 liegen würde, wäre er schon verpflichtet zu versuchen, das Kind zu retten. Tatsächlich aber würden nur die allerwenigsten diese moralische Intuition teilen. Diese Forderung scheint uns offensichtlich zu weit zu gehen. Diese Sichtweise verlangt von jemandem, das Wohlergehen anderer mit derselben Wichtigkeit zu bewerten wie das eigene oder das ihm nahestehender Personen. Tatsächlich aber gibt es eher eine allgemein geteilte Intuition, dass die Priorisierung des eigenen Wohlergehens und desjenigen von Personen, die einem selbst nahestehen, z. B. die eigenen Kinder, gegenüber dem Wohlergehen dritter Personen durchaus zu rechtfertigen ist, wenn das Opfer in Form von Ressourcen erbracht werden müsste, die dem persönlichen Verfügungsbereich der jeweiligen Person entstammen (vgl. Nagel 1991). Wer in einer solchen Situation dennoch solche Opfer bringt, tut mehr, als vernünftigerweise von ihm verlangt werden könnte; solche Taten werden daher auch als *supererogatorisch* bezeichnet. Wer sein Leben riskiert, um z. B. Personen aus einem brennenden Auto zu retten, leistet mehr, als wir fairer- und vernünftigerweise von ihm erwarten könnten. Solche Personen werden daher zu Recht von uns als Helden bezeichnet und womöglich mit entsprechenden Ehrungen wie dem

Bundesverdienstkreuz ausgezeichnet. Prämisse P4 in Singers praktischem Syllogismus „Ist jemand in der Lage, durch eine Handlung X eine solche schlechte Situation S zu verhindern, ohne dafür etwas von vergleichbarer moralischer Wichtigkeit opfern zu müssen, dann ist diese Person moralisch dazu verpflichtet" ist insofern „falsch", weil er eine moralische Forderung aufstellt, die zu stark ist und daher nicht allgemeine Akzeptanzfähigkeit finden würde. Wir können diese Formulierung daher auch als die starke (gewissermaßen zu starke) Form des Singer'schen praktischen Syllogismus bezeichnen. Singer schlägt daher selbst eine abgeschwächte Form vor, in der das Opfer nicht mehr von „vergleichbarer moralischer Wichtigkeit" sein muss, sondern nur noch „moralisch signifikant", was ich zu „von moralisch signifikantem Wert" umformuliere, um zu folgender schwacher Form des praktischen Syllogismus von Singer zu kommen:

Singers praktischer Syllogismus: Die schwache Form

> P1: Es gibt bestimmte Umstände, die ohne Zweifel schlecht sind, d. h. in Bezug auf welche niemand ernsthaft bezweifeln kann, dass es besser wäre, sie träten nicht auf. Eine vorliegende Situation S gehört zu diesen schlechten Umständen.
>
> P2: Eine Person A wäre durch bestimmte Handlungen X in der Lage, diese schlechte Situation S zu verhindern bzw. zu beseitigen.
>
> P3: Für die Handlung X muss A kein Opfer bringen, das von moralisch signifikantem Wert wäre.
>
> P4: Ist jemand in der Lage, durch eine Handlung X eine solche schlechte Situation S zu verhindern, ohne dafür etwas von signifikantem moralischem Wert opfern zu müssen, dann ist diese Person moralisch dazu verpflichtet.

> K: Person A ist moralisch verpflichtet, die Handlung X zu vollziehen, um die Situation S zu verhindern.

In dieser schwachen Form scheint P4 grundsätzlich durchaus akzeptanzfähig zu sein. Um die Schlussfolgerung K ableiten zu können, kommt es daher im Wesentlichen „nur" noch darauf an, ob wir glauben, dass auch P3 zutrifft, also dass das erforderliche Opfer nicht von signifikantem moralischem Wert ist, vorausgesetzt, die Person A ist grundsätzlich in der Lage, das vorliegende Übel bzw. den drohenden Schaden zu beseitigen (was in P2 ausgedrückt ist). Natürlich wird es hier durchaus individuelle Variation geben bei den Urteilen über den Schwellenwert an moralischem Wert, den eine Sache für einen überschreiten muss, um als „signifikant" zu gelten. Dennoch ist das Argument immer noch sehr aufschlussreich und lässt für viele relevante Situationen klare Aussagen zu. Denn wenn wir uns einig darüber sind, dass ein bestimmtes Opfer *nicht* von moralisch signifikantem Wert sein kann, dann folgt daraus die Verpflichtung zur Hilfeleistung. Würde das „Opfer" bei der Rettung des Kindes z. B. lediglich darin bestehen, dass ich mir meine Kleidung schmutzig mache, dann wäre das sicherlich nicht von hinreichender moralischer Signifikanz, um ein Nichteingreifen rechtfertigen zu können. Das Argument ist so berühmt, weil es sich auf viele politische Entscheidungskomplexe anwenden lässt. Wenn unser Opfer für die Aufnahme von Flüchtlingen oder Immigranten lediglich darin bestünde, gewisse leicht verschmerzbare finanzielle Einbußen hinnehmen zu müssen, die den meisten gar nicht auffallen würden, dann wäre dies, vor allem im Vergleich zu dem Gewinn, den die Flüchtlinge oder Immigranten durch Aufnahme erfahren würden, ein so geringes Opfer, dass man es wohl kaum als moralisch signifikant bezeichnen könnte. Nimmt die Zahl der Aufzunehmenden hingegen eine Größenordnung an, bei der Dinge auf dem Spiel stehen könnten, denen sicherlich ein moralisch signifikanter Wert zugesprochen werden muss, z. B. die Aufrechterhaltung der öffentlichen Ordnung, aber auch womöglich der Erhalt einer bestimmten kulturellen Identität (vgl. Walzer 1981; Miller 2007: Kap. 8), dann wäre die Entscheidung nicht mehr so eindeutig.

Die Formulierung oder zumindest Skizzierung eines politischen Entscheidungsproblems in Form eines logischen Arguments kann uns auch noch in anderer Hinsicht nützlich sein als nur in der, dass es unser Verständnis für die Entscheidung selbst schärft. Denn durch das Argument kann womöglich auch ein Widerspruch zwischen dem, was wir begründen können, und dem, was wir in der Praxis tun, offenbart werden. In der Tat scheint es so, dass zumindest die schwache Form des Singer'schen Syllogismus eine annähernd allgemeine Akzeptanzfähigkeit besitzen könnte. Die dort erhobene moralische Forderung erscheint uns durchaus gerechtfertigt und „recht und billig". Dennoch kommt es in vielen Fällen zu einer Diskrepanz unseres tatsächlichen Verhaltens mit der Schlussfolgerung, die aus dem Argument gezogen werden kann. Dies wirft wiederum neue Fragen dahingehend auf, inwiefern das Argument uns nicht nur aufzeigt, welche moralischen Verpflichtungen wir haben, sondern auch, inwiefern durch diese Illustration tatsächlicher Handlungsdruck entstehen kann. Basierend auf Singers Aufsatz schrieb z. B. der Philosoph Peter Unger das Buch *Living High & Letting Die*, das sich genau dieser Diskrepanz widmet (Unger 1996).

Argumente können also in vielfältiger Weise hilfreich sein. Aus diesem Grund werde ich in diesem Buch immer wieder verschiedene Ansätze zumindest grob in der Form von Argumenten zu skizzieren versuchen.

Literatur zur Einführung

Salmon, Wesley C. (2001): Logik. Stuttgart: Reclam.

Weiterführende Literatur

Parfit, Derek (2011): On what matters. Vol. 1. Oxford: Oxford University Press, Kap. 1.

Scanlon, Thomas M. (1998): What we owe to each other. Cambridge, Mass.: Belknap Press, Kap. 1 bis 4.

Scriven, Michael (1966): Primary Philosophie. New York: McGraw-Hill, Kap. 1.

3. Verpflichtungen

Die kollektiv verbindlichen politischen Entscheidungen, die vom Staat auch gegen den Willen der Bürger und zur Not auch mit dem Einsatz von Gewaltmitteln durchgesetzt werden können, beziehen sich letztlich auf Verpflichtungen, die die Bürger gegenüber dem Staat zu erbringen haben. Die wichtigste dieser Verpflichtungen besteht in einem allgemeinen Respekt vor der rechtlichen Ordnung, also in der Einhaltung der Gesetze. In der rechtlichen Ordnung sind sowohl Rechte als auch Pflichten festgelegt, die in einer unmittelbaren Beziehung zueinander stehen. Rechte nämlich ziehen Verpflichtungen Dritter nach sich, d. h., das Recht besteht gerade darin, andere zu etwas zu verpflichten. In diesem Zusammenhang wird häufig zwischen sogenannten „negativen" und „positiven" Rechten unterschieden. Dabei sind die Begriffe auf den ersten Blick womöglich etwas irreführend. Denn die „negativen" Rechte, die sogar zu den grundlegenderen und umfassenderen Rechten gehören, sind nicht selbst, d. h. ihrem Wesen nach, negativ. Vielmehr bezieht sich das Adjektiv auf die Art und Form der Verpflichtungen, die Dritten dadurch entstehen. Negative Rechte sind nämlich solche, bei denen die Verpflichtungen in Unterlassungen bestehen, also in der Verpflichtung, bestimmte Handlungen *nicht* zu begehen; daher werden diese Rechte als negativ bezeichnet. Die Rechte auf die freie Entfaltung der eigenen Persönlichkeit, Leben und körperliche Unversehrtheit z. B. sind bei uns im Grundgesetz in Artikel 2 festgelegt. Wie fundamental diese Rechte sind, lässt sich daran erkennen, dass sie die ersten sind, bei denen inhaltlich explizit genannt wird, auf den Schutz welcher Güter sie sich konkret beziehen. Bei diesen Rechten handelt es sich um negative Rechte, weil damit anderen Personen, aber natürlich auch dem Staat, untersagt wird, etwas zu tun, was diese Rechte verletzen würde, also jemanden zu verletzen oder im Extremfall sogar zu töten.

Positive Rechte hingegen sind solche, bei denen eine Person einen Anspruch auf explizit zu erbringende Leistungen erhält. Die wichtigsten solcher positiven Rechte sind heutzutage sicherlich Rechte auf Sozialleistungen, die seitens des Staates bzw. letztlich seitens seiner Bürger in ihrer Funktion als Steuerzahler erbracht werden müssen. Die Inanspruchnahme positiver Rechte hat daher immer einen bestimmten Verbrauch von Ressourcen aufseiten derer, die die entsprechenden Leistungen zu erbringen haben, zur Folge. Positive Rechte müssen daher ihrer Natur entsprechend immer beschränkt sein, sowohl in ihrem Umfang als auch in Bezug auf den Personenkreis, der sie für sich in Anspruch nehmen kann. Das Recht des ertrinkenden Kindes in Singers Beispiel auf Rettung durch den Passanten wäre z. B. ebenfalls ein positives Recht. Es ist insofern beschränkt, als es nur denjenigen Personen Verpflichtungen auferlegt, die sich in unmittelbarer Nähe des Kindes befinden. Negative Rechte können hingegen genau aus dem Grund als Rechte formuliert werden, die im wörtlichen Sinn allen anderen Personen Verpflich-

3. Verpflichtungen

tungen auferlegen, weil sie in der Regel diesen zwar womöglich bestimmte Möglichkeiten nehmen, ihre Ressourcen zu erweitern, aber ihre ursprünglichen Ressourcen nicht vermindern. Wenn ich darauf „verzichte", Gewalt anzuwenden, um meine Interessen gegenüber anderen durchzusetzen, verliere ich in der Regel nichts. Wir würden nicht ernsthaft davon reden, dass der Mafia etwas „genommen wird", wenn sie gezwungen ist, sich an das Gesetz zu halten und keine Schutzgelder eintreiben darf. Die Anwendung von Gewalt aber kann natürlich sehr wohl erlaubt sein zur Abwehr unrechtmäßiger Eingriffe in Rechte, z. B. bei der Verteidigung gegen einen Angriff. Die Asymmetrie zwischen positiven und negativen Rechten bezüglich der Kosten ihrer Durchsetzung bzw. Gewährleistung ist also der Grund, warum negative Rechte grundsätzlich universeller Natur sind, während positive Rechte immer spezifisch sein müssen, insofern sie sich immer nur auf Verpflichtungen bestimmter Personengruppen gegenüber bestimmten Personengruppen beziehen können. Der Kern der Rechte besteht daher aus negativen Rechten. Auch historisch entstanden Rechte vor allem als negative Rechte, in erster Linie als Abwehrrechte gegenüber einem übergriffigen Staat. Positive Rechte traten hingegen relativ spät auf und sind mit der Entstehung moderner Sozialstaaten eng verbunden.

Die Rechte selbst sind für alle offensichtlich erst einmal ein Gewinn, sonst würden wir sie nicht einführen. Soweit in diesem Zusammenhang von „Zumutungen" an die Bürger gesprochen werden kann, so werden den Bürgern durch die Gesetze nicht die Rechte „zugemutet", sondern die damit einhergehenden Verpflichtungen. Die elementare Frage ist daher, wie solche Verpflichtungen grundsätzlich begründet werden könnten, d. h.: Welche Verpflichtungen können überhaupt begründet werden und welchen Umfang könnten solche grundsätzlich begründungsfähigen Verpflichtungen haben?

Im Zusammenhang mit der Legitimierung des Staates heißt dies, dass uns die Verpflichtungen interessieren, die die Bürger gegenüber dem Staat bzw. ihren Mitbürgern haben. Da der Staat ein künstliches, erst von den Menschen geschaffenes Gebilde ist, ist die damit einhergehende Fragestellung sehr komplex und es besteht die Gefahr, dass wir in eine Art von zirkulärer Argumentation abdriften könnten, bei der wir die Verpflichtungen gegenüber dem Staat damit begründen, dass wir diese dem Staat gegenüber eben haben. Philosophen versuchen sich in solchen Fällen dem Problem oft durch einen Analogieschluss zu nähern. Um also zu ergründen, warum und wie solche Verpflichtungen unsererseits gegenüber dem Staat entstehen bzw. bestehen könnten, kann es hilfreich sein, sich zuerst einmal die Kontexte anzusehen, die uns aus unserem unmittelbaren Lebensbereich vertraut sind, dann zu analysieren, wie dort in diesen Kontexten üblicherweise Verpflichtungen entstehen, um dann abschließend zu überlegen, ob sich die entsprechenden Konstruktionen auch auf den Staat übertragen lassen.

In paradigmatischer Weise hat dies Sokrates im von Platon überlieferten sogenannten *Kriton*-Dialog (Platon 2011: 45 ff.) getan, in dem er seinen Anhängern gegenüber erklärt, warum er sich dem drohenden Todesurteil nicht durch Flucht entziehen will, obwohl ihm das offenbar ohne Weiteres möglich gewesen wäre. Ein stärkeres Bekenntnis zu den Gesetzen des Staates als eines, das einen das Leben kosten wird, und zwar unter Umständen, in denen davon ausgegangen wird, dass diese Gesetze zu Unrecht gegen einen angewandt werden (denn natürlich ging Sokrates davon aus, dass er zu Unrecht beschuldigt worden war), lässt sich offensichtlich kaum denken. Insofern erhält diese Verteidigung des Staates durch Sokrates die allerhöchste Glaubwürdigkeit, da sie mit den denkbar höchsten persönlichen Opfern verknüpft ist. Wer den Staat auch dann noch verteidigt, wenn er einen sehr hohen Preis dafür zahlen muss, schreibt dem Staat ganz offensichtlich einen sehr hohen Wert zu. Der Ethnologe Joseph Henrich spricht in solchen Zusammenhängen von „credibility enhancing displays" (Henrich 2016: 258). Kein Wunder daher, dass die Argumente von Sokrates in mehr oder weniger modifizierter Form von vielen politischen Philosophen aufgegriffen werden, wenn es um diese grundlegenden Fragen der Begründung von Verpflichtungen der Bürger gegenüber dem Staat geht. Konkret nennt Sokrates im Wesentlichen drei Gründe: Erstens sei er dem Staat Gehorsam schuldig wie Kinder gegenüber ihren Eltern, zweitens schulde er dem Staat etwas für die Leistungen, die er von ihm empfangen habe, und drittens sei es falsch, den Staat dadurch zu schwächen, dass er sich seiner Gerichtsbarkeit entziehe, weil der Staat grundsätzlich etwas Gutes sei. Der Philosoph A. John Simmons hat diese Argumente systematisiert und unter den drei Kategorien „associations", „transactions" und „natural duties" diskutiert (Simmons 2007). Im Folgenden will ich mich daher an seiner Argumentation orientieren.

3.1 Verpflichtungen aufgrund von Gruppenzugehörigkeiten

Bei „assoziativen Theorien" von Verpflichtungen entstehen die Verpflichtungen durch die Zugehörigkeit zu einer Gruppe. Konkret entstehen diese Verpflichtungen durch die Übernahme bestimmter Rollen, die in bestimmten Relationen zu anderen Rollen stehen. Dabei geht es in der Regel um Gruppenzugehörigkeiten, die automatisch entstehen, in die man sozusagen hineingeboren wird. Würden die Verpflichtungen aufgrund von Gruppenzugehörigkeiten entstehen, für die man sich bewusst entschieden hat, dann wäre dies in dem Kategorienschema von Simmons eher ein Fall für den transaktionalen Ansatz. Im klassischen assoziativen Ansatz sind die Verpflichtungen daher solche, die man nicht freiwillig übernommen und für die man sich also nicht entschieden hat. Andererseits sind sie spezifisch und auf ausgewählte Personen gerichtet, nämlich auf diejenigen, die in der entsprechenden Relation zu einem stehen, bei der Verpflichtungen entstehen.

3. Verpflichtungen

Das klassische Beispiel für den assoziativen Ansatz ist die Familie, insbesondere die Beziehungen zwischen Eltern und Kindern. Nun ist es in diesem Zusammenhang unzweifelhaft, dass hier grundsätzlich sehr starke Verpflichtungen entstehen, nämlich die der Eltern gegenüber ihren Kindern. Dafür kann man verschiedene gute Gründe angeben. Ausgangspunkt dabei ist, dass Kinder auf Hilfe angewiesen sind; dies gilt desto mehr, je jünger sie sind. Insbesondere Neugeborene könnten ohne aktive Hilfe gar nicht überleben. In diesem Sinn besitzen Kinder positive Rechte auf die benötigte Unterstützung. Dementsprechend muss es bestimmte Personen geben, die den Kindern gegenüber die Verpflichtung haben, die für die Befriedigung der Bedürfnisse notwendigen Ressourcen aufzuwenden. Die Eltern sind hier aus einem naheliegenden Grund die ersten Kandidaten für diese Verpflichtung. Denn sie haben die Kinder erst in die Welt gesetzt, sie sind somit in gewisser Weise verantwortlich dafür, dass diese „Notsituation", in der die Kinder auf aktive Unterstützung angewiesen sind, überhaupt erst entstanden ist. Insofern sind Eltern gewissermaßen allein schon aufgrund des Verursacherprinzips für die Kinder in einem besonderen Maße verantwortlich. Aber auch wenn wir nicht per se eine moralische Verantwortung der Eltern sehen würden, für ihre Kinder zu sorgen, so müsste auf jeden Fall *irgendwer* für die Kinder sorgen, wir hätten also ein Koordinationsproblem zu lösen, bei dem wir jedem hilfsbedürftigen Kind mindestens eine Person zuweisen müssten, die für die Unterstützung zuständig ist. Die einfachste Form, dieses Koordinationsproblem zu lösen, besteht darin, sich die Zuordnung zunutze zu machen, die aufgrund der natürlichen Beziehungen besteht, eben in dem Sinn, dass die Eltern die Erzeuger der Kinder sind. Diese Zuordnung ist eindeutig und sie ist hinreichend, weil jedes Kind in der Regel dementsprechend seinen Eltern zugeordnet werden kann. Als positiver Nebeneffekt kommt der psychologische oder biologische Effekt hinzu, dass Eltern von Natur aus gegenüber ihren eigenen Kindern eine besonders starke Neigung aufweisen, diesen die notwendige Unterstützung angedeihen zu lassen. Insofern ist dieser Koordinationsmechanismus auch besonders effizient, wenn er jeweils Verknüpfungen zwischen hilfsbedürftigen Kindern und ihren Eltern bildet, weil so genau die Verknüpfungen entstehen, bei denen auch die Bereitschaft der Hilfeleistenden in Abhängigkeit davon, wer die Hilfeempfänger sind, am stärksten ausgeprägt ist.

Assoziative Theorien können also, wie wir an dem Beispiel gesehen haben, auf sehr überzeugende Weise sehr starke Verpflichtungen begründen. Nur taugt das Beispiel nicht für unseren Zweck. Denn wenn wir die Beziehung zwischen Eltern und ihren Kindern mit denen zwischen einem Staat und seinen Bürgern vergleichen wollen, dann entspricht die Rolle des Staates sicherlich der der Eltern und die der Bürger derjenigen der Kinder. Wenn wir aber die Verpflichtungen der Bürger gegenüber dem Staat begründen wollen, brauchen wir ein Modell für die Familienanalogie, das erklärt, warum Kinder gegenüber ihren Eltern Verpflichtungen haben sollten. Dies erweist sich als wesentlich kniffligeres Problem.

Tatsächlich scheint es uns spontan relativ selbstverständlich zu sein, dass es eine Verpflichtung der Kinder gegenüber den Eltern gibt, dass sie ihnen Gehorsam schuldig sind und Respekt etc. Symptomatisch dafür steht das vierte biblische Gebot: „Du sollst deinen Vater und deine Mutter ehren." Tatsächlich lässt sich diese Verpflichtung erst einmal im Einklang sehen mit einer allgemeinen Verpflichtung, jeglicher Autorität die notwendige Ehrerbietung zu erweisen. In Luthers Katechismus heißt es daher in der Erläuterung zum vierten Gebot: „Was ist das? Wir sollen Gott fürchten und lieben, daß wir unsere Eltern und Herren nicht verachten noch erzürnen, sondern sie in Ehren halten, ihnen dienen, gehorchen, sie lieb und wert haben." Das ist aber offenbar eher eine Verpflichtung im Sinn einer Tradition zur Aufrechterhaltung eines bestimmten Herrschaftsgefüges und keine stichhaltige Begründung an sich. Aufschlussreicher ist da schon der Zusatz zum vierten Gebot, der oft unterschlagen wird. Denn vollständig lautet es: „Du sollst deinen Vater und deine Mutter ehren, auf dass du lange lebest in dem Lande, das dir der Herr, dein Gott, geben wird" (2. Buch Mose, 20,12).

Nimmt man dies wörtlich, dann wird klar, dass es bei dem Gebot, die Eltern zu ehren, nicht zuletzt auch um die eigenen Interessen gehen könnte. Die zugrunde liegende Idee ist die einer Art von Generationenvertrag, bei der die jeweils mittlere Generation für die jeweils existierende Generation der Alten aufkommt. Die Mittelgeneration fungiert dann in ihrer Unterstützung der Alten als ein Rollenmodell für die nachkommende Generation, die dann wiederum, wenn sie die Mittelgeneration ist, die jetzige Mittelgeneration, die dann die der Alten ist, unterstützen soll. Sehr schön kommt diese Form eines über Rollenbilder vermittelten Generationenvertrags im Märchen „Der alte Großvater und der Enkel" der Brüder Grimm zum Ausdruck (Grimm 1819/1983: 403). Der alte Großvater ist zittrig, und weil es kein schöner Anblick ist, ihm beim Essen zuzusehen, wird er in eine Nische hinter den Ofen verbannt. Als er dann schließlich auch noch die Schüssel aus Tongeschirr fallen lässt, sodass sie zerbricht, erhält er eine Schüssel aus Holz, was offensichtlich eine Demütigung ist. Eines Tages beobachten die Eltern das kleine drei- oder vierjährige Kind dabei, wie es Holzbretter zusammenlegt. Auf die Frage, was es denn tue, antwortet das Kind, es baue ein Tröglein, aus dem dann die Eltern essen könnten, wenn sie alt seien. Womit der Großvater wieder samt Tonschüssel zum Tisch der Familie zurückkehrt.

Noch einleuchtender erscheint vielen, die Unterstützung der Mittelgeneration für die ältere als eine Art von „Rückzahlung" für die Unterstützung und Hilfe zu betrachten, die man selbst von den Eltern als Kind erhalten hat. Dies wäre aber eher ein Reziprozitätsargument im Sinne von quid pro quo, bei dem durch erhaltene Hilfe eine Schuld entsteht, die irgendwann auch

3. Verpflichtungen

wieder eingelöst werden muss. In der Tat scheint dieses Argument, dass die Hilfe der Kinder für die Eltern ihre „Dankbarkeit" für die Unterstützung ausdrückt, die sie zuvor erfahren haben, einleuchtend, und zumindest die anekdotische Evidenz aus Rückmeldungen in den Seminaren scheint dies zu bestätigen. Allerdings käme es dann ja streng genommen gar nicht auf die Beziehung zwischen Kindern und Eltern an, sondern auf die erhaltene Vorleistung seitens der Eltern. Das, was nach außen wie ein Verhalten aussieht, das auf der Relation Eltern–Kinder beruht, ist in Wirklichkeit nur ein Reaktionsmuster auf das Geberverhalten anderer, das im Kontext der Relation zwischen Eltern und Kindern einfach nur besonders häufig auftritt, sodass der eigentliche Wirkungszusammenhang nicht ohne Weiteres von der Übereinstimmung mit einer bestimmten Form von Relation zu entwirren ist, die mit dem eigentlichen Wirkungszusammenhang stark korreliert. In der Statistik spricht man in diesem Kontext von *Scheinkorrelationen*. Dabei ist dieser Begriff streng genommen wiederum falsch, denn die Korrelation zwischen den betroffenen Merkmalen ist ja vorhanden – in unserem Fall die wahrgenommene Verpflichtung der Kinder gegenüber Personen, die ihre Eltern sind –, also keineswegs „Schein", aber die Korrelation ist eben nicht kausal zu interpretieren, d. h., die Verpflichtung der Kinder gegenüber den Eltern entsteht womöglich nicht einfach deshalb, *weil* diese ihre Eltern sind, sondern hat eine andere Ursache, die nur häufig gemeinsam mit dem Elternsein auftritt, nämlich die wohlmeinende Fürsorgeleistung der Eltern gegenüber ihren Kindern.

Das experimentelle Design ist die klassische Lösung in solchen Fällen, um die Wirkung miteinander konfundierender Faktoren zu entwirren. Da es um die Überprüfung der Annahme geht, dass die Hilfe der Kinder eher auf Dankbarkeit als auf der Beziehung zu den Eltern an sich beruht, benötigen wir letztlich nur ein Gedankenexperiment der Art, dass wir unsere Intuitionen dahingehend untersuchen, ob wir diese Hilfe auch für angebracht hielten, wenn die Eltern sprichwörtliche „Rabeneltern" gewesen wären, also ihre elterlichen Verpflichtungen in jeder erdenklichen Hinsicht vernachlässigt hätten. Hier weist die anekdotische Evidenz des Seminarraums in die Richtung, dass die meisten (allerdings nicht alle!) in diesem Fall keine Verpflichtung der Kinder gegenüber den Eltern mehr erkennen mögen.

Die assoziativen Theorien scheinen daher wenig geeignet, aus sich selbst heraus Verpflichtungen zu generieren. Soweit wir solche wahrnehmen, beruhen sie eher auf konkreten Akten wie der Schaffung eines Zustands der Bedürftigkeit oder Not oder der einseitigen Vorleistung bestimmter Begünstigungen, die ihrerseits eng korreliert sind mit den Beziehungen innerhalb einer Gruppe, sodass die Gruppenbeziehungen irrtümlich für die Ursache der Entstehung einer Verpflichtung gehalten werden. Bestimmte Handlungen wiederum scheinen sehr wohl starke Kandidaten zu sein, Verpflichtungen zu erzeugen. Diese Theorien werden von Simmons unter dem Label der Transaktionstheorien behandelt.

3.2 Die Entstehung von Verpflichtungen aufgrund von Transaktionen

Mit Transaktionen sind allgemein gerichtete Handlungen zwischen Personen gemeint. Eine Person A begeht z. B. eine Handlung X, die für Person B eine bestimmte Bedeutung oder bestimmte Konsequenzen hat. Im transaktionalen Ansatz entstehen Verpflichtungen demnach dadurch, dass die Person A spezifische Handlungen von einem Typ X unternimmt, die in der Lage sind, Verpflichtungen zu generieren. Dabei müssen wir unterscheiden zwischen Verpflichtungen, die A selbst durch die von ihr begangene Handlung entstehen, oder Verpflichtungen, die B, also dem „Adressaten" der Handlung, entstehen. Im zweiten Fall sprechen wir von Reziprozitäts- oder Dankbarkeitstheorien, im ersten Fall von Konsens- oder Zustimmungstheorien. Ich beginne in der Darstellung mit den Reziprozitätstheorien.

3.2.1. Reziprozitäts- oder Dankbarkeitstheorien

Reziprozität ist ohne Zweifel ein starkes Element, dem sich fast keiner entziehen kann. Begeht Person A durch die Handlung X eine Wohltat an Person B, dann scheint es äußerst naheliegend, dass dadurch B nun irgendwie in der Schuld von A steht. Dabei soll erst einmal davon ausgegangen werden, dass die „Wohltat" auch unzweifelhaft eine Wohltat ist, d. h., dass sie von vernünftigen Beobachtern so interpretiert werden muss, dass B in der Tat einen Vorteil und Nutzen dadurch erhält, der im wohlverstandenen Interesse von B liegt. Wenn B „vernünftig" ist, wird er dementsprechend die Wohltat auch selbst als solche erkennen. Zumindest in den Fällen, in denen B in Zukunft eine vergleichbare Wohltat an A begehen könnte, ist der Druck dann offensichtlich sehr groß, dass B die ursprüngliche Wohltat von A entsprechend vergilt.

Evolutionstheoretiker gehen davon aus, dass Reziprozität der Beginn der Ausbildung einer individuellen Kooperationsbereitschaft der Mitglieder einer Gruppe zumindest gegenüber den anderen Mitgliedern dieser Gruppe darstellt. Gehen wir z. B. von Jäger-Sammler-Gesellschaften aus, so ist leicht nachvollziehbar, dass das Jagdglück – selbst bei unterschiedlich vorhandenen Begabungen – immer auch sehr stark von Glück, also dem Zufall, abhängt und damit zwischen den Individuen sehr stark variiert. Da der erfolgreiche Jäger in der Regel mehr erlegt, als er und seine engsten Familienmitglieder selbst verbrauchen können, bevor das Fleisch wegen mangelnder Konservierungsmöglichkeiten verdirbt, ist es nur sinnvoll, etwas vom Überfluss an die vom Pech verfolgten Jäger abzugeben, die leer ausgegangen sind. Dreht sich nun das Jagdglück, so kann der erfolglose Jäger von gestern, der heute der erfolgreiche ist, dem zuvor erfolgreichen, der nun womöglich der Pechvogel bei

3. Verpflichtungen

der Jagd war, etwas abgeben und dessen Vorleistung entsprechend zurückzahlen. Im Endeffekt profitieren alle, da der erfolgreiche Jäger ja tendenziell etwas abgibt, von dem er zu viel hat, der erfolglose aber ansonsten Hunger leiden müsste. Die Gewinne des Erhaltenden sind daher in der Regel höher als die Verluste des Gebenden. Schwingt das Pendel zwischen Gebern und Empfängern halbwegs symmetrisch zwischen den Parteien aus, haben daher alle einen größeren Nutzen, wenn sie das Reziprozitätsprinzip umsetzen. Das Reziprozitätsprinzip funktioniert in diesem Fall wie eine Art Versicherung gegen Jagdpech, bei der eine Prämie immer nur dann bezahlt werden muss, wenn man gerade der vom Glück Begünstigte ist.

Auch aus dem Alltag kennen wir den sanften – und oft auch gar nicht so sanften – Druck des Reziprozitätsprinzips. Eine wahrhaft alptraumhafte Situation für Eltern kann z. B. durch unangemessen wertvolle Geburtstagsgeschenke bei Kindergeburtstagen entstehen. Denn hier gilt das ungeschriebene Gesetz, ungefähr im gleichen Maß zu reagieren, d. h. mit einem ungefähr genauso wertvollen Geschenk. Verdirbt hier jemand die Preise, kann das entweder zu einem mehr oder weniger ruinösen Wettbewerb führen oder zu Spannungen bzw. Unzufriedenheit aufgrund ungenügenden reziproken Verhaltens. Pech, wenn man nicht die Ressourcen besitzt, reziprok zu antworten oder eine wirklich im Sinne der Reziprozität gleichwertige Handlung gar nicht möglich ist. In einer Folge der Sitcom *Big Bang Theory* z. B. verkündet kurz vor Weihnachten die Protagonistin Penny (eine Schauspielerin, die ihren Lebensunterhalt als Kellnerin verdient) ihrem WG-Nachbarn Sheldon, dass sie ein Geschenk für ihn habe, das ihn sehr erfreuen werde. Den am Asperger-Syndrom leidenden überpeniblen Sheldon stürzt das nun in ein mittleres Katastrophenszenario, das in der Herausforderung besteht, wie er gewissermaßen „blind" angemessen auf Pennys Geschenk reagieren könnte. Seine Lösung besteht darin, eine ganze Palette von Geschenken zu besorgen, die ein ganzes Wertspektrum abdecken könnten, sodass er für jedes Geschenk von Penny ein entsprechendes des gleichen Wertes zu haben meint. Pech für ihn, dass Pennys Geschenk in einer Unterschrift von Leonard Nimoy („Spock" aus *Star Trek*) auf einer Serviette besteht, die zudem noch Leonard Nimoys Speichel auf der Serviette enthält, also seine DNA, sodass Sheldon regelrecht außer sich gerät bei dem Gedanken, dass er nun theoretisch in der Lage wäre, Leonard Nimoy zu klonen.

Reziprozität wirkt also unzweifelhaft und ist entsprechend in der Lage, Verpflichtungsgefühle zu kreieren. Insofern scheint das Reziprozitätsprinzip auch durchaus in der Lage zu sein, eine Verpflichtung des Bürgers gegenüber dem Staat zu begründen, denn ohne Zweifel profitiert der Bürger in vielfältiger Hinsicht vom Wirken des Staates.

Das Problem besteht daher nicht in der Frage, ob das Reziprozitätsprinzip solche Verpflichtungen generieren kann, sondern in der nicht weniger brisanten Frage, in welchem Umfang diese Verpflichtungen entstehen könnten. Denn es gibt weithin geteilte Intuitionen, dass „Geschenke", die man nicht wollte und die einem eher gegen den eigenen Willen aufgedrängt wurden, kaum dazu als Grund herangezogen werden dürften, dass der „Beschenkte" nun seine Dankbarkeit durch ein Gegengeschenk in derselben Größenordnung zu zeigen hat. Die Intuition sagt uns eher, dass man nur in dem Umfang zu einer reziproken Gegenleistung verpflichtet sein kann, in dem man auch die ursprüngliche Leistung des anderen, die man empfangen hat, bewusst hätte wollen können, ja sogar wollen müssen. Keine vernünftige Person z. B. würde bestreiten, dass der Staat an sich einen Gewinn darstellt gegenüber einer anarchischen und chaotischen Situation, in der völlige Willkür besteht. Ein solcher „Minimalstaat" aber benötigt zur Aufrechterhaltung der Rechtsordnung und vielleicht noch der äußeren Sicherheit – denn der Staat selbst muss sich gegen seine Feinde wehren können – nicht sehr viel, jedenfalls wesentlich weniger als ein „Leistungsstaat" und insbesondere ein Sozialstaat, der Transferzahlungen vornimmt, die er durch Umverteilung finanziert. Ob man solchen erweiterten Leistungen zustimmen würde, ist offensichtlich alles andere als eindeutig, zumindest wenn man die Entscheidungssituation nicht auf ganz bestimmte Weise formuliert und idealisiert, wie wir es später bei unserer Beschäftigung mit John Rawls noch kennenlernen werden. Das Reziprozitätsprinzip scheint daher tendenziell in seiner Anwendung eher beschränkt zu sein und kaum Verpflichtungen rechtfertigen zu können, die über die Beihilfe zur Selbstverteidigung des Staates gegen äußere Feinde (Wehrpflicht) und minimale Steuern zur Finanzierung des Rechtssystems und der inneren Sicherheit hinausgehen.

3.2.2. Zustimmungstheorien

Verpflichtungen in Reziprozitätstheorien sind erst einmal – ähnlich wie die im assoziativen Ansatz – nicht freiwillig, weil sie als Folge des Handelns anderer entstehen, das von einem selbst nicht bewusst gesteuert oder ausgelöst wurde. Allerdings können, wie wir gesehen haben, nicht alle solche Handlungen, die ohne das eigene Zutun von dritten Personen unternommen wurden, Verpflichtungen generieren. Vielmehr müssen diese Handlungen Vorteile und Nutzen hervorbringen, die grundsätzlich den Interessen des Begünstigten entsprechen, sodass er sie durchaus positiv sieht und dementsprechend die Handlungen hätte begrüßen, wenn nicht sogar fordern können. Insofern handelt es sich zwar um keine explizite „Freiwilligkeit" bei der Akzeptanz der Wohltat, aber wir haben mehr oder weniger gute Gründe anzunehmen, dass sie *wie* eine bewusste und freiwillige Entscheidung betrachtet werden kann, weil der Begünstigte die Wohltaten sehr wohl gerne auch dann noch gehabt hätte, wenn er explizit auf die daraus entstehenden Verpflichtungen für ihn aufmerksam gemacht worden wäre. Bei Zustimmungstheorien gehen wir nun auch noch diesen letzten Schritt. Anstatt die Zustimmung nur vorauszusetzen

3. Verpflichtungen

als eine, die ein vernünftiger Mensch hätte geben müssen, kommt sie nun explizit vor. Hier entsteht die Verpflichtung durch eine Handlung, die man tatsächlich als Zustimmung, eine bestimmte Verpflichtung zu übernehmen, deuten kann.

Die herausragenden Fälle solcher Handlungen, bei denen eine Verpflichtung aufgrund von Zustimmung entsteht, sind das Versprechen oder die Zustimmung zu einer vertraglichen Vereinbarung, was letztlich nur eine formalisierte Form eines Versprechens ist, bei dem die Einhaltung in der Regel zudem durch externe Dritte gewährleistet wird. Diese Verpflichtungen sind also einerseits freiwillig, weil sie erst durch diese Handlungen entstehen, und sie sind spezifisch, denn sie beziehen sich nur auf die Adressaten der Handlungen, also die Personen, denen man ein Versprechen gegeben hat bzw. mit denen man einen Vertrag geschlossen hat.

Beginnen wir mit der wohl rudimentärsten Form dieser Klasse von Handlungen, dem Versprechen. Person A verspricht z. B. gegenüber Person B, eine bestimmte Handlung X zu unternehmen. Die interessante Frage lautet nun: Wie kann es sein, dass durch eine bloße sprachliche Äußerung Person A zu der Handlung X verpflichtet sein sollte, zu der sie ursprünglich in keiner Weise verpflichtet war, d. h., es gibt keine substanzielle Beziehung zwischen A und der Handlung X, die von der Natur der Sache her diese Verpflichtung begründet, wie z. B. bei einem Arzt, der grundsätzlich verpflichtet ist, das Leben seiner Patienten zu schützen, wofür es herzlich irrelevant ist, ob er sich dazu explizit in Form eines Versprechens „verpflichtet" hätte. Vermutlich würden wir es sogar eher mit einer gewissen Verwunderung und Irritation aufnehmen, wenn uns ein Arzt ein solches Versprechen abgeben würde, denn es ist ja nicht gerade eine Maßnahme, die geeignet wäre, unser Vertrauen in das Verantwortungs- und „Pflichtgefühl" einer Person zu erhöhen, wenn diese uns etwas verspricht, was ihre selbstverständliche Pflicht *ist*. Der prototypische Fall für die Analyse der Natur eines Versprechens ist aber gerade der, in dem eine solche Verpflichtung nicht von der Natur der Sache her besteht, sondern erst durch das Versprechen generiert wird. Warum aber entsteht durch diese sprachliche Äußerung eine Verpflichtung, warum stellt dieses Konglomerat von akustischen Ausdrücken nicht einfach „cheap talk" dar, wie der Spieltheoretiker sagen würde? Dies ist insofern höchst bemerkenswert, als diese sprachlichen Äußerungen ja auf den ersten Blick an der realen Situation nichts zu ändern scheinen. Der entscheidende Punkt ist daher, dass das Versprechen aber sehr wohl die Realität ändert, weil es berechtigte Erwartungen erzeugt, auf deren Basis andere dazu verleitet werden, ihre Handlungen entsprechend zu ändern und an die durch das Versprechen neu geschaffene Situation zu adaptieren. Das Versprechen ändert also sehr wohl die Ausgangssituation. Nehmen wir an, bei dem Versprechen handele es sich z. B. um die Zusicherung von Person A, Person B beim Umzug zu helfen. In Erwartung dieser versprochenen Handlung von A hat nun B bestimmte Handlungen unternommen, die er ohne das Versprechen nicht in Angriff genommen hätte. Zum Beispiel hat er sich womöglich bei der Arbeit einen Tag freigenommen oder er hat einen kleinen Laster gemietet. B hat in Erwartung der angemessenen Reaktion von A also Investitionen in die Zukunft unternommen. Erscheint A nun nicht zum Umzugstermin, verliert B einerseits die Miete für das Auto, erleidet aber darüber hinaus noch in Form sogenannter Opportunitätskosten den Verlust all der Dinge, die er ansonsten in der Zeit hätte tun können, die er nun nutzlos mit dem unergiebigen Warten auf das Erscheinen von A verstreichen lassen muss. Die Nichteinhaltung des Versprechens erzeugt so einen Schaden bei B, der nie entstanden wäre, wenn A erst gar kein Versprechen abgegeben hätte. Da A insofern der Verursacher dieses Schadens ist, hat er auch eine entsprechende moralische Verpflichtung, ganz in Übereinstimmung mit dem klassischen Verursacherprinzip, diesen Schaden zu beheben bzw. ihn erst gar nicht entstehen zu lassen, indem er eben sein Versprechen einhält oder eben kein Versprechen abgibt, das er nicht einzuhalten beabsichtigt. Die Situation weist gewisse Ähnlichkeiten zum Reziprozitätsprinzip auf. Denn auch hier entsteht eine Schuld von A gegenüber B, die er nun in angemessenem Umfang abzutragen verpflichtet ist. Der feine (aber nicht ganz unwesentliche) Unterschied besteht aber darin, dass diese Schuld vom Schuldner selbst, also A, erst generiert worden ist. Da es hier unstrittig um eine freiwillig aufgenommene Schuld geht, ist es entsprechend offensichtlich, dass A auch verpflichtet ist, sie abzutragen.

Versprechen generieren daher Verpflichtungen in Form von abzutragenden Schulden nur in dem Ausmaß, in dem sie Schulden generiert haben, also tatsächlich auf das Verhalten anderer Einfluss genommen haben, sodass diese besagte Vorabinvestitionen unternommen haben. Versprechen, die keine Verhaltensänderungen nach sich ziehen bzw. keine adaptiven Erwartungen, können dementsprechend keine Verpflichtungen erzeugen (vgl. Atiyah 1983). Sie bleiben „cheap talk", also bangloses Geschwätz. Das Versprechen benötigt demnach auch eine bestimmte Glaubwürdigkeit bzw. Ernsthaftigkeit, damit es moralische Bindungskraft entfalten kann. Ein Versprechen, das offenkundig nur ein Scherz ist, kann keine Verpflichtung erzeugen (auch wenn damit ein gewisses subjektives Element ins Spiel kommt, ab wann und wie man die Ernsthaftigkeit des Versprechens erkennen kann).

Entscheidend ist die Eigenschaft, dass ein Schaden entsteht, der eine entsprechende „Schuld" begründen kann. Dies kann durchaus auch variieren in Abhängigkeit von gewohnten kulturellen Regeln. Das sogenannte *Kranzgeld*, das seit 1896 als § 1300 im BGB verankert war, sah vor, dass eine „unbescholtene" Frau Anspruch auf eine finanzielle Entschädigung hatte, wenn sie sich aufgrund eines Heiratsversprechens, also der Verlobung, auf Sex mit ihrem prospektiven Ehemann eingelassen hatte, dieser aber später die Verlobung wieder gelöst hatte. (Der Begriff „Kranzgeld" verdankt sich dem

3. Verpflichtungen

Umstand, dass nur jungfräuliche Bräute einen geschlossenen Brautkranz bei der Hochzeit tragen durften.) Ab den 1970ern wurden diese „Ansprüche" in der Regel nicht mehr anerkannt (auch wenn der letzte dokumentierte Fall von 1980 stammt), da wegen der gewandelten Moralvorstellungen nicht mehr erkennbar war, inwiefern hier noch ein „Schaden" entstehen sollte. Der ursprüngliche „Schaden" war als immaterieller Schaden gesehen worden, der der Verlobten dadurch entstand, dass ihre Chancen auf dem Heiratsmarkt durch ihre verloren gegangene Jungfräulichkeit als eingeschränkt zu gelten hatten. So weigert sich Diederich Heßling, der Protagonist in Heinrich Manns Roman *Der Untertan*, seiner Geliebten, die er zuvor verführt hatte, einen Antrag zu machen, indem er ihrem Vater den folgenden Grund angibt: „Mein moralisches Empfinden verbietet mir, ein Mädchen zu heiraten, das mir seine Reinheit nicht mit in die Ehe bringt." (Mann 1914/1980: 102) So verlogen diese Aussage aus dem Mund des Verführers sein mag, so drückt sie doch das zeitgemäße „moralische Empfinden" vermutlich weitgehend korrekt aus.

Der Vertrag unterscheidet sich vom Versprechen üblicherweise in der Hinsicht, dass er eine gegenseitige Verpflichtung beinhaltet, dass es also ein quid pro quo gibt. Die „Schuld", die für die beiden Parteien durch den Vertrag entsteht, ist eine, die als Gegenleistung zur Einlösung der Schuld des anderen erbracht wird. Zumindest im rechtlichen Sinn wird die Einhaltung von Verträgen außerdem dadurch gewährleistet, dass es eine unabhängige dritte Instanz gibt, die im Zweifelsfall in der Lage ist, die Vertragseinhaltung zu erzwingen bzw. erfolgte Vertragsbrüche zu sanktionieren.

Dass ein Vertrag verbindliche Verpflichtungen erzeugt, ist insofern nicht das Problem bzw. wird in keiner Weise angezweifelt; ganz im Gegenteil besteht ja gerade darin der Wesenskern des Vertrags. Um die Vertragskonstruktion aber auf das Verhältnis der Bürger zum Staat oder – in einer etwas abstrakteren Form – zumindest auf das Verhältnis der Bürger untereinander übertragen zu können, muss vorab die Frage geklärt werden, welcher Vertrag dies denn überhaupt sein könne bzw. in welcher Form er geschlossen worden sein sollte. Denn offensichtlich – darauf hat schon David Hume hingewiesen – ist ein solcher Vertrag historisch niemals geschlossen worden, und selbst wenn er zumindest in einer symbolischen oder sogar mehr als nur symbolischen Form, z. B. als Volksabstimmung zur Gründung eines Staates, geschlossen worden wäre, dann wäre er offensichtlich nicht in der Lage, die nachfolgenden Generationen, also die Nachfahren der den Vertrag ursprünglich abschließenden Parteien, auf diesen Vertrag zu verpflichten. Denn da die Verpflichtung erst durch die Zustimmung entsteht, zählt diese Konstruktion ja überhaupt erst zu den Verpflichtungen, die durch die Durchführung bestimmter Handlungen entstehen; ist diese elementare Zustimmung aber von den nachfolgenden Generationen gar nicht erfolgt, können diese logischerweise dann auch nicht darauf verpflichtet sein.

3.2 Die Entstehung von Verpflichtungen aufgrund von Transaktionen

Eine wesentliche Konstruktion, die dieses Problem der nicht explizit erfolgten Zustimmung lösen soll, ist die Figur der impliziten Zustimmung, manchmal auch als indirekte oder „stillschweigende" Zustimmung bezeichnet. In Form des sogenannten „konkludenten Verhaltens" findet sie auch Anwendung im deutschen Recht. Um eine solche „stillschweigende" Zustimmung handelt es sich, wenn aus dem Verhalten eines der Vertragspartner geschlossen werden kann, dass er sich zu den Verpflichtungen, die aus dem Vertrag erwachsen, bekennt. Geht z. B. eine Person in ein Restaurant, lässt sich dort die Speisekarte bringen und bestellt dann z. B. eine Pizza, dann kann der Restaurantbesitzer mit guten Gründen davon ausgehen, dass der Gast sich damit auch einverstanden erklärt, später den für die Pizza in der Speisekarte aufgeführten Preis zu bezahlen. Allerdings müssen dafür einige Voraussetzungen erfüllt sein. Es genügt nicht, dass der Restaurantbesitzer davon ausgeht, dass der Gast den Preis zu bezahlen bereit ist, sondern der Gast muss seinerseits diese berechtigten Erwartungen des Restaurantbesitzers kennen, sodass er davon ausgehen muss, dass seine Bestellung diese Erwartung auslöst und der andere überhaupt nur bereit ist, die infrage stehende Leistung, in diesem Fall die Pizza, zu erbringen, wenn er seinerseits mit einer Gegenleistung des Gastes in Form des zu entrichtenden Preises rechnen kann. In der Spieltheorie würde man hier von *gemeinsamem Wissen* bzw. *common knowledge* sprechen (vgl. Behnke 2020). Dabei handelt es sich um Informationen, über die jeder verfügt und von denen jeder weiß, dass der andere über sie verfügt.[1] In der Regel wird ein solches gemeinsames Wissen über den Kontext in der Form von geteiltem kulturellen Wissen bereitgestellt. Dieses Wissen muss, um Verpflichtungen erzeugen zu können, hinreichend eindeutig sein. In unserem Beispiel müssten wir also davon ausgehen, dass der Kontext „Restaurantbesuch" jedem Angehörigen unseres Kulturkreises so vertraut ist, dass der Besuch im Restaurant und die Bestellung einer Pizza *sinnvoll gar nicht anders interpretiert werden kann* als so, dass damit auch eine entsprechende Zahlungsabsicht des Gastes verbunden ist. Zweitens muss davon ausgegangen werden, dass der Gast über dieses kulturelle Wissen verfügt, sodass er auch weiß, welche Erwartungen durch sein Handeln in diesem Kontext geweckt werden. Natürlich können Erwartungen allein keine Verpflichtungen schüren. Wünsche begründen bekanntlich keine Ansprüche. Aber Erwartungen, die bewusst auf eine Weise geweckt werden, bei der wir davon ausgehen können, ja davon ausgehen müssen, dass mit dem Schüren der Erwartung die Absicht verbunden ist, sie auch zu erfüllen, können sehr wohl Verpflichtungen generieren. Sie tun es eindeutig in moralischer Hin-

---

1 Streng genommen könnten wir das hier in einem unendlichen Regress fortführen. Gemeinsames Wissen ist Wissen, über das alle verfügen, von dem alle wissen, dass alle darüber verfügen, von dem alle wissen, dass alle wissen, dass alle darüber verfügen usw.

3. Verpflichtungen

sicht[2] und oft eben auch in rechtlicher Hinsicht. Dieses Grundprinzip haben wir schon im Zusammenhang mit der bindenden Kraft von Versprechen kennengelernt, und es gilt hier noch mehr, da die bewusste Absicht, Erwartungen einer bestimmten Art zu schüren, Gegenstand des Vertrags ist, ohne den dieser gar nicht zustande kommen könnte.

Können wir aber nun diese Form des impliziten Vertrags auch auf den politischen Vertrag zwischen dem Staat und seinen Bürgern anwenden? Das wohl wichtigste Konzept in diesem Zusammenhang ist die implizite Zustimmung durch Residenz bzw. genau genommen Nichtwegzug. Entzieht sich jemand nicht der Herrschaft durch die Staatsgewalt, indem er ihr Herrschaftsgebiet verlässt, dann, so das Argument, können wir davon ausgehen, dass er mit der Herrschaft einverstanden ist. Die wichtigste Voraussetzung für dieses Argument besteht natürlich darin, dass jemand überhaupt die Möglichkeit hätte, sich der Herrschaft durch Wegzug zu entziehen. Ist dies nicht der Fall, wie es z. B. für die ehemaligen Bürger der DDR der Fall war, dann kann das Noch-da-Sein nicht im Sinne von Bleibenwollen interpretiert werden, und ein Argument, das die Legitimation auf dieses Bleiben stützen würde, wäre von Beginn an hinfällig. Aber selbst wenn diese Möglichkeit theoretisch gegeben ist, tun sich doch erhebliche Schwierigkeiten auf, das Bleiben im Sinne einer Zustimmung zu interpretieren. Wie wir am Beispiel des Restaurantbesuchs illustriert haben, setzt das Konzept der impliziten Zustimmung voraus, dass die relevante Handlung *sinnvoll gar nicht anders interpretiert werden kann* als im Sinne eines Einverständnisses mit dem betreffenden Vertrag, also im Sinne einer *Absicht*, mit der relevanten Handlung dieses Einverständnis zu signalisieren. Bleibt aber jemand in einem Land, so gibt es sehr viele gute und gewichtige Gründe, warum er oder sie diese Entscheidung getroffen haben könnte, die in keiner Weise als Absichtserklärung gedeutet werden könnte, eine Zustimmung zur vorhandenen Regierung bzw. Herrschaft auszudrücken. Jemand, der z. B. während der Zeit des Dritten Reichs im Land geblieben ist, wollte damit nicht zwangsläufig seine Unterstützung für das Naziregime ausdrücken. Am ehesten könnte diese Interpretation vielleicht noch herangezogen werden für Personen, die in dieser Hinsicht so frei und flexibel sind, dass ihnen keine wesentlichen Kosten durch ihre Entscheidung entstehen würden. Dies trifft sicherlich vor allem auf Intellektuelle zu. Daher ist es ja kein Zufall, dass den Gebliebenen aus dieser Personengruppe häufig der Vorwurf gemacht wurde, dass sie eben gerade nicht das Land verlassen

---

2 Die moralische Verwerflichkeit von Heinrich Manns Diederich Heßling besteht ja darin, dass seine Geliebte, die bodenständige Agnes Göppel, davon ausging, dass er mit dem Verhältnis ein implizites Eheversprechen abgegeben habe. Und in der Tat wäre der kulturelle Kontext einer gewesen, in dem diese Erwartung gerechtfertigt gewesen wäre. Nur dass der skrupellose Opportunist Heßling die simplen Normen der Anständigkeit eben nicht zu befolgen bereit war, wobei er natürlich aus Sicht Heinrich Manns gerade dadurch die scheinheilige und letztlich ehrlose Kultur des Untertanengeistes im Kaiserreich repräsentierte.

3.2 Die Entstehung von Verpflichtungen aufgrund von Transaktionen

haben. Im Schlüsselroman *Mephisto* von Klaus Mann, dessen Hauptfigur erkennbar an Gustaf Gründgens angelehnt ist, machen dem Protagonisten seine engen Freunde, die dabei sind, das Land zu verlassen, ebendiesen Vorwurf. Er wehrt sich dagegen mit dem Hinweis, dass er als Theaterschauspieler auf deutschen Bühnen auf die deutsche Sprache angewiesen sei. Auch wenn sich Gustaf Gründgens, der selbst zweifellos keine Sympathien für die Nazis hegte, dennoch zu stark auf einen „Deal" mit diesen eingelassen haben mag, so gab es auf jeden Fall noch einige andere Schriftsteller, die schon von jeglichem Verdacht, sich zu sehr angenähert zu haben, frei sind und ebenfalls im Land blieben. Der bekannteste Fall ist sicherlich Erich Kästner. Seine Bücher waren von den Nazis verbrannt worden, zwei seiner engsten Freunde verloren ihr Leben wegen systemverächtlicher Äußerungen, einer durch Hinrichtung, der andere, weil er sich der Hinrichtung durch Selbstmord entzog. Kästner blieb aus vielen Gründen: Da gab es eine grundständige Heimatliebe, die tiefgehende Beziehung zu seiner Mutter, die er nicht im Stich lassen wollte, und *last, but not least* seine Ansicht, dass er als Schriftsteller verpflichtet sei, „Zeugnis abzulegen" über die Art und Weise, „wie das Volk, zu dem er gehört, in schlimmen Zeiten sein Schicksal erträgt" (Kästner 1998: 25). Auch andere gingen nicht, teilweise ebenfalls aus einer simplen Verbundenheit mit ihrer Heimat und den Personen, die ihnen nahestanden, oder schlicht, weil sie Besitz hatten, den sie nicht einfach aufgeben oder veräußern konnten oder wollten. Diese Personen hätten für den Wegzug prohibitiv hohe Kosten, seien es materielle oder immaterielle, aufbringen müssen. Ihr Bleiben kann jedenfalls sicherlich nicht als Zustimmung zur bestehenden Herrschaft gedeutet werden.

Auch Wahlen werden oft genannt als Mechanismus, durch den sich eine implizite Zustimmung ausdrücken würde. Aber auch dieses Argument ist offensichtlich unzulänglich, um eine Verpflichtung aller der Herrschaft unterworfenen Personen zu begründen. Denn ließe man das Argument gelten, so wären Personen, die sich nicht an politischen Wahlen beteiligen, nicht auf die Herrschaft verpflichtet. Das könnten einerseits Nichtwähler sein, die aus Lustlosigkeit oder mangelnder politischer Überzeugungen nicht wählen gehen, es könnten aber auch Personen sein, die an den Wahlen nicht teilnehmen, weil sie die Wahlen selbst für illegitim halten, wie es z. B. für die sogenannten Reichsbürger zutrifft, die die Bundesrepublik Deutschland als Staat nicht anerkennen. Während das Residenzargument theoretisch auf alle Bürger angewandt werden könnte, das Motiv des Bleibens aber nicht als Zustimmung gedeutet werden kann, könnte die Teilnahme an Wahlen umgekehrt zwar als Ausdruck einer grundsätzlichen Akzeptanz des Systems gedeutet werden, sie wäre aber nicht in der Lage, eine umfassende Verpflichtung all der Personen zu begründen, für die wir nach einer Möglichkeit suchen, eine überzeugende Begründung zu liefern, warum sie dem Staat gegenüber verpflichtet sein sollten. Implizite Zustimmung ist also ein Konzept, das nur

3. Verpflichtungen

unzureichend als echter Ersatz für eine explizite Zustimmung herangezogen werden kann. Eine andere Marschrichtung schlägt ein Ansatz ein, der die Verpflichtung aufgrund einer hypothetischen Zustimmung zu begründen versucht. Diese Argumentationsfigur werden wir näher kennenlernen, wenn wir uns mit der Gerechtigkeitstheorie von Rawls beschäftigen. Dabei spielen auch die „natürlichen Pflichten" eine herausragende Rolle, denen wir uns nun noch kurz zuwenden wollen.

3.3 Die Entstehung von Verpflichtungen aufgrund von „natürlichen Pflichten"

Bei natürlichen Pflichten handelt es sich um moralische Gebote, die allen selbstverständlich und daher als nicht hinterfragbar erscheinen, zumindest nicht für vernünftige Personen. Insofern haben sie einen ähnlichen Status wie Axiome in der Mathematik. Sie können selbst nicht weiter begründet werden, aber es scheint einleuchtend und vernünftig, davon auszugehen, dass sie wahr sind. Sie sind also selbstevident.

Wir haben solche selbstevidenten moralischen Axiome schon im zweiten Kapitel im Zusammenhang mit Singers praktischem Syllogismus kennengelernt. Das Wichtigste dieser Axiome besteht darin, dass es Dinge gibt, die „schlecht" bzw. „gut" sind, und dass es besser wäre, wenn wir „das Schlechte" verhindern oder zumindest vermindern und „das Gute" fördern und unterstützen oder vermehren können. Kriege z. B. sind in diesem Sinn per se „schlecht" und eine Welt ohne Kriege wäre eine bessere Welt. Es scheint nicht gänzlich unberechtigt, davon auszugehen, dass diese Einsicht selbstevident in dem Sinn ist, dass sie uns unmittelbar einleuchtet und als selbstverständlich erscheint. Wobei selbst diese letzte Feststellung eine Bestätigung dieses Axioms ist, denn es als naheliegend, plausibel oder „nicht gänzlich unberechtigt" zu bezeichnen, dass bestimmte Aussagen selbstverständlich erscheinen, fügt diesen Aussagen natürlich keine neue, eigenständige Evidenz hinzu, sondern setzt sie ihrerseits selbst einfach voraus. Aber wie bei mathematischen Axiomen auch, ist der objektive Wahrheitsgehalt dieser Aussagen letztlich irrelevant. Es spielt keine Rolle, ob wir sagen, dass diese Aussagen selbstverständlich wahr *sind* oder ob wir glauben, dass diese Aussagen so selbstverständlich scheinen, dass es sinnvoll ist, sie als wahr *anzunehmen*. So oder so sind sie – auch hier gleichen sie den Axiomen der Mathematik – einfach die letzten Bausteine, auf denen unsere Argumente beruhen. In diesem Sinn kann man auch Singer interpretieren: Wenn wir nicht davon ausgehen, dass diese Aussagen wahr sind, ist es müßig, überhaupt noch zu versuchen, moralische Argumente zu entwickeln, aus denen sich Verpflichtungen ergeben.

Das heißt nun keineswegs zwingend, dass es keine Verpflichtungen geben kann, die sich auch ohne moralische Ladung von Argumenten aus rein egois-

3.3 Die Entstehung von Verpflichtungen aufgrund von „natürlichen Pflichten"

tischen Motiven ableiten lassen könnten. Dies ist zumindest der Weg, den Philosophen wie Hobbes und Gauthier beschritten haben. Die entscheidende Frage wird aber sein, wie weit wir mit solchen „amoralischen" Argumenten überhaupt kommen können und ob sie in sich konsistent konstruiert werden können.

Es soll an dieser Stelle aber auch darauf hingewiesen werden, dass nur, weil es offensichtlich ist, dass historisch und empirisch nicht alle Personen nach diesen moralischen Axiomen gehandelt haben, sie nicht allein schon aus diesem Grund falsch sein müssen bzw. rein kulturelle Ausprägungen darstellen, die insofern in gewissem Grad willkürlich sind, aber auf jeden Fall nicht universal. Ganz offensichtlich sah die Mehrheit der Politiker und Militärs des 18. und 19. Jahrhunderts und zumindest noch Anfang des 20. Jahrhunderts Krieg nicht als etwas grundsätzlich Unmoralisches an, sondern als Mittel zum Zweck oder – in der berühmten Formulierung von Clausewitz – als „Fortführung der Politik mit anderen Mitteln". Dies trifft aber genauso für Kinderrechte, die rechtliche Gleichstellung von Frauen und überhaupt die Menschenrechte an sich zu. Aber wenn wir vom „universellen" Charakter der Menschenrechte sprechen, dann meinen wir damit ja genau diesen Umstand, dass diese Ansichten nicht kontingent zur jeweiligen Kultur sind. Die Feststellung „Das sieht man heute eben so, aber früher hat man das anders gesehen" ist keineswegs ein Beweis oder ein Hinweis dafür, dass man es grundsätzlich eben genauso gut anders sehen könnte und dass die „Wahrheit" eben nur vom kulturellen Kontext, in dem man sich bewegt, abhängt. Wenn wir (hoffentlich) alle glauben, dass Frauen z. B. Männern in jeder Hinsicht gleichberechtigt sind, dann eben nicht nur, weil das nun mal so üblich ist in unserem Kulturkreis, das (heutzutage) so zu sehen, sondern weil die gegenteilige Ansicht, dass Männer den Frauen per se übergeordnet sind, „offensichtlich" einfach grundfalsch ist und dieses „offensichtlich" nicht eine kulturell relative Wahrnehmung widerspiegelt, sondern einen tatsächlich vorhandenen Erkenntnisfortschritt.[3] Soweit hier also kulturelle Kontingenzen auftreten, dann eher in dem Sinn, dass sie uns zu verstehen helfen, warum von der offensichtlichen Wahrheit abweichende Meinungen sich in bestimmten Kontexten etablieren konnten. Die simple Beobachtung, dass Krieg in anderen Kulturen und zu anderen Zeiten nicht als etwas per se Schlechtes angesehen wurde, widerlegt also keineswegs die Ansicht, dass er in der Tat etwas per se Schlechtes ist, genauso wenig wie unser modernes kosmisches Weltbild dadurch „widerlegt" wird, dass die Menschen früher

---

3 Umgekehrt heißt dies aber auch keineswegs, dass jede hinzugewonnene „Sensibilität" gegenüber Empfindungen oder Wahrnehmungen bestimmter Gruppen einen „objektiven" Fortschritt darstellt. Der Lackmustest für neue Verhaltensregeln muss daher in letzter Konsequenz immer die Universalisierbarkeit sein. Verhaltensregeln, die eine spezifische Behandlung bestimmter Gruppen verlangen, müssen aus diesem Grund noch nicht falsch sein, aber zumindest ist es nicht auszuschließen, dass sie sehr wohl kulturell kontingent sein können.

geglaubt hätten, die Erde sei eine Scheibe (was vermutlich niemals wirklich für die Mehrheit zugetroffen hat, wenn überhaupt für eine relevante Gruppe) bzw. sei der Mittelpunkt des Universums (was sie in der Mehrzahl sehr wohl geglaubt haben). Allerdings benötigen wir dann für die Bevorzugung der einen Theorie gegenüber der anderen einen Maßstab, der uns hilft, einen Erkenntnisfortschritt von der einen Theorie zur nächsten festzumachen. Es spricht aber aus rein logischen Gründen jedenfalls nichts dagegen, auch für moralische Theorien einen solchen objektiv feststellbaren Fortschritt anzunehmen (Buchanan/Powell 2018), wie es uns bei naturwissenschaftlichen Theorien als selbstverständlich erscheint.

Literatur zur Einführung
Simmons, A. John (2007): Political Philosophy. Oxford: Oxford University Press, Kap. 3.

Weiterführende Literatur
Klosko, George (2005): Political Obligations. Oxford: Oxford University Press.
Simmons, A. John (2001): Justification and Legitimacy. Essays on Rights and Obligations. Cambridge: Cambridge University Press.
Wellman, Christopher/Simmons, A. John (2005): Is there a duty to obey the law? Cambridge: Cambridge University Press.

4. Zustimmung aufgrund von Eigeninteresse: Thomas Hobbes

Die vertragstheoretischen Ansätze haben ihre ersten Vorläufer bei dem Verfechter der Naturrechtslehre Hugo Grotius und auch schon in der Antike, unter anderem bei Cicero. Ohne Zweifel aber ist Thomas Hobbes der erste der sogenannten klassischen Vertreter der Vertragstheorie, die im 17. und 18. Jahrhundert auftraten und maßgebliche Impulse für die Aufklärung lieferten. Mit seinem Werk *Leviathan*, das 1651 erschien, prägte Hobbes die Grundzüge der Vertragstheorie und übt bis heute immensen Einfluss aus. Auch wenn Hobbes inzwischen gerne auf den Verteidiger des Absolutismus reduziert wird, der diesem die theoretische Begründung geliefert hat und entsprechend kritisch gesehen wird, so verkennt diese Sichtweise das revolutionäre Potenzial seines Buches. Denn letztlich ging es um nichts Geringeres als darum, die Legitimation der Herrschaft auf die Zustimmung der Beherrschten zu gründen, was dem zentralen, zu seiner Zeit vorherrschenden Gedanken des Gottesgnadentums diametral gegenüberstand. Hobbes machte sich daher mit seiner Idee, dass Herrschaft nicht von einer göttlichen Instanz verliehen wird, sondern durch Zustimmung erworben sein muss, mächtige und einflussreiche Feinde und viele Passagen im *Leviathan* können durchaus auch als abfedernde Beschwichtigungen insbesondere gegenüber der Kirche gelesen werden.

Das grundlegende Argument von Hobbes lässt sich sehr anschaulich in mehrere Teile zerlegen. Dabei kann die Beschreibung des Naturzustands als die Kernmenge der Prämissen betrachtet werden, die zusammen mit bestimmten Lemmata bzw. Hilfssätzen schließlich zur Schlussfolgerung führt, dass die Menschen der Einrichtung einer starken Staatsgewalt, dem Leviathan, zustimmen würden.

4.1 Der Naturzustand

Der Naturzustand bei Hobbes ist keineswegs ein historischer, sondern ein fiktiver, der aber so betrachtet wird, als ob er historisch hätte sein können. In diesem Sinne könnte man ihn als fiktiv und quasi-historisch bezeichnen. In diesem Naturzustand befinden sich alle Individuen in einem „Krieg eines jeden gegen jeden" (Hobbes 1651/1984: 96), bei dem jeder seinen eigenen Vorteil ohne jegliche Rücksichtnahme auf die anderen durchzusetzen versucht. Dieser Krieg geht im Wesentlichen um Güter, die zum Überleben notwendig sind, und die gleichzeitig aber – wie der Ökonom sagen würde – knapp sind, d. h., sie sind nicht derart im Überfluss vorhanden, dass alle davon genügend bekommen können. Die Menschen befinden sich daher im Wettbewerb um diese Güter und dieser Wettbewerb wird in aller Härte ausgefochten. In diesem Naturzustand gibt es keinerlei Moral, die den Menschen irgendwelche Grenzen in ihrem Handeln auferlegen würde. Es gibt keine Gedanken wie „Was ist richtig und was ist falsch?", sondern das Handeln wird einzig und allein getrieben von Nützlichkeitserwägungen, sodass man das Motto für die Menschen im Naturzustand so beschreiben könnte: „Was ist für mich von Vorteil und kann ich das, was von Vorteil ist, durchsetzen?" Da sich aber alle in diesem Zustand befinden, sieht sich in diesem Naturzustand jeder Einzelne in einem Status der permanenten und fundamentalen Unsicherheit, in dem sein Besitz und sein Leben durch die anderen gefährdet sind. Diese Unsicherheit ist der entscheidende Gleichmacher im Naturzustand. Denn zwar sind die Menschen sehr unterschiedlich in Hinsicht auf ihre natürlichen Fähigkeiten – die einen sind stark und kräftig, andere sind eher schwächer, einige sind intelligenter, andere weniger –, aber jeder muss sich durch die anderen bedroht fühlen. Denn auch der Starke kann durch viele Schwache, die sich gegen ihn verbünden, besiegt oder im Schlaf gemeuchelt werden. Diese Gleichheit im Sinne einer essenziellen und elementaren Gefährdetheit ist die dominante Eigenschaft des Naturzustands, neben der alle sonstigen physischen Ungleichheiten nicht besonders ins Gewicht fallen. Der Naturzustand ist für alle ein äußerst unangenehmer Zustand, dem jeder gerne entkommen würde. Nicht nur kann man dieses Leben nicht genießen, man muss zudem noch andauernd seinen Verlust befürchten. „Das menschliche Leben ist einsam, armselig, ekelhaft, tierisch und kurz" wie Hobbes (ebd.) sagt. Wenn Hobbes den Naturzustand als Krieg beschreibt, so kann man davon ausgehen, dass er wahrscheinlich den von ihm selbst erlebten Bürgerkrieg in diese Beschreibung hat einfließen lassen, ein Zustand ohne jegliche Ordnung, in dem jederzeit alles passieren kann und in dem es nie Sicherheit und Verlässlichkeit gibt. Permanente Furcht ist das Gefühl, das diesen Zustand prägt. Nicht der Naturzustand ist der Krieg, sondern der von Hobbes erlebte Krieg fließt in seine Beschreibung des Naturzustands ein. Und „war is hell", wie wir von William T. Sherman, dem General des amerikanischen Bürgerkriegs, wissen.

4.2 Die Natürlichen Gesetze

Die Menschen verfügen im Naturzustand bei Hobbes über keine moralischen Gefühle, sie sind allerdings auch nicht „böse", sondern sie sind im wörtlichen Sinne amoralisch. Sie sind aber sehr wohl mit einer Vernunft begabt, d. h., sie sind zu rationalen Überlegungen fähig. In dieser Situation des Naturzustands erkennen die Menschen daher aufgrund dieser ihnen gegebenen Vernunft, dass sie sich alle besser stellen könnten, wenn sie sich an gewisse Regeln halten würden, die von Hobbes die „Natürlichen Gesetze" bzw. „Gesetze der Natur" (Hobbes 1651/1984: 99 f.) genannt werden. Im Gegensatz zum Naturrecht, wie es später vor allem von Locke prominent gemacht wird, handelt es sich hierbei nicht um vorgegebene oder von Gott erlassene Gesetze, sondern um Regeln des Zusammenlebens, deren Sinnhaftigkeit jeder Einzelne durch vernünftiges Nachdenken erkennen kann. Diese Natürlichen Gesetze enthalten Verhaltensregeln wie „Suche Frieden und halte ihn ein!",

„Verträge sind zu halten!" oder „Handelt anderen gegenüber so, wie Ihr von ihnen behandelt werden wollt!" Der letzte Grundsatz wird häufig auch als „Goldene Regel" bezeichnet, bekannter noch in der umgangssprachlichen Form: „Was Du nicht willst, dass Dir man tu', das füg' auch keinem andern zu!" Wichtig an den Hobbes'schen Formulierungen dieser Regeln, die noch etwas differenzierter sind, ist, dass diese Regeln konditional sind. Man ist nach Hobbes' Ansicht nur zu ihrer Einhaltung verpflichtet, solange man berechtigte Hoffnung hegen kann, dass diese Regeln auch von anderen eingehalten werden. Das Problem aber besteht nun darin, dass man im Naturzustand zu nichts verpflichtet sein kann, zumindest nicht aus moralischen Gründen. Korrekt müsste man den Satz daher im Konjunktiv formulieren: Wenn überhaupt, wäre man zur Einhaltung dieser Regeln nur verpflichtet, wenn sich auch alle anderen daran halten würden, bzw. wenn man zumindest berechtigte Erwartungen hätte, dass es so sein würde. Es ist nun aber noch einmal zweierlei, ob einem die Vernunft zu erkennen hilft, dass es besser für alle wäre, wenn sich alle an bestimmte Regeln hielten, oder ob einem die Vernunft entsprechend auferlegt, diese Regeln auch zu befolgen. Wenn die Vernunft immer auch eine Pflicht enthielte, dem als vernünftig Erkannten folgen zu müssen, dann wäre das eine klassische „natürliche Pflicht" (vgl. Kap. 3.3). Solche Erwägungen sind aber Hobbes fremd. Zwar schimmert in bestimmten Argumenten eine solche kantianische Sichtweise der Vernunft auf, insbesondere im sogenannten „Narren"-Argument, auf das ich später noch eingehen werde, insgesamt aber handelt es sich bei Hobbes' Vernunft eher um eine instrumentelle Rationalität, also um einen Vernunftbegriff, der vor allem auf die Gewinnung eigener Vorteile bzw. die Verwirklichung eigener Interessen abzielt. Aus Sicht von Hobbes wäre es daher nur dann vernünftig, diese Regeln zu befolgen, wenn einem als Individuum daraus ein Vorteil erwachsen würde. Es genügt dafür aber eben gerade nicht, einfach nur zu zeigen, dass alle davon profitieren würden, wenn alle diese Regeln einhielten. Damit sind wir bei der Skizzierung eines Entscheidungsproblems angekommen, das unter dem Namen *Prisoner's Dilemma* berühmt und geradezu berüchtigt geworden ist.

4.3 Der Naturzustand als *Prisoner's Dilemma*

Das *Prisoner's Dilemma* (oder auf Deutsch: *Gefangenendilemma*) stammt aus der Spieltheorie. Die Spieltheorie ist eine mathematische Theorie strategischen Entscheidens, deren formale Grundlagen von John von Neumann entwickelt wurden (vgl. Behnke 2020), deren informale Anwendung sich durchaus bis in die Antike, vor allem aber auch auf die Neuzeit zurückverfolgen lässt, wobei hier Hobbes und Hume herausgehobene Rollen spielen. Der Philosoph Hartmut Kliemt (2009) sieht daher in Hobbes eine Art Gründungsvater des ökonomischen Denkens, weil alle Elemente, die das ökonomische Verhaltensmodell prägen, das oft auch mit dem Begriff der rationalen Wahl bzw. der *Rational Choice* beschrieben wird, bei ihm schon vorkommen.

4. Zustimmung aufgrund von Eigeninteresse: Thomas Hobbes

Akteure im Sinne des Rational-Choice-Ansatzes wählen, wenn sie eine Entscheidung zu treffen haben, immer diejenige Handlungsoption, die ihren Nutzen maximiert. Dabei sind es ausschließlich diese Nutzenwerte, die ihre Entscheidungen determinieren. Soweit also überhaupt soziale Aspekte bei dem Treffen einer Entscheidung eine Rolle spielen, müssen sie in diesen Nutzenwerten enthalten sein. Der klassische Ansatz, der sich auch im sogenannten Homo-oeconomicus-Modell der Wirtschaftswissenschaften wiederfindet und der wohl auch für Hobbes charakteristisch ist, geht aber von einem eng verstandenen Nutzenkonzept aus, bei dem in die Nutzenwerte nur solche Erwägungen einfließen, die das Eigeninteresse betreffen. In einer Entscheidungssituation, in der der Wettbewerb einer ist, bei dem es im sprichwörtlichen Sinn um Leben und Tod geht – und genau das ist bei Hobbes im Naturzustand ja auch der Fall –, scheint dies besonders plausibel, selbst wenn man in anderen Kontexten die Anwendung des Entscheidungsmodells des *Homo oeconomicus* für eher überstrapaziert halten mag.[1] Von Spielen im Sinne der mathematischen Spieltheorie wiederum sprechen wir dann, wenn zwei solcher rationalen Akteure aufeinandertreffen und ihre Handlungen so miteinander interagieren, dass ihre Nutzenausschüttungen vom Ergebnis der spezifischen Kombination der beiden einzelnen Handlungen abhängen. Die optimale Handlung hängt also nicht nur davon ab, was man selbst tut, sondern auch davon, was der andere tut bzw. wovon man erwartet, dass es der andere tun wird. Die einfachste Form der Darstellung eines solchen Spiels besteht in einer Matrix, in der die Zeilen bzw. die Spalten die jeweiligen Handlungsoptionen der beiden Spieler darstellen, die Zellen der Matrix die Ergebnisse, die sich durch die Kombinationen dieser Handlungsoptionen ergeben, und die Eintragungen in den Zellen die sogenannten „Auszahlungen" in Form von Nutzenwerten, die sich für die Spieler beim Eintreffen der jeweiligen Ergebnisse einstellen.[2]

Das bekannteste, geradezu berühmte dieser Spiele ist das schon erwähnte Gefangenendilemma, das inzwischen auch Eingang in das allgemeine Wissensrepertoire gefunden hat. Das Gefangenendilemma dürfte daher auch das Spiel sein, das mit Abstand am stärksten in der Literatur in allen möglichen Gebieten, von Geschichte und Militärstrategie bis zur Biologie und sozialen Konflikten behandelt wird.

Die übliche Coverstory zur Illustration des Spiels stammt von Albert W. Tucker, der Mathematikprofessor in Princeton war und unter anderem den

---

1 Siehe Gary Becker (1976), der das Modell auch zur Analyse von Entscheidungen im Alltagsleben anwendet, u. a. bei Entscheidungen über den richtigen Ehepartner, darüber, Kinder zu kriegen oder eine kriminelle Karriere einzuschlagen.
2 Zu den Grundkonzepten vgl. genauer Behnke 2020. Ich greife auch bei der Darstellung des Gefangenendilemmas weitgehend auf die dortige Darstellung zurück (Behnke 2020: 89 ff.).

späteren Nobelpreisträger John Nash bei dessen Doktorarbeit betreute und diesen dazu ermutigte, seine Erkenntnisse über das Gleichgewicht in Spielen zu veröffentlichen.[3] Das eigentliche Spiel in seiner Grundstruktur wurde allerdings von Merrill Flood und Melvin Dresher entwickelt, die wie John von Neumann, John Nash, Kenneth Arrow und Thomas Schelling ebenfalls bei der RAND-Corporation beschäftigt waren und mit dem Spiel demonstrieren wollten, dass die Verfolgung individueller Rationalität zu einem Schaden für das Kollektiv führen könnte. Die bekannte Coverstory geht folgendermaßen: Zwei Gauner, die eines Bankraubs verdächtigt werden, werden geschnappt und zum Verhör einzeln dem Staatsanwalt vorgeführt, der ihnen jeweils das folgende Angebot macht: Wenn der Angeklagte auspackt, während sein Mitangeklagter nicht gesteht, kommt der Kronzeuge frei und sein Komplize erhält die vollen zehn Jahre, die der üblichen Strafe für das Delikt entsprechen. Sind beide geständig, erhalten sie deswegen mildernde Umstände und bekommen jeweils fünf Jahre Gefängnis als Strafe. Halten beide dicht, dann können sie zwar nicht des Bankraubs überführt werden, der Staatsanwalt kann sie aber wegen eines anderen, kleineren Delikts, wie z. B. dem des illegalen Waffenbesitzes, belangen, wobei in diesem Fall jeder der beiden eine Strafe von einem Jahr Gefängnis erhält. Das Spiel wird zwischen den beiden Gefangenen gespielt, der Staatsanwalt selbst ist keiner der Spieler, er setzt lediglich die Anreize. Das Spiel lässt sich in Matrixform in der folgenden Weise darstellen. Da Gefängnisstrafen negativen Nutzen darstellen, werden sie mit einem negativen Vorzeichen versehen. Dabei gilt die Konvention, dass die erste Auszahlung in einer Zelle der Matrix die des sogenannten Zeilenspielers ist und die zweite die des Spaltenspielers.

		Gauner B	
		Hält still	Gesteht
Gauner A	Hält still	-1, -1	-10, 0
	Gesteht	0, -10	-5, -5

Abbildung 4.1: Darstellung eines Prisoner's Dilemma

---

[3] Vgl. dazu auch die Biografie von Sylvia Nasar (1999) und den Film von Ron Howard mit Russell Crowe, der allerdings eine höchst irreführende Schilderung der Spieltheorie enthält, trotz sonstiger brillanter Drehbuchzüge und -ideen.

4. Zustimmung aufgrund von Eigeninteresse: Thomas Hobbes

Als „Lösung" eines solchen Spiels wird nun die Art und Weise bezeichnet, wie dieses Spiel typischerweise von rationalen Spielern gespielt werden würde. Letztlich handelt es sich daher bei der Lösung des Spiels um die Kombination der beiden Handlungsoptionen, die von den beiden Spielern voraussichtlich gewählt würden. Ein fundamentales Konzept zum Finden dieser Lösung sind sogenannte *dominante Strategien*. Ein Spieler besitzt eine (strikt) dominante Strategie, wenn sie in jedem Fall den anderen verfügbaren Strategien vorzuziehen ist, weil sie unabhängig davon, was der andere Spieler wählt, immer ein besseres Ergebnis hervorbringt als jede andere Strategie. Der unmittelbar erkennbare Vorteil einer solchen Strategie besteht also darin, dass man sich gar nicht mehr darüber Gedanken machen muss, was der andere Spieler möglicherweise tun könnte, weil man sich so oder so mit der gewählten dominanten Strategie besserstellt. Wie nun leicht zu erkennen ist, verfügen die beiden Spieler im Gefangenendilemma über eine solche dominante Strategie, nämlich in Form des „Gestehens". Hält nämlich der andere Gefangene B still, dann kommt A aufgrund der Kronzeugenregelung frei, wenn er B verpfeift, während er immerhin ein Jahr Gefängnis absitzen müsste, wenn er ebenfalls stillhält. Verpfeift hingegen der Gefangene B seinen Kumpel A, dann ist es für A erst recht besser zu gestehen, weil er, wenn er dichthalten würde, nun sogar die vollen zehn Jahre aufgebrummt bekäme, während er beim Geständnis immerhin mit „nur" fünf Jahren davonkommt. Dies wird offenkundig auch das Endergebnis des Spiels sein. Beide Gefangene werden also eine Gefängnisstrafe von fünf Jahren erhalten.

Da das Spiel als Spiel zwischen den Gefangenen gespielt wird und nicht die soziale Erwünschtheit des Ergebnisses darstellt, können wir „Stillhalten" auch als die kooperative Strategie bezeichnen und „Gestehen" als die nichtkooperative oder defektierende Strategie. Die prekäre Situationslogik des Gefangenendilemmas wird dann unmittelbar klar. Denn es schafft offenkundig eine Anreizsituation, in der es für beide Spieler rational ist, nicht zu kooperieren. Was aus Sicht des Staatsanwalts und der Gesellschaft das erwünschte Ergebnis ist – dass sich die beiden Gefangenen gegenseitig ans Messer liefern –, ist für ihr Verhältnis im Sinne einer „kooperativen Beziehung" katastrophal. Das geradezu Tragische an dieser Situation ist, dass es ja sehr wohl ein Ergebnis geben würde, bei dem sich beide besserstellen würden, nämlich das, welches entsteht, wenn beide stillhalten würden. Bei diesem Ergebnis erhielten beide nur jeweils ein Jahr Gefängnis, was für sie natürlich wesentlich besser wäre als die fünf Jahre, die sie aufgrund der vertrackten Anreizstruktur geradezu unentrinnbar erhalten werden. Genau dieses Spannungsverhältnis zwischen dem „kollektiven" Nutzen und der individuellen Anreizstruktur ist es, was das „Dilemma" am Gefangenendilemma ausmacht. Um dies zu charakterisieren, greift man in der Regel auf das Konzept des sogenannten *Pareto-Kriteriums* zurück. Während sich die Auszahlungen in der Matrix immer nur auf die individuellen Nutzen beziehen, ermöglicht

4.3 Der Naturzustand als *Prisoner's Dilemma*

das Pareto-Kriterium das Aufstellen einer Rangordnung von Ergebnissen im Sinne der sozialen bzw. kollektiven Erwünschtheit. Ein Zustand ist dann *pareto-optimal* oder *pareto-effizient*, wenn sich keiner verbessern kann, ohne dass sich dabei ein anderer verschlechtern würde. Ein Zustand ist gegenüber einem anderen *pareto-superior*, wenn sich mindestens eine Person verbessert, ohne dass sich eine andere Person verschlechtert; der zweite Zustand ist dann *pareto-inferior*. Das Dilemma besteht also darin, dass das Ergebnis, bei dem beide sich gegenseitig verpfeifen, gegenüber einem anderen, das ebenfalls erreichbar ist, nämlich, dass beide stillhalten, pareto-inferior ist.

Dabei ist das Ergebnis, bei dem beide gestehen, außerdem ein sogenanntes *Gleichgewicht*. Unter einem Gleichgewicht verstehen wir in der Spieltheorie eine Kombination von Strategien bzw. Handlungsoptionen, bei der keiner einseitig von seiner gewählten Strategie abweichen würde, solange er davon ausgeht, dass der andere Spieler bei seiner gewählten Strategie bleibt. Ein Gleichgewicht ist somit ein stabiler Zustand, der dazu neigt, sich selbst wieder herzustellen, wenn er durch eine „Störung" vorübergehend verlassen worden ist. Als gute Illustration für diese Eigenschaft kann man sich eine Kugel vorstellen, die in einer Schale liegt, deren Mittelpunkt den tiefsten Punkt darstellt. Stößt man diese Kugel an, sodass sie sich entlang der Schalenseite vom Mittelpunkt weg bewegt, was dann gleichzeitig eine Bewegung nach oben ist, wird die Schwerkraft bewirken, dass sie sich wieder zum tiefsten Punkt und damit zum anfänglichen Ausgangspunkt zurückbewegt.

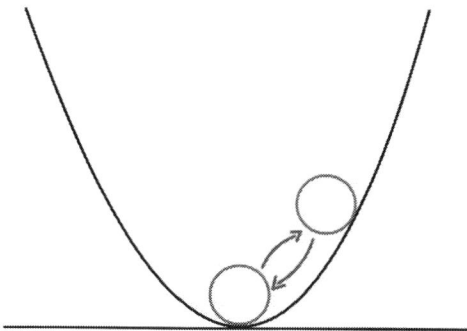

Abbildung 4.2: Darstellung eines mechanischen Gleichgewichts aufgrund der Schwerkraft (Quelle: eigene Darstellung)

Genauso gilt, dass das Gleichgewicht des gegenseitigen Gestehens in diesem Sinn eine sich selbst stabilisierende Trägheit besitzt. Nehmen wir an, Spieler A würde überlegen, das Gleichgewicht des beidseitigen Gestehens zu verlassen, während der andere bei seiner Strategie des Gestehens bliebe. Dann

4. Zustimmung aufgrund von Eigeninteresse: Thomas Hobbes

würde sich seine Strafe von fünf Jahren auf zehn Jahre erhöhen, was offensichtlich unsinnig und nicht in seinem Interesse wäre. Also würde er wieder zu seiner ursprünglichen Strategie zurückkehren bzw. seinen Gedanken über einen Strategiewechsel gleich wieder unterlassen. Die einzige interessante Möglichkeit bestünde offensichtlich darin, dass sie sich beide gleichzeitig zum pareto-superioren Zustand des gegenseitigen Stillhaltens bewegen würden. Aber obwohl sich dort beide besserstellen würden, ist dieser Zustand eben nicht stabil, weil jeder sofort erkennen würde, dass er sich jetzt wieder verbessern kann, indem er einseitig den anderen an den Staatsanwalt verrät. Am Schluss würden beide ihre diesbezüglichen Gedankenspiele immer mit der resignierenden Einsicht beenden, dass aus der verhängnisvollen Anreizstruktur kein Ausweg besteht und sie durch ihre eigene Rationalität in gewisser Weise dazu verdammt sind, nicht zu kooperieren.

Die Situation, die sich nun im Hobbes'schen Naturzustand einstellt, wenn alle erkennen, dass sie sich durch das Einhalten der Natürlichen Gesetze alle besserstellen würden, ist völlig identisch mit der Struktur eines Gefangenendilemmas. Dabei wollen wir die paradigmatische Entscheidungsstruktur noch etwas vereinfachen, indem wir einfach nur noch sogenannte ordinale Nutzenwerte annehmen. Das heißt, wir konstruieren nur eine Rangordnung über die verschiedenen Ergebnisse in den vier Zellen, wobei wir dem besten Ergebnis den Wert 4 geben, dem zweitbesten den Wert 3 usw. Auf diese Weise können wir einerseits die Struktur in ihrer abstraktesten Form wiedergeben und gleichzeitig die nützliche Konvention, dass „mehr" gleich „besser" ist, aufrechterhalten.

		Spaltenspieler	
		Hält sich an Natürliche Gesetze	Hält sich nicht daran
Zeilenspieler	Hält sich an Natürliche Gesetze	3, 3	1, 4
	Hält sich nicht daran	4, 1	2, 2

Abbildung 4.3: Gefangenendilemma mit Auszahlungen in Form von Nutzenwerten

Das Problem, wie es von Hobbes geschildert wird, besteht nun analog zum Gefangenendilemma darin, dass es für jeden Einzelnen einen Anreiz gibt, nicht zu kooperieren, was in diesem Fall bedeutet, sich nicht an die Natürlichen Gesetze zu halten. Dies gilt gerade dann, wenn sich die anderen daran halten. Denn die Situation, dass der andere die Gesetze einhält, ich aber weiterhin sämtliche Freiheiten des Naturzustands behalte, ist natürlich die beste überhaupt. Während der andere meinen Besitz respektiert, kann ich ihn bestehlen, während er niemals Gewalt zu seinem Vorteil anwenden würde, kann ich es tun usw. Es wird daher immer Einzelne geben, die die

Natürlichen Gesetze nicht einhalten, gerade dann, wenn die anderen sich daran halten, denn dann ist der Vorteil sogar am größten.

4.4 Der Naturzustand als *Assurance Game*

Die Faszination des Gefangenendilemmas liegt darin begründet, dass es eine „rationale" Erklärung für eine Verhaltensweise liefert, die so offensichtlich unvernünftig zu sein scheint. Jeder kann „sehen", dass es dumm ist, nicht zu kooperieren, und dass man sich damit ins eigene Fleisch schneidet, weil man schließlich ein für alle – und damit auch aus der Sicht jedes Entscheidenden für ihn selbst – besseres Ergebnis erzielen könnte, wenn man das „Vernünftige" tun würde, nämlich zu kooperieren. Es ist kein Wunder, dass das Gefangenendilemma seine geradezu berüchtigte Berühmtheit erlangt hat, *weil* es eine Erklärung für Entwicklungen liefert, die so offensichtlich irrational zu sein scheinen, dass sie uns an der Menschheit geradezu verzweifeln oder doch zumindest den Glauben an die ihr innewohnende Vernunftbegabung verlieren lassen. Das Gefangenendilemma z. B. ist auch sehr gut geeignet, die Dynamik von Rüstungswettläufen zu erklären. Für die beiden Spieler im Kalten Krieg, die USA und die Sowjetunion, z. B. war „Aufrüsten" immer die dominante Strategie, denn es bedeutete einen Vorteil, einseitig hochzurüsten, und andererseits wollte man schon gar nicht ins Hintertreffen geraten, wenn der andere ungebrochen aufrüstet.

Die oft benutzte Beschreibung des Dilemmas in der Form, dass strikte individuelle Rationalität zu einem kollektiv irrationalen Ergebnis führt, ist ja insofern unzureichend, weil auch jeder Einzelne auf diese Weise ein schlechteres Ergebnis erzielt, als bei gegenseitiger Kooperation erzielbar wäre und er sich insofern – so könnte man glauben – ja auch selbst schadet. Der gesunde Menschenverstand scheint uns also nahezulegen, hier zu kooperieren. Tatsächlich gibt es die anekdotische Erzählung, dass die Sekretärinnen der RAND-Corporation, die die Spieltheoretiker in ihre Experimente miteinbezogen, automatisch die kooperative Spielweise wählten, was dann von den Spieltheoretikern mit deren mangelnder „Rationalität" erklärt wurde (Schirrmacher 2013: 64). Aber auch für den höchst bedeutenden Philosophen Derek Parfit stellte das Gefangenendilemma nur ein scheinbares Kooperationsproblem dar, weil die Vernunft ja so offensichtlich den richtigen Weg aufzeigt (Parfit 1986), was wiederum den Spieltheoretiker Ken Binmore – durchaus etwas herablassend – zur Feststellung brachte, dass Parfit die spieltheoretische Modellierung eben nicht verstanden hätte (Binmore 2007). Tatsächlich kann man beiden in gewisser Weise recht geben. Binmore hat insofern recht, als die spieltheoretische Formulierung ja nur aussagt, was passiert, wenn die in der Modellierung enthaltenen Annahmen zutreffen. Wenn die Entscheidungssituation also eine ist wie die im *Prisoner's Dilemma* dargestellte und die Akteure sich bei ihrer Handlungswahl ausschließlich von den dort in Form der Nutzenwerte dargestellten Anreizen leiten lassen,

4. Zustimmung aufgrund von Eigeninteresse: Thomas Hobbes

dann *muss* das vorhergesagte Ergebnis der gegenseitigen Nichtkooperation herauskommen. Verhalten sich die Akteure dann „überraschenderweise" – wie z. B. die Sekretärinnen der RAND-Corporation aus Sicht der Ökonomen und Spieltheoretiker – kooperativ, was ja der spieltheoretischen Voraussage widerspricht, dann spielen sie eben ganz offensichtlich gar kein Gefangenendilemma bzw. nehmen das Spiel, das sie zu spielen glauben, als etwas anderes wahr. Wenn aber Situationen, die typischerweise als Gefangenendilemmata dargestellt bzw. beschrieben werden, ebenso typischerweise von den Spielenden gar nicht als Gefangendilemma gespielt werden, sondern im Sinn dessen, was die Vernunft bzw. der gesunde Menschenverstand oder auch nur eine Form basaler Freundlichkeit zu diktieren scheinen, dann kommt es eben zu den besagten „Widersprüchen" zwischen dem von der Spieltheorie vorhergesagten Ergebnis und den in der Realität gemachten Beobachtungen.

Die entscheidende Frage muss daher lauten, ob „Spieler" im Hobbes'schen Naturzustand die dort beschriebene Situation tatsächlich als Gefangendilemma wahrnehmen würden, d. h. ob ihre Anreize tatsächlich den dort modellierten entsprechen und sie sich ausschließlich nach diesen verhalten würden. Gerade weil Hobbes den Menschen im Naturzustand ja durchaus eine in keiner Weise eingeschränkte Rationalität unterstellt – sonst könnten sie ja auch gar nicht auf die Natürlichen Gesetze kommen –, liegt es eigentlich nahe davon auszugehen, dass sie die in der Anreizstruktur des Gefangenendilemmas enthaltene „Falle" erkennen und daher das „Vernünftige" tun. Dass zu den Natürlichen Gesetzen ja auch die Goldene Regel gehört, die häufig wegen des in ihr enthaltenen Grundsatzes der Universalisierbarkeit auch als eine Art Light-Version von Kants Kategorischem Imperativ („Handle so, dass die Maxime Deines Handelns gleichzeitig die Grundlage eines allgemeinen Gesetzes sein könnte.") empfunden wird, bestärkt noch einmal diese Vermutung zugunsten einer Prädisposition zu vernünftigem Verhalten, wie sie auch z. B. Derek Parfit zu hegen scheint. Eine solche Voreinstellung im Sinne kooperativen Verhaltens wird auch von evolutionstheoretischen Argumenten unterstützt (Axelrod 1987; Bowles/Gintis 2011).

Tatsächlich gibt es eine recht simple zusätzliche Annahme bei der Modellierung, die die kooperative Strategie auch zur rationalen Antwort macht. Geht man nämlich davon aus, dass das Gefangenendilemma nicht nur einmal, sondern immer wieder zwischen denselben beteiligten Akteuren gespielt wird, dann ist die erfolgreichste Strategie, wie Robert Axelrod in einem berühmten Computerturnier gezeigt hat (1987), eine bedingt kooperative, die grundsätzlich freundlich, also kooperativ, beginnt und das weitere Verhalten vom vorherigen Verhalten des anderen Spielers abhängig macht. Gegenspieler, die ebenfalls kooperiert haben, werden dann mit der Fortführung der Kooperation belohnt, Gegenspieler, die nicht kooperiert haben, werden hingegen durch eine nun ebenfalls defektierende Antwort bestraft. Kehrt aber der eben noch defektiv gewesene Gegenspieler wieder zur Kooperation zurück, wird ihm „verziehen" und seine Kooperation ebenfalls wieder mit Kooperation beantwortet. Jeder Spieler wird also zur Kooperation verleitet, weil er durch Defektion zukünftiger gegenseitiger Kooperationsgewinne, die gemeinsam realisiert werden könnten, verlustig geht. Der Verlust der entgangenen zukünftigen Kooperationsgewinne muss allerdings als schwerwiegender empfunden werden als der kurzfristig erzielbare Gewinn, den man erzielt, wenn man die Gutmütigkeit eines kooperativen Gegenübers durch die eigene Defektion ausbeutet, bzw. muss „der Schatten der Zukunft" (Axelrod 1987: 11ff.) hinreichend groß sein. Außerdem muss mit guten Gründen davon ausgegangen werden können, dass es eine solche Zukunft überhaupt geben wird, d. h., dass man dieses Spiel wieder mit demselben Gegenüber spielen wird bzw. es dafür zumindest eine hinreichend große Wahrscheinlichkeit gibt. Sind diese Bedingungen erfüllt, dann führt ein solches iteriertes Gefangenendilemma (vgl. auch Taylor 1987) zu einer Auszahlungsmatrix, die in der Grundform der eines sogenannten Assurance Games entspricht (zur Herleitung Behnke 2020).

		Spaltenspieler	
		Hält sich an Natürliche Gesetze	Hält sich nicht daran
Zeilenspieler	Hält sich an Natürliche Gesetze	4, 4	1, 3
	Hält sich nicht daran	3, 1	2, 2

Abbildung 4.4: Darstellung eines Assurance Games

Als Erfinder des Assurance Games gilt der Ökonom und Philosoph Amartya Sen. Es ist sehr ähnlich dem sogenannten Hirschjagd- bzw. Stag-Hunt-Spiel, das in Anlehnung an ein Gleichnis von Rousseau benannt ist. Bei der Hirschjagd gibt es einen Jäger und einen Treiber, die sich verabreden, gemeinsam einen Hirsch zu jagen. Der Jäger wartet am Waldrand, dem Treiber hingegen fällt die Aufgabe zu, den Hirsch aufzuscheuchen und dem Jäger zuzutreiben. Während der Treiber jedoch noch auf den Hirsch wartet, läuft ihm ein Hase über den Weg. Wenn der Treiber der spontanen, kurzfristigen Versuchung nachläuft, den Hasen zu jagen, verhindert er damit den gemeinsamen Erfolg für sich und den Jäger, obwohl auch der Treiber die Erlegung des Hirsches höher bewertet als die des Hasen.

Es gibt, wie leicht zu sehen ist, keine dominanten Strategien im Assurance Game. Was optimal ist, hängt davon ab, was der andere Spieler tut. Defektiert der andere Spieler, sollte man auch defektieren, kooperiert der andere, sollte man mit Kooperation antworten. Die Lösung des Spiels scheint offensichtlich. Kooperieren beide, erhalten sie jeweils ihr bestes Ergebnis. Da es keinen Anreiz geben kann, davon abzuweichen, ist dies natürlich ein Gleichgewicht. Doch auch die beidseitige Defektion ist offensichtlich ein Gleichgewicht. Da

4. Zustimmung aufgrund von Eigeninteresse: Thomas Hobbes

das Gleichgewicht der gegenseitigen Kooperation aber gegenüber dem der gegenseitigen Defektion pareto-superior ist, scheint es geradezu selbstverständlich und nicht weiter hinterfragenswert, dass das überlegene Gleichgewicht der gegenseitigen Kooperation sich durchsetzen muss. Aber die Spieltheoretiker John Harsanyi und Reinhard Selten (1988) haben gezeigt, dass diese Sichtweise etwas zu naiv und vorschnell wäre und die Komplexität des Spiels unterschätzen würde. Der Philosoph Brian Skyrms sieht im Assurance Game eine in mancher Hinsicht treffendere Beschreibung der Fallstricke des Gesellschaftsvertrags als im Gefangenendilemma (Skyrms 1996). Es lohnt sich daher, die Feinheiten des Spiels genauer zu analysieren, insbesondere weil sie auf Argumentbestandteile bei Hobbes hinweisen, die genau diese Aspekte aufgreifen, die sich auch in der Komplexität des Assurance Games widerspiegeln.

Es mag spontan dumm erscheinen, im Assurance Game zu defektieren, da man ja eigentlich bestrebt sein sollte, das pareto-superiore Gleichgewicht zu verwirklichen. Wenn ein Spieler aber erwartet, dass der andere „dumm" *ist*, d. h., wenn er gute Gründe hat zu erwarten, dass der andere aus ebendieser Dummheit heraus defektiert, dann sollte er ebenfalls defektieren. Auch hier sind die beiden Strategien die *gegenseitig besten Antworten* auf die erwartete Strategie des anderen, was einer anderen Definition eines Gleichgewichts entspricht. Das pareto-inferiore Gleichgewicht ist also weniger unplausibel und damit sein Zustandekommen weniger unwahrscheinlich, als es zuerst den Anschein haben mag. Dies lässt sich überzeugend illustrieren, wenn man die Auszahlungen etwas verändert, um die Risiken, die einer bestimmten Handlungswahl immer innewohnen, besonders treffend darzustellen. Dies ist in der folgenden Darstellung des Assurance Games abgebildet. Es ändert sich nichts an der Grundstruktur des Assurance Games, da sich an der Rangfolge der Auszahlungen in den Zellen für die einzelnen Spieler nichts geändert hat.

		Spaltenspieler	
		Hält sich an Natürliche Gesetze	Hält sich nicht daran
Zeilenspieler	Hält sich an Natürliche Gesetze	100, 100	5, 95
	Hält sich nicht daran	95, 5	80, 80

Abbildung 4.5: Darstellung eines Assurance Games mit hohem Risiko

Aber es ist sofort erkennbar, dass die Strategie der Defektion in dieser Darstellung bedeutend an Attraktivität gewonnen hat bzw. nun deutlich klüger erscheint. Denn wenn der andere Spieler „fälschlicherweise" die defektierende Strategie wählt, obwohl er „eigentlich" die kooperative wählen sollte, fällt man von der sicheren Auszahlung von 80 Nutzeneinheiten, die man hätte, wenn man ebenfalls defektiert, auf magere fünf Nutzeneinheiten zurück, wenn man einseitig kooperiert. Dazu kommt, dass der Anreiz für den anderen, auf die einseitige Vorleistung einer Kooperation ebenfalls mit Kooperation zu antworten, nicht sehr hoch ist, weil er sich nur noch marginal von 95 Nutzeneinheiten auf 100 verbessern würde. Es wäre weiterhin „dumm" für den anderen, nicht zu kooperieren, aber die Kosten für diese Dummheit fallen für den Zeilenspieler so gering aus, dass er sie sich gewissermaßen leisten kann, während sie für den Spieler, der das Risiko in Form einer Vorleistung eingegangen ist, sehr hoch sind.

Es lassen sich verschiedene Gründe vorstellen, warum ein solch „dummer" Zug des Gegenspielers auftreten mag. Womöglich ist ihm gar nicht klar, dass ein Assurance Game gespielt wird, also dass seine Auszahlungen tatsächlich so beschaffen sind, dass es von Vorteil für ihn wäre zu kooperieren. Vielleicht aber weiß er dies zwar sehr wohl, kann sich aber seinerseits nicht sicher sein, dass sein Gegenspieler weiß, dass man ein Assurance Game spielt.[4] Womöglich aber hat der Gegenspieler auch eine Art von „Rationalitätsdefekt", wie es die Hirschjagdgeschichte von Rousseau ja nahelegt. Dieser Rationalitätsdefekt kann dabei durchaus auch in einer Art von Willensschwäche begründet sein. Das berühmte sogenannte Marshmallow-Experiment von Walter Mischel (2016) z. B. bestand darin, Kindern eine Belohnung in Aussicht zu stellen, wenn sie einer unmittelbaren Versuchung widerstehen würden, nämlich dem unmittelbaren Verzehr eines vor ihnen liegenden Marshmallows (im Originalversuch handelte es sich um Oreos). Viele Kinder konnten dieser Versuchung allerdings nicht widerstehen, was umso tragischer ist, weil Nachfolgeuntersuchungen die Vermutung nahelegten, dass Kinder, die hier über eine rationale Impulskontrolle verfügten, auch später im Leben erfolgreicher waren.

Auch im Assurance Game gibt es daher eine Art von Dilemma. Es ist zwar nicht rational, nicht zu kooperieren, aber es ist womöglich sehr wohl rational, von der Irrationalität der anderen auszugehen und dann auch nicht zu kooperieren, wenn die Folgekosten einer nicht erwiderten Kooperation im Verhältnis zum gemeinsamen Kooperationsgewinn so hoch ausfallen, dass es als zu riskant erscheint, sich auf die Vernunft des anderen zu verlassen. In diesem Sinn könnte das eigentlich pareto-inferiore Gleichgewicht der gegenseitigen Defektion durchaus – in der Terminologie von John Harsanyi und Reinhard Selten (1988) – ein *risikodominantes* Gleichgewicht sein, also eines, das man unter Risikoerwägungen als das bessere bezeichnen könnte. Umgekehrt bedürfte es eben sehr vielen Vertrauens auf die Vernunft des anderen, um unter diesen riskanten Umständen dennoch eine Kooperation einzugehen.

---

4 In der Spieltheorie spricht man hier von gemeinsamem Wissen, über das beide verfügen müssen, damit das Spiel optimal gespielt werden kann (Behnke 2020).

4. Zustimmung aufgrund von Eigeninteresse: Thomas Hobbes

Überlegungen genau dieser Art finden sich nun in den Anmerkungen in der Hobbes'schen Argumentation zum sogenannten „Narren". Tatsächlich wird aus seiner Sicht nur ein „Narr" glauben, die Natürlichen Gesetze zum eigenen Vorteil missachten zu können. Der normale, d. h. vernünftige Mensch würde nach Hobbes' Ansicht keineswegs die Natürlichen Gesetze verletzen, da er aber mit dem Auftreten der erwähnten „Narren" rechnen muss, kann er nicht mehr mit der allgemeinen Einhaltung der Natürlichen Gesetze rechnen. Der elegante Ausweg, der sich auf den ersten Blick durch eine weniger pessimistische Schilderung des Naturzustands im Sinne des Assurance Games zu eröffnen schien, führt also zu demselben Ergebnis wie die Analyse mithilfe des *Prisoner's Dilemma*. Zumindest wenn es keinen guten und belastbaren Grund gibt, sich auf eine sehr ausgeprägte Vernunft und Impulskontrolle der anderen verlassen zu können, würde der klug das Risiko abwägende Spieler ebenfalls wieder zum Ergebnis kommen, dass es ihn gefährden würde, das „Vernünftige" zu tun, wenn er damit rechnen muss, der einzige Vernünftige unter Menschen zu sein, deren Impulskontrolle eher derjenigen der Kinder in Mischels Experiment gleicht.

4.5 Der Leviathan als externe Gewalt, die das Kooperationsproblem löst

Die Menschen in Hobbes' Naturzustand erkennen also kraft ihrer Vernunft, dass es besser für sie wäre, wenn sie sich alle an die Regeln, die in den Natürlichen Gesetzen beschrieben werden, halten würden; gleichzeitig aber realisieren sie, dass die Einhaltung dieser Regeln nicht garantiert werden kann und in keiner Weise stabil wäre, solange sie nur auf dem persönlichen Nutzenkalkül jedes Einzelnen ruhen müsste. Die Lösung besteht nun in der Einführung einer externen Instanz, die Sanktionen gegenüber Kooperationsverweigerern verhängt.

Interpretieren wir nun der Einfachheit halber wieder die Auszahlungen in der Matrix als absolute Nutzen, die in bestimmten Einheiten gemessen werden, dann kann man sich vorstellen, dass die Nichtkooperation mit einer Art Strafzahlung von zwei Nutzeneinheiten versehen wird. Da die Regeln, denen nun zur Geltung verholfen werden soll, nicht mehr im Naturzustand gelten sollen, sondern durch eine externe Instanz erzwungen werden sollen, nennen wir sie einfach nur noch Gesetze und die Sanktionen bei Nichteinhaltung der Gesetze sind einfach die üblichen Strafen, die bei Gesetzesbruch fällig werden.

4.5 Der Leviathan als externe Gewalt, die das Kooperationsproblem löst

		Spaltenspieler	
		Hält sich an Gesetze	Bricht Gesetze
Zeilenspieler	Hält sich an Gesetze	3, 3	1, 4−2
	Bricht Gesetze	4−2, 1	2−2, 2−2

Abbildung 4.6: „Gefangenendilemma" (das ja dann keines mehr ist) mit Strafzahlungen für Defektion

Wie leicht zu erkennen ist, wird jetzt die Kooperation, also das Einhalten der Gesetze, sogar zur dominanten Strategie und die allgemeine Kooperation ist ein Gleichgewicht. Um kein Missverständnis aufkommen zu lassen: Diese Konstellation ist keineswegs eine Lösung des Gefangenendilemmas, denn dieses hat, worauf z. B. Ken Binmore zu Recht hingewiesen hat, nur eine Lösung, nämlich das Gleichgewicht in der gegenseitigen Defektion. Vielmehr handelt es sich um eine Lösung des gesellschaftlichen Problems, zu deren Illustration das Gefangenendilemma hinzugezogen wird, und das nun behoben wird, indem die Struktur des Spiels selbst transformiert wird, nämlich von einem Gefangenendilemma mit dem ihm inhärenten Konfliktpotenzial in ein relativ banales *Harmonie-Spiel* (Behnke 2020), bei dem es keinerlei Konfliktpotenzial mehr gibt.

Diese externe Instanz, die den Gesetzesbruch ahndet, ist bei Hobbes nun der berühmte Leviathan, nach dem auch sein Buch benannt ist. Ursprünglich ein biblisches Seeungeheuer, ist es nun eine Metapher für den Staat bzw. die Regierung, die den Menschen kraft ihrer Macht und der von ihr erzwungenen Gesetze zur Etablierung einer Ordnung verhilft, zu deren Aufrechterhaltung die Menschen aus eigener Kraft nicht fähig gewesen wären. Zwar übt der Leviathan Zwang aus auf die seiner Herrschaft unterworfenen Menschen, doch dabei geht es allen besser als im Naturzustand, denn jede Ordnung, selbst die mit unnachgiebiger Härte erzwungene, ist besser als das Chaos beim Fehlen einer Ordnung. Da die Menschen nicht freiwillig von sich aus das tun würden, was sie tun wollen sollten, müssen sie gewissermaßen zu ihrem eigenen Glück gezwungen werden. Der Mangel, dass allein durch die Vernunfteinsicht selbst kein Handlungszwang folgt, wird durch den Zwang einer Institution behoben, deren Errichtung durch die Vernunft diktiert wird. Die freiwillige Unterwerfung unter die Gewaltmittel des Leviathans folgt lediglich einem Gebot der Vernunft. Die Menschen entscheiden sich also freiwillig, sich zu ihrem eigenen Vorteil dem vom Leviathan ausgeübten Zwang zu unterwerfen.

Da dieser Zwang natürlich im Einzelfall mit den konkreten Interessen der Individuen in Konflikt geraten wird, kann es nicht sein, dass die Personen, die diesen Herrschaftsvertrag einmal geschlossen haben, ihn im Einzelfall nach Belieben aufkündigen bzw. dem dadurch legitimierten Herrscher den Gehorsam verweigern können. Dies würde den Sinn einer Zwangsinstitution

4. Zustimmung aufgrund von Eigeninteresse: Thomas Hobbes

offensichtlich konterkarieren, denn wenn Zwang nur dann ausgeübt werden könnte, wenn man den Anweisungen ansonsten auch freiwillig gehorchen würde, verblieben wir ja letztlich im Naturzustand und die Errichtung einer externen Zwangsinstanz wäre witzlos, weil der „Zwang" ja offensichtlich gar keiner wäre. Die Legitimation der Herrschaft zur Ausübung von Zwang durch Einsatz von Machtmitteln, die von der Herrschaftsgewalt zur Verfügung gestellt werden, muss daher unumkehrbar sein. Alle Personen, die sich in diesem Herrschaftsvertrag zusammenfinden, geben also all ihre Rechte und all ihre Machtmittel an den Leviathan ab und autorisieren ihn als die einzige Instanz, die diese Rechte mit Macht durchsetzen darf. Jean Hampton (1997) spricht daher von einem „Entäußerungsvertrag", weil die auf diese Weise abgetretenen Rechte ein für alle Mal verloren sind und nicht wieder zurückgeholt werden können. Lediglich, wenn die vom Leviathan erzwungene Ordnung selbst wieder die gleichen Lebensumstände wie im Naturzustand generiert, also einen Zustand der permanenten Unsicherheit und Wahrnehmung der eigenen existenziellen Gefährdetheit, verbleibt den Bürgern eine Art letztes Widerstandsrecht gegen den Leviathan.

Dieser Herrschaftsvertrag in Form eines Entäußerungsvertrags wird nur durch die Personen geschlossen, die sich dem zukünftigen Leviathan mit diesem Vertrag unterwerfen wollen; der Leviathan selbst ist kein Vertragspartner. Dieser Umstand, der zuerst Erstaunen hervorrufen könnte, ist schlichtweg der unerbittlichen Logik der Hobbes'schen Konstruktion zu verdanken, die sich an dem ebenso unaufhaltsamen Wirken der Gesetze der Mechanik orientiert, von denen Hobbes als Zeitgenosse schwer fasziniert war. Denn der Vertrag kann nur Menschen an die Gesetze binden, die beim Gesetzesbruch durch die Sanktionen des Leviathans bestraft werden könnten. Doch es ist schwer vorstellbar, dass der Leviathan auch sich selbst bestrafen würde. Um also den Leviathan zur Rechenschaft zu ziehen, für den Fall, dass er seine in einem Vertrag festgeschriebenen Verpflichtungen nicht einhalten würde, bräuchte es einen „Super-Leviathan" zur Sanktionierung des Leviathans. Um aber den Super-Leviathan zu sanktionieren, falls er nicht seiner Verpflichtung nachkommt, den Leviathan zu sanktionieren, wenn es angemessen wäre, bräuchte es einen „Super-Super-Leviathan", um nun den Super-Leviathan zu sanktionieren usw. Wir kämen also in einen infiniten Regress und müssten diesen durch einen „dogmatischen Abbruch" (Albert 1968/1991) beim institutionellen Design behandeln. Irgendwann muss es eine letzte Instanz geben, die von keiner übergeordneten Instanz mehr sanktioniert werden kann. Dies ist auch unter dem Begriff des Letztinstanzlichkeitsproblems bekannt. Wenn es aber so oder so eine letzte Instanz geben muss, ist es am sparsamsten, gleich die erste notwendige Instanz, also den Leviathan selbst, dafür heranzuziehen.

Es bleibt allerdings nun eine wichtige letzte Frage zu beantworten: Wenn der Leviathan selbst in keiner Weise an die Einhaltung von Regeln gebunden werden kann, wenn also seine Macht in diesem Sinn tatsächlich absolut und keiner Einschränkung unterworfen ist, wieso sollten die Menschen, die den Herrschaftsvertrag schließen, sich von einem solchen Leviathan denn überhaupt eine Verbesserung ihrer Situation versprechen? Tatsächlich gibt es zwar keine Garantie in dieser Hinsicht, aber es gibt begründete kluge Erwartungen, dass es in der Tat unter einem Leviathan zu einer stabilen Ordnung kommen würde, und wie gesagt ist aus der Sicht der Menschen im Naturzustand jede Ordnung besser als keine Ordnung. Der Leviathan hat nämlich ein vernünftiges Eigeninteresse am Etablieren einer solchen Ordnung. Denn eine Ordnung schafft Berechenbarkeit und wird daher die produktiven Tätigkeiten der Menschen beflügeln, da diese z. B. nicht mehr befürchten müssen, dass ihnen sowieso alles, was sie erwirtschaften, wieder von Räubern weggenommen werden könnte. Zwar wird der Leviathan als Staat seinerseits Steuern erheben, aber diese sind ebenfalls berechenbar und somit der Willkür eines ungebundenen Räubertums immer vorzuziehen. Die Gesellschaft wird also prosperieren, wovon der Leviathan wiederum seinerseits eben in Form der erwähnten Steuern und sonstigen Einnahmen, die er als Staat aus einer prosperierenden Wirtschaft erzielt, profitieren wird. Der Schutz der Bürger vor einer allzu willkürlichen Herrschaft besteht also in dem Vertrauen auf die Klugheit des Herrschers, zu erkennen, dass dies gar nicht in seinem eigenen Interesse wäre.

4.6 Hobbes' Argument

Das Hobbes'sche Argument lässt sich kurz so skizzieren:

P1a: Der Ausgangszustand für die Vertragsfindung ist der Naturzustand.

P1b: Das oberste Ziel aller Menschen ist ihre Selbsterhaltung.

P1c: Die Menschen besitzen zwar Vernunft bzw. Rationalität im Naturzustand, aber keinerlei moralische Einstellungen.

P1d: Die Menschen kämpfen im Naturzustand um knappe Güter und um Überlegenheit gegenüber den anderen. Dadurch kommt es zu einem erbarmungslosen „Krieg aller gegen alle". Das Leben ist „unangenehm, brutal und kurz". Obwohl es physische Unterschiede zwischen den Menschen gibt, sind sie hinsichtlich ihrer elementaren Gefährdetheit in der für sie wesentlichen Dimension alle gleich. Sie haben alle dasselbe Interesse, dieser elementaren Gefährdetheit zu entkommen.

P2: Die Menschen erkennen durch den Gebrauch ihrer Vernunft, dass es bestimmte Verhaltensregeln („Natürliche Gesetze") gibt, von denen sie alle profitieren würden, wenn sich alle an sie halten würden.

P3a: Ebenfalls durch den Gebrauch ihrer Vernunft erkennen die Menschen, dass sie sich in einer Dilemmasituation befinden (*Prisoner's Dilemma*), denn sie und alle anderen haben eine dominante Strategie, sich nicht

4. Zustimmung aufgrund von Eigeninteresse: Thomas Hobbes

an die Natürlichen Gesetze zu halten, wodurch sie im regellosen und ungezügelten Naturzustand verbleiben.

P3b: Sie erkennen des Weiteren, dass lediglich äußerer Zwang durch eine allmächtige Instanz (Leviathan), die in keiner Weise von ihnen kontrolliert werden kann, sie dazu bringen kann, sich an allgemeingültige Gesetze zu halten, die weitgehend dem Inhalt der Natürlichen Gesetze entsprechen.

P3c: Dieser Leviathan hat ein Eigeninteresse daran, seine Untertanen dazu zu zwingen, sich an die Gesetze zu halten und dabei keine ausschweifende Willkür an den Tag zu legen, sodass er verlässlich für eine Ordnung sorgt, die eine berechenbare Lebensplanung ermöglicht.

P4: Die einzige Möglichkeit, eine solche Instanz zu bilden, besteht im Abschluss eines Herrschaftsvertrags, in dem sich alle Menschen gegenseitig verpflichten, alle ihre Gewaltmittel unwiderrufbar an den Leviathan abzutreten und diesen zu autorisieren, sie zu beherrschen.

P5: Wenn eine Situation unerträglich ist und diese Situation durch ein einziges Mittel zu einer stabilen Ordnung verbessert werden kann, dann werden die Menschen dieses Mittel wählen.

K: Die Menschen schließen einen Herrschaftsvertrag untereinander, in dem sie sich alle gegenseitig verpflichten, alle ihre Gewaltmittel unwiderrufbar an einen Leviathan abzutreten und diesen zu autorisieren, sie zu beherrschen.

Und in etwas komprimierter Form:

P1: Der Ausgangszustand für die Vertragsfindung ist der Naturzustand. Der Naturzustand ist eine unerträgliche Situation.

P2: Jede stabile Ordnung, bei der sich die Menschen an bestimmte Regeln halten, ist besser als der Naturzustand.

P3: Die einzige Instanz, die eine solche stabile Ordnung hervorbringen kann und wird, ist ein allmächtiger Herrscher (Leviathan), der selbst allerdings an keine Regeln gebunden werden kann.

P4: Die einzige Möglichkeit, eine solche Instanz zu bilden, besteht im Abschluss eines Herrschaftsvertrags, in dem sich alle Menschen gegenseitig verpflichten, alle ihre Gewaltmittel unwiderrufbar an den Leviathan abzutreten und diesen zu autorisieren, sie zu beherrschen.

P5: Wenn eine Situation unerträglich ist und diese Situation durch ein einziges Mittel zu einer stabilen Ordnung verbessert werden kann, dann werden die Menschen dieses Mittel wählen.

K: Die Menschen schließen einen Herrschaftsvertrag untereinander, in dem sie sich alle gegenseitig verpflichten, alle ihre Gewaltmittel unwiderrufbar an einen Leviathan abzutreten und diesen zu autorisieren, sie zu beherrschen.

Die logische Form des Arguments sieht so aus und ist eine Variation des Modus Ponens.

a

b

c

d

(a UND b UND c UND d) → e

―――――――――――

e

Literatur zur Einführung

Becker, Michael/Schmidt, Johannes/Zintl, Reinhard (2020): Politische Philosophie. 5., aktual. Aufl., Paderborn: Schöningh, Kap. II.1.
Hampton, Jean (1997): Political Philosophy. Boulder, Col.: Westview Press, Kap. 2.

Weiterführende Literatur

Hampton, Jean (1986): Hobbes and the Social Contract Tradition. Cambridge: Cambridge University Press.
Kavka, Gregory S. (1986): Hobbesian Moral and Political Theory. Princeton: Princeton University Press.
Kersting, Wolfgang (1994): Die politische Philosophie des Gesellschaftsvertrags. Darmstadt: Wissenschaftliche Buchgesellschaft, Kap. III.
Morris, Christopher W. (Hg.) (1999): The Social Contract Theorists. Critical Essays on Hobbes, Locke, and Rousseau. Lanham: Rowman & Littlefield, Kap. 1 bis 4.

5. Demokratie, Repräsentation und das Mehrheitsprinzip: John Locke

Die Hobbes'sche Logik scheint unbestechlich. Es ist schwierig, einen Fehler in der Argumentation zu entdecken, da diese in sich schlüssig zu sein scheint. Allerdings ist die Schlussfolgerung eine, die wohl den allermeisten nicht akzeptabel erscheint, nämlich die einer Rechtfertigung einer absoluten bzw. absolutistischen Herrschaft, die keinerlei Einschränkungen unterworfen ist. Zwar mag selbst ein absolutistischer Herrscher immer noch den schrecklichen Gefährdungen und der existenziell zermürbenden Unsicherheit des Naturzustands vorzuziehen sein, aber allein die Tatsache, dass es noch schlechter hätte ausgehen können, ist offensichtlich kein hinreichender Grund, sich nicht ein besseres Ende, d. h. eine „bessere" Form der Herrschaft zu wünschen, in der der Herrscher ebenfalls an bestimmte Regeln und vor allem an die Vereinbarungen des Vertrags, der zur Errichtung der Gesellschaft geschlossen wird, gebunden wäre. In einem solchen Fall sprechen wir nicht mehr von einem *Entäußerungsvertrag* wie bei Hobbes, sondern von einem *Agency-Vertrag* (Hampton 1997: 41), bei dem der Herrscher ebenfalls an die Gesetze gebunden ist und sich somit gegenüber den Beherrschten, dem Volk, zu verantworten hat. Die Übertragung der Herrschaft ist dann nicht wie eine unwiderrufliche Abtretung wie bei Hobbes zu verstehen, sondern als eine „Leihgabe" (Hampton 1997: 41), die womöglich von vornherein mit einer Art Verfallsdatum versehen ist, in jedem Fall aber grundsätzlich wieder zurückgefordert werden kann, wenn der mit einem Auftrag Versehene, also der Agent, diesen Auftrag nicht zur Zufriedenheit des Auftraggebers, des sogenannten Prinzipals, erledigt. Einen solchen Gesellschaftsvertrag zu formulieren bzw. zu entwerfen, war die Aufgabe, die Locke sich gestellt und die er in seinem 1689 erschienenen Hauptwerk *Zwei Abhandlungen über die Regierung* ausgearbeitet hat. Dieses Modell entspricht in den Grundzügen weitgehend auch immer noch unseren Regierungsformen der Gegenwart, wenn sie die Form eines demokratischen Rechtsstaats annehmen, sodass Locke als einer der wirkungsmächtigsten und einflussreichsten aller politischen Philosophen zu gelten hat.

Da das Argument von Hobbes selbst durchaus valide erscheint, sind es also die Prämissen, die wir kritisch hinterfragen müssen, wenn wir die Konklusion des Hobbes'schen Arguments ablehnen wollen. Diese Prämissen sind aber praktisch alle in seiner Beschreibung des Naturzustands enthalten. So faszinierend dieser gerade wegen seiner Sparsamkeit der Annahmen ist, so ist es womöglich aber gerade diese Sparsamkeit, die zu „falschen" Beschreibungen des Naturzustands und dementsprechend zu den falschen Schlussfolgerungen aus dem Argument führt. Die Überlegung ist grob die folgende: Wenn man den Naturzustand auf eine Weise beschreibt, bei der man darauf verzichtet, größere Spezifikationen vorzunehmen – den Menschen im Naturzustand z. B. als ein Wesen ohne Moral schildert, reduziert auf die Fähigkeit der

5. Demokratie, Repräsentation und das Mehrheitsprinzip: John Locke

Vernunft und einen Überlebenswillen, dem alles untergeordnet wird –, und aufgrund dieser „sparsamen" Beschreibung zu einem bestimmten Ergebnis hinsichtlich der erwünschten politischen Ordnung kommt, dann muss dieses Ergebnis auch dann noch und erst recht dann gelten, wenn der Naturzustand spezifischer beschrieben wird. Die Täuschung, dass eine „sparsame" Beschreibung zu einer besonders verallgemeinerbaren Schlussfolgerung führt, entsteht dadurch, dass Sparsamkeit hinsichtlich der Einschränkungen mit Allgemeinheit gleichgesetzt wird. In der Logik und Wissenschaftstheorie aber gilt: Je allgemeiner die Prämissen, desto höher ihr empirischer Gehalt (Popper 1935/1989), d. h. wenn mit Allgemeinheit hier der Umfang des Anwendungsbereichs gemeint ist. Wenn das Gravitationsgesetz über die Anziehung zwischen Körpern für *alle* schweren bzw. massereichen Körper gilt, dann gilt es z. B. auch für Planeten. Je allgemeiner der Anwendungsbereich, desto „riskanter" wird die Aussage über einen bestimmten gesetzmäßigen Zusammenhang, weil es mehr potenzielle Falsifikatoren gibt. Aber die Annahme, dass es z. B. keine moralischen Erwägungen im Naturzustand gibt, ist nicht einfach eine sparsame Beschreibung des Menschen in dem Sinn, dass er auch ohne Moral auskommt, sondern eben ihrerseits eine sehr spezifische Beschreibung des Menschen als einen, der keine Moral hat. Möglicherweise ist das eine durchaus realistische und angemessene Beschreibung seiner Motive, aber sie ist eben keineswegs eine besonders „allgemeine", bei der die wesentlichen Konsequenzen dieselben bleiben, wenn sie erst spezifiziert wird. Die Schlussfolgerungen, die ausgehend von einem amoralischen Menschenbild gezogen werden, müssen also keineswegs erst recht gelten, wenn die Menschen eine naturgegebene Vorstellung von Moral haben. Die Schilderung des Menschen als moralisches Wesen ist keine präzisere Beschreibung des Menschen als die von ihm als amoralisches Wesen, sondern sie ist eine *andere* Beschreibung. Das heißt, die Beschreibung des Naturzustands bei Hobbes enthält entgegen dem ersten Anschein durchaus sehr viele Einschränkungen. Werden diese aufgehoben, dann sind auch andere Schlussfolgerungen möglich.

5.1 Der Naturzustand bei Locke und das Naturrecht

Der Naturzustand, wie er von Locke beschrieben wird, ist keine angereicherte Version des Hobbes'schen Naturzustands, sondern eine grundlegend andere. Während die Menschen bei Hobbes amoralisch sind, d. h. kein „richtig" oder „falsch" kennen, sondern nur ein „nützlich" oder „nicht nützlich", verfügen sie bei Locke in Form des sogenannten Naturrechts über eine Art von moralischem Kompass, der ihnen nun sehr wohl die Unterscheidung zwischen „richtig" und „falsch" anzeigt. Auch wenn sich die Begriffe der Natürlichen Gesetze bei Hobbes, die im Original als „natural laws" bezeichnet werden, und des Naturrechts bei Locke, des „natural law", sehr ähneln, so könnte ihre Bedeutung nicht unterschiedlicher sein. Die Natürlichen Gesetze von Hobbes sind durch die Vernunft erkennbare Regeln, die aber aus sich heraus keinen Handlungsdruck erzeugen können, wenn sie nicht gleichzeitig zum Vorteil des Handelnden sind. Das Naturrecht von Locke hingegen ist dem Menschen von Geburt an eingepflanzt, es verkörpert sozusagen den göttlichen Funken, wie er sich im Menschen materialisiert, denn in der Tat stammt das Naturrecht von Gott bzw. lässt es sich aus den Vollmachten und Pflichten ableiten, die Gott den Menschen auferlegt hat. Auch wenn Lockes erste Abhandlung sich vor allem sehr kritisch mit der Idee des Gottesgnadentums, wie es von Filmer vertreten worden ist, auseinandersetzt, so argumentiert er eben keineswegs wie Hobbes ohne den Beistand der Religion, was sich in der zweiten Abhandlung niederschlägt. Letztlich spielt es allerdings keine Rolle, woher das im Naturrecht sich ausdrückende natürliche Empfinden für „richtig" und „falsch" kommt. Der Inhalt der Natürlichen Gesetze unterscheidet sich daher oft nur wenig von dem der vom Naturrecht vorgeschriebenen Regeln. In beiden Theorien spielt z. B. die Erhaltung des eigenen Lebens eine herausragende Rolle. Während es aber bei Hobbes ein „fundamental right" ausdrückt, das sich direkt aus dem Selbsterhaltungswillen ergibt, ist es bei Locke eher als eine Verpflichtung gegenüber Gott zu sehen, dass man mit dem von diesem gemachten Geschenk des Lebens auf verantwortungsvolle Weise umgeht. Wenn das Leben aber deshalb zu respektieren ist, weil es von Gott gegeben wurde, dann gilt dies natürlich nicht nur für das eigene Leben, sondern auch für das aller anderen. Dieses Verständnis vom Naturrecht als einem alle in gleicher Weise bindenden, vorgegebenen Recht entspricht einem Verständnis von Gleichheit, wie es heute allgemein geteilt wird. „Gleichheit" im Sinne von Hobbes ist lediglich eine unzureichende Verschiedenheit, d. h., die Menschen sind sehr ungleich in Hinsicht auf ihre physischen und sonstigen Eigenschaften, manche sind stärker, brutaler, intelligenter, aber sie sind nicht so ungleich, dass einzelne Personen anderen gegenüber so überlegen wären, dass dies einen qualitativen Sprung ausmacht. Sie bleiben, wie im vorherigen Kapitel ausgeführt, hinsichtlich des dominanten Kriteriums, ihrer Gefährdetheit, weitgehend gleich. Gleichheit bei Locke aber entspricht einer rechtlichen Gleichheit, bei der niemand für sich etwas in Anspruch nehmen kann, was er nicht im gleichen Maße anderen als Recht zugesteht. Die Grundkonzeption dieser Form von Gleichheit kommt der Goldenen Regel, wie sie auch bei Hobbes als Natürliches Gesetz vorkommt, schon sehr nahe. Nur ist das bei Hobbes eben eine Klugheitsregel, sodass alle gut beraten wären, sie gleichzeitig zu befolgen, aber die Regel an sich ist nicht in der Lage, jemanden zu binden, weil die Vernunft an sich niemanden zwingt, vernünftig zu sein. Ein Naturrecht wie bei Locke aber bindet die Mitglieder im Naturzustand durchaus. Als Stammvater des Liberalismus geht es Locke um die größtmögliche Freiheit für alle, aber die Freiheit jedes Einzelnen wird durch das Naturrecht eben beschränkt bzw. endet immer dort, wo die Rechte der anderen beginnen. Daher ist der Naturzustand bei Locke eben kein Krieg aller gegen alle wie bei Hobbes, sondern ist grundsätzlich als ein sehr friedlicher Zustand vorstellbar, der dem

5. Demokratie, Repräsentation und das Mehrheitsprinzip: John Locke

Ideal einer geordneten Anarchie weitgehend entspricht. Allerdings ist Locke keineswegs naiv: Natürlich rechnet auch er mit Menschen, die sich nicht an das Naturrecht halten werden und andere in Hinsicht auf Leben, Gesundheit und Besitz bedrohen. Alle Menschen haben daher im Naturzustand ein Naturrecht, sich gegen solche unrechtmäßigen Übergriffe zur Wehr zu setzen. Dies allein wäre allerdings qualitativ nicht von Hobbes verschieden. Aber da wegen der allgemeinen Geltung des Naturrechts das Recht überall, wo es bedroht wird, geschützt werden muss, heißt dies, dass bei Locke alle Menschen auch das Recht haben, gegen andere Gewalt einzusetzen, wenn sie dadurch die Verletzung der Naturrechte *anderer* verhindern können. Streng genommen haben sie dazu nicht nur das Recht, sondern sogar die Pflicht. Der Schutz des Rechtssystems durch Sanktionen, die bei Verstoß gegen die geltenden Regeln verhängt werden, der bei Hobbes erst mit der Etablierung des Leviathans garantiert wird, wird bei Locke also schon im Naturzustand gewährleistet, indem jeder Einzelne das Recht aller verteidigt. Eine solche Form einer geordneten Anarchie könnte durchaus halbwegs stabil sein, wie ebenfalls wieder spieltheoretische Experimente und Überlegungen sowie empirische Fallstudien belegen (vgl. z. B. Taylor 1987; Ostrom 1999). Wie wir im letzten Kapitel gesehen haben, kann es in iterierten Spielen, bei denen das Grundspiel die Form eines Gefangenendilemmas hat, durchaus zur Kooperation aller Spieler kommen, solange die Spieler die zukünftigen Auszahlungen hinreichend stark berücksichtigen. Erleichtert wird dies noch einmal, wenn die wiederholten Spiele stets mit denselben Spielern gespielt werden, wenn diese also immer wieder von Neuem aufeinandertreffen. In diesen Fällen lohnt es sich, zur Sicherung zukünftiger gemeinsamer Kooperationsgewinne darauf zu verzichten, den anderen Spieler durch Defektion zu schädigen, wenn man davon ausgeht, dass eine solche Defektion durch den anderen Spieler mit der Aufkündigung seines kooperativen Verhaltens bestraft würde. Ein wesentliches Element für die Aufrechterhaltung der Stabilität ist daher das Vertrauen in das grundsätzlich kooperative Verhalten der anderen und darauf, dass diese die Kooperation fortsetzen wollen. Da es aber bei Spielen mit mehreren Personen häufig zumindest eine Person gibt, die die anderen auszubeuten versucht – ein Hobbes'scher „Narr" sozusagen –, erodiert mit der Zeit auch die Bereitschaft der übrigen Spieler, sich kooperativ zu verhalten. Ernst Fehr und Simon Gächter (2000) konnten in Experimenten nachweisen, dass die Stabilität der Kooperation sich länger erhält, wenn die Spieler auch über die Möglichkeit verfügen, andere für defektives Verhalten zu bestrafen. Tatsächlich scheint es also so, dass eine Konstruktion, in der alle bestimmte Normen teilen und für verbindlich halten, durchaus funktionieren könnte, insbesondere dann, wenn der Normbruch bestraft wird. Der Normbruch ist daher offensichtlich nicht das Problem, das im Naturzustand des Locke'schen Entwurfs nicht adäquat und erfolgversprechend gehandhabt werden könnte. Vielmehr erweist sich die Eindeutigkeit der Normen als Problem, d. h. ihre mitunter unspezifische Bedeutung, die einer tieferen Interpretation und klaren Auslegung bedarf, auch wenn das grundsätzlich mit der Norm vertretene Prinzip allgemein akzeptiert wird. Dieses Problem der expliziten Normformulierung lässt sich besonders gut am Eigentumsrecht illustrieren, das für Locke eine zentrale Rolle spielt und auf das daher hier noch etwas eingehender eingegangen werden soll.

5.2 Das Eigentumsrecht bei Locke

Locke geht davon aus, dass jeder Mensch sich selbst gehört (eventuelle Anspruchsrechte von Gott können außen vor gelassen werden, da sie in der Regel nicht geltend gemacht werden). Damit gehört aber jedem Menschen auch seine Arbeit und demnach alles, was allein als Produkt seiner Arbeit geschaffen wird. Es scheint auch unmittelbar einleuchtend, dass etwas, was erst in einem schöpferischen Akt geschaffen wird, demjenigen gehören sollte, der es eben geschaffen und damit etwas in die Welt gebracht hat, das davor noch nicht vorhanden war. Allerdings kann die Arbeit kaum etwas aus sich selbst heraus schaffen, sondern das Produkt der Arbeit entsteht in der Regel aus der Vermischung der Arbeit mit einem schon vorhandenen Gut, wodurch dieses dann nach Locke auch angeeignet wird.

Diese in der Natur vorab vorhandenen Güter sind, da ist Locke unmissverständlich, Gemeineigentum, weil sie allen Menschen gemeinsam von Gott übereignet worden sind. Doch genauso macht er unmissverständlich klar, dass dieser „gemeinsame Besitz von keinerlei Nutzen" wäre, wenn nicht „irgendein Teil aus dem, was allen gemeinsam ist, herausgenommen und aus dem Zustand entfernt wird, in dem es die Natur belassen hat" (Locke 1689/1977: 217). Denn von Nutzen kann es nur sein, wenn es von jemandem gebraucht oder verbraucht wird, und damit dies der Fall sein kann, muss es zu seinem privaten, individuellen Eigentum werden. Wäre es nicht möglich, z. B. Lebensmittel aus dem ursprünglich ja alles umfassenden Gemeineigentum herauszunehmen, dann wäre die Menschheit – so Locke – schon längst verhungert. Die Überführung von Gemeineigentum in Privateigentum im Verlauf eines Aneignungsprozesses ist also schlichtweg logisch notwendig für den Erhalt der Menschheit, was immer das höchste Ziel ist, da von Gott selbst den Menschen als dieses höchste Ziel vorgegeben. Es *muss* also die Möglichkeit der Aneignung geben.

Im einfachsten Fall besteht diese Aneignung lediglich in der Besitznahme des vorhandenen Guts, d. h., dem Gut selbst wird durch die Arbeit nichts hinzugefügt, sondern die Arbeit richtet sich ausschließlich auf die Überführung des Gutes in den eigenen Besitz. Lockes paradigmatische Beispiele hierfür sind das Sammeln von Früchten oder Nüssen und das Jagen von Rotwild oder einem Hasen. Da diese Nüsse oder Früchte oder auch das Wild einfach nur *da* sind und in dieser Form demnach zu niemandes Gebrauch oder Nutzen, müssen sie demjenigen als Eigentum zugesprochen werden, der sie durch Aufwendung seiner Arbeit des Sammelns oder Jagens erst in seinen Besitz bringt und damit einer Nutzbarkeit überhaupt erst erschließt. Es ist für Locke völlig selbstverständlich, dass das Recht, über dieses Gut frei zu verfügen und es nach eigenem Willen für sich nutzbar zu machen, demjenigen gehören muss, der die Möglichkeit dieses Rechtsgebrauchs überhaupt erst geschaffen hat. Insofern rekurriert das geschaffene Eigentumsrecht – wenn auch auf indirekte Weise – auf das schon erwähnte Prinzip, dass dem Schöpfer das von ihm Geschaffene zustehen sollte. Zwar werden in diesen Ausgangsfällen von in der Natur einfach vorhandenen Gütern nicht diese Güter selbst geschaffen, aber eben die Möglichkeit, von ihnen auf eine Art und Weise Gebrauch zu machen, die von Vorteil ist und so erst den mit ihnen verbundenen Wert schafft. Der frei im Wald oder auf der Wiese herumhoppelnde Hase besitzt insofern keinen Wert, wenn er von niemandem genutzt, also verzehrt wird. In gewisser Weise ist es dann völlig unerheblich, ob es den Hasen überhaupt gibt oder nicht. Erst wenn ihn jemand in seine Hände bekommt und tötet, kann er dem Nutzen des Verzehrs zugeführt werden. Dieses In-die-Hände-Bekommen und Töten kann aber unter Umständen mit sehr viel Arbeit des Verfolgens, Laufens, Schlagens oder Schießens erfolgt sein, vielleicht mit Zuhilfenahme eines Werkzeugs, das seinerseits in aufwendiger Arbeit hergestellt werden musste, womöglich auch mit Unterstützung eines Hundes, in dessen Dressur viel Arbeit gesteckt worden ist. Der gefangene und getötete Hase genauso wie die gesammelten Früchte *unterscheiden* sich nun von den anderen frei herumschwirrenden Hasen und bloß daliegenden Früchten, die sich weiterhin im Gemeineigentum befinden, dadurch, dass sie durch Arbeit nutzbar gemacht worden sind. Insofern *fügt* die Arbeit ihnen etwas *hinzu*, das „mehr war, als die Natur, die gemeinsame Mutter von allem, ihnen gegeben hatte" (ebd.). In der Logik der erwähnten Schöpfungstheorie ist es für Locke eine bloße selbstevidente und daher notwendige Einsicht, dass dieser geschaffene Mehrwert demjenigen gehören muss, der diesen Unterschied, der im Mehrwert liegt, erst hervorgebracht hat.

Die Argumentation ist intuitiv in höchstem Maße einleuchtend. Wenn durch eine bestimmte Handlung (Arbeit) einer Person ein Mehrwert geschaffen wird, also etwas nun erst vorhanden ist, was vorher nicht vorhanden war, dann scheint es nicht nur die Lösung eines Koordinationsproblems zu sein, dieses neu geschaffene Gut in Form eines Eigentums der Person zuzuordnen, die dieses geschaffen hat, sondern darüber hinaus scheint auch ausschließlich diese Person im Sinne eines „Verursacherprinzips" einen starken moralischen Anspruch darauf zu haben, die Zugangs- und Nutzungsrechte zu den Vorteilen, die durch den Gebrauch oder Verbrauch des Gutes entstanden sind, zu genießen und nach eigenem Gutdünken verteilen zu dürfen. Dies gilt umso mehr, als diese Person ausschließlich sich selbst gehört und somit auch ihre Arbeit und alles, was aus dieser Arbeit hervorgeht.

Allerdings gilt dies offensichtlich nur dann unmittelbar und im strengen Sinn, wenn wirklich ausschließlich ein Mehrwert geschaffen wird. Was ist der

5.2 Das Eigentumsrecht bei Locke

Fall, wenn dadurch, dass diese Güter der Natur entnommen werden, auch eine Art von Minderwert geschaffen wird, weil nun diese Güter nicht mehr oder nur noch in geringerer Menge vorhanden sind, sodass sie von anderen nicht mehr angeeignet werden können? Denn die noch frei herumlaufenden Hasen sind ja nicht einfach völlig wertlos, solange sie nicht nutzbar gemacht werden, sondern sie stellen ja ein immer vorhandenes Potenzial dar, das nutzbar gemacht werden könnte, also eine Ressource, auf die anlassbezogen zurückgegriffen werden könnte. Ein Mensch, der weiß, dass er, wenn er Hunger hat, jederzeit unter Einsatz eines bestimmten Aufwands einen Hasen finden und erlegen könnte, ist sicherlich in einer besseren Situation als jemand, der über diese potenziell nutzbar zu machenden Ressourcen erst gar nicht verfügt oder diese nur mit einem deutlich höheren Aufwand nutzbar machen könnte.

In der Sprache moderner Ökonomen würden wir daher fragen, ob die Handlungen der Nutzbarmachung des bisher „wertlosen" Gemeinguts eben doch nicht nur positive Konsequenzen für den Handelnden haben, sondern auch in Form sogenannter *externer* Effekte negative Konsequenzen für Dritte aufweisen. John Stuart Mill wird später sein berühmtes „Harm Principle" genau auf diese Unterscheidung zurückführen, inwiefern Handlungen lediglich Folgen haben, die „self regarding" sind oder „other regarding". Auch Locke ist diese Problematik durchaus bewusst. Auch wenn man getreu seiner Logik nicht wirklich davon sprechen kann, dass anderen ein Schaden im Sinne einer Wertminderung entsteht – denn alles, was zum Gemeineigentum gehört, hat ja *per definitionem* keinen Wert –, so kann es ohne Zweifel aber der Fall sein, dass andere nicht mehr die gleiche Gelegenheit vorfinden, ihrerseits einen Mehrwert zu schaffen, weil von dem betreffenden Gut schlicht nichts mehr vorhanden ist, weil alle Nüsse oder Früchte eben schon weggesammelt sind. Die Umwandlung von Gemeineigentum durch Arbeit in Privateigentum ist nach Locke daher nur so lange grundsätzlich unproblematisch, wie „genug und ebenso gutes den anderen gemeinsam verbleibt" (ebd.). Diese Einschränkung, die auch als Locke'sches Proviso bekannt ist, sieht also vor, dass genug vom Gemeineigentum übrigbleiben muss, dass alle anderen, die es wollen, ebenfalls auf dieselbe Weise zu Privateigentum gelangen können. Heutzutage würden wir diesen Grundgedanken im Sinne von *Chancengleichheit* formulieren. Die Locke'sche Aneignungstheorie scheint daher, zumindest auf den ersten Blick, nur dann problemlos angewandt werden zu können, wenn wir uns in einer Welt mit theoretisch unerschöpflichen Ressourcen an Naturgütern befinden, also in einer Welt ohne Knappheit, in der alles im Überfluss vorhanden ist, sodass niemals von etwas zu wenig vorhanden ist, zumindest nicht von den Dingen, die ursprünglich zum Gemeineigentum gehören. Hier zeigt sich ebenfalls einer der fundamentalen Unterschiede zu Hobbes. Denn bei diesem entsteht der Krieg aller gegen alle ja nicht zuletzt aus diesem Verteilungskampf um knappe Güter, der bei Locke

5. Demokratie, Repräsentation und das Mehrheitsprinzip: John Locke

insofern erst gar nicht auftreten kann, als diese Güter gar nicht knapp sind. Zumindest gilt dies, solange wir von den in der Natur vorhandenen Gütern sprechen. Bei neu durch Arbeit geschaffenen Produkten könnte natürlich auch der Locke'sche Produzent der Frucht seiner ehrlichen Arbeit beraubt werden.

Dieser etwas naiv anmutende Optimismus von Locke lässt sich aber mit einer anderen Einschränkung begründen, von der er annimmt, dass sie ebenfalls wirkt. Denn da diese unmittelbar der Natur entnommenen Güter verderblich sind, wird sich jeder von Anfang an darauf beschränken, nur so viel zu entnehmen, wie er für den eigenen Gebrauch und Verzehr benötigt. Da dies sehr übersichtliche Mengen sein werden, wird Lockes Meinung nach auch kein Knappheitsproblem entstehen, zumindest solange die Bevölkerungsdichte nicht zu groß wird.

Die Verderblichkeitsregel macht anschaulich, dass es sich bei dem Locke'schen Proviso, „solange genug und ebenso gut" für die anderen verbleibt, um eine hinreichende, aber eben nicht notwendige Bedingung dafür handelt, dass die Schaffung von Privateigentum durch Vermengung des Gemeineigentums mit Arbeit unproblematisch ist. Denn solange es tatsächlich der Fall ist, dass die partielle Entnahme des Gemeineigentums durch Einzelne die Situation in keiner Weise für die anderen verschlechtert, so ist nicht zu erkennen, inwiefern ihnen in irgendeiner Weise Unrecht geschehen könnte, weil sich für sie ja nichts verändert. Dann erscheint es auch nur folgerichtig, den im Privateigentum liegenden Mehrwert der Person zuzusprechen, die die entsprechende Arbeit verrichtet. Wir können es auch so ausdrücken: Auch wenn das Gemeineigentum streng genommen keinen expliziten Wert besitzt, besitzt es einen potenziellen Wert; das ist der Wert, den es erlangen kann, indem es von Menschen nutzbar gemacht wird. Der fiktive Gesamtwert der in der Natur vorliegenden Güter besteht dann für eine bestimmte Zeitperiode, z. B. ein Jahr, gewissermaßen in der Summe des noch vorhandenen potenziellen Werts und des schon durch Nutzung explizit umgewandelten Werts. Der fiktive Gesamtwert aller Nüsse innerhalb eines Jahres besteht z. B. in der Summe der noch frei herumliegenden Nüsse und den schon im Lauf dieses Jahres von irgendjemand verzehrten Nüssen. Offensichtlich ist es völlig unproblematisch, wenn, egal wie viele Nüsse schon verzehrt worden sind, immer noch genügend herumliegen, sodass jeder, der sich ihrer zum Verzehr bedienen will, dies auch tun kann. In diesem Szenario eines faktischen und kontinuierlich bestehenden Überflusses ist das Proviso hinreichend dafür, dass die Aneignung niemals problematisch werden kann. Aber dieses Szenario stellt offenkundig einen idealen Extremfall dar. In der Realität wird es in der Regel insofern immer und grundsätzlich zu Knappheitssituationen kommen dergestalt, dass die Nuss, die von einer Person schon verzehrt worden ist, nicht mehr für eine andere Person zu deren Verzehr zur Verfügung steht. Möglicherweise gehen daher nun doch einige leer aus, wenn erst einmal alle Nüsse weg sind. Der Hinweis auf das Problem eines Überverbrauchs durch Hortung scheint aber darauf hinzuweisen, dass die Knappheit an sich für Locke nicht das Problem zu sein scheint, sondern lediglich eine künstliche, über das Notwendige hinausgehende Schaffung von Knappheit. Insofern ist das Proviso eben hinreichend, aber nicht notwendig dafür, dass die Aneignung unproblematisch wäre. *Solange* der Aneigner das angeeignete Gut auch selbst verbraucht, entsteht offensichtlich kein Problem, selbst wenn das bedeutet, dass jemand anderem dadurch die Gelegenheit genommen wird, zumindest dasselbe Gut zu verbrauchen. Denn das bedeutet nur, dass ein potenzieller Wert realisiert wird, und letztlich ist es egal, durch wen die Realisierung erfolgt. Im Grunde geht es um ein „First come first served"-Verteilungsprinzip, das die Effizienz der Verteilung sichert, und tatsächlich geht es Locke hier offensichtlich um Effizienz, d. h. um die Vermeidung von Verschwendung. Diese würde natürlich dann auftreten, wenn dem „Vorrat" an potenziell noch zu nutzenden Gemeingütern etwas entnommen wird. Denn dieses Gut steht damit anderen nicht mehr zur Realisierung seines Werts zur Verfügung, wird dabei aber gar nicht durch die entnehmende Person verbraucht, womit der potenzielle Nutzen verfällt und damit zu einer Reduktion des fiktiven Gesamtwertes führt.

Das Verbot, sich mehr anzueignen, als man verbrauchen kann, sodass es verdirbt, ist also keineswegs als eine Art Vorkehrung dagegen zu betrachten, dass es nicht zu einer zu asymmetrischen Ungleichheit kommen kann, wie es fälschlicherweise oft interpretiert wird, sondern stellt lediglich eine Absicherung gegenüber Ineffizienz durch Verschwendung dar. Würden die verderblichen Güter gegen weniger oder gar nicht verderbliche Güter eingetauscht, entsteht aus der Sicht von Locke nämlich kein Problem mehr.

> Und wenn er Pflaumen, die in einer Woche verfault wären, gegen Nüsse tauschte, die sich zum Verzehr ein ganzes Jahr aufheben ließen, so beging er kein Unrecht. Er vergeudete nicht den gemeinsamen Vorrat. Er vernichtete nichts von dem Anteil der Güter, die anderen gehörten, solange nichts ungenutzt in seinen Händen verdarb. (ebd.: 229)

Das Problem ist also niemals, dass er die Güter verbraucht statt anderer, denn die Nutzbarmachung durch den einen ist so gut wie die durch einen anderen. Ein Problem entsteht, wenn er Güter verderben lässt, die so seinen Nutzen nicht mehren, die aber ansonsten von anderen in Nutzen hätten umgewandelt werden können.

In der Extremform sind die Güter, die er für ansonsten verderbliche eintauscht, gar nicht mehr verderblich, weil sie aus Metall wie Gold oder Silber bestehen und einen symbolischen Wert besitzen, der darin besteht, dass man ihnen diesen Wert zugesteht. Wenn Geld auf diese Weise ins Spiel tritt, dann ist eine größere Akkumulation von Reichtum in Form von Geld möglich und demnach auch entsprechend große Ungleichheit. Aus Lockes Sicht stellt

5. Demokratie, Repräsentation und das Mehrheitsprinzip: John Locke

dies aber keineswegs ein Problem dar, ganz im Gegenteil. Denn erst die Möglichkeit dieser Akkumulation von Reichtum als einer Art von gespeicherter Arbeit schafft Anreize, die Produktivität über das hinaus zu erhöhen, was beim Sammeln von Früchten oder dem Jagen von Wild möglich ist.

Die wesentlichere Form der Aneignung als die von Nüssen oder Pflaumen besteht daher in der Aneignung von Land. Dieses ist ebenfalls zuerst Gemeineigentum, aber als solches von eher geringem bis vernachlässigbarem Wert. Die relevante Arbeit besteht nun nicht mehr in der Aneignung des Gutes selbst, sondern in einer Veredelung des Gutes. Denn das Land muss bearbeitet werden, damit es an Wert gewinnt. Bäume müssen gefällt und entwurzelt werden, der Boden gepflügt, neue Bäume gepflanzt, die Saat ausgestreut und schließlich die Früchte der Arbeit in Form von Obst, Weizen oder was auch immer geerntet werden. Während der Mehrwert beim Sammeln nur darin besteht, den als Potenzial der Früchte schon vorhandenen Wert zu realisieren, wird bei der Bearbeitung von Land durch die Veredelung der Wert selbst erhöht, und zwar auf nach Lockes Ansicht mindestens das Zehnfache, wenn nicht das Hundertfache, was er für die realistischere Größenordnung hält. Auch dieser Mehrwert muss demjenigen zugesprochen werden, der ihn geschaffen hat. Da die Arbeit hier aber unmittelbar in den Boden fließt und sich auf diese Weise mit ihm vermischt und danach untrennbar mit ihm verbunden ist, muss der Boden selbst der Person als Eigentum zugesprochen werden, die ihn bearbeitet hat. Dies ist insofern noch näherliegend als dass gesammelte Güter zu Eigentum werden, weil der Wert des Landes eben nun zum allergrößten Teil auf der Arbeit beruht, die in die Bearbeitung desselben geflossen sind. Natürlich gilt auch hier wieder im Prinzip das Proviso. Aber aus Lockes Sicht kommt es hier sogar zu noch weniger Konkurrenz um knappe Güter als beim Sammeln von in der Natur schon vorhandenen Gütern. Denn während beim Sammeln ja lediglich gilt, dass es zu keinem Effizienzverlust kommt, weil das Gut von einer statt einer anderen Person verbraucht wird, solange nichts verdirbt, kommt es bei der Bebauung von Land sogar zu realen Effizienzgewinnen, sodass für die anderen nicht nur immer noch genauso viel vorhanden ist, sondern auf gewisse Weise sogar mehr, weil durch die Wertsteigerung des Landes ja auch das „gemeinsame Vermögen der Menschheit nicht vermindert, sondern vermehrt" wird. „Wenn jemand Land abgrenzt und von zehn Acres eine größere Menge an Lebensmitteln einbringt, als er von hundert der Natur überlassenen einbringen könnte, kann man deshalb wirklich sagen, daß er der Menschheit neunzig Acres schenkt." (ebd.: 223) Die Aneignung von Land und dessen Veredelung führen also nicht zu mehr Knappheit und Konkurrenz, sondern vermindern in Wirklichkeit die Knappheit und Konkurrenz um die weiter im Gemeineigentum verbleibenden Güter, da diejenigen, die das Land bebauen, als Selbstversorger ja nun insgesamt weniger vom allgemeinen Vorrat entnehmen, sodass den anderen mehr davon übrigbleibt.

Auch hier gilt allerdings immer noch, dass niemand etwas durch sein Privateigentum an Land Produziertes verderben lassen darf; in diesem Fall würde sein Eigentumsrecht wieder verfallen. Aber da durch die Erfindung des Geldes die über den Eigenbedarf hinausgehende Produktion an Lebensmitteln anderen verfügbar gemacht wird, profitieren am Ende alle durch die Ausweitung der Produktion: diejenigen, die Geld haben, dadurch, dass sie sich diese Güter kaufen können, aber auch diejenigen, die kein Geld haben, dadurch, dass für sie die Konkurrenz um die immer noch im Gemeineigentum verbliebenen Güter abgenommen hat. Das Geld oder – noch genauer – die Möglichkeit der Erlangung von Reichtum durch die Akkumulation von Geld schafft also die Anreize zu einer Ausweitung der Produktion, die dann der Menschheit als Ganzes zugutekommt. Der argumentative Weg zu Adam Smiths „unsichtbarer Hand" zur Mehrung des Wohlstands der Nationen ist hier vorgezeichnet, wenn auch noch nicht im Detail ausgearbeitet. Die damit verbundene Ungleichheit ist insofern aus Lockes Sicht daher unproblematisch, weil sie zum Vorteil aller wäre und daher auch das Einverständnis aller finden würde.

> Denn sie haben durch schweigende und freiwillige Zustimmung einen Weg gefunden, wie ein Mensch auf redliche Weise mehr Land besitzen darf als er selbst nutzen kann, wenn er nämlich als Gegenwert für den Überschuß an Produkten Gold und Silber erhält, jene Metalle, die in der Hand des Besitzers weder verderben noch umkommen und die man, ohne jemandem Schaden zuzufügen, aufbewahren kann. (ebd.: 230 f.)

5.3 Das Motiv, den Naturzustand zu verlassen und eine Gesellschaft zu bilden

Wie schon erwähnt, kann man sich den Naturzustand bei Locke als weniger problematisch vorstellen als bei Hobbes. Der grundlegende Unterschied zwischen beiden Konzeptionen lässt sich vor allem am Verhältnis des Naturzustands zum Kriegszustand illustrieren. Für Hobbes *ist* der Naturzustand ein Kriegszustand, gerade diese Gleichsetzung macht ja den Wesenskern der Beschreibung des Naturzustands bei Hobbes aus. Für Locke sind dies hingegen zwei deutlich voneinander zu unterscheidende Zustände, wie er auch explizit in offensichtlicher Abgrenzung zu Hobbes klarmacht: „Sooft manche Menschen sie auch verwechselt haben, sie sind voneinander genauso verschieden wie ein Zustand des Friedens, des Wohlwollens, der gegenseitigen Hilfe und Erhaltung, und ein Zustand der Feindschaft, der Bosheit, der Gewalttätigkeit und gegenseitiger Vernichtung" (Locke 1689/1977: 211). Insofern ist der Naturzustand bei Locke nicht nur friedlicher als bei Hobbes, er ist *grundsätzlich* friedlich, denn nur wenn sich alle an die vom Naturrecht gesetzten Grenzen beim Ausleben ihrer natürlichen Freiheit halten, *ist* der Naturzustand sozusagen auch im Naturzustand. „Menschen, die nach der Vernunft zusammenleben, ohne einen gemeinsamen Oberherrn mit der Macht, zwischen ihnen zu richten, über sich zu haben, befinden sich im *eigentlichen Naturzustand."* (ebd.) Sobald jemand in die natürliche Freiheit und die Rechte eines anderen unzulässig eingreift, übt er Gewalt gegen ihn aus und befindet sich damit im Kriegszustand mit ihm. Der Kriegszustand ist also nicht wie bei Hobbes in den Naturzustand eingebettet bzw. ein wesentliches Charakteristikum von diesem, sondern er löst diesen ab, bzw. geht der Naturzustand in einen Kriegszustand über, sobald es zu dieser Ausübung von Gewalt in Form der Verletzung von Naturrechten kommt. Der Naturzustand bei Locke ist daher weniger die Umwelt, in der sich jemand befindet, sondern beschreibt vielmehr die Art der Beziehung, die jemand zu seinen Mitmenschen unterhält. Eine Person kann sich daher mit bestimmten Personen im (friedlichen) Naturzustand befinden und gleichzeitig mit anderen Personen im Kriegszustand. In diesem Sinn sind der Naturzustand und der Kriegszustand bei Locke individualisiert (vgl. Simmons 1999: 100). Während der Kriegszustand für Hobbes darin besteht, dass es keine Ordnung gibt und daher totale Unsicherheit herrscht, ist der Kriegszustand für Locke gegeben, wenn in die Rechte von Individuen eingegriffen wird und es keine übergeordnete Instanz gibt, an die der Mensch sich zur Ahndung des Unrechts wenden kann. Dies ist von fundamentaler Bedeutung für die Formulierung des Widerstandsrechts gegen den Staat, wie wir später noch sehen werden, denn nach dieser Definition kann auch der Staat Krieg gegen seine Bürger führen, wenn er ihre grundlegenden Rechte verletzt und damit auch als derjenige, der selbst das Recht bricht, als die Instanz ausfällt, die zur Ahndung des Rechtsbruchs angerufen werden kann.

Nicht der Naturzustand selbst ist also bei Locke unerträglich, sondern seine Instabilität, seine Anfälligkeit, jederzeit in einen Kriegszustand übergehen zu können, ist das Problem und macht den Naturzustand daher auch bei Locke zumindest zu einer höchst riskanten Angelegenheit. Denn in der anthropologischen Schilderung der Motive seiner Mitmenschen ist Locke nicht unbedingt weniger skeptisch als Hobbes. Aber nicht nur ist der Naturzustand anfälliger für das zeitweilige Fallen in den Kriegszustand als das Leben in einer als Gesellschaft verfassten Gruppe, der Kriegszustand ist auch langlebiger. Während er im staatlichen Zustand endet, sobald die Gewalt beendet ist und das weitere Vorgehen in die Hände der staatlichen Autoritäten gelegt wird, ist der Kriegszustand, der aus dem Naturzustand hervorgeht, nicht schon dann beendet, wenn die Gewalt zu Ende ist, sondern erst dann, wenn das damit verbundene Unrecht geahndet ist, d. h. entsprechende Strafe und Wiedergutmachung verhängt wurden. Solche Rechtsbrüche zu bestrafen und zu korrigieren, soweit dies durch Wiedergutmachung möglich ist, ist durchaus das Naturrecht aller Personen. Im Prinzip ist also die Herstellung der Balance des Naturzustands mit den dort vorhandenen Mitteln möglich, sie ist aber womöglich sehr aufwendig. Tatsächlich gibt es aber auch noch weiterreichende Gründe, warum der Naturzustand auch prinzipiell zu „Unzuträglichkeiten" führen muss, wenn die Menschen alle Richter und Vollstrecker in eigener Sache sind.

5.3 Das Motiv, den Naturzustand zu verlassen und eine Gesellschaft zu bilden

So wertvoll die natürliche Freiheit im Naturzustand also ist, die ja vor allem darin besteht, dass man nicht dem Willen irgendeines anderen unterworfen ist, so ist es gleichzeitig ebendieselbe natürliche Freiheit der anderen, die einen gefährdet, da die einzige Einschränkung ihres Handelns ja in deren freiwilliger Anerkennung der Naturrechte der Personen liegt, die für sie „die anderen" sind. Auch wenn diese Anerkennung aus sich heraus verbindlich ist – im Gegensatz zu den Natürlichen Gesetzen von Hobbes, die keine Verbindlichkeit aus sich heraus schaffen können –, so bleiben dennoch wesentliche Probleme bestehen, selbst dann, wenn dem Naturrecht allgemeine Gültigkeit zugesprochen wird, d. h. wenn alle prinzipiell willens wären, dem Naturrecht zu folgen. Locke nennt hierfür drei Gründe:

Erstens ist das Naturrecht selbst oft keineswegs eindeutig. Es fehlt „an einem *feststehenden*, geordneten und bekannten *Gesetz*, das durch allgemeine Zustimmung als die Norm für Recht und Unrecht und als der allgemeine Maßstab zur Entscheidung ihrer Streitigkeiten von ihnen allen angenommen und anerkannt ist" (Locke 1689/1977: 278). Denn zwar ist das Naturrecht durch Vernunft erkennbar, aber dennoch sind die Menschen durch ihre eigenen Interessen beeinflusst, d. h., ihr Urteil in eigenen Dingen ist dadurch verzerrt, außerdem kennen sie das Naturrecht zu wenig, da sie aus eigenem Antrieb zu wenig Anlass haben, sich mit ihm eingehender zu beschäftigen. Gerade bei Eigentumsstreitigkeiten ist es alles andere als unwahrscheinlich, dass die Auffassung, was denn nun durch das Naturrecht geboten sei, von den eigenen Interessen nicht gänzlich unberührt sein dürfte. Die Aneignungstheorie aufgrund von Arbeit, die in die Erschließung oder Bebauung von Boden gegangen ist, sagt nicht in aller Klarheit, ob z. B. der berühmte Apfel, der an einem Ast hängt, der in den Garten des Nachbarn hineinragt, nun diesem oder dem Eigentümer des Baums gehören sollte.

Zweitens fehlt es im Naturzustand an einem Richter, der unparteiisch ist, von allen akzeptiert wird und dem daher von allen die Autorität zugesprochen wird, ihre Zwistigkeiten und Meinungsverschiedenheiten auf eindeutige Weise zu entscheiden. Denn auch hier gilt wieder, dass es die spezifischen Interessen sind, die einzelne Personen haben, die sie parteiisch machen und in eigener Sache ihre eigenen Interessen zu stark und die der anderen zu schwach gewichten lassen.

Drittens „fehlt es im Naturzustand oft an einer *Gewalt*, dem gerechten Urteil einen Rückhalt zu geben, es zu unterstützen und ihm die gebührende *Vollstreckung zu sichern*" (ebd.: 279). Denn auch wenn im Naturzustand jeder das Recht hat, Rechtsbrüche anderer zu bestrafen, so hat er nicht unbedingt eine ausreichende Motivation, dies auch in die Tat umzusetzen. Denn nicht nur die Einhaltung von Gesetzen kann ein Gefangenendilemma wie bei Hobbes darstellen, auch die Bestrafung der Verletzung dieser Gesetze ist ein Gefangenendilemma, gewissermaßen eines der zweiten Ordnung. Denn jemand,

5. Demokratie, Repräsentation und das Mehrheitsprinzip: John Locke

der bereit ist, einen Rechtsbruch zu begehen, ist häufig auch bereit, die ihm dadurch entstehenden Vorteile mit Gewalt zu verteidigen. Derjenige, der den Rechtsbrecher zur Rechenschaft ziehen will, setzt sich damit einem hohen persönlichen Risiko und konkreten Gefahren aus. Es nützt ihm in dieser konkreten Situation nur wenig, wenn er im Recht ist und der andere nicht. Man denke an den von Gary Cooper gespielten Marshal Will Kane in Fred Zinnemanns klassischem Western *Zwölf Uhr mittags*, der vergebens versucht, seine Mitbürger dazu zu bewegen, ihm bei der Auseinandersetzung mit gefährlichen Banditen zu helfen. In gewisser Weise hört der Staat damit auf zu existieren und Kane kämpft seinen Kampf genauso allein auf sich gestellt aus, wie er ihn als Vollstrecker des Rechts im Naturzustand austragen müsste, was sich am Ende des Films dadurch manifestiert, dass Kane, nachdem es ihm wider alle Wahrscheinlichkeit doch gelungen ist, die Banditen allein (und mithilfe seiner von Grace Kelly verkörperten Frau) zu bezwingen, den feigen Stadtbewohnern den Marshalstern vor die Füße wirft. Gerade die dargestellte offenkundige Dysfunktionalität des Staates aber fungiert als Beweis dafür, dass nur ein starker Staat die nötige Gewalt aufbringen kann, um das Recht auch gegen willensstarke und skrupellose Rechtsbrecher durchzusetzen – was den Einzelnen überfordern würde.

Mit den drei genannten Gründen liefert Locke auch schon eine Begründung der verschiedenen Gewalten, die dieser Staat umfassen muss, nämlich die Legislative als die Gewalt, die die eindeutig kodifizierten Gesetze verabschiedet, die Judikative, die diese in der Rechtsprechung umsetzt, und schließlich die Exekutive, die deren Vollstreckung gewährleistet.

5.4 Die Bildung der bürgerlichen Gesellschaft

Die bürgerliche Gesellschaft bringt also allen Vorteile. Sie kommt aber zu dem Preis, dass jeder, der ihr beitritt, dafür im Gegenzug seine natürliche Freiheit aufgeben muss, d. h. sich den Gesetzen, die nun von der Legislative erlassen werden, fügen muss. Auch wenn diese Gesetze letztlich nur das Naturrecht umsetzen, das ja auch davor schon galt, so gilt dennoch, dass sich jeder in der bürgerlichen Gesellschaft nun dem Willen eines anderen, der durch die Regierung verkörpert wird, unterwerfen muss. Darüber hinaus verzichtet jeder auf das Recht, das Recht selbst zu sprechen und zu vollstrecken.

Es gibt, wie schon mehrfach geschildert, gute Gründe, dass jeder der bürgerlichen Gesellschaft beitritt. Aber da er von Natur aus frei ist, kann dies nur durch seine freiwillige Entscheidung geschehen. „Die einzige Möglichkeit, mit der jemand diese natürliche Freiheit aufgibt und *die Fesseln bürgerlicher Gesellschaft anlegt*, liegt in der Übereinkunft mit anderen, sich zusammenzuschließen." (Locke 1689/1977: 260) Es ist diese Entscheidung, die eine Person aus dem Naturzustand befördert. Da sich dies, wie erwähnt, auf persönliche

Beziehungen bezieht, heißt dies, dass sich jemand in Bezug auf sein Verhältnis mit einer anderen Person nur dann bzw. nur so lange im Naturzustand befindet, wie er keiner bürgerlichen Gesellschaft beigetreten ist, von der auch diese andere Person ein Mitglied ist (Simmons 1999: 103).

Wenn sich nun mehrere Personen als Gruppe zu dieser bürgerlichen Gesellschaft zusammengeschlossen haben, dann agieren sie jetzt als diese und damit nur noch als *ein* Körper mit *einer* Stimme und *einem* Willen. Wie wir gesehen haben, kann es im Naturzustand aufgrund der Vagheit des Naturrechts durchaus eine potenzielle Vielfalt von Stimmen und Willen geben, selbst wenn alle grundsätzlich gewillt sind, sich ans Naturrecht zu halten. Die institutionelle Herausforderung besteht also darin, aus der potenziellen Vielfalt von Stimmen und Willen eine einzige Stimme bzw. einen einzigen Willen herauszukristallisieren. Für Locke bedarf es dazu keiner weiteren Erläuterung, weil es für ihn eine offensichtliche Selbstverständlichkeit zu sein scheint, dass dieser eine Wille der der Mehrheit sein muss.

> Denn da eine Gemeinschaft allein durch die Zustimmung ihrer einzelnen Individuen zu handeln vermag und sich ein einziger Körper auch nur in einer einzigen Richtung bewegen kann, so muß sich notwendigerweise der Körper dahin bewegen, wohin die stärkere Kraft ihn treibt. Und das eben ist *die Übereinstimmung der Mehrheit*. (Locke 1689/1977: 260)

Die Entscheidung dieses einheitlichen Körpers verkörpert also die Zustimmung *aller* ihrer Mitglieder, sie wird aber nur durch Mehrheitsbeschluss getroffen. Die Mehrheit wird so gewissermaßen zur Fiktion der Einstimmigkeit. Dies ist insofern von Bedeutung, als nur die Einstimmigkeit garantieren kann, dass niemandem gegen seinen Willen ein Unrecht geschieht (siehe Kapitel 1.3). Die legitimationsbegründende Einstimmigkeit kommt also in zwei Formen daher: In einer expliziten Form liegt sie vor beim Beschluss, die bürgerliche Gesellschaft zu gründen. Denn da nur diejenigen Mitglieder derselben sind, die dem Zusammenschluss zugestimmt haben, ergibt sich daraus automatisch eine Einstimmigkeit bei der Gründung. In einer indirekten Form liegt die Einstimmigkeit, eben als Fiktion, dann bei den durch Mehrheit getroffenen Entscheidungen des nun *einen*, zivilgesellschaftlichen Körpers vor, weil diese Entscheidungsregel selbst gleichzeitig mit dem Gründungsbeschluss, also ebenfalls einstimmig, beschlossen wurde. Dabei muss es übrigens gar nicht zwangsläufig eine einfache Mehrheitsregel sein, also eine, die der Zustimmung von mindestens 50 Prozent der Gesellschaftsmitglieder bedarf. Locke erwähnt ausdrücklich, dass die Gruppe sich bei ihrem Zusammenschluss auch auf eine höhere Quote, also eine qualifizierte Mehrheit, hätte einigen können (ebd.: 262). Entscheidend ist, dass die Quote, auf die sich die Gruppe bei ihrem Zusammenschluss geeinigt hat, diejenige ist, nach der dann im bürgerlichen Zustand alle Entscheidungen getroffen werden können. Da der nun gebildete Körper nur mit einer Stimme sprechen kann, da er eben nur noch *ein* Körper ist, ist der Beschluss der Mehrheit immer

5. Demokratie, Repräsentation und das Mehrheitsprinzip: John Locke

als der Beschluss aller anzusehen. Die eine Stimme, mit der sie als Körper sprechen, ist insofern die *eine* Stimme, in der sie sich *alle gemeinsam* ausdrücken. Die explizite einstimmige Zustimmung zu einem Beschluss dieses Körpers wäre schon aus rein praktischen Gründen nicht zu verwirklichen, weil viele aus Krankheit oder aufgrund sonstiger Verpflichtungen nicht an allen Abstimmungen teilnehmen könnten und weil sie sehr wohl unterschiedliche Meinungen haben können, nicht zuletzt, weil sie auch unterschiedliche Interessen haben (ebd.: 261).

Da der nun gebildete Körper immer nur mit einer Stimme sprechen kann, muss diese ursprüngliche Vielfalt von Meinungen in welcher Weise auch immer in eine einzige transformiert werden. Die Mehrheitsregel ist unter vielen möglichen Mechanismen nur eine spezifische Form der Aggregation der einzelnen Willensäußerungen, mit der dieses Transformationsziel verwirklicht werden kann. Sie ist aber die intuitiv einleuchtendste. Die Einstimmigkeitsregel kommt allein schon aus Praktikabilitätsgründen nicht infrage. Ein höheres Quorum als die 50-Prozent-Schwelle im Sinne einer sogenannten qualifizierten Mehrheit würde aber die Bedingung der sogenannten Entscheidbarkeit (May 1952) nicht erfüllen, weil Abstimmungen, die diese erforderliche Mehrheit verfehlen würden, in gewisser Weise gar kein Ergebnis haben würden. Nehmen wir an, die qualifizierte Mehrheit würde aus einer Zweidrittelmehrheit bestehen, aber der Vorschlag, über den abgestimmt wird, erhält nur eine Mehrheit von 60 Prozent. Damit würde sich der Vorschlag nicht durchsetzen und es bliebe daher beim Status quo. Man könnte aber nur schwerlich sagen, dass das „Ergebnis" dieser Abstimmung dann eben der Status quo sei. Denn dieser bliebe ja nur aufgrund seiner Beharrungskraft, also einer Art von besonderer elektorischer Trägheit, bestehen, aber eben nicht deswegen, weil sich *für* ihn eine Anzahl von Personen ausgesprochen hat, die aufgrund dieser Anzahl, die über einem kritischen Schwellenwert liegt, einen moralischen Anspruch erheben könnte, sich mit ihrer Ansicht durchzusetzen. Denn faktisch würden sich damit im Beispiel 40 Prozent gegen die 60 Prozent durchsetzen, was eine offenkundige Verletzung des Gleichheitsgebots darstellen würde. Wenn Locke davon spricht, dass sich der eine Körper dahin bewegt, wohin ihn die „stärkere Kraft" treibt, hat er ganz offensichtlich diese Idee der Gleichheit im Hinterkopf. Wenn wir also einerseits die Vielfalt der Einzelmeinungen in einen einzigen Willen komprimieren wollen und gleichzeitig am Erfordernis der Gleichheit festhalten, gelangen wir geradezu zwangsläufig zur Erkenntnis, dass die Beschlüsse der bürgerlichen Gesellschaft, die für sie als Körper getroffen werden, mit einer einfachen Mehrheit gefunden werden müssen.

Dieser Beschluss des zivilgesellschaftlichen Körpers aber muss nun für alle Mitglieder dieses Körpers Gültigkeit haben. Das heißt, alle haben sich verpflichtet, sich diesem Beschluss, der mit einer einfachen Mehrheit getroffen wird, zu unterwerfen, auch diejenigen, die ihm, weil sie der unterlegenen

Minderheit angehören, gar nicht zugestimmt haben. „Denn sonst würde dieser *ursprüngliche Vertrag*, durch den er [der Mensch im Naturzustand] sich mit anderen zu *einer Gesellschaft* vereinigt, keinerlei Bedeutung haben und kein Vertrag sein, wenn der einzelne weiter frei bliebe und unter keiner anderen Verpflichtung stände als vorher im Naturzustand." (Locke 1689/1977: 261) Der bei der Abstimmung Unterlegene muss sich also dem Ergebnis der Abstimmung genauso verpflichtet fühlen wie der, der sich mit seiner Meinung als Teil der dominanten Mehrheit durchgesetzt hat. Jean Hampton hat dieses Konzept sehr treffend damit beschrieben, dass daher jeder schon vor der Abstimmung an dieser mit einer „willingness to lose" (Hampton 1997: 60) teilnehmen muss, die ihn dann auch nach der Abstimmung immer noch an das Ergebnis zu binden vermag, selbst wenn dieses gegen ihn ausging. Es ist in der Tat offensichtlich, dass der Vertrag jede Verbindlichkeit verlieren würde, wenn man sich an ihn nicht mehr gebunden fühlen müsste, wenn einem nicht mehr danach ist, sich an die durch den Vertrag vereinbarten Folgen zu halten. Sowenig es möglich ist, von einem Verkauf zurückzutreten, wenn dieser rechtmäßig zustande gekommen ist, nur weil man zwischenzeitlich seine Meinung geändert hat, sowenig kann es möglich sein, wieder aus dem Vertrag auszusteigen, mit dem man sich auf die Mehrheitsregel als Beschlussregel geeinigt hat, wenn einem konkrete durch Mehrheit zustande gekommene Beschlüsse gerade mal nicht in den Kram passen. Sobald man also einmal durch Zustimmung Mitglied des zivilgesellschaftlichen Körpers geworden ist, kann man dies nicht mehr rückgängig machen. „Wer [...] einmal durch tatsächliche Einwilligung und *ausdrückliche* Erklärung seine *Zustimmung* gegeben hat, einem Staatswesen anzugehören, hat sich auf ewig und unwiderruflich verpflichtet, sein Untertan zu sein und unabänderlich zu bleiben. Er kann niemals wieder in die Freiheit des Naturzustandes zurückkehren [...]." (ebd.: 277) Wir haben eine solche Form des Vertrags, den man nie mehr zurücknehmen kann, schon bei Hobbes kennengelernt; es handelt sich um einen *Entäußerungsvertrag* in der Diktion Jean Hamptons. Allerdings hat dieser Entäußerungsvertrag bei Hobbes zur Folge, dass alle Vertragspartner auf alle Rechte gegenüber dem Leviathan verzichten, dem sie sich bedingungslos unterwerfen, während der Entäußerungsvertrag bei Locke sich lediglich darauf bezieht, dass man Mitglied einer Gesellschaft wird, an deren Mehrheitsbeschlüsse man gebunden ist. Nichtsdestotrotz beziehen sich diese Mehrheitsbeschlüsse aber immer noch lediglich auf eine Konkretisierung des Naturrechts, das auch schon zuvor für ihn verbindlich war. Da die Verbindlichkeit des Naturrechts aber nicht infrage steht, da es von Gott gegeben und „vernünftig" ist, weil es durch die Vernunft erkannt werden kann, kann niemand ernsthaft ein Interesse daran haben, sich dem Naturrecht und seiner Durchsetzung zu entziehen, und nichts anderes soll ja durch die Konkretisierung im staatlichen Gemeinwesen erreicht werden. Während die Zustimmung im Hobbes'schen Vertrag dadurch zustande kommt, dass die Menschen erkennen, dass es ihrem Motiv der Nutzenmaximierung entspricht, wenn sie sich einer äußeren Autorität unterwerfen, die sie zwingt, etwas zu tun, was sie freiwillig nicht tun würden, besteht die Zustimmung bei Locke darin, dass etwas umgesetzt wird – nämlich das Naturrecht –, von dem sie nicht nur vernünftigerweise wollen, dass es gelten soll, sondern dem sie vernünftigerweise auch freiwillig von sich aus folgen würden, weil sie es vernünftigerweise auch *wollen müssten*. Auch unterwirft sich der Mensch bei Locke ja nur einem Körper, von dem er als Teil der diesen Körper antreibenden Legislative selbst ein Teil bleibt, während er sich bei Hobbes einem anderen unterwirft, dessen „Andersartigkeit" gar nicht ausgeprägter sein könnte, weil er in jeder Hinsicht von seinen Untertanen abgehoben und geschieden ist. Die Zustimmung zum Vertrag ist daher bei Locke wie bei Hobbes eine von der Rationalität diktierte Klugheitsentscheidung, sie bleibt aber eine auf Freiwilligkeit beruhende *Entscheidung*. Nur weil die Vernunft die Zustimmung nahelegt, entsteht noch keine moralische Pflicht zur Zustimmung der Bildung eines Gemeinwesens, wie sie später von Kant formuliert wird.

So vernünftig diese Zustimmung allerdings grundsätzlich ist, so verbleibt dennoch das Restrisiko, dass der Körper per Mehrheitsbeschluss eine „falsche" Konkretisierung des Naturrechts beschlossen haben könnte. Gerade für diejenigen, die bei der entsprechenden Abstimmung in der Minderheit sind, ist dieses „Restrisiko" aber womöglich als alles andere als nur ein „Rest" an Risiko, sondern es könnte im Extremfall vielleicht um die Gefährdung genau der Interessen gehen, die sie in erster Linie zu schützen beabsichtigen. Was also könnte sie dazu verleiten, sich bewusst diesem Restrisiko auszusetzen? Anders ausgedrückt: Warum sollte jemand zustimmen, sich dem Urteil eines Mehrheitsbeschlusses zu unterwerfen, wenn die reale Möglichkeit besteht, dass er zur überstimmten Minderheit gehört? Warum sollte also jemand überhaupt erst diese „Bereitschaft, zu verlieren" entwickeln, von der wir gesehen haben, dass sie die notwendige Bedingung für das Zustandekommen eines Gesellschaftsvertrags im Sinne von Locke darstellt? Diese Frage, wie es denn überhaupt zu einem einstimmigen Beschluss kommen könnte, eine Mehrheitsregel einzuführen, soll im nächsten Kapitel als ein Exkurs eingehender behandelt werden. Zunächst aber soll das genaue Verhältnis der Vertragspartner mit der Regierung geklärt werden.

5.5 Der „Agency"-Vertrag mit der Regierung

Die Vertragskonstruktion bei Locke ist also eine zweistufige. Auf der ersten Stufe schließt sich eine Anzahl von Personen freiwillig zu einer Gesellschaft zusammen, weil sie darin liegende Vorteile erkennen. Dieser Vertrag ist ein Entäußerungsvertrag, d. h., er kann nicht mehr zurückgenommen werden. Dieses Modell wie bei Hobbes nun auch auf die Beziehung zwischen den Mitgliedern der Gesellschaft und der herrschaftsausübenden Instanz zu übertragen, wäre aber aus Sicht von Locke nicht nur wenig sinnvoll, sondern es würde geradezu den Sinn der Konstruktion untergraben. Die Hobbes'sche bedingungslose Unterwerfung unter den Herrscher ist ziemlich genau das Gegenteil von dem, was Locke vorschwebt, und er lehnt die absolutistische Herrschaftsgewalt des Leviathans mit aller Entschiedenheit ab.

> Als ob die Menschen, als sie den Naturzustand verließen und sich zu einer Gesellschaft vereinigten, übereingekommen wären, daß alle, mit Ausnahme eines einzigen, unter dem Zwang von Gesetzen stehen, dieser eine aber alle Freiheiten des Naturzustandes behalten solle, die sogar noch durch Gewalt vermehrt und durch Straflosigkeit zügellos gemacht wurde! Das heißt die Menschen für solche Narren zu halten, daß sie sich zwar bemühen, den Schaden zu verhüten, der ihnen durch *Marder* oder *Füchse* entstehen kann, aber glücklich sind, ja, es für Sicherheit halten, von *Löwen* verschlungen zu werden. (Locke 1689/1977: 258)

Der Hobbes'sche Leviathan birgt für Locke also Risiken, die deutlich größer sind als die dem Naturzustand inhärenten. „Wenn jemand der willkürlichen Gewalt eines einzelnen Mannes, der hunderttausend andere beherrscht, ausgesetzt ist, so befindet er sich in einer viel schlechteren Lage als jemand, der sich der willkürlichen Gewalt von hunderttausend einzelnen Menschen gegenübersieht." (ebd.: 287) Vor allem verblieben aber die Mitglieder der neu gegründeten Gesellschaft gegenüber einem solchen Herrscher im Naturzustand, denn dieser wird bei Locke ja gerade dadurch charakterisiert, dass man keine übergeordnete Autorität anrufen kann, um Rechtsbrüche festzustellen und zu ahnden. Das heißt, gerade das, was für Hobbes in Form des Letztinstanzlichkeitsarguments die logische Konsequenz der Überwindung des Naturzustands darstellt, nämlich die Etablierung eines unumschränkten Herrschers, der für nichts zur Rechenschaft gezogen werden kann, würde aus Sicht von Locke verhindern, dass der Naturzustand verlassen werden kann. Letztlich liegt der Unterschied darin, dass bei Locke das Naturrecht als etwas vorgefunden wird, dessen allgemeine Gültigkeit nicht hinterfragbar ist und das daher auch für denjenigen, der die Herrschaftsgewalt ausübt, verbindlich sein muss. Rechtsbrüche dieses Herrschers müssen daher genauso geahndet werden können wie die jedes anderen.

Die Regierung ist bei Locke allerdings nicht nur durch das Naturrecht beschränkt, sondern auch durch die Aufgaben, die ihr von der bürgerlichen Gesellschaft, die immer alle Souveränitätsrechte behält, übertragen werden und die demnach „diejenige Form der Regierung einsetzen kann, die sie für geeignet hält" (ebd.: 266). Nach dem Vertrag zur Bildung der bürgerlichen Gesellschaft kommt es also zu einem zweiten Vertrag dieser bürgerlichen Gesellschaft mit einer Institution, der sie die Herrschaftsgewalt anvertraut. In der Regel besteht diese Institution in einem König. Bei diesem Vertrag handelt es sich aber nicht um einen Typus des Entäußerungsvertrags, sondern es ist ein sogenannter „Agency"-Vertrag (Hampton 1997: 41), bei dem ein Auftraggeber, auch Prinzipal genannt, einer Person oder Institution, auch Agent genannt, einen bestimmten und klar umrissenen Auftrag erteilt. Der

5. Demokratie, Repräsentation und das Mehrheitsprinzip: John Locke

Agent ist daher immer zur Wahrung der Interessen des Prinzipals verpflichtet, er muss so handeln, *als ob er der Prinzipal wäre*, d. h., er muss sich mit diesem und dessen Interessen identifizieren. Da der Agent als Person aber auch eigene Interessen haben wird, wird es immer einen gewissen Konflikt zwischen den eigennützigen Interessen des Agenten und den Interessen des Prinzipals geben, zu deren Wahrung der Agent eigentlich eingesetzt ist. Um zu verhindern, dass der Agent diesen Anreizen nachgibt, muss es daher eine Kontrolle geben, die letztlich durch die Bindung des Agenten an das Gesetz garantiert werden soll. Da der Agent bzw. die Regierung vom Prinzipal bzw. dem Volk in Form der bürgerlichen Gesellschaft eingesetzt ist, kann die Regierung aber vom Volk genauso gut wieder abgesetzt werden, wenn sie ihren Auftrag aus Sicht desselben nicht zufriedenstellend erfüllt.

Die substanziellen Entscheidungen werden also von der bürgerlichen Gesellschaft bzw. dem Volk, vertreten durch die Institution der Legislative, getroffen; die Regierung ist im wörtlichen Sinn eine Exekutive, weil sie lediglich mit der Umsetzung dieser Entscheidungen betraut ist. Historisch gesehen üben diese Könige aus Sicht von Locke ihre Macht in der Regel vor allem als Heerführer in Kriegszeiten aus, wenn die Existenz einer absoluten Macht aus der Natur der Sache heraus notwendig ist. In Friedenszeiten aber ist ihre Macht entsprechend eingeschränkt, weil die Menschen sich in ihren alltäglichen Angelegenheiten weitgehend selbst „regieren" können.

Die Herrschaftsgewalt ist jedenfalls immer konditional zur Form und zum Inhalt des mit dem die Herrschaftsgewalt Ausübenden geschlossenen Vertrags. Sie ist aus diesem Grund auch immer auflösbar, entweder weil der Vertrag selbst entsprechende Klauseln wie z. B. Fristen vorsieht, oder der Vertrag wird hinfällig, wenn der mit der Herrschaftsgewalt Beauftragte gegen den Inhalt des Vertrags verstößt. In diesem Fall wird sich das Volk eben einen neuen Herrscher suchen. Dies kann, falls der Herrscher nicht freiwillig geht, durchaus auch mit Mitteln der Gewalt ausgefochten werden. Während bei Hobbes dieses Widerstandsrecht allerdings erst dann in Anspruch genommen werden kann, wenn eben die existenziellen Interessen auf dem Spiel stehen, die überhaupt erst der Grund waren, den Herrschaftsvertrag zu schließen, kann bei Locke das Widerstandsrecht gegen jeden Herrscher eingesetzt werden, mit dem der Auftraggeber, das Volk, unzufrieden in Hinsicht auf die Erledigung der vertraglich zugesagten Aufgaben ist. Wobei diese Unzufriedenheit darin besteht, dass der Herrscher den vom Volk im Vertrag als Aufgaben formulierten Erwartungen nicht gerecht wird. Wurde schon Hobbes' *Leviathan* von seinem Zeitgenossen Bischof Bramhall als „rebel's catechism" empfunden, weil er die Legitimation des Herrschers auf eine Zustimmung der Beherrschten gründete und nicht auf eine durch Gott erfolgte Autorisierung, so gilt dies offensichtlich in einem unmittelbaren Sinn ganz besonders für Locke, wie Hampton zu Recht bemerkt (Hampton 1997: 56). Locke *wollte* im Gegensatz zu Hobbes einen solchen „Katechismus für Rebellen" schreiben, denn nicht zuletzt sollte sein Werk, das 1689 veröffentlicht wurde, die Rechtfertigungstheorie für die *Glorreiche Revolution* von 1688 liefern, in der der Stuart-König Jakob II. vertrieben und durch seinen Nachfolger Wilhelm III. von Oranien ersetzt wurde.

5.6 Die Legislative und die anderen Gewalten

Grenzt man Locke vor allem gegen Hobbes ab und dessen Entäußerungsvertrag gegenüber dem Leviathan, dann ist es nachvollziehbar, wenn man das wesentliche Merkmal in der Locke'schen Konstruktion im Prinzipal-Agenten-Verhältnis zwischen bürgerlicher Gesellschaft und der Herrschaft ausübenden Regierung sieht. Wobei ich hier, der heutzutage üblichen Konvention folgend, von der „Regierung" spreche, wenn ich die Exekutive meine. Der „Government"-Begriff von Locke ist hingegen offensichtlich weiter und umfasst die Gesamtheit der Gewalten bzw. deren Zusammenspiel. Um die Anschlussfähigkeit an gegenwärtige Diskussionen zu gewährleisten, werde ich jedoch den Regierungsbegriff weiterhin im engeren Sinn gebrauchen. Konzentriert man sich jedenfalls auf den „Agency"-Aspekt des Vertrags bei Locke, dann kommt man zum nützlichen Modell eines zweistufigen Prozesses wie bei Jean Hampton (Hampton 1997). Allerdings wird auf der zweiten Stufe nicht nur *eine* Entscheidung gefällt, sondern mehrere, die nicht alle von denselben Gruppen gefällt werden und sich zudem auf verschiedene Institutionen beziehen.

Die erste und ganz offensichtlich wesentliche Entscheidung ist die der Personen, die sich zur Bildung eines politischen Körpers zusammentun wollen. Mit dieser ersten Entscheidung wird gleichzeitig das Mehrheitsprinzip etabliert, denn dieses folgt mehr oder weniger zwangsläufig daraus, dass dieser neu gebildete Körper mit einer Stimme sprechen können muss, wie ja weiter oben näher erläutert wurde. Die nächste Stufe umfasst nun eine Entscheidung des gebildeten politischen Körpers für die Form der Regierung, das entspricht also im Wesentlichen einem Verfassungsvertrag, in dem die wesentlichen Institutionen und die Art ihrer Bestellung festgelegt werden. Dieser Verfassungsvertrag muss offensichtlich weiterhin von allen Personen gebilligt werden, allerdings genügt dafür eben die schon erwähnte Fiktion der Einstimmigkeit, die faktisch durch einen Mehrheitsbeschluss hergestellt wird. Aber die Menge der Abstimmenden umfasst noch alle Mitglieder der neu gebildeten bürgerlichen Gesellschaft. Locke bleibt beim Agency-Vertrag mit demjenigen, der die Regierungsgewalt übernehmen soll, allerdings etwas uneindeutig in der Frage, wer hier als Prinzipal diesen Vertrag abschließt: das Volk, also die bürgerliche Gesellschaft, die sich gebildet hat, als Ganzes oder doch die Institution, die nun im staatlichen Aufbau das Volk im Wesentlichen vertritt und dieses repräsentiert.

Diese Institution ist das Parlament, das als Legislative die wichtigste Gewalt im Staat darstellt, da sie die Gesetze bestimmt, zu deren Ausführung und

5. Demokratie, Repräsentation und das Mehrheitsprinzip: John Locke

Umsetzung die Exekutive beauftragt wird. Die Exekutive ist der Legislative eindeutig untergeordnet, da sie von dieser ihre Weisungen, allerdings in der unspezifischen Form der Gesetze, erhält. Die Legislative ist bei Locke daher unumstritten die höchste Gewalt. Insofern gibt es noch einen zweiten Agency-Vertrag, nämlich den zwischen dem Volk und der Legislative bzw. dem durch das Parlament gebildeten Körper bzw. den Abgeordneten, die im Parlament mit Mehrheit ihre gesetzgeberischen Entscheidungen treffen. Auch wenn für jedes Prinzipal-Agenten-Verhältnis die Mechanismen von Kontrolle und Vertrauen wichtig sind, so ist ersichtlich, dass Locke beim Agency-Vertrag mit der Regierung stärker auf Kontrolle setzt, während er als wesentliche Grundlage für den Agency-Vertrag mit der Legislative Vertrauen betrachtet.

> Obwohl es in einem verfaßten Staat, der auf seiner eigenen Grundlage ruht und der eigenen Natur gemäß handelt, d. h. zur Erhaltung der Gemeinschaft, nur *eine höchste Gewalt* geben kann, nämlich *die Legislative*, der alle übrigen Gewalten untergeordnet sind und auch sein müssen, so ist doch die Legislative nur eine Gewalt, die auf Vertrauen beruht und zu bestimmten Zwecken handelt. Es verbleibt *dem Volk* dennoch *die höchste Gewalt*, die *Legislative* abzuberufen oder *zu ändern*, wenn es der Ansicht ist, daß die *Legislative* dem in sie gesetzten Vertrauen zuwiderhandelt. (Locke 1689/1977: 293 f.)

Nicht beim Agency-Vertrag mit der Regierung, sondern hier, beim Agency-Vertrag mit den Abgeordneten kommt das berühmte Locke'sche Konzept der Treuhänderschaft ins Spiel (im Original spricht er von der Legislative als „fiduciary power"). Es ist auch leicht nachvollziehbar, warum Vertrauen hier eine besonders große Rolle spielt. Gebe ich einem Klempner einen Auftrag, so werde ich auch hier mit einem Anfangsvertrauen in seine Kompetenz beginnen und hoffen, dass er meinen Auftrag auch tatsächlich in meinem Interesse ausführt. Aber solange mein Interesse klar definiert ist, ist es zumindest im Prinzip nicht sonderlich schwierig, die Umstände zu definieren, unter denen er gegen mein Interesse handelt. Dass es aufgrund von Informationsasymmetrien in der Praxis Probleme geben mag, festzustellen, ob besagte Umstände vorliegen oder nicht, ist ein eher sekundäres Problem. Wesentlich riskanter ist ein Agency-Vertrag, bei dem ich der von mir beauftragten Person eine Art Prokura einräume, treuhänderisch in meinem Sinne überhaupt erst zu bestimmen, worin meine Interessen liegen. Genau diese Aufgabe aber übernimmt die Legislative, denn die von ihr verabschiedeten Gesetze definieren ja erst, was als schützenswertes Interesse der Mitglieder der bürgerlichen Gesellschaft zu gelten hat. Es ist also nicht verwunderlich, dass in diesem Zusammenhang Vertrauen eine besonders große Rolle spielt.

Der Zweck der Gesetzgebung besteht darin, das oft eher vage Naturrecht in eine klare und eindeutig kodifizierte Form zu bringen. Insofern besteht die Aufgabe der Legislative darin, Willkür aufgrund einer gewissen Beliebigkeit der Auslegung zu verhindern, aber sie darf selbst nicht willkürlich ihre Befugnisse über das hinaus erweitern, wozu sie eingesetzt wurde. Der Legislative sind daher klare Grenzen gesetzt. Ihre Gesetze müssen invariabel sein, d. h., sie müssen in der Anwendung alle gleich behandeln. Außerdem müssen diese Gesetze öffentlich bekannt gemacht werden, denn sonst könnten sie ja nicht ihre Funktion als Orientierungsrahmen erfüllen. Der einzige Zweck besteht in der Verfolgung des „Wohls des Volkes", daher sind die Gesetze besonders begrenzt in Hinsicht auf die Einschränkung von Eigentumstiteln. So dürfen Steuern grundsätzlich nur in der Höhe erhoben werden, wie sie die Zustimmung des Volkes erfahren. Die Legislative darf außerdem ihre Befugnis, Gesetze zu machen, nicht an andere Personen oder Institutionen übertragen (ebd.: 290 f.).

Die Legislative ist bei Locke allerdings keine kontinuierlich existierende Institution, vielmehr kommen ihre Angehörigen anlassbezogen, also gewissermaßen nach Bedarf, zusammen. Dabei kann es einen in der Verfassung festgelegten Turnus geben oder die Legislative kann auch anlassbezogen von der Exekutive einberufen werden. Denn im Gegensatz zur Legislative *muss* die Exekutive permanent vorhanden sein, daher ist sie auch die einzige Institution, die die Legislative anlassbezogen einberufen kann. Versucht allerdings die Exekutive, die Legislative an der Ausübung ihrer Aufgaben zu hindern, indem sie es unterlässt sie einzuberufen, dann erklärt sie damit dem Volk den Krieg, und das Volk kann dann selbst das Recht in die Hand nehmen, die Legislative einzusetzen.

Die Abgeordneten werden vom Volk gewählt. Dabei kann auch das Verfahren der Wahl in seinen Details im Verfassungsvertrag („original compact") festgehalten sein, oder der König kann auch hier das Parlament jeweils nach Bedarf neu wählen lassen. Der König ist auch befugt, die Anzahl der Abgeordneten für ein bestimmtes Gebiet, eine Grafschaft oder eine Stadt, festzulegen, da diese natürlich entsprechend ihrer Entwicklung angepasst werden müssen, denn „jeder Teil des Volkes" kann das Recht, sich vertreten zu lassen, „lediglich im Verhältnis zu dem Beistand beanspruchen [...], den er in der Öffentlichkeit leistet" (ebd.: 300).

Diese Befugnisse der Regierungsgewalt, also in der Regel des Königs, gehören dieser kraft der sogenannten Prärogativgewalt, die sie ebenfalls innehat. Die Prärogative beinhaltet die Ermächtigung zu Entscheidungen, die nicht aus dem Gesetz abgeleitet werden können. Denn die Legislative kann bei ihren Entscheidungen nicht alle zukünftigen Entwicklungen voraussehen, die Regierung bzw. der König muss daher die Möglichkeit haben, spontan auf sich akut einstellende Umstände zu reagieren. Im Nachhinein aber müssen diese Entscheidungen durchaus durch die Legislative gebilligt werden. In Extremfällen kann der Herrscher dabei nicht nur jenseits der Gesetze handeln, sondern auch im Einzelfall sogar gegen sie verstoßen, um Schlimmeres zu vermeiden, so z. B., wenn er im Falle einer Feuersbrunst Häuser abreißen lässt, also Eigentum zerstört, um eine Ausbreitung des Feuers zu unterbinden und somit andere Häuser und Eigentum auf diese Weise zu schützen.

In der Prärogativgewalt lässt sich unschwer ein Widerschein der absoluten Herrschaftsgewalt des Hobbes'schen Leviathan erkennen. Die Missbrauchsanfälligkeit der Prärogativgewalt ist offenkundig. Aber auch wenn die Prärogative nicht grundsätzlich unnötig gemacht werden kann, so kann ihr Spielraum doch durch Gesetze beschränkt werden, soweit diese vorausschauend dazu in der Lage sind. Außerdem ist auch die Prärogative auf die Einhaltung des Naturrechts verpflichtet. *„Denn Prärogative ist nichts als die Macht, für das öffentliche Wohl zu handeln, ohne dabei an eine Vorschrift gebunden zu sein."* (ebd.: 306) Der Herrscher ist also zur Anwendung seiner Prärogativgewalt immer nur „so lange dazu berechtigt, bis die Legislative in angemessener Form versammelt werden kann, um das weitere näher zu bestimmen" (ebd.: 301 f.).

5.7 Lockes Argument

Das Locke'sche Argument lässt sich kurz so skizzieren:

> P1a: Der Ausgangszustand für die Vertragsfindung ist der Naturzustand.
>
> P1b: Im Naturzustand gilt das Naturrecht, wonach sich alle Menschen verpflichtet fühlen, die jeweiligen Rechte der anderen genauso zu respektieren wie ihre eigenen, vor allem ihr Recht auf Leben, körperliche Unversehrtheit und Eigentum.
>
> P1c: Trotz der allgemeinen Anerkennung des Naturrechts kommt es im Naturzustand zu Störungen, einerseits durch diejenigen, die sich nicht an das Naturrecht halten, andererseits aufgrund der mitunter vagen Form des Naturrechts, das viele mögliche Interpretationen zulässt.
>
> P2: Die Menschen erkennen, dass sie zur Beseitigung dieser Probleme bestimmte Instanzen benötigen:
>
> a) Eine Instanz, die für Klarheit der Auslegung des Naturrechts in Form von Gesetzen sorgt (Legislative).
> b) Eine Instanz, die für die Durchsetzung der Gesetze sorgt (Exekutive). Da das Naturrecht grundsätzlich und für alle gilt, muss auch die Exekutive an das Naturrecht und die Gesetze gebunden sein.
>
> P3: Die Legislative muss eindeutige Ergebnisse hervorbringen. Sie muss daher als ein Körper, der mit einer Stimme spricht, die Gemeinschaft als Ganzes repräsentieren. Es muss daher eine Entscheidungsregel geben (Mehrheitsregel), nach der der Wille dieses einen Körpers ermittelt wird.

P4: Die Entscheidungen der Legislative müssen verbindlich für alle Mitglieder der Gemeinschaft sein. Dafür muss die Gültigkeit der grundlegenden Entscheidungsregel, wenn sie einmal einstimmig eingeführt worden ist, unwiderrufbar sein.

P5: Wenn eine Situation bestimmte Probleme aufweist und diese Probleme durch ein bestimmtes Mittel behoben werden können, dann werden die Menschen dieses Mittel wählen.

K1: Die Menschen schließen alle einen Gesellschaftsvertrag miteinander, durch den sie eine bürgerliche Gesellschaft bilden. Diese Gesellschaft wird durch einen Körper in Form der Legislative repräsentiert, deren Entscheidungen mit der Mehrheitsregel getroffen werden. Der Gesellschaftsvertrag ist ein Entäußerungsvertrag und kann nicht mehr von den Beteiligten widerrufen werden.

P2b: Die Menschen erkennen, dass sie zur Beseitigung dieser Probleme eine Instanz benötigen, die für die Durchsetzung der Gesetze sorgt (Exekutive). Da das Naturrecht grundsätzlich und für alle gilt, muss auch die Exekutive an das Naturrecht und die Gesetze gebunden sein.

K2: Die bürgerliche Gesellschaft, repräsentiert in der Legislative, setzt als Exekutive nach der Mehrheitsregel eine Instanz ein, die für die Durchsetzung der Gesetze sorgt. Das Verhältnis zwischen Gesellschaft und Exekutive ist das eines Agency-Vertrags.

Literatur zur Einführung

Becker, Michael/Schmidt, Johannes/Zintl, Reinhard (2020): Politische Philosophie. 5., aktual. Aufl., Paderborn: Schöningh, Kap. II.2.
Hampton, Jean (1997): Political Philosophy. Boulder, Col.: Westview Press, Kap. 2.

Weiterführende Literatur

Euchner, Walter (2017): John Locke zur Einführung. Hamburg: Junius.
Kersting, Wolfgang (1994): Die politische Philosophie des Gesellschaftsvertrags. Darmstadt: Wissenschaftliche Buchgesellschaft, Kap. IV.
Morris, Christopher W. (Hg.) (1999): The Social Contract Theorists. Critical Essays on Hobbes, Locke, and Rousseau. Lanham: Rowman & Littlefield, Kap. 5, 6 und 8.
Simmons, A. John (2014): On the Edge of Anarchy: Locke, Consent, and the Limits of Society. Princeton: Princeton University Press.

6. Exkurs: Die Mehrheitsregel

Um den Nutzen der Mehrheitsregel zu beurteilen, ist es sinnvoll, sie im Zusammenhang mit zwei verschiedenen Arten von Gegenständen, über die abgestimmt wird, zu diskutieren. Im ersten Fall geht es um Abstimmungen in Bezug auf „Wahrheitsurteile" (Behnke 2007: 22 f.), d. h., hier geht es um Entscheidungen über den Wahrheitsgehalt einer Aussage. Im zweiten Fall geht es um Entscheidungen über Maßnahmen, die die Interessen der Abstimmenden berühren. Offenkundig erfüllt eine Abstimmungsregel, wie z. B. die Mehrheitsregel, einen völlig unterschiedlichen Zweck, je nachdem, in welchem Kontext, d. h. zur Behandlung welcher Art von Problemen, sie angewandt wird.

6.1 Die Mehrheitsregel zur Entscheidung über den Wahrheitsgehalt einer Aussage

Wenn es um Entscheidungen geht, bei denen die Abstimmenden Wahrheitsurteile abgeben, ist es ganz einfach so, dass der Gegenstand, über den entschieden wird, entweder falsch oder richtig ist. Den paradigmatischen Fall für eine solche Entscheidung stellt die Jury-Entscheidung dar, also die Entscheidung eines Geschworenengremiums, in dem über die Schuld eines Angeklagten entschieden wird. Dieser ist entweder schuldig oder unschuldig, d. h., er hat das ihm zur Last gelegte Verbrechen entweder begangen oder nicht. Es geht dabei nur um die Klärung der Schuldfrage, also *ob* der Angeklagte schuldig ist; es geht nicht um die Schwere der Schuld, mildernde Umstände etc. In diesem Sinn scheint die Annahme, dass es nur ein richtiges Urteil oder ein falsches geben kann, weitgehend berechtigt, auch wenn natürlich immer grundlegende Diskussionen darüber möglich sind, was denn in diesem Kontext „Schuld" überhaupt bedeuten könnte. Aber wie häufig in solchen Fällen, ist es hilfreich, vom einfachen und gebräuchlichen Verständnis im Alltag auszugehen, und es trifft dann sicherlich den wesentlichen Kern in vielen Fällen von Strafverfahren, dass wir hier eine durchaus allgemein geteilte Vorstellung von „richtigen" und „falschen" Urteilssprüchen haben können. Zumindest haben wir in der Regel keinerlei Probleme damit, jemanden als schuldig zu betrachten, der das Verbrechen tatsächlich begangen hat, und nur in diesem Sinn soll der Schuldspruch verstanden werden. Insofern handelt es sich um ein rein erkenntnistheoretisches Problem, ob der gemachte Vorwurf den Tatsachen entspricht, also – in der Diktion Wittgensteins (1922/1984) im *Tractatus logico-philosophicus* – dem entspricht, was schlechterdings „der Fall ist".

Für die Diskussion solcher Entscheidungen greife ich im Folgenden auf das sogenannte *Jury-Theorem* von Condorcet zurück, das von ihm schon Ende des 18. Jahrhunderts entwickelt worden ist (genauer Condorcet 2011; Behnke 2011). Das Theorem geht von gewissen Annahmen aus. Vor allem gehen wir

6. Exkurs: Die Mehrheitsregel

davon aus, dass jeder Abstimmende sich darum bemüht, ein „richtiges", also „wahres" Urteil zu fällen, also dasjenige, das auch den Tatsachen entspricht. Allerdings haben wir es nun mit einem grundsätzlichen Problem zu tun, das uns bestens aus der Erkenntnis- und Wissenschaftstheorie vertraut ist. Nur weil es eine Wahrheit gibt, also bestimmte Tatsachen in diesem Sinne „wahr" sind, weil sie die korrekte Beschreibung dessen darstellen, was in Wirklichkeit „der Fall ist", heißt dies eben noch keineswegs, dass unser Eindruck von dem, was wir für wahr halten, auch korrekt ist, unser Urteil also ebenfalls wahr ist. Unsere Urteile über den wahren Charakter der Wirklichkeit sind immer mit einer Unsicherheit behaftet, die der Sache insofern inhärent ist, als schon unsere Wahrnehmungen selbst fehlerbehaftet sein können und umso mehr noch unsere Schlussfolgerungen (Inferenzen), die wir aus diesen wahrgenommenen Eindrücken, unseren Beobachtungen, ziehen (Keil 2019). Umgekehrt dürfen wir allerdings auch nicht den Fehler machen, zu glauben, dass nur, weil wir die Wahrheit nicht eindeutig erkennen können, sie auch nicht existiert. Ich folge hier also einem grundsätzlich realistischen Verständnis, nach dem ich davon ausgehe, dass es „echte" Tatsachen gibt, deren korrekte Beschreibung dann auch entsprechend „wahr" ist, wir aber ebendiese korrekten, „wahren" Beschreibungen nicht mit hundertprozentiger Sicherheit finden können. Auch wenn wir die Wahrheit nicht mit völliger Sicherheit erkennen können, bleibt sie eine „regulative Idee", als die sie Popper (1963/1994: 334) bezeichnet hat, an der wir unseren erkenntnisgewinnenden Prozess ausrichten. Dieser Prozess besteht vor allem im Sammeln von Evidenz und der angemessenen Würdigung dieser Evidenz, genau so, wie wir es eben aus dem Kontext des Strafprozesses auch kennen. Die Evidenz kann mehr oder weniger glaubwürdig sein und die auf ihrer Basis getroffenen Schlussfolgerungen können mehr oder weniger zwangsläufig oder bloße Spekulationen sein. Eine bestimmte vorliegende Evidenz macht aber bestimmte Schlussfolgerungen plausibler und damit wahrscheinlicher, so wie es bei der Pokervariante „Texas Hold'em" bei drei offen ausliegenden Karten, dem sogenannten Flop, für jeden der Spieler in Abhängigkeit von seinen zwei verdeckten Handkarten, die nur er kennt, bestimmte Wahrscheinlichkeiten gibt, mit denen er eventuell (oder schon sicher) ein bestimmtes Blatt, also ein Pärchen, ein Triple oder gar einen Flush oder ein noch besseres Blatt erreichen kann. Gute Pokerspieler unterscheiden sich von schlechten in erster Linie dadurch, dass sie diese Wahrscheinlichkeiten besser einschätzen können. Schlechte Pokerspieler bleiben tendenziell im Verhältnis zu ihren realistischen Aussichten zu lange im Spiel, mit dementsprechend zu hohen Einsätzen, sodass ihre Poker-Dyskalkulie von den guten Spielern entsprechend ausgebeutet werden kann. Noch bessere Pokerspieler, so zumindest die Legende, verstehen es darüber hinaus, die Hinweise („Clues") zu deuten, die sie aus dem Verhalten ihrer Gegenspieler herauslesen können (vgl. dazu die Filme *Rounders* und *Haus der Spiele*). Jedes Jurymitglied, das über die Schuld des Angeklagten entscheiden soll, wird also nur mit einer bestimm-

6.1 Die Mehrheitsregel zur Entscheidung über den Wahrheitsgehalt einer Aussage

ten Wahrscheinlichkeit das richtige Urteil fällen, wobei sich – wie bei den Pokerspielern – verschiedene Jurymitglieder hinsichtlich dieser Wahrscheinlichkeiten durchaus stark unterscheiden können. Des Weiteren nehmen wir an, dass jedes Jurymitglied seine Entscheidung völlig unabhängig von den anderen trifft, sich also von diesen nicht beeinflussen lässt. Dies erscheint womöglich kontraintuitiv. Denn genau in der Überzeugung mancher Jurymitglieder durch andere scheint ja die besondere Fähigkeit der Jury zu liegen. Aber tatsächlich handelt es sich auch hier lediglich um eine Erweiterung der vorliegenden Evidenz. Im berühmtesten Film über eine solche Abstimmung, Sidney Lumets *Die zwölf Geschworenen*, erschüttert der Protagonist, dargestellt durch Henry Fonda, z. B. die Glaubwürdigkeit einer Zeugenaussage, indem er darauf hinweist, dass Abdrücke auf der Nase der Zeugin diese als Brillenträgerin entlarven, was diese aber offensichtlich im Prozess aus Eitelkeit nicht zugeben wollte. Mit Unabhängigkeit soll daher nicht gemeint sein, dass jemand keine neuen Hinweise durch seine Mitgeschworenen erhalten kann, die er bisher nicht genügend gewürdigt hat, sondern lediglich, dass er sein Urteil nicht davon abhängig macht, wie das Urteil der anderen ausfällt, sondern dass es ausschließlich seiner eigenen idiosynkratischen Würdigung der Evidenz entspringt. Eine weitere wesentliche Annahme besteht darin, dass die Wahrscheinlichkeit, mit der ein einzelnes Jurymitglied die richtige Entscheidung trifft, immer größer als 0,5 sein muss. Dies erscheint unmittelbar plausibel, wenn wir davon ausgehen, dass es nur zwei mögliche Ergebnisse, nämlich „richtig" oder „falsch", gibt. Denn selbst ein Jurymitglied, das sein Urteil in keiner Weise von Evidenz beeinflussen lässt, sondern lediglich zufällig entscheidet, also z. B. eine Münze wirft, um zu entscheiden, ob es für „schuldig" oder „nicht schuldig" plädieren soll, würde ja noch mit der Wahrscheinlichkeit von 0,5 richtigliegen. Noch die schlampigste Würdigung von Evidenz muss daher zu einer besseren Trefferwahrscheinlichkeit führen, *solange die Evidenz zumindest in der richtigen Richtung gedeutet wird.* Lediglich wenn die Evidenz *systematisch* falsch gedeutet wird („Es ist klar, dass er unschuldig sein muss, weil er sich sonst nicht mit dem Messer in der Hand neben dem Opfer, dem er gerade seine Brieftasche geklaut hat, hätte erwischen lassen"), kann es zu einer Wahrscheinlichkeit von weniger als 0,5 kommen, mit der man das richtige Urteil fällt.

Wenn diese Bedingungen erfüllt sind, können wir aber das Abstimmungsverhalten der gesamten Jury als eine sogenannte *Bernoullikette* von Zufallsereignissen betrachten, d. h. als eine Aneinanderreihung von einzelnen Ereignissen, die jeweils mit einer bestimmten Wahrscheinlichkeit auftreten bzw. mit der entsprechenden Gegenwahrscheinlichkeit nicht auftreten. Die Gegenwahrscheinlichkeit erhalten wir dabei, indem wir die Richtigkeits-Wahrscheinlichkeit von 1 abziehen. Ist die Wahrscheinlichkeit, eine richtige Entscheidung zu treffen, 0,7, ist die entsprechende Gegenwahrscheinlichkeit also 0,3. Wir können nun die Jurymitglieder anhand ihrer Namen in eine

6. Exkurs: Die Mehrheitsregel

Reihenfolge bringen und dann die Wahrscheinlichkeit berechnen, mit der ein bestimmtes Muster in der Abfolge von Richtig-Falsch-Entscheidungen auftreten kann. Nehmen wir also an, wir hätten insgesamt N Jurymitglieder, dann gibt es 2^N solcher möglicher Muster, da es ja für jede Einzelentscheidung immer zwei Möglichkeiten gibt und diese wieder mit den entsprechenden Ausgängen der Einzelentscheidungen kombiniert werden können. Bei zwei Jurymitgliedern z. B. gäbe es vier Muster (Richtig-Richtig, Richtig-Falsch, Falsch-Richtig, Falsch-Falsch), bei drei Jurymitgliedern acht, bei vier sechzehn usw. Die Wahrscheinlichkeit einer spezifischen Kombination von Richtig-Falsch-Entscheidungen ist dann das Produkt aus den Wahrscheinlichkeiten, mit denen jeweils die Einzelentscheidungen getroffen werden (Behnke/Behnke 2006: 214). Wenn z. B. bei einer Jury mit insgesamt zwei Mitgliedern alle beide Jurymitglieder mit der Wahrscheinlichkeit 0,7 die richtige Entscheidung treffen, dann ist die Wahrscheinlichkeit, dass beide richtigliegen, demnach 0,7*0,7=0,49 und die Wahrscheinlichkeit, dass Jurymitglied Nr. 1 richtigliegt, Jurymitglied Nr. 2 aber falsch, beträgt demnach 0,7*0,3=0,21. Die Wahrscheinlichkeit, dass ein Jurymitglied richtig- und eines falschliegt, ist demnach das Doppelte, nämlich 0,42, denn es gibt ja zwei Ketten, in denen einer richtigliegt, nämlich Richtig-Falsch und Falsch-Richtig. Die Wahrscheinlichkeit, dass nun in einer Jury mit insgesamt N Mitgliedern eine Mehrheit richtigliegt, lässt sich dann mit der folgenden Formel ausdrücken, wobei m die für eine Mehrheit erforderliche Mindestzahl bezeichnet und p die Wahrscheinlichkeit ist, mit der eine richtige Entscheidung getroffen wird. Wenn N eine gerade Zahl ist, dann ist m=N/2+1, ist N eine ungerade Zahl, dann ist m=(N+1)/2. Der Einfachheit halber gehen wir davon aus, dass p für alle Jurymitglieder denselben Wert hat.

Formel 6.1: Wahrscheinlichkeit der Richtigkeit einer Mehrheitsentscheidung bei N Jurymitgliedern (Behnke 2011)

$$P_m = \sum_{k=m}^{N} \binom{N}{k} p^k (1-p)^{N-k}$$

Die Zahl k gibt dabei jeweils die Anzahl der Mitglieder an, die die richtige Entscheidung treffen. Wenn N z. B. gleich fünf wäre, dann gäbe es Mehrheiten mit drei, vier oder fünf Stimmen; die Wahrscheinlichkeit für eine richtige Mehrheitsentscheidung ist daher die Summe der Wahrscheinlichkeiten, dass drei, vier oder fünf Jurymitglieder jeweils die richtige Entscheidung treffen. Der sogenannte Binomialkoeffizient $\binom{N}{k}$ gibt dabei die Anzahl der Möglichkeiten an, k Elemente aus einer Menge mit insgesamt N Elementen auszuwählen, oder eben die Anzahl der Ketten mit einer Länge N, in denen genau k Elemente ein bestimmtes Merkmal aufweisen, bzw. die Anzahl der Möglichkeiten, in diesem Fall eben das Merkmal, dass ein Jurymitglied die korrekte Entscheidung getroffen hat.

6.1 Die Mehrheitsregel zur Entscheidung über den Wahrheitsgehalt einer Aussage

Haben wir z. B. eine Jury mit insgesamt fünf Mitgliedern, dann benötigt eine Mehrheit wie gesagt mindestens drei Stimmen. Für die minimale Mehrheit von drei Stimmen ergeben sich dabei zehn mögliche Ketten, also spezifische Abfolgen von Richtig-Falsch-Entscheidungen mit insgesamt drei „Richtig", nämlich:

Richtig-Richtig-Richtig-Falsch-Falsch
Richtig-Richtig-Falsch-Richtig-Falsch
Richtig-Richtig-Falsch-Falsch-Richtig
Richtig-Falsch-Richtig-Richtig-Falsch
Richtig-Falsch-Richtig-Falsch-Richtig
Richtig-Falsch-Falsch-Richtig-Richtig
Falsch-Richtig-Richtig-Richtig-Falsch
Falsch-Richtig-Richtig-Falsch-Richtig
Falsch-Richtig-Falsch-Richtig-Richtig
Falsch-Falsch-Richtig-Richtig-Richtig

Man kann die Anzahl auf einfache Weise direkt ausrechnen. Wenn ich insgesamt drei Richter aus fünf auswählen will, dann habe ich fünf Möglichkeiten für die Auswahl des ersten Richters, dann nur noch vier für die Auswahl des zweiten und schließlich noch drei für die Auswahl des dritten. Insgesamt erhalte ich also 5*4*3 Kombinationen. Allerdings erhalte ich bestimmte Kombinationen mehrfach, da sie ja in unterschiedlicher Reihenfolge vorkommen. Bei der Kombination aus dem ersten, dem dritten und dem vierten Richter könnte ich diese genau in dieser Reihenfolge ausgesucht haben, aber womöglich auch in der umgekehrten Reihenfolge, dass ich zuerst den vierten, dann den dritten und schließlich den ersten ausgesucht hätte. Grundsätzlich gibt es für k Elemente k! (gesprochen k Fakultät) verschiedene Reihenfolgen, sogenannte Permutationen, wobei k! der abgekürzte Ausdruck für das Produkt k*(k-1)*(k-2)*...*3*2*1 ist. Bei drei Elementen gibt es demnach 3*2*1=6 Permutationen. Dividiere ich meine 60 ursprünglichen Kombinationen durch die 6 möglichen Permutationen, in denen jede spezifische Kombination auftreten kann, erhalte ich demnach die 10 Reihenfolgen von fünf Elementen, in denen das kritische Ereignis jeweils dreimal auftritt. Die allgemeine Formel für den Binomialkoeffizienten lautet demnach:

Formel 6.2: Formel für Binomialkoeffizienten

$$\binom{N}{k} = \frac{N!}{(N-k)!*k!}$$

Bei p=0,7 erhalten wir für eine spezifische Reihenfolge mit drei „Richtig"-Entscheidungen die Wahrscheinlichkeit $0,7*0,7*0,7*0,3*0,3 = 0,7^3*0,3^2 = 0,343*0,09 = 0,03087$. Die Wahrscheinlichkeit, dass irgendwelche drei der fünf Richter die richtige Entscheidung treffen, ist demnach das Zehnfache, also 0,3087.

6. Exkurs: Die Mehrheitsregel

Die Wahrscheinlichkeit, dass eine bestimmte Auswahl von vier der Richter die richtige Entscheidung trifft, ist $0{,}7*0{,}7*0{,}7*0{,}7*0{,}3 = 0{,}7^4*0{,}3 = 0{,}07203$. Dafür gibt es fünf Permutationen davon, denn der abweichende Richter kann einmal jeder der fünf sein.

Richtig-Richtig-Richtig-Richtig-Falsch
Richtig-Richtig-Richtig-Falsch-Richtig
Richtig-Richtig-Falsch-Richtig-Richtig
Richtig-Falsch-Richtig-Richtig-Richtig
Falsch-Richtig-Richtig-Richtig-Richtig

Die Gesamtwahrscheinlichkeit einer 4:1-Mehrheit ist also das Fünffache von 0,07203, also 0,36015. Für eine Mehrheit, bei der alle fünf Richter für die richtige Entscheidung stimmten, gibt es nur eine mögliche Reihenfolge:

Richtig-Richtig-Richtig-Richtig-Richtig

Die Wahrscheinlichkeit dafür ist demnach $0{,}7*0{,}7*0{,}7*0{,}7*0{,}7 = 0{,}7^5 = 0{,}16807$. Die Wahrscheinlichkeit, dass sich eine Mehrheit von mindestens drei Stimmen ergibt, ist also insgesamt die Summe aus 0,3087 (drei richtige Entscheidungen) und 0,36015 (vier richtige Entscheidungen) und 0,16807 (fünf richtige Entscheidungen) bzw. 0,83692.

Die Grundaussage des Condorcet'schen Jury-Theorems besteht darin, dass eine Mehrheit von unabhängig voneinander Abstimmenden mit einer größeren Wahrscheinlichkeit die richtige Entscheidung findet als eine einzelne Person, wobei davon ausgegangen wird, dass jede einzelne Person mit einer Wahrscheinlichkeit von größer als 0,5 die richtige Entscheidung trifft. Je größer die Jury ist, desto stärker übersteigt die Richtigkeits-Wahrscheinlichkeit der Jury die des Einzelnen. Die Wahrscheinlichkeit nähert sich bei steigender Jurygröße immer stärker dem Grenzwert von 1 an, die Jury trifft also bei hinreichender Größe mit sehr großer bis sehr, sehr großer Wahrscheinlichkeit eine richtige Entscheidung, jedenfalls mit einer größeren und womöglich bei entsprechender Jurygröße deutlich größeren Wahrscheinlichkeit als die Einzelperson. In Abbildung 6.1 ist die Wahrscheinlichkeit einer wahrheitskonformen Entscheidung in Abhängigkeit von der Anzahl der Jurymitglieder und der Wahrscheinlichkeit, mit der individuelle Jurymitglieder eine korrekte Entscheidung treffen, dargestellt.

6.1 Die Mehrheitsregel zur Entscheidung über den Wahrheitsgehalt einer Aussage

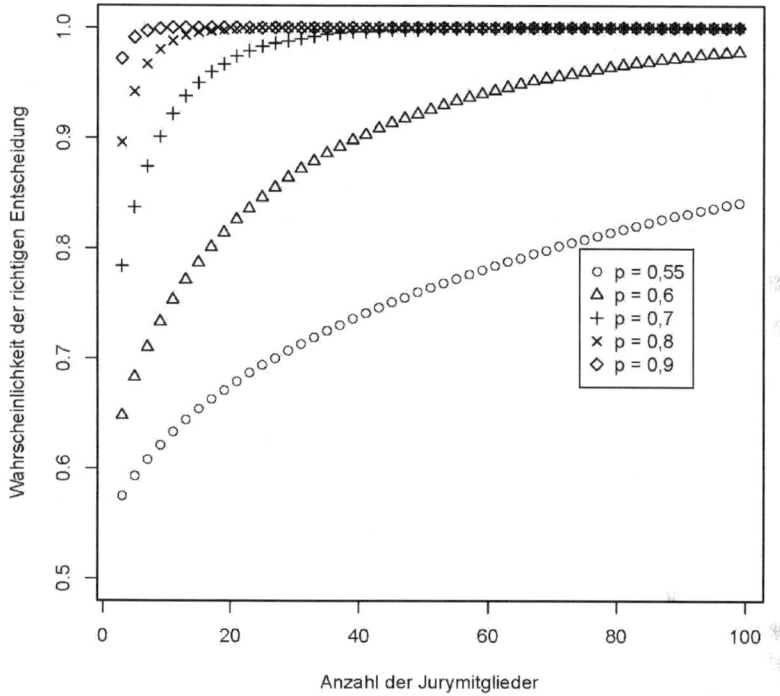

Abbildung 6.1: Die Wahrscheinlichkeit einer wahrheitskonformen Entscheidung in Abhängigkeit von der Anzahl der Jurymitglieder und der individuellen Wahrscheinlichkeit der Jurymitglieder, richtige Entscheidungen zu treffen (Quelle: Behnke 2011)

Das Jury-Theorem gibt damit eine sehr gute Begründung, warum es für jeden Einzelnen sinnvoll ist, sich dem Mehrheitsurteil zu unterwerfen, selbst wenn er zur abweichenden Minderheit gehört. Denn solange er nicht davon ausgeht, wesentlich schlauer und vernünftiger zu sein als die anderen, muss auch er erkennen, dass die Wahrscheinlichkeit, dass die Mehrheit richtigliegt, höher ist als die, dass er mit seinem Urteil recht hat bzw. genauer, dass die Minderheit, von der er ein Teil ist, die richtige Ansicht vertritt. Denn wenn z. B., wie im obigen Beispiel mit fünf Jurymitgliedern, die Mehrheit mit einer Wahrscheinlichkeit von 0,83692 zum richtigen Urteil gelangt, dann ist die Ansicht der unterlegenen Minderheit offensichtlich nur mit einer Wahrscheinlichkeit von 0,16308 korrekt. Das heißt, während er ursprünglich davon ausgehen konnte, genauso wie jede andere Person mit einer Wahrscheinlichkeit von 0,7 das richtige Urteil zu fällen, was daher auch bedeutet, dass das, was er für richtig hält, mit einer Wahrscheinlichkeit von 0,7 richtig ist, muss er nun diese Wahrscheinlichkeit aufgrund des Abstimmungsergebnisses korrigieren und erkennen, dass sie nur 0,16308 beträgt, d. h. weniger als ein Fünftel der Wahrscheinlichkeit, dass die Ansicht, die er ursprünglich für die falsche gehalten hat, die richtige ist. Wenn er nun nicht borniert ist und keinerlei Eigeninteresse an einem Urteil in einer bestimmten Richtung hat, sondern nur von dem Wunsch beseelt ist, das Richtige zu tun, *muss* er das Mehrheitsurteil, obwohl es seinem ursprünglichen Eindruck entgegensteht, nun als gewichtigen Hinweis wahrnehmen, also als eine Art Evidenz zweiter Ordnung, dass er mit seiner ursprünglichen Ansicht falschgelegen hat, und seine Ansicht so adjustieren, dass sie nun in Übereinstimmung mit der Mehrheit steht. Nähme er diese Anpassung nicht vor, verhielte er sich so irrational und uneinsichtig wie der Autofahrer aus dem bekannten Witz, der im Radio hört, dass auf seinem Streckenabschnitt ein Geisterfahrer unterwegs ist, und daraufhin ausruft: „Was heißt einer, das sind ja Hunderte."

Wenn alle diese Zusammenhänge kennen würden bzw. zumindest eine halbwegs verlässliche Intuition über diese Zusammenhänge ausbilden können, dann haben wir eine plausible Erklärung, warum wir einen *einstimmigen* Beschluss erhalten könnten, dass die Mehrheit entscheiden soll. Denn aus Sicht *jedes Einzelnen* gilt, dass damit die Wahrscheinlichkeit, das richtige Urteil zu fällen, maximiert wird. Sollte er in einer solchen Sache überstimmt werden, dann kann er das nur so deuten, dass er sich eben mit großer Wahrscheinlichkeit auf der falschen Seite befunden hat; er kann aber mit *derselben Stärke* der Überzeugung anhängen, dass sich die Mehrheit durchsetzen soll wie derjenige, der sich von Anfang an im Sinne der Mehrheit ausgesprochen hat. Denn selbst wenn er trotz dieser neuen Evidenz seine *eigene* Ansicht über die zur Abstimmung stehende Angelegenheit gar nicht ändert oder nur so stark, wie es im Sinne des sogenannten Bayesianischen Updatings erfolgen würde, so muss er doch *genauso wie jeder andere* die mathematisch abgeleitete Wahrscheinlichkeit, mit der der Mehrheitsbeschluss richtig ist, als objektiv gegebene Tatsache anerkennen.

6.2 Die Mehrheitsregel im Kontext von Interessen

Abstimmungen und Entscheidungen über Sachverhalte, die entweder „richtig" oder „falsch" sind, machen sicherlich einen wesentlichen Teil von politischen Entscheidungen aus. Jedenfalls kann man viele politische Entscheidungen so interpretieren, dass es zumindest theoretisch eine aus objektiven sachlichen Gründen „beste" Lösung gibt, für die dann alle stimmen sollten, wenn sie unvoreingenommen sind. Aber vermutlich ebenso wichtig bzw. üblich sind Abstimmungen, in denen es nicht um „wahr" oder „falsch" geht, sondern um „von Vorteil" oder „von Nachteil", Abstimmungen also, bei denen die Abstimmenden entsprechend ihren Präferenzen votieren, also für die Entscheidung, die ihren Interessen und Wünschen am stärksten entspricht. Die Mehrheitsentscheidung ist dann eine, die den Interessen der Mehrheit entgegenkommt und die Interessen der Minderheit genauso verletzt. Die Mehrheitsregel erfordert daher hier eine gänzlich andere Begründung als die bezüglich von Wahrheitsurteilen. Im Wesentlichen gibt es hier wieder zwei Unterkategorien: eine, die auf die Nützlichkeit für das Kollektiv abstellt, und eine, die die individuellen Nützlichkeitserwägungen in den Mittelpunkt stellt.

6.2.1 Die interessenbezogene Kollektivperspektive auf die Mehrheitsregel

Aus der Sicht des Kollektivs gibt es ein sehr überzeugendes Argument, das sich klassischer utilitaristischer Konzepte bedient. Die klassische Entscheidungsregel im Utilitarismus (Höffe 2013; Sen/Williams 2008) lautet, dass die Option in einer Entscheidungssituation gewählt werden soll, die die Summe aller individuellen Nutzen maximiert, insofern also den kollektiven Nutzen maximiert. Dabei spielt die Verteilung der Nutzenwerte keine Rolle, was typischerweise daher auch das wohl gewichtigste Gegenargument gegen die utilitaristische Sichtweise darstellt. Theoretisch könnte es demnach sein, dass eine Entscheidung bevorzugt wird, die für eine sehr große Anzahl der Mitglieder der Gesellschaft sehr große Vorteile bringt, für eine geringe Anzahl oder im Extremfall vielleicht sogar auch nur für ein einziges Mitglied aber schwerwiegende negative Folgen hat. In der Erzählung *The Ones Who Walk Away from Omelas* schildert Ursula Le Guin (2017) eine Gesellschaft, in der alle ein glückliches und sorgenfreies Leben führen, das allerdings darauf beruht, dass ein Kind in unmenschlichen Verhältnissen in einer Art Kerker gefangen gehalten wird, was allen Bewohnern von Omelas bewusst ist. „[...] they all understand that their happiness, the beauty of the wisdom of their scholars, the skill of their makers, even the abundance of their harvest and the kindly weathers of their skies, depend wholly on this child's abominable misery." (Le Guin 2017: 334) Abgesehen davon, dass man sich fragt, wie glücklich die Bewohner von Omelas tatsächlich sein können, wenn sie wissen, dass ihr Glück auf dem Unglück eines Kinds, das die Rolle des Opferlamms einnimmt, beruht (diejenigen, die Omelas verlassen, können es ja gerade nicht ertragen), so zeigt die Kurzgeschichte, dass wir das utilitaristische Grundprinzip zumindest in dieser extremen Form bzw. wenn es solche extremen Folgen hätte, durchaus infrage stellen würden. Dieser Makel des Utilitarismus, dass die Verteilung der Nutzen, geschweige denn die Rechtfertigung dieser Verteilung (siehe den Omelas-Text), irrelevant für die Beurteilung des Gesamtergebnisses sein soll, war auch einer der Gründe, warum sich John Rawls vom Utilitarismus abgewandt hat, worauf wir später noch zu sprechen kommen werden.

Aber bei aller Kritik, die man leicht mit extremen Beispielen wie der Gesellschaft von Omelas konstruieren kann, ist dennoch klar, dass die utilita-

6. Exkurs: Die Mehrheitsregel

ristische Denkweise in vielerlei Hinsicht unseren moralischen Intuitionen sehr wohl entgegenkommt und in vielen Alltagssituationen unsere spontanen Reaktionen vermutlich durchaus prägt. Keiner hat die Grundaussage des Utilitarismus prägnanter auf den Punkt gebracht als Spock im zweiten Star-Trek-Film *Der Zorn des Khan*: „Das Wohl von Vielen, es wiegt schwerer als das Wohl von Wenigen oder eines Einzelnen." Auch die umfangreiche Literatur zu sogenannten Trolley-Experimenten, in denen die Versuchsteilnehmer die Entscheidung zu treffen haben, ob sie den Tod einer einzelnen Person in Kauf nehmen sollen, um dafür eine größere Anzahl von Menschen retten zu können (Edmonds 2013; Greene 2014), oder die große Resonanz und öffentliche Diskussion, die das Theaterstück *Terror* von Ferdinand von Schirach (2016) hervorgerufen hat, sind ein Beleg dafür, dass viele unserer spontanen Überlegungen oft auf utilitaristische Grundfiguren zurückgreifen. Auch wenn die utilitaristische Dominanz in der Ethik – nicht zuletzt dank der Arbeiten von John Rawls – in den letzten Jahrzehnten abgenommen hat, so enthalten die Kernargumente weiterhin eine starke Attraktivität, die der utilitaristischen Sichtweise oft eine gewisse Plausibilität verleihen.

Das utilitaristische Basisargument zugunsten der Mehrheitsregel folgt im Wesentlichen der Struktur eines Arguments, das unter anderem von Brian Barry (1965) und Douglas Rae (1969) in den 1960er-Jahren entwickelt und später von Robert Dahl (1989) aufgegriffen wurde. Nehmen wir an, es geht um eine bestimmte politische Maßnahme, z. B. den Bau einer Autobahn. Wird die Autobahn gebaut, dann gibt es eine bestimmte Verteilung der Kosten in Form der Steuern, die von den einzelnen Bürgern zu leisten sind. Der Einfachheit halber gehen wir davon aus, dass es sich hier um eine sogenannte Kopfsteuer handelt, bei der jeder Bürger denselben Beitrag für den Bau der Straße zu errichten hat, sagen wir z. B. 1.000 €. Dabei ist es gar nicht erheblich, ob die „Kosten" tatsächlich nur monetärer Natur sind, aber wir können sagen, dass dem Bürger Nachteile entstehen, die denen äquivalent sind, die ihm entstehen würden, wenn er 1.000 € zu zahlen hätte. Umgekehrt bedeutet die Straße für jeden einen Nutzen, der sich ebenfalls im Gegenwert von Euro ausdrücken lässt. Der Nutzen beziffert also die Geldsumme in Euro, die dem Einzelnen die Straße „wert" ist. Wenn wir davon ausgehen, dass alle Bürger rational abstimmen, dann werden diejenigen für den Bau der Straße sein, die sich von ihr einen größeren Vorteil in Nutzen versprechen, als es ihren Kosten entsprechen würde, während diejenigen, die davon ausgehen, dass die Kosten aus ihrer Sicht die positiven Nutzen überwiegen, dagegen stimmen werden. Nehmen wir des Weiteren an, dass die Nettogewinne und Nettoverluste im Mittel dieselben sind. Das heißt, denjenigen, die für den Bau der Straße stimmen, ist sie z. B. im Mittel 1.200 € wert, also 200 € mehr, als sie dafür bezahlen müssen, während sie denjenigen, die dagegen sind, im Schnitt nur 800 € wert ist, sodass sie im Mittel einen Verlust von 200 € machen, wenn die Straße gebaut wird. Der Preis, den ein Bürger für den Bau der Straße zu zahlen bereit wäre, wird in der Ökonomie als sein sogenannter *Reservationspreis* bezeichnet. Der „Gewinn" bzw. „Verlust" ergibt sich dann dadurch, dass man die tatsächlich zu errichtenden Kosten, also in unserem Beispiel die 1.000 €, vom Reservationspreis abzieht. Hat eine Person z. B. einen Reservationspreis von 1.200 € für die Straße, dann wäre sie indifferent zwischen dem Bau der Straße und dem Konsum anderer Güter, die sie für diese 1.200 € ansonsten kaufen könnte; beide Güterbündel sind für sie also genauso viel wert. Wird die Straße nun für einen Beitrag von 1.000 € gebaut, dann hat sie in gewisser Weise 200 € gespart; sie kann diese 200 € nun dafür ausgeben, zusätzliche Güter zu kaufen, die ihren Nutzen im Wert von Gütern, die man eben für 200 € kaufen kann, erhöhen werden. Die Straße, die einem 1.200 € wert ist, für 1.000 € zu bekommen, ist also so, als ob man 200 € zusätzlich erhalten hätte, daher können wir diese Differenzen zwischen Reservationspreis und tatsächlich zu errichtenden Kosten wie Gewinne bzw. Verluste behandeln.

Es ist nun unmittelbar offensichtlich, dass der Gesamtnutzen der Gesellschaft maximiert wird, wenn nach Mehrheit entschieden wird und wir annehmen, dass die durchschnittlichen Gewinne den durchschnittlichen Verlusten entsprechen. Nehmen wir an, die Mehrheitsentscheidung fällt mit 60:40 aus und die Gemeinde, die die Entscheidung trifft, hat 10.000 Mitglieder. Dann machen 6.000 Mitglieder einen Gewinn von durchschnittlich 200 € und 4.000 Mitglieder machen einen Verlust von durchschnittlich 200 €. Wir haben also einen Überhang von Gewinnen, die den Gewinnen von 2.000 Mitgliedern entsprechen, also einen kollektiven Gewinn im Gegenwert von 400.000 €.

Wenn nun alle Mitglieder der Gesellschaft wie Spock Utilitaristen wären, dann käme es wieder zu einer einstimmigen Entscheidung zugunsten der Einführung der Mehrheitsregel. Denn jeder weiß, dass selbst wenn er in der Minderheit der Gegner war und dementsprechend einen Verlust durch die Entscheidung erlitten hat, dies mehr als aufgewogen wird dadurch, dass andere einen Vorteil von der Entscheidung haben. Ein Utilitarist ist jemand, der sein eigenes Wohlergehen nicht wichtiger nimmt als das der anderen Menschen. Man könnte daher auch sagen, dass der Utilitarist insofern ein Verfechter einer radikalen Form von Gleichheit ist, als er die Freude und das Leid, das andere erfahren, genauso wahrnimmt, als ob es ihm selbst widerfahren würde. Es ist diese Form universeller und radikaler Gleichheit, die den besonderen Charme des Utilitarismus ausmacht (vgl. De Lazari-Radek/Singer 2014). Sofern wir Probleme mit dem Utilitarismus haben, entstehen sie vermutlich auch nicht wegen dieser Eigenschaft, dass das Wohlergehen anderer genauso zählen soll wie mein eigenes, sondern vielmehr wegen seiner anderen Eigenschaft, dass Nutzengewinne von denen, die schon viel haben, genauso zählen sollen wie Nutzengewinne von denen, die bisher sehr wenig haben. Der Utilitarist versetzt sich nicht nur in die Schuhe eines anderen, sondern er versetzt sich in die Schuhe *aller* Gesellschaftsmitglieder, also aller anderen inklusive sich selbst, gleichzeitig. Die Person, die als Ich gegen die Entscheidung für den Bau der Autobahn gestimmt hat, weiß, dass dafür im Schnitt eineinhalb andere dafür gestimmt haben, deren Nutzen sie aber genauso wichtig nimmt wie ihre eigenen, weshalb die Entscheidung gegen ihre eigenen Interessen dennoch von ihr befürwortet werden kann. Sie muss dafür keineswegs ihre eigenen Interessen vernachlässigen oder negieren, sie muss sie einfach nur nicht für wichtiger und vor allem nicht für gewichtiger als die der anderen halten. So wie beim Jury-Theorem die Akzeptanzfähigkeit in der Einsicht lag, dass man nicht schlauer ist als die anderen (zumindest im Mittel), liegt hier die allgemeine Akzeptanzfähigkeit in der Einsicht, dass die eigenen Interessen immer nur die gleiche Berücksichtigung verdienen wie die aller anderen.

6.2.2 Die interessenbezogene individuelle Perspektive auf die Mehrheitsregel

Wenn wir alle im oben beschriebenen Sinn Utilitaristen wären, käme es wohl wie beim Jury-Theorem zu einer einstimmigen Befürwortung der Mehrheitsregel. In gewisser Weise käme es wohl sogar zu einem Zusammenfallen der beiden Argumentationsstränge. Denn die Grundeinsicht des Utilitaristen, dass das Wohlergehen aller Menschen gleichermaßen verdient, Berücksichtigung zu finden, stellt für Utilitaristen vermutlich eine selbstevidente Erkenntnis dar. Wenn man diese Prämisse akzeptiert, ist die Mehrheitsregel ja tatsächlich im Sinne der Prämisse diejenige, die das Gesamtwohlergehen maximiert, und daher die „richtige" im Sinne der Prämisse. Die Abstimmung über die Mehrheitsregel ist daher wieder in gewisser Weise eine Abstimmung über „richtig" oder „falsch", die abgegebenen Urteile sind also Wahrheitsurteile darüber, dass die Mehrheitsregel bei Abstimmungen über Gegenstände, die Interessen berühren, tatsächlich die bestmögliche Abstimmungsregel ist. Wenn die Mehrheitsregel nur mit einer Mehrheit verabschiedet würde, würde das daher nicht zwangsläufig bedeuten, dass diese Mehrheit eine ist, die sich ihren Vorteil sichern wollte, sondern vielleicht nur, dass diese Mehrheit die mit der besseren Einsicht in die wahren Verhältnisse ist.

So einleuchtend die Gleichheitsprämisse des Utilitarismus auf den ersten Blick theoretisch sein mag, so wenig spiegelt sie unsere authentischen Gefühle wider. Wir alle wissen sehr wohl, dass wir unseren eigenen Interessen und denen von uns nahestehenden Personen, wie Familienmitgliedern oder guten Freunden, eine größere Bedeutung zumessen als denen von anderen. Je „weiter" diese anderen von uns entfernt sind – wobei dies nicht nur im räumlichen Sinn, aber wahrscheinlich auch und in besonderer Weise im räumlichen Sinn, gemeint ist –, desto weniger berühren uns die Interessen der anderen. Der Philosoph Thomas Nagel (1991) weist überzeugend darauf hin, dass diese Ungleichgewichtung nicht zwangsläufig als moralisches

Versagen unsererseits zu deuten ist, dass wir es nicht geschafft haben, uns selbst genügend dahin zu erziehen, dass wir die Interessen der anderen als gleichwertig zu unseren eigenen wahrnehmen, sondern dass die besondere Sorge um die Interessen der uns nahestehenden Personen durchaus ihrerseits eine eigene moralische Gültigkeit haben kann. Moralisch mag es dabei im Lauf der Zeit einen Fortschritt dahingehend gegeben haben, dass die „Kreise" unserer Betroffenheit sich stetig erweitert haben und wir immer neue, weiter von uns entfernte Gruppen mit in unsere ethischen Überlegungen eingeschlossen haben (Singer 2011).

Die negative Interpretation des Utilitarismus liegt darin, dass man unter Berufung auf ihn das Leiden von „Sündenböcken" zum Wohl der Allgemeinheit rechtfertigen könnte, wie es paradigmatisch in der schon erwähnten Erzählung von Ursula Le Guin *The Ones Who Walk Away from Omelas* der Fall ist. Die positive Interpretation besteht in einer Form der freiwilligen Selbstbeschränkung, im Extremfall in einer freiwilligen Selbstaufopferung, um durch den eigenen Tod andere zu retten, was genau das ist, was Spock im erwähnten Star-Trek-Film macht. Er opfert sein Leben bei der Reparatur der Energiequelle des Raumschiffs, ohne die alle verloren wären.[1] Die wenigsten von uns wären zu einer solchen Form der Selbstaufopferung bereit und es wäre wohl auch nicht fair, sie zu erwarten. Mit gutem Grund bezeichnen wir Menschen, die solche Taten begehen, als Helden, und ihre Taten als *supererogatorisch*, d. h. über das hinausgehend, was wir vernünftiger- und fairerweise von ihnen erwarten sollten. Auch Lockes Liberalismus ist so sehr individualistisch, dass Handlungsmotive, die nur auf das kollektive Wohl hin orientiert sind, eher unplausibel erscheinen.

Auch aus der einzelnen individuellen Perspektive kann es unter gewissen Umständen durchaus immer noch rational sein, für die Mehrheitsregel zu stimmen. Aber warum sollte jemand, der zur unterlegenen Minderheit gehört, für die Einführung bzw. Beibehaltung der Mehrheitsregel als grundlegendem Abstimmungsmechanismus sein, wenn er nur auf seine individuellen Nutzen sieht und bezüglich dieser bei der aktuellen Abstimmung einen Verlust gemacht hat? Die Antwort lautet ganz einfach: Weil er bei der nächsten Abstimmung zur Mehrheit gehören könnte, bei der alle, die diese Mehrheit bilden, einen Gewinn erzielen. Voraussetzung ist also, dass sich die Mehrheiten permanent neu mischen. Wären die Mehrheitsverhältnisse stabil, sodass sich die Minderheit immer aus denselben Personen zusammensetzt, die dementsprechend Abstimmung für Abstimmung verlieren würden, gäbe

---

1 Ich lasse dahingestellt, dass diese Interpretation durch den dritten Teil wieder deutlich an Plausibilität verliert, weil sich dort herausstellt, dass Spock danach hätte wiederbelebt werden können und dass dies womöglich sogar Teil seines Kalküls gewesen sein könnte. Aber diese dramaturgische Kehrtwende dürfte wohl weniger grundsätzlichen philosophischen als vielmehr marketingstrategischen Erwägungen geschuldet gewesen sein, weil der Tod von Spock die Fans nicht gerade in Begeisterungsstürme versetzt hatte.

6. Exkurs: Die Mehrheitsregel

es für deren Mitglieder wohl kaum irgendeinen vernünftigen Grund, für die Mehrheitsregel zu sein. Wenn sich die Mehrheiten aber immer wieder ändern, sodass jeder mal in der Mehrheit und dann mal in der Minderheit ist, aber das Mischungsverhältnis ein solches ist, dass über die Zeit hinweg jeder am Ende einen Nettogewinn erzielt, dann kann auch jeder Einzelne für die Mehrheitsregel als grundlegenden Abstimmungsmechanismus sein. In der Tat, würde sich die Mehrheit jedes Mal von neuem völlig unabhängig von den vorhergehenden Mehrheiten bilden, also jede neue Mehrheit sozusagen neu „ausgewürfelt", dann wäre jeder mit demselben Prozentsatz bei der Mehrheit dabei, mit dem die durchschnittliche Mehrheit gebildet wird. Bei Mehrheitsentscheidungen, die z.B. mit einer Mehrheit von 60 Prozent zustande kommen, wäre daher jeder Einzelne jeweils mit 60 Prozent Wahrscheinlichkeit ein Mitglied dieser Mehrheit, wenn diese völlig unabhängig gebildet wird, was nichts anderes heißt, dass diese Mehrheitsgruppe wie eine Zufallsstichprobe gebildet wird, bei der aus der Grundgesamtheit aller Bürger so lange neue Bürger zufällig hinzu ausgewählt werden, bis die Stichprobe insgesamt 60 Prozent der Bürger umfasst. Wenn aber jemand bei jeder Mehrheit immer genau mit der Wahrscheinlichkeit in der Mehrheit enthalten ist, die dem Anteil entspricht, mit dem die Mehrheit gebildet wird, dann ist er an allen gebildeten Mehrheiten auch genau mit dem Anteil dabei, mit dem diese Mehrheiten durchschnittlich gebildet werden. Wenn also die Mehrheiten im Durchschnitt mit 60 Prozent gebildet werden, ist ein beliebiger Bürger in 60 Prozent der Fälle auch ein Teil der jeweiligen Mehrheiten. Das Kalkül ist dann für jeden einzelnen Bürger genau dasselbe, das wir eben für die Gesellschaft als Kollektiv angestellt haben. Über die Vielzahl von Entscheidungen hinweg profitiert er in genau demselben Maß von der Mehrheitsregel wie die Gesellschaft als Ganzes, *solange die Mehrheiten jeweils unabhängig voneinander sind*. Um für die Mehrheitsregel zu sein, müsste der Einzelne also keineswegs ausschließlich auf das Interesse des Kollektivs hin ausgerichtet sein, sondern es genügt, dass er auf sein langfristiges mittleres individuelles Interesse fixiert ist. Auch unter solchen Umständen wäre also mit einer im Prinzip einstimmigen Zustimmung zur Mehrheitsregel zu rechnen.

Literatur zur Einführung
Dahl, Robert A. (1989): Democracy and its Critics. New Haven: Yale University Press.

Weiterführende Literatur
Behnke, Joachim (2011): Condorcet und die „soziale Mathematik". Eine kurze Einführung in Leben und Werk. In: Marie Jean Antoine-Nicolas Caritat, Marquis de Condorcet: Ausgewählte Schriften zu Wahlen und Abstimmungen. Hrsg. und übers. von Joachim Behnke, Carolin Stange, Reinhard Zintl. Tübingen: Mohr Siebeck, 1–48 (= Die Einheit der Gesellschaftswissenschaften, Bd. 144).
Behnke, Joachim (2015): Die Mehrheitsentscheidung – ihre politische und philosophische Bedeutung. In: Erwägen – Wissen – Ethik, 25/3, 384–386.

Buchanan, James M./Tullock, Gordon (1962): The Calculus of Consent. Logical Foundations of Constitutional Democracy. Ann Arbor, Mich.: The University of Michigan Press

Christiano, Thomas (2018): The Rule of the Many: Fundamental Issues in Democratic Theory. London: Routledge.

Landemore, Hélène (2013): Democratic Reason. Politics, Collective Intelligence, and the Rule of the Many. Princeton: Princeton University Press.

7. Gemeinwohl, Gleichheit und Mehrheitsprinzip: Jean-Jacques Rousseau

Bei allen wesentlichen Unterschieden, die zwischen Hobbes und Locke existieren, gibt es in ihren Grundkonstruktionen doch auch sehr fundamentale Gemeinsamkeiten. Die bedeutendste ist sicherlich die, dass die Legitimation der Herrschaft auf der Zustimmung der Beherrschten beruht, was eine bedeutende Zäsur in der bis dahin bestehenden Tradition bedeutete. Die zweite geteilte Grundeigenschaft, die von der ersten nicht unabhängig ist, besteht darin, dass beide Theorien individualistisch sind. Nicht ohne Grund werden beide Theoretiker zu den bedeutendsten Wegbereitern einer individualistisch ausgerichteten philosophischen Grundströmung gezählt. Dies wird ganz besonders bei Locke deutlich, wenn er annimmt, dass die natürliche Freiheit und alle damit verbundenen Rechte, über die die Individuen im Naturzustand verfügen, ihnen nicht ohne ihre Einwilligung genommen werden können. Auch wenn die Mehrheitsregel – ist der Staat einmal etabliert, die Gesellschaft einmal gegründet – aus Gründen der Praktikabilität für die realen Entscheidungen im politischen Alltagsgeschäft unverzichtbar ist, so muss bei Locke dennoch der Mehrheitsregel als herausragendem Merkmal der konstitutionellen Verfasstheit des Gemeinwesens erst einmal *von jedem Einzelnen* zugestimmt werden, genauso wie dem Beitritt zu dem Gemeinwesen selbst. Es mag fast etwas paradox anmuten, dass genau dort, wo es keinen Unterschied zwischen den Individuen gibt, nämlich im einstimmigen Konsens zur Verfassung bzw. zum Vertrag, das Wesen der individualistischen Philosophie in seiner reinsten und klarsten Form zutage tritt. Jeglicher Zwang, der gegen das ursprünglich freie Individuum ausgeübt wird, kann nur gerechtfertigt sein, wenn das Individuum der Ausübung des Zwangs gegen sich selbst in irgendeiner Form zugestimmt hat, nicht in Bezug auf jeden konkreten Einzelfall, in dem der Zwang dann ausgeübt wird, aber in der Bestimmung der Mechanismen, durch die er ausgeübt wird, und der Bedingungen, unter denen er ausgeübt werden darf. Verweigert das Individuum diese ursprüngliche Zustimmung, verkommt der legitim angewandte staatliche Zwang zur Ausübung von Gewalt des Stärkeren gegenüber dem Schwächeren. Die Freiheit des Individuums aus dem Naturzustand kann ihm also niemals ohne seine Zustimmung genommen werden, auch wenn es bei der faktischen Ausübung seiner Freiheit aufgrund der vorhandenen Verteilung von Gewalt- und Machtressourcen immer seine Schranken finden wird.

Allerdings haben wir gesehen, dass sowohl bei Hobbes als auch bei Locke die Zustimmung zum Vertrag immer in Form einer Entäußerung von Rechten vor sich geht. Da diese Rechte nicht mehr zurückgenommen werden können, besteht demnach immer das Risiko, dass sich die Dinge ganz anders entwickeln, als erwartet wurde, und der Verlust der ursprünglichen natürlichen Freiheit in keiner Weise durch den Gewinn einer neuen bürgerlichen Freiheit unter dem Gesetz ausgeglichen wird. Was hilft die Freiheit

7. Gemeinwohl, Gleichheit und Mehrheitsprinzip: Jean-Jacques Rousseau

unter dem Gesetz, wenn die Gesetze die falschen sind, womöglich schädlich oder gar den fundamentalen Eigeninteressen entgegenstehend? Zwar sehen sowohl Hobbes als auch Locke gewisse Versicherungen gegen dieses Risiko vor, deren Umsetzung die Zustimmung zum jeweiligen Entäußerungsvertrag unter diesen entsprechenden Einschränkungen dann doch letztlich rational erscheinen lassen. Bei Hobbes ist das das Vertrauen – oder auch nur die Hoffnung – auf die von Klugheitserwägungen gesteuerte und daher rationale Politik des Leviathans und – als letzter verbleibender Zufluchtsort – das Widerstandsrecht, das dem Individuum im Interesse seiner Selbsterhaltung immer verbleibt. Bei Locke besteht die Versicherung in erster Linie darin, dass die Naturrechte auch im gesellschaftlichen Zustand immer die rote Linie des noch Zulässigen beschreiben, und in einem Widerstandsrecht, das genau dann in Anspruch genommen werden kann, wenn das Naturrecht nicht respektiert wird. Aber da die Interpretation des Naturrechts ja durchaus einen gewissen Spielraum zulässt – genau das begründet ja unter anderem die Notwendigkeit der Einführung einer staatlichen Gewalt –, kann das Risiko immer noch enorm sein, auch im bürgerlichen Zustand ein sehr unerfreuliches Leben vorzufinden. Es geht also um die Möglichkeiten des Machtmissbrauchs im Staat. Bei Hobbes ist dies wegen der prinzipiellen Unbeschränktheit der Befugnisse des Leviathans offensichtlich, aber auch bei Locke ist die Gefahr eines missbräuchlichen Einsatzes der Mehrheitsregel, was später von Alexis de Tocqueville treffend mit dem Begriff der „Tyrannei der Mehrheit" charakterisiert wurde, nicht von der Hand zu weisen.

Genau diese Gefahr, der die Menschen auch noch im bürgerlichen Zustand und sogar besonders im bürgerlichen Zustand ausgesetzt sein können, ist das Kernthema der Theorie von Jean-Jacques Rousseau. Bei ihm ist die Entstehung der bürgerlichen Gesellschaft keineswegs die Lösung der ursprünglichen Probleme des Naturzustands, sondern sie schafft selbst ihrerseits Probleme, die sogar schlimmer sind als der „wirkliche" und „echte" Naturzustand. Denn das, was Hobbes und Locke als Naturzustand beschreiben, ist nach Rousseau eigentlich die bürgerliche Gesellschaft, d. h., die Charaktereigenschaften und Neigungen, die die Menschen bei Hobbes und Locke im Naturzustand besitzen und die sie zu einer Gefahr für andere werden lassen, sind Charaktereigenschaften und Neigungen, die die Menschen typischerweise eben gerade nicht im Naturzustand schon besitzen, sondern überhaupt erst in der Gesellschaft erwerben.

> Die Philosophen, welche die Grundlagen der Gesellschaft untersucht haben, haben alle die Notwendigkeit gefühlt, bis zum Naturzustand zurückzugehen, aber keiner von ihnen ist bei ihm angelangt. [...] Alle [...] haben [...] auf den Naturzustand Vorstellungen übertragen, die sie der Gesellschaft entnommen hatten. Sie sprachen vom wilden Menschen und beschrieben den bürgerlichen Menschen. (Rousseau 1755/1984: 69, 71)

Die bürgerliche Gesellschaft spiegelt sich demnach in diesen Beschreibungen des Naturzustands; die Behauptung, ebendiese Gesellschaft könne die Lösung der dort vorgefundenen Probleme sein, muss daher absurd anmuten.

Die grundsätzliche Struktur des Arguments von Rousseau ist also ganz und gar vergleichbar mit der von Hobbes und Locke. Es gibt einen Naturzustand mit bestimmten Eigenschaften, der eine bestimmte Dynamik bewirkt, die viele problematische Seiten aufweist. Was bei Hobbes der „Krieg aller gegen alle" ist und bei Locke die mangelnde Sicherheit des Eigentums als Ergebnis dieser Dynamik, ist bei Rousseau die Entstehung einer ersten bürgerlichen Gesellschaft, in der – und nicht im Naturzustand – sich die fundamentalen Probleme entfalten. Dieser Prozess wird von Rousseau in seinem *Diskurs über die Ungleichheit* (wörtlich *Diskurs über den Ursprung und die Grundlagen der Ungleichheit unter den Menschen*) von 1755 beschrieben. Die Fehlentwicklung dieser dynamisch entstandenen Vergesellschaftung muss dann durch den eigentlichen *Gesellschaftsvertrag*, den Rousseau im gleichnamigen Werk von 1762 beschreibt, wieder geheilt bzw. korrigiert werden.

7.1 Naturzustand und erste Vergesellschaftung im *Diskurs über die Ungleichheit*

Der Naturzustand, wie ihn Rousseau beschreibt, zumindest der Naturzustand in seinem Anfangsstadium – denn tatsächlich durchläuft der Naturzustand bei Rousseau eine grundlegende Entwicklung –, unterscheidet sich vom Naturzustand, wie ihn Hobbes und Locke beschreiben, in fundamentaler Weise. Rousseau geht genauso wenig wie Hobbes davon aus, dass es Naturrecht im Sinne von Locke gibt. Von Hobbes unterscheidet sich die Konzeption aber vor allem in der Hinsicht, dass der von Rousseau geschilderte Mensch im Naturzustand ein gänzlich anderer ist. Seine Anlagen und Fähigkeiten sind bei Weitem noch nicht so entwickelt, wie es im späteren Stadium des Naturzustands und erst recht dann im Stadium der bürgerlichen Gesellschaft der Fall ist. Der Mensch im Naturzustand ist insofern roher bzw. ursprünglicher und in gewisser Weise noch gar nicht „Mensch" in dem Sinn, wie wir den Begriff üblicherweise verstehen. Bei Hobbes besitzen die Menschen schon alle wesentlichen Eigenschaften im Naturzustand, insbesondere ihre Rationalität, sein Menschenbild ist statisch, es sind lediglich die Umstände, die sich ändern. Das grundlegende Ziel der Selbsterhaltung ist bei Hobbes den Menschen quasi eingepflanzt, ihr „Egoismus" aber ist nur die zwingende Konsequenz aus dem Gebrauch ihrer Vernunft, die ihnen aufzeigt, welche Mittel sie am effektivsten zur Verfolgung ihres grundlegenden Ziels einzusetzen haben, und sie setzen dann konsequent diese Mittel ein, welche Kosten und Nachteile das auch immer für andere Personen haben mag. Der Mensch bei Hobbes entspricht insofern der engen Konzeption des *Homo oeconomicus*. Die Interessen, die in seine Nutzenkalkulation eingehen, sind ausschließlich seine eigenen Interessen. Soweit er die Interessen anderer überhaupt berücksichtigt, sind diese in seinen Interessen integriert, so wie eine Mutter die Interessen ihres Kindes verfolgt, weil sie sich mit dem Kind so sehr identifiziert, dass es ihre Interessen *sind*; sie nimmt aber die Interessen des Kindes nicht als die eines *anderen* wahr.

Die Situationsbeschreibung bei Rousseau weicht davon allein schon aus dem Grund entscheidend ab, weil die Menschen im ursprünglichen Naturzustand nur sehr rudimentäre Bedürfnisse haben. Eine aufschlussreiche Kategorisierung von Bedürfnissen durch Rousseau findet sich in den *Politischen Fragmenten.*

> Unsere Bedürfnisse sind von mannigfacher Art. Die ersten sind die Bedürfnisse, die mit der Ernährung verbunden sind; sie dienen zu unserer Erhaltung. Sie sind von solcher Art, daß jeder Mensch umkommt, wenn er aufhört, sie zu befriedigen. Man nennt sie physische Bedürfnisse, weil sie uns von der Natur gegeben sind und weil uns nichts davon befreien kann. Es gibt nur zwei dieser Art: die Ernährung und den Schlaf.
>
> Andere Bedürfnisse dienen weniger zu unserer Erhaltung als zu unserem Wohlergehen und sind eigentlich nur Gelüste. Manchmal sind sie so stark, daß sie uns mehr als unsere Bedürfnisse quälen. Aber sie sind niemals absolut notwendig, und jeder weiß nur zu gut, daß leben nicht leben in Wohlergehen heißt.
>
> Die Bedürfnisse dieser zweiten Klasse zielen auf den Luxus der Sinnlichkeit, der Weichlichkeit, der Geschlechtsvereinigung und auf alles ab, was unsere Sinne reizt.
>
> Eine dritte Klasse von Bedürfnissen, die nach den anderen entstanden sind, aber trotzdem über alle anderen herrschen, sind die Bedürfnisse, die von der Meinung abhängen. Das sind die Würden, der Ruf, der Rang, der Adel und alles, was nur in der Beurteilung der Menschen existiert, was aber über diese Beurteilung zu wirklichen Gütern führt, die man ohne sie nicht erhalten hätte.
>
> Alle diese Bedürfnisse sind untereinander verkettet; aber die ersten und die zweiten[1] werden von den Menschen erst gefühlt, wenn die ersten befriedigt sind. Solange man nur zu leben versucht, denkt man nicht an die Verweichlichung, noch weniger an die Eitelkeit: Die Ruhmsucht quält keine Hungrigen. (Rousseau 1755/1995: 256 f.)

Diese Hierarchisierung der Bedürfnisse ist entscheidend. Denn die Verfallsgeschichte der Menschen – und ohne Zweifel ist es für Rousseau auch eine Art von Verfallsgeschichte – korrespondiert mit der Art und Weise, wie sich die Bedürfnisse ändern. Im ursprünglichen Naturzustand hat der Mensch bei Rousseau, sein „edler Wilder", nur die allereinfachsten physischen Bedürfnisse, die im Wesentlichen Instinkte darstellen. Er ist vom Tier nicht qualitativ zu unterscheiden. „Wenn ich dieses [...] Wesen [...] so betrachte, wie es aus den Händen der Natur hat hervorgehen müssen, so sehe ich ein Tier, das weniger stark als die einen, weniger flink als die anderen, aber alles in allem genommen am vorteilhaftesten von allen organisiert ist. Ich sehe es, wie

---

[1] Offensichtlich handelt es sich um einen Schreibfehler und Rousseau meint natürlich die zweiten und dritten.

7.1 Naturzustand und erste Vergesellschaftung im *Diskurs über die Ungleichheit*

es sich unter einer Eiche satt ißt, wie es am erstbesten Bach seinen Durst löscht, wie es sein Bett am Fuße desselben Baumes findet, der ihm sein Mahl geliefert hat, und damit sind seine Bedürfnisse befriedigt." (Rousseau 1755/1984: 79)

Dieses Wesen genügt sich selbst, weil es über kein Bewusstsein von sich selbst und über keine Wahrnehmung seines Selbsts als kontinuierliche, über die Zeit hinweg existierende Einheit besitzt. Ohne eine solche zeitübergreifend empfundene Identität ist es schlicht unmöglich, Interessen zu verfolgen, ja es ist eigentlich nicht einmal möglich, überhaupt Interessen zu haben. Dieser „Mensch" ist lediglich eine Art von Empfindungsautomat, ein Gefäß von Gefühlen und Empfindungen, die spontan auftreten und ebenso spontane Reaktionen in Form von Handlungen evozieren können, aber nicht mehr. Möglich ist diese Abgeschlossenheit in sich selbst, ohne über ein Selbst zu verfügen, nur, weil dieses Wesen ohne Gesellschaft von anderen lebt, also in keinerlei Beziehungsgeflecht eingebunden ist. Selbst der gelegentlich auftretende Drang nach sexueller Vereinigung tritt nur sporadisch bei zufälligen Begegnungen mit anderen Einzelwesen des anderen Geschlechts auf und wird ebenso sporadisch befriedigt. Der Geschlechtspartner oder die Geschlechtspartnerin werden letztlich wie Nahrung konsumiert, denn es gibt keinen Anderen bzw. keine Andere, der bzw. die als Person wahrgenommen würde.

Diesem Menschen im Frühstadium fehlt jegliche Fähigkeit zur Reflexion, da für ihn keine Notwendigkeit besteht, irgendwelche Reflexionen anzustellen. Für Rousseau ist „der Zustand der Reflexion ein Zustand wider die Natur [...] und [...] der Mensch, der nachsinnt, ein depraviertes Tier" (ebd.: 89). Insbesondere fehlt ihm aufgrund des mangelnden Zeithorizonts – als ein Wesen, das immer nur von den ihn aktuell überfallenden Impulsen getrieben wird – jegliches planerische Vermögen, jegliche Art von vorausschauender Abwägung von Vorteilen und Nachteilen. Es mangelt ihm also an der für den Hobbes'schen *Homo oeconomicus* so elementaren Eigenschaft, Verzicht auf unmittelbar gegenwärtige Genüsse zu leisten, um einen wertvolleren Vorteil in der Zukunft zu erhalten. In der Sprache Freuds besteht dieser Mensch letztlich nur aus seinem Es, in der Sprache der Ökonomen beträgt die Rate, mit der er die zukünftigen Erträge abdiskontiert, 100 Prozent, die Zukunft findet für ihn gewissermaßen nicht statt, da er immer nur in der Gegenwart lebt.

Dieser Zustand ist zwar ein auf die Befriedigung elementarer Bedürfnisse beschränkter, dies wird aber nicht als Verlust empfunden, der Mensch lebt daher weitgehend friedlich und unbehelligt von äußeren Übeln, auch weitgehend verschont von Krankheiten, ein durchaus „gutes" Leben, soweit man das von einem Leben überhaupt sagen kann, das sich niemals an irgendeiner Art von Maßstab messen lassen muss. Diese Idealisierung des unverdorbenen

7. Gemeinwohl, Gleichheit und Mehrheitsprinzip: Jean-Jacques Rousseau

wilden Menschen ist der Grund, warum man oft die Rousseau'sche Haltung mit dem Slogan „Zurück zur Natur" charakterisierte, obwohl dieser Aufruf in keiner seiner Schriften wörtlich so zu lesen ist. Aber selbst wenn Rousseau diesen Zustand der natürlichen Unschuld als Idealzustand gesehen haben mag, so ist dies auch für ihn irrelevant, weil für den Menschen der bürgerlichen Gesellschaft der Weg dorthin zurück versperrt ist. Es mag sein, dass es gut für den Menschen und die Menschheit gewesen wäre, diesen Zustand niemals zu verlassen und somit den Gefahren der Neuzeit zu entgehen. Die Entstehung der Zivilisation ist für Rousseau ein Pfad, der besser niemals eingeschlagen worden wäre. Aber der Mensch ist dazu verurteilt, auf diesem Pfad weiterzugehen, einen anderen gibt es nicht (mehr).

In diesem Sinn, dass der Zivilisationsprozess ein Irrweg mit schlimmen Folgen ist, äußert er sich auch in der berühmten Auseinandersetzung mit Voltaire angesichts des verheerenden Erdbebens von Lissabon von 1755. Voltaire wandte sich dabei vor allem gegen die kirchliche Erklärung, das Erdbeben sei eine göttliche Strafe für menschliche Sünden, und gegen die Einordnung des Erdbebens in die Theodizee-Idee, nach der alles im Rahmen der von Gott erschaffenen Ordnung in einem höheren Sinn sinnvoll und notwendig sei. Rousseau hingegen sah die Ursache der Katastrophe nicht zuletzt darin, dass man sechs- und siebenstöckige Häuser gebaut und damit eine unnatürliche Konzentration von Menschen auf engem Raum erzeugt hatte. Außerdem hätten die Menschen zu lange in den Trümmern verweilt, weil sie ihr Eigentum nicht verlassen wollten. Ihr „unnatürlicher" Drang, Eigentum zu besitzen, wurde ihnen also gewissermaßen zum Verhängnis.

Einig waren sich beide wohl nur in der Hinsicht, dass das Erdbeben bezeugte, dass man keineswegs in der „besten aller Welten" lebe. Bei Voltaire traf dies im wörtlichen Sinn zu, weil er diese Rechtfertigung der Theodizee durch Gottfried Wilhelm Leibniz aus tiefstem Herzen verachtete und für zynisch hielt. Diese Haltung arbeitete er in seinem *Candide*, der häufig für sein bedeutendstes Werk gehalten wird, noch einmal ausführlicher auf. Bei Rousseau traf die Einschätzung, dass die vorhandene Welt nicht die beste sei, im übertragenen Sinn zu, weil die Menschen seiner Ansicht nach zumindest die bessere Welt des ursprünglichen Naturzustands gegen die verquere der Zivilisation eingetauscht hatten und insofern gewissermaßen selbst Verursacher des Unglücks waren, dessen Opfer sie nun geworden waren.

Dieser Drang, sich vom Naturzustand wegzubewegen, obwohl es ihm gar nicht gut bekommt, ist eine Eigenschaft des Menschen, die nach Rousseaus Meinung entscheidend dafür ist, dass der Mensch sich vom Tier abhebt. Durch diese Eigenschaft trennt sich der Mensch vom tierischen Hintergrund, erwächst er nicht mehr nur aus der Schablone der Natur, sondern wird Schablone seiner selbst. Diese Eigenschaft ist seine „Perfektibilität", d. h. seine Fähigkeit, sich weiterzuentwickeln, sich zu „vervollkommnen" (ebd.:

103). Wie schon erwähnt, entwickeln sich der Mensch und seine Fähigkeiten in Korrespondenz zur Ausbildung neuer Bedürfnisse. Manche dieser Bedürfnisse werden durch die Umwelt getriggert, d. h., die Befriedigung dieser Bedürfnisse ist verbunden mit der Anpassung an mehr oder weniger feindliche oder zumindest herausfordernde Umweltbedingungen. Daher entwickeln die Völker in weniger lebensfreundlichen Gegenden sich stärker, weil sie stärker darauf angewiesen sind, die in ihrer Umwelt vorhandenen Mängel durch eine Erweiterung ihrer Fähigkeiten auszugleichen. Insbesondere führt dieser Drang nach Bedürfnisbefriedigung zu einer Höherentwicklung des Verstandes.

> Was immer die Moralisten darüber sagen mögen, der menschliche Verstand verdankt den Leidenschaften viel, die ihm – nach einem allgemeinen Urteil – ebenfalls viel verdanken. Durch ihre Aktivität vervollkommnet sich unsere Vernunft. Wir suchen nur zu erkennen, weil wir zu genießen begehren, und es ist unmöglich zu begreifen, weshalb einer, der weder Begehren noch Besorgnisse hätte, sich die Mühe geben sollte nachzudenken. (ebd.: 107)

Je weiter sich seine Bedürfnisse über die erstgenannte Kategorie der rein physischen hinaus entwickeln, desto weiter entwickelt der Mensch seinen Verstand und seine handwerklichen Fähigkeiten, gleichzeitig aber wird er verwundbarer, weil er nun nur noch zufrieden ist, wenn auch diese neuen, höheren Bedürfnisse erfüllt sind, und ihre Befriedigung wird zu einer solchen Selbstverständlichkeit, dass er nun einen Verlust empfindet, wenn sie nicht erfüllt werden können.

Manche dieser Bedürfnisse entstehen durch die anfänglich nur zufälligen Begegnungen mit anderen Menschen, manche können wiederum nur dadurch erfüllt werden, dass es zu einer zumindest zeitweiligen Kooperation mit anderen Menschen kommt. Der Mensch sucht also immer öfter Kontakt zu seinen Mitmenschen, und er muss sich mit ihnen koordinieren, was wiederum zur Verbesserung, ja genau genommen überhaupt erst zur Entwicklung einer Sprache führt, auf die er im unverbildeten Anfangszustand ja nie angewiesen war: Denn mit wem hätte er kommunizieren sollen zu welchem Zweck?

Dieser Prozess einer spontanen Vergesellschaftung läuft im Wesentlichen sehr friedlich ab. Denn die Menschen verfügen bei Rousseau noch über eine weitere natürliche Eigenschaft, nämlich die, Mitleid empfinden zu können. Dabei grenzt sich Rousseau explizit von Hobbes ab. „Es gibt im übrigen noch ein anderes Prinzip, das Hobbes nicht bemerkt hat und das [...] den Eifer, den er für sein [gemeint: des Menschen] Wohlbefinden hegt, durch einen angeborenen Widerwillen mäßigt, seinen Mitmenschen leiden zu sehen." (ebd.: 141) Dieses Mitleid ist notwendig, um die Folgen der „Grimmigkeit seiner Eigenliebe" abzumildern. Es ist eine der wesentlichen Degenerationserscheinungen der „Zivilisierung", dass dieses natürliche Mitleid mit den anderen Menschen verschwindet, ja regelrecht aus den menschlichen Leidenschaften ausgemerzt wird, weil es der Eigenliebe im Wege steht, die sich aber im Pro-

7. Gemeinwohl, Gleichheit und Mehrheitsprinzip: Jean-Jacques Rousseau

zess der Vergesellschaftung immer stärker entwickelt. „Die Vernunft erzeugt die Eigenliebe und die Reflexion verstärkt sie; sie läßt den Menschen sich auf sich selbst zurückziehen; sie trennt ihn von allem, was ihm lästig ist und ihn betrübt. Die Philosophie isoliert ihn; ihretwegen sagt er beim Anblick eines leidenden Menschen insgeheim: Stirb, wenn du willst, ich bin in Sicherheit." (ebd.: 149)

In dieser an sich friedlichen Phase des Naturzustandes kommt es zu einem sich selbst verstärkenden Prozess: Je stärker die Kontakte des Einzelnen mit anderen, desto mehr neue Fähigkeiten bildet er aus, die ihn produktiver machen, was wiederum zu einer gewissen Steigerung des materiellen Wohlstands führt. Gleichzeitig steigen aber seine Bedürfnisse, weil immer neue Bedürfnisse hinzukommen, die dadurch entstehen, dass er sich in Gesellschaft anderer befindet. Wie im Märchen vom Hasen und dem Igel hechtet der Mensch der Befriedigung seiner Bedürfnisse durch Ausweitung seiner Arbeit und Steigerung seiner Produktivität hinterher, nur um zu erkennen, dass neue Bedürfnisse entstehen, deren Nichtbefriedigung ihn unzufrieden macht.

Ein wichtiges Element in diesem Prozess der Vergesellschaftung ist die Entstehung des Eigentumsbegriffs. Hier argumentiert Rousseau ganz ähnlich wie Locke mit der Anreizwirkung von Eigentum, die dem Menschen erst das Motiv gibt, seine Arbeitskraft zur Erlangung materieller Vorteile einzusetzen. „Welcher Mensch wäre danach töricht genug, sich mit der Bebauung eines Feldes abzuplagen, das vom erstbesten, dem diese Ernte gefällt, gleichgültig ob Mensch oder Tier, geplündert werden wird? [...] Mit einem Wort: wie wird diese Lage die Menschen dazu bringen können, die Erde zu bebauen, solange sie nicht unter sie geteilt ist, das heißt, solange der Naturzustand nicht vernichtet ist?" (ebd.: 115) Ähnlich wie bei Locke wird also Privateigentum, was vorher Gemeineigentum war.

Ebenfalls ähnlich wie bei Locke erzeugt das nun neu entstandene Eigentum aber auch neue Unsicherheiten, vor allem die, es an andere verlieren zu können, die versucht sein könnten, es sich durch Gewalt anzueignen. Allerdings ist diese Unsicherheit naheliegenderweise genauso asymmetrisch verteilt wie das Eigentum selbst. Dabei sieht Rousseau diese Ungleichheit wesentlich kritischer als Locke, was wenig überrascht, wenn man bedenkt, dass er die Zustände des Ancien Régime in Frankreich zur Mitte des 18. Jahrhunderts vor Augen hatte, mit all den bekannten Ungleichheiten, in denen die Vorteile einseitig zugunsten der reichen Adligen und die Nachteile ebenso einseitig zuungunsten der Armen ausfielen, wobei die Armen nicht nur besitzlos waren, sondern darüber hinaus noch Frondienste zu leisten hatten (während das Bürgertum irgendwie dazwischenstand, über einen gewissen materiellen Wohlstand verfügte, aber nicht über die Privilegien des Adels). Unzweifelhaft war Rousseaus Denken daher durch die äußeren Umstände der extremen

7.1 Naturzustand und erste Vergesellschaftung im *Diskurs über die Ungleichheit*

Gegensätze zwischen Reich und Arm, wie er sie in seiner Gegenwart vorfand, ähnlich beeinflusst, wie Hobbes' Denken durch das Erlebnis des Bürgerkriegs geprägt war. (Die Zufälligkeit der historischen Umstände, die Anlass gewesen sein mögen für die Entwicklung bestimmter Gesellschaftstheorien, darf aber nicht dazu verleiten, auch diese Theorien selbst als Produkte des Zufalls anzusehen. Denn wie im zweiten Kapitel erläutert, ist für die Theorie lediglich entscheidend, wie stringent und konsistent sie ist, und nicht, was der Anlass für ihre Formulierung war, genauso wenig, wie es für die Korrektheit bestimmter geometrischer Sätze, über die schon die alten Ägypter verfügten, von Bedeutung ist, welchen praktischen Nutzen sie für die Landvermessung hatten.)

Die Akkumulation materieller Güter nimmt dabei einen sich selbst verstärkenden Charakter an, denn diejenigen, die schon Vorteile haben, tun sich leichter, ihren Vorteil noch weiter auszubauen. Zugleich nimmt die daraus resultierende extreme Form von Ungleichheit aber den Benachteiligten zusätzlich noch ihre Freiheit und ist so offensichtlich ungerecht, dass sie die Frage nach ihrer Rechtmäßigkeit unmittelbar aufwirft. In diesem Konflikt zwischen Reich und Arm, der die aktuelle Phase der Vergesellschaftung am stärksten repräsentiert, „ersann der Reiche [...] schließlich den durchdachtesten Plan, der dem menschlichen Geist jemals eingefallen ist. Er bestand darin, die Kräfte selbst jener, die ihn angriffen, zu seinen Gunsten einzuspannen, aus seinen Widersachern seine Verteidiger zu machen" (ebd.: 215). Dieser „Gesellschaftsvertrag" dient also nur der Festigung und Verrechtlichung des Status quo und damit der Zementierung der bestehenden ungerechten Ungleichheiten. Viele politische Philosophen haben diesen Vertrag daher explizit als „Betrugsvertrag" (Kersting 1994: 141 ff.) bezeichnet. Offensichtlich ist er auf Täuschung angelegt, denn die Armen, die im wörtlichen Sinn nichts zu verlieren haben, können nur zu ihrer Zustimmung und Unterwerfung überredet werden, indem man sie hinsichtlich der Wahrnehmung ihrer wahren und eigentlichen Interessen bewusst manipuliert. Wie zynisch dieser Vertrag in Wirklichkeit nach Rousseaus Ansicht ist, zeigt sich, wenn man seinen substanziellen Kern wörtlich ausdrückt, was Rousseau in seiner *Abhandlung über die Politische Ökonomie*, die kurz nach dem *Diskurs* entstanden ist, selbst sarkastisch folgendermaßen in Worte fasst: „Fassen wir [...] den Gesellschaftsvertrag der beiden Stände zusammen: *Sie haben mich nötig, denn ich bin reich und Sie sind arm. Machen wir untereinander einen Vertrag: Ich erlaube, daß Sie die Ehre haben, mich zu bedienen, unter der Bedingung, daß Sie mir das wenige geben, das Ihnen bleibt, und dafür die Mühe [entlohnen], die ich habe, ihnen zu befehlen.*" (Rousseau 1758/1995: 50 f.) Was auch immer dieser Vertrag sein mag, er ist sicherlich kein Vertrag unter Gleichen bzw. unter Menschen, die auch nur im Entferntesten als Gleiche miteinander verhandelt haben. Dieser Vertrag wäre nicht unvermeidbar gewesen, aber er ist einer schier unfasslichen Chuzpe der Reichen zu verdanken, die etwas, das durchaus hinterfragt hätte werden können und hätte hinterfragt werden müssen, so überzeugend als simple Selbstverständlichkeit dargestellt haben, dass die Armen sich dadurch haben überrumpeln lassen.

> Der erste, der ein Stück Land eingezäunt hatte und es sich einfallen ließ zu sagen: *dies ist mein* und der Leute fand, die einfältig genug waren, ihm zu glauben, war der wahre Gründer der bürgerlichen Gesellschaft. Wie viele Verbrechen, Kriege, Morde, wie viel Not und Elend und wie viele Schrecken hätte derjenige dem Menschengeschlecht erspart, der die Pfähle herausgerissen oder den Graben zugeschüttet und seinen Mitmenschen zugerufen hätte: ‚Hütet euch, auf diesen Betrüger zu hören; ihr seid verloren, wenn ihr vergeßt, dass die Früchte allen gehören und die Erde niemandem'. (Rousseau 1755/1984: 173)

Die Kritik an Lockes Aneignungstheorie hätte kaum deutlicher und schärfer formuliert werden können. Es ist nach Ansicht Rousseaus eben genau ein Gesellschaftsvertrag der Art, wie ihn Locke oder davor Hobbes entworfen haben, der die Ursache des eigentlichen Übels ist, nämlich des Verlusts all der Freiheiten, die der Mensch im Naturzustand noch hatte, ohne dafür etwas zu erhalten, das diesen Verlust mehr als ausgleichen könnte, worin ja das Locke'sche Versprechen bestand, das sich bei Rousseau nun nicht nur als hohle Phrase, sondern sogar als gefährliche Verführung entpuppt.

7.2 Der „wahre" Gesellschaftsvertrag

Der erste Gesellschaftsvertrag, der die Form eines „Betrugsvertrags" hat, zementiert lediglich die ungerechten Ungleichheiten, die sich im Zuge der Vergesellschaftung ergeben haben. Das grundlegende Problem besteht dabei nicht in der Ungleichheit, sondern in ihren Folgen für die Freiheit, weil die Form der Ungleichheit, wie sie sich in der im Zuge der Wirkung der natürlichen Kräfte spontan aus dem Naturzustand hervorkommenden Gesellschaft ausbildet, dazu führt, dass es ein Machtungleichgewicht gibt. Die Reichen sind eben nicht nur reich – das wäre womöglich noch zu verschmerzen –, sie sind auch mächtiger und einflussreicher als die Armen. Auch das wäre womöglich an sich noch nicht prinzipiell als Problem anzusehen, aber sie nutzen dieses Machtgefälle, um die Unterlegenheit der Armen auszubeuten, indem sie sie zu Diensten und Leistungen verpflichten, die diese nur unter dem extremen Zwang der Armut zu akzeptieren bereit sind, auf die sie sich also sozusagen unter „fairen" Bedingungen niemals einlassen würden. Es ist leicht nachzuvollziehen, warum Rousseau auf Karl Marx so großen Einfluss ausgeübt hat. Letztlich führt die Ungleichheit zur Versklavung der Armen: „Der Mensch ist frei geboren, und überall liegt er in Ketten" (Rousseau 1762/1977: 5), so lautet der berühmte erste Satz des ersten Kapitels aus Rousseaus wohl einflussreichstem Werk *Vom Gesellschaftsvertrag*, das 1762, also sieben Jahre nach dem *Diskurs über die Ungleichheit*, erschienen ist und mit dem Rousseau nun seine Lösung anbietet, das im Diskurs beschriebene Problem zu beheben. Eine simple Abschaffung der Gesellschaft bzw. eine

Rückabwicklung des Prozesses der Vergesellschaftung kann es aber nicht geben. Das „Zurück zur Natur" ist eben gerade keine Option und wurde daher ja auch von Rousseau so niemals postuliert. Es ist die im Wesen des Menschen zutiefst angelegte Fähigkeit zur Selbstvervollkommnung, seine Perfektibilität, die den Zeitstrahl der Vergesellschaftung, der mit der immer weiteren Vervollkommnung des Menschen, also mit der Aneignung immer neuer Fähigkeiten, untrennbar verbunden ist, mit derselben Unerbittlichkeit in nur eine Richtung wirken lässt, wie es in der Naturwissenschaft der zweite Hauptsatz der Thermodynamik ist, der die Irreversibilität bestimmter Entropieveränderungen bzw. Prozesse der Wärmeübertragung konstatiert. So wenig es möglich ist, dass sich Wärme von einem kälteren Körper auf einen wärmeren überträgt, so wenig ist es möglich, dass der Mensch seine einmal erworbenen Fähigkeiten einfach wieder verliert. Der „Verlust der Unschuld", den der edle Wilde beim Übergang in die Gesellschaft erleiden musste, ist nicht wieder gutzumachen.

Die Wiederherstellung der Freiheit muss also innerhalb der Gesellschaft erfolgen, d. h., diese Gesellschaft muss anhand eines neuen Vertrags, der die wahren Interessen der Menschen berücksichtigt, transformiert werden, sodass in der nun entstehenden Gesellschaft der Mensch seine Freiheit in der Gesellschaft als gesellschaftliches Wesen verwirklichen kann. Dieser neue und zweite Vertrag wird aber offensichtlich niemals unmittelbar mit dem Konstrukt der Einstimmigkeit arbeiten können, das so wesentlich für die Legitimation des Vertragskonzepts ist. Denn wenn der neue Vertrag aus der bestehenden Gesellschaft heraus beschlossen werden sollte, so sind diejenigen, die dabei etwas zu verlieren haben, nämlich die Reichen, sehr leicht zu identifizieren, und diese können naturgemäß kein Interesse daran haben, diesem Vertrag freiwillig zuzustimmen. Der Wechsel kann also wegen des bestehenden Machtgefälles und der damit verbundenen Interessensunterschiede nicht ganz ohne Zwang und womöglich daher auch nicht ohne die Ausübung von Gewalt erfolgen. Er ist aber ganz und gar rechtmäßig, weil sich die Unterdrückten ja nur die Rechte zurückholen, die man ihnen unrechtmäßig zuvor genommen hat. „Solange ein Volk zu gehorchen gezwungen ist, tut es gut daran; sobald es das Joch abschütteln kann und es abschüttelt, tut es noch besser; denn da es seine Freiheit durch dasselbe Recht wiedererlangt, das sie ihm geraubt hat, ist es entweder berechtigt, sie sich zurückzuholen, oder man hatte keinerlei Recht, sie ihm wegzunehmen." (ebd.: 6) Es ist angesichts dieser Worte nicht verwunderlich, dass sich die Verfechter der Französischen Revolution auf Rousseau berufen. Andererseits konnte ja auch schon Lockes Abhandlung als Freibrief betrachtet werden, sich einer unrechtmäßigen Regierung zu entledigen. Insofern geht Rousseau hier nicht wirklich weit über Locke hinaus. Was ihn jedoch fundamental von Locke unterscheidet, ist, dass er keine Vorstellung von einem Naturrecht besitzt, an das die Herrschenden noch gebunden sind und dessen Verletzung durch

7. Gemeinwohl, Gleichheit und Mehrheitsprinzip: Jean-Jacques Rousseau

die Herrschenden den legitimen Grund für die Rebellion oder Revolution darstellt. Was Locke und Rousseau darüber hinaus unterscheidet, ist, dass es bei Locke „nur" um die Beseitigung eines Herrschers geht, der Missbrauch begeht, während es bei Rousseau um die Beseitigung einer Gesellschaftsform geht, in der eine Herrschaft, die nicht gleichzeitig Missbrauch wäre, gar nicht vorstellbar ist. „Es gibt kein richtiges Leben im falschen", wie Adorno später sagt. Nicht die personale Besetzung an der Spitze der Gesellschaft ist das Problem bei Rousseau, sondern die Gesellschaft an sich, die unabhängig von der personalen Besetzung an der Spitze immer die „falsche" sein wird.

Die neue Gesellschaft muss eine sein, bei der die Freiheit dadurch erhalten bleibt, dass alle Gesetze, denen sich die Menschen unterwerfen, ihnen von ihnen selbst gegeben wurden. Die Aufgabe lautet also folgendermaßen: „Finde eine Form des Zusammenschlusses, die mit ihrer ganzen gemeinsamen Kraft die Person und das Vermögen jedes einzelnen Mitglieds verteidigt und schützt und durch die doch jeder, indem er sich mit allen vereinigt, nur sich selbst gehorcht und genauso frei bleibt wie zuvor" (ebd.: 17). Damit stellt sich für Rousseau erst einmal dasselbe Problem, das wir schon bei Locke gesehen haben. Es bedarf eines einstimmigen Beschlusses über diese Regeln, wenn alle nur durch Zustimmung an sie gebunden sein können. Und soweit Beschlüsse mit anderen Entscheidungsregeln getroffen werden dürfen, müssen zumindest die Beschlüsse über die Einführung dieser Entscheidungsregeln selbst mit Einstimmigkeit getroffen worden sein. „In der Tat, woraus entstünde, es sei denn, die Wahl war einstimmig, ohne eine vorausgehende Übereinkunft die Verpflichtung für die Minderheit, sich der Wahl der Mehrheit zu unterwerfen, und woher haben hundert, die einen Herrn wollen, das Recht, für zehn zu stimmen, die keinen wollen? Das Gesetz der Stimmenmehrheit beruht selbst auf Übereinkunft und setzt zumindest einmal Einstimmigkeit voraus." (ebd.: 16)

Das Risiko, das Rousseau sieht, ist dem, das Locke gesehen hat, sehr verwandt, seine Lösung eine fundamental andere, auch wenn sie in mancherlei Hinsicht dann wieder gar nicht so weit von Locke entfernt scheint, dessen riesiger Einfluss, so sehr sich Rousseau immer wieder explizit gegen ihn wendet, dennoch in fast allen Argumentationsschritten von Rousseau wiederzufinden ist. Lockes Absicherung der Minderheit gegenüber der Mehrheit bestand im Wesentlichen darin, dass die Mehrheit in ihren Beschlüssen an das Naturrecht gebunden ist und somit logisch ausgeschlossen ist, dass sie Rechte der Minderheit verletzen kann. Da Rousseau das Konzept des Naturrechts ablehnt, steht ihm dieser Lösungsweg nicht zur Verfügung. Rousseaus Lösung besteht nun darin, dass es gar keine Minderheit gibt, die einer Mehrheit ausgeliefert ist, weil alle in einem einheitlichen Körper verbunden sind, selbst wenn dieser Körper in der Praxis seine Entscheidungen mit der Mehrheitsregel trifft. Die einzelnen Personen gehen also ganz und gar im Kollektiv auf, sie verschmelzen mit diesem. Dafür ist es notwendig, dass jeder auf seine Rechte, über die er als Einzelner, also als Individuum, verfügt, verzichten muss. „Diese Bestimmungen [des Gesellschaftsvertrags] lassen sich bei richtigem Verständnis sämtlich auf eine einzige zurückführen, nämlich die völlige Entäußerung jedes Mitglieds mit allen seinen Rechten an das Gemeinwesen als Ganzes." (ebd.: 17) Auch Rousseaus Vertrag ist also ein Entäußerungsvertrag wie der von Hobbes und gewissermaßen der Vertrag zur Bildung der Zivilgesellschaft bei Locke. Aber diese Entäußerung von allen bestehenden Rechten hat bei Rousseau eine weitergehende Funktion. Während bei Hobbes und Locke die Menschen vor dem Vertrag als politisch Gleiche in den Vertrag hineingehen, sind sie bei Rousseau ja durch den missglückten ersten Prozess der Vergesellschaftung mit ungleichen Rechten ausgestattet. Zwar gibt es auch insbesondere bei Hobbes eine große empirische Ungleichheit der Fähigkeiten und Kräfte, diese wird aber immer dominiert von der alle im gleichen Maße bedrohenden Unsicherheit, sodass die Menschen hinsichtlich dieses dominierenden Interesses tatsächlich als Gleiche in den Vertrag gehen. Dies ist bei Rousseau gerade nicht der Fall. Die Entäußerung von bestehenden Rechten hat daher den Zweck, alle erst zu Gleichen zu machen, denn nur wenn alle als wirklich Gleiche in den Vertrag hineingehen, kann dieser auch gerecht sein. Da die Ungleichheit bei Rousseau ja vor allem aufgrund von Eigentum entsteht, heißt dies notgedrungen, dass sich die Menschen in erster Linie ihres Eigentums entäußern müssen, damit sie als politisch Gleiche in den Vertrag gehen können und dieser entsprechend moralisch gerechtfertigt werden kann. Da die Menschen aber ihr Eigentum nicht freiwillig abgeben werden, muss die Zwangsenteignung die logische Voraussetzung zur Schließung des echten Gesellschaftsvertrags sein. Diese Blaupause wurde bekanntlich in der Französischen Revolution, wie später auch in der Russischen, umgesetzt. Auch wenn sich letztere kaum direkt auf Rousseau zurückführen lässt, so wirkt auch in ihr – über Marx vermittelt – der totalitäre Geist des Kollektivismus, der in der Rousseau'schen Formulierung der „völligen Entäußerung [...] an das Gemeinwesen" ja schon zu vernehmen ist. Oder wie es später Arthur Koestler in seinem Roman *Sonnenfinsternis* über die stalinistischen Schauprozesse ausdrückte: „Die Definition des Individuums lautete: eine Masse von einer Million, dividiert durch eine Million" (Koestler 1978: 236). Durch dieses Aufgehen des Individuums im Kollektiv ist das Individuum nur sich selbst unterworfen, denn das Kollektiv ist der Souverän, der die Gesetze erlässt. Der Bürger wird bei Rousseau ein „untrennbarer Teil des Ganzen" (Rousseau 1762/1977: 18), des Souveräns, und unterwirft sich so der „obersten Richtschnur des Gemeinwillens" (ebd.).

7.3 Gemeinwohl und Gemeinwille

Hier kommt mit der „volonté générale" Rousseaus wohl bekanntestes Konzept ins Spiel. Die Entscheidungen des Souveräns, also des kollektiven Volkskörpers, drücken diese *volonté générale* aus. Die *volonté générale* ist ein sehr komplexes Konzept, das nicht ganz leicht zu verstehen ist. Sie ist jedenfalls nicht einfach die Summe aller Einzelwillen, die Rousseau als „volonté particulière" bezeichnet. Denn die bloße Aufsummierung dieser Einzelwillen oder Einzelinteressen ergibt lediglich die „volonté de tous", was üblicherweise mit dem „Willen aller" übersetzt wird. Man kann vermutlich sagen, dass die „volonté de tous" insofern dem entspricht, was bei Locke dem Willen der Mehrheit entspricht, der ja dort gewissermaßen die Balance der vielen Einzelinteressen wiedergibt, die sich durch ihre Aggregation herauskristallisiert. Dabei sollte aber nicht übersehen werden, dass auch bei Locke der Wille der Mehrheit durchaus auf das Gemeinwohl gerichtet ist. Aber auch heute ist es noch üblich, die Willensbildung der Gemeinschaft im „liberalen Modell" als bloße Aggregation von Willensäußerungen, meistens in Form einer Stimmabgabe, zu betrachten.

Der Gemeinwille ist also nicht die Summe der Einzelwillen, sondern er verkörpert die Interessen, die alle als Teil des Kollektivs, des Souveräns, gemeinsam haben. Der Gemeinwille mag sich in der Praxis durch eine Abstimmung erst herauskristallisieren, theoretisch aber verfügt jede einzelne Person über eine identische Vorstellung vom Gemeinwillen. Abweichende Vorstellungen bezüglich des Gemeinwillens sind daher nur auf Irrtum zurückzuführen, nicht auf Interessen. Denn der Gemeinwille, die *volonté générale*, bezieht sich auf das Gemeinwohl. Hier handelt es sich also um ein Wahrheitsurteil (vgl. Kapitel 6). Ob ein bestimmter Beschluss im Sinne des Gemeinwohls ausfällt, ist bei Rousseau eine Bewertung über einen objektiv vorliegenden Sachverhalt; der Beschluss ist also richtig oder falsch. Wenn der Bürger, als Bürger, abstimmt, um die *volonté générale* zu ermitteln, fragt er also nie danach, was für ihn gut oder schlecht ist oder ob etwas Vorteile für ihn bringt, sondern lediglich danach, ob es denn im Sinne des Gemeinwohls ist. „Wenn man in der Volksversammlung ein Gesetz einbringt, fragt man genaugenommen nicht danach, ob die Bürger die Vorlage annehmen oder ablehnen, sondern ob diese ihrem Gemeinwillen entspricht oder nicht; jeder gibt mit seiner Stimme seine Meinung darüber ab, und aus der Auszählung der Stimmen geht die Kundgebung des Gemeinwillens hervor." (Rousseau 1762/1977: 117) Daher sind alle Entscheidungen, die die *volonté générale* verkörpern, im Prinzip einstimmig möglich, da die Wahrheit unteilbar ist. Ein Mensch verfügt also bei Rousseau über zweierlei Präferenzen. Als Individuum hat er sehr eigene, spezifische Interessen, die sich in seinem partikulären Willen ausdrücken und durchaus im Widerspruch stehen mögen zum Gemeinwillen, der *volonté générale*. Als Bürger aber verkörpert er als Teil des Souveräns den Gemeinwillen und hat diesen als Präferenz. Wenn er also im Sinne seiner Partikularinteressen abstimmt oder sich zu ihrer Verfolgung auf eine Weise verhält, die im Gegensatz zum Gemeinwillen steht, dann muss er durch den Souverän, also durch das Kollektiv, dazu gezwungen werden, sich dem Gemeinwillen unterzuordnen. Da aber der Gemeinwille die Gesetze hervorbringt, für die er sich als rationaler Bürger ebenfalls aussprechen würde und die den Kontext bilden, unter denen er als Bürger seine bürgerliche Freiheit ausleben kann, bedeutet dieser Zwang nichts anderes, als „daß man ihn zwingt, frei zu sein" (ebd.: 21), denn „der Gehorsam gegen das selbstgegebene Gesetz ist Freiheit" (ebd.: 23).

Das Ergebnis einer Abstimmung über den Gemeinwillen wird in der Praxis durch die Mehrheitsregel entschieden, ganz wie bei Locke. Nur die Zustimmung zum Gesellschaftsvertrag selbst erfolgt einstimmig, denn wer diesem nicht zustimmt, ist damit kein Mitglied der sich gründenden Gesellschaft. Dass alle zukünftigen Entscheidungen zur Bestimmung des Gemeinwillens mit der Mehrheitsregel gefasst werden, ist allerdings Teil des ursprünglichen Vertrags. Um die unterlegene Minderheit vor Entscheidungen zu schützen, die ihr Unrecht zufügen, also nicht dem Gemeinwillen entsprechen – denn natürlich kann eine Mehrheitsentscheidung auch gelegentlich falsch sein –, spricht sich Rousseau für die Beachtung des Grundsatzes aus, „daß sich die Meinung, die sich durchsetzt, um so mehr der Einstimmigkeit nähern soll, je bedeutsamer und schwerwiegender die Entscheidungen sind" (ebd.: 117). Die Mehrheitsregel umfasst also nicht nur die einfache Mehrheit, sondern auch, je nach Gegenstand, das Erfordernis qualifizierter Mehrheiten. Damit nimmt Rousseau einen Gedanken vorweg, der später von James Buchanan und Gordon Tullock (1962) in ihrem Buch *The Calculus of Consent* differenziert ausformuliert wird.

Ähnlich wie später sein Landsmann Condorcet (wenn man Rousseau als Franzosen sehen möchte) geht Rousseau jedenfalls offensichtlich davon aus, dass die Mehrheit in der Regel die richtige Entscheidung treffen wird (vgl. Kapitel 6), solange sich die Abstimmenden aufrichtig bemühen, die Entscheidung im Sinne eines Wahrheitsurteils darüber, wie das Gemeinwohl am besten verwirklicht wird, zu treffen. Wer also überstimmt wird, kann daraus ableiten, dass er schlicht falschgelegen hat. „Wenn also die meiner Meinung entgegengesetzte siegt, beweist dies nichts anderes, als daß ich mich getäuscht habe und daß das, was ich für den Gemeinwillen hielt, es nicht war." (Rousseau 1762/1977: 117) Der Unterlegene kann also nicht nur gelassen das Mehrheitsurteil hinnehmen, er macht es sich selbst zu eigen. Rousseau geht sogar so weit zu behaupten, dass der Bürger, wenn er sich mit seinem Partikularinteresse durchgesetzt hätte, „gegen [den] [...] eigenen Willen gehandelt [hätte] und [...] deshalb nicht frei gewesen [wäre]" (ebd.: 117). Der „eigene Wille", gegen den er sich verhalten hätte, wäre allerdings nicht sein „eigener Wille" als Individuum gewesen, sondern sein „eigener Wille" als Bürger bzw. der Wille, den er als Bürger eben hätte haben müssen. Die Unterwerfung des Individuums unter das Kollektiv ist also in der Tat total. So wie in Koestlers Roman die Partei, die in der kommunistischen Version ja die zur Aufdeckung des Gemeinwillens befähigte Avantgarde ist, immer recht hat und sich das Individuum ihr daher bedingungslos zu unterwerfen hat, so hat bei Rousseau der Souverän immer recht und der Bürger muss sich ihm daher unterordnen, wobei er sich als Teil des Souveräns nur sich selbst unterordnet. Damit ist jedoch nicht gemeint, dass der Souverän bei einer konkreten Entscheidung nicht irren kann, denn dies gesteht Rousseau, wie wir gesehen haben, ja sehr wohl zu, sondern, dass der Souverän als Souverän keine falsche Entscheidung treffen kann. Jenseits der Einräumung der Möglichkeit eines Irrtums kann die Entscheidung des Souveräns also nicht als falsch zurückgewiesen werden, weil sie einem schlichtweg nicht in den Kram passt oder gar den eigenen Partikularinteressen entgegensteht, denn diese sind, wie gezeigt, für eine solche Beurteilung irrelevant. „Der Souverän ist, allein weil er ist, immer alles, was er sein soll." (ebd.: 21) Der Souverän ist daher immer die letzte und die einzig relevante Instanz. Er kann in seinen Entscheidungen, die die *volonté générale* ausdrücken, in keiner Weise beschränkt werden, er kann sich auch selbst nicht binden. Es ergibt sich daher aus diesem Souveränitätsbegriff, dass es auch kein vorgegebenes Naturrecht geben kann, das den Souverän, das Kollektiv, in irgendeiner Form binden könnte.

7.4 Rousseau und die direkte Demokratie

Die Anfälligkeit des Rousseau'schen Modells für totalitäre Strukturen ist nicht schwer zu erkennen. Gleichzeitig wird er häufig auch als Verfechter einer radikalen Demokratie, konkret der direkten Demokratie, angesehen. Tatsächlich hängen die totalitäre Anfälligkeit und die direkte Demokratie, so gegensätzlich sie auf den ersten Blick zu sein scheinen, unmittelbar zusammen; beide folgen nämlich aus der Struktureigenschaft, dass der Bürger als Teil, der im Souverän aufgeht und mit diesem verschmilzt, nur den von ihm selbst gegebenen Gesetzen unterworfen werden kann. Daraus folgt aber – wenn das keine leere Konstruktion sein soll –, dass die Geltung der Gesetze dann auch gegen jeden Bürger durchgesetzt werden muss, was die Begründung für den totalitären „Zwang" liefert, der ja „nur" darin besteht, den Bürger dazu zu bringen, sich im Sinne seines wohlverstandenen, „echten" Interesses (als Bürger und Teil des Souveräns) zu verhalten, ihn also zu seinem Glück bzw. seiner „Freiheit" zu zwingen. Denn als Bürger, also als Teil des Volkskörpers, stimmt er „allen Gesetzen zu, selbst jenen, die man gegen seinen Willen verabschiedet, und sogar solchen, die ihn bestrafen, wenn er es wagt, eines davon zu verletzen" (Rousseau 1762/1977: 116). Da diese Bestrafung und der allgemeine Zwang bei der Umsetzung der Gesetze aber dadurch begründet werden, dass der Bürger damit nur dazu gebracht wird, die von ihm selbst beschlossenen Gesetze zu befolgen, müssen diese Gesetze auch tatsächlich ganz konkret von ihm beschlossen worden sein. Die Beschlüsse einer repräsentativen Versammlung könnten den Bürger niemals in dieser Weise binden. Die bindenden Beschlüsse können nur vom Souverän selbst getroffen werden, der diese in Form einer Vollversammlung all seiner Teile, der Mitglieder der staatlich aufgestellten Gesellschaft, trifft. Dass diese Form der direkten Demokratie in großen Flächenstaaten mit Millionen von Bürgern kaum zu verwirklichen ist, ist Rousseau durchaus klar. Die Konsequenz für ihn scheint aber nicht darin zu bestehen, dann nur solche Konstruktionen des Staates zu verfolgen, die auch in der Realität umsetzbar sind, sondern in der Schlussfolgerung, dass der wahre Gesellschaftsvertrag eben nur in kleinen Stadtstaaten umzusetzen ist. Tatsächlich schimmern antike Stadtstaaten, wie Athen und Sparta oder das Genf seiner Zeit, bei Rousseau immer wieder als die ideale Form des Staates durch.

Genau genommen spricht Rousseau immer von einer Republik und nicht von einer Demokratie. Eine Demokratie wäre für ihn die Staatsform, in der auch die Regierung, also die exekutive Gewalt, vollständig in den Händen des gesamten Volkes liegt. Dies lehnt Rousseau entschieden ab. Seine Form der direkten Demokratie bezieht sich ausschließlich auf die Gesetzgebung, die eben nur vom Souverän ausgehen kann. Sobald es um die konkrete Umsetzung der Gesetze in Form von Maßnahmen oder Verordnungen geht, ist dies eine Aufgabe der Regierung. Rousseau ist alles andere als ein Träumer, der eine politische Utopie entworfen hat, sondern durchaus ein Realist, mitunter von einer erstaunlicher Härte, die auch den Anschein von Zynismus erwecken kann. Als einem Realisten ist Rousseau völlig klar, dass Beschlüsse über konkrete politische Maßnahmen immer partikuläre Interessen berühren müssen – dies ist unausweichlich. Genau diese partikulären Interessen aber dürfen ja bei der Gesetzgebung, die sich an der *volonté générale* orientieren muss, keinen Einfluss auf das Ergebnis ausüben. Idealerweise treten die Bürger in die Abstimmung mit von ihren persönlichen Interessen, ihren *volontés particulières*, bereinigten Präferenzen, ihren „laundered preferences", wie es der Philosoph Robert Goodin einmal ausgedrückt hat (1986), die dann nur noch auf das Gemeinwohl gerichtet sind. Treten dann doch auch Bürger mit ihren spezifischen Einzelinteressen in den Abstimmungsprozess, dann werden sie entweder einfach von der Mehrheit, die sich aufrichtig an der *volonté générale* ausrichtet, überstimmt, oder – im ungünstigsten Fall, wenn die Mehrheit mit unbereinigten Einzelinteressen an der Abstimmung teilnimmt – es „mendeln" sich die verschiedenen Einzelinteressen untereinander aus, sodass der sich bei allen überschneidende Teil ihrer Präferenzen sich als Gemeinwille herausbildet. Grundsätzlich aber geht Rousseau davon aus, dass die Bürger bei den Gesetzen tatsächlich im Sinne der *volonté générale* abstimmen. Denn die Gesetze, um die es dabei geht, sind so allgemein und abstrakt, dass der Bürger die konkreten Konsequenzen für sich gar nicht abschätzen kann. Was er weiß, ist nur, dass er keine Pflichten auferlegt bekommt, die er nicht auch von anderen erwarten kann, und keine Rechte in Anspruch nehmen kann, die er auch nicht allen anderen zugestehen würde. Wegen dieser Vagheit in Bezug darauf, welche konkreten Konsequenzen die Gesetze für einen haben – Buchanan und Tullock (1962) sprechen von einem

"Schleier der Unsicherheit" –, existiert tatsächlich eine politische Gleichheit aller über die Gesetze Abstimmenden. Sobald es aber um konkrete Regierungsmaßnahmen geht, wäre die Art und Weise, wie dadurch partikuläre Interessen betroffen sind, so explizit und offensichtlich, dass sich die Bürger davon nicht mehr lösen könnten. Eine „demokratische" Regierung in diesem Sinn ist daher nicht möglich, zumindest nicht für normale Menschen. „Wenn es ein Volk von Göttern gäbe, würde es sich demokratisch regieren. Eine so vollkommene Regierung paßt für die Menschen nicht." (Rousseau 1762/1977: 74)

Literatur zur Einführung

Becker, Michael/Schmidt, Johannes/Zintl, Reinhard (2020): Politische Philosophie. 5., aktual. Aufl., Paderborn: Schöningh, Kap. II.3.

Weiterführende Literatur

Kersting, Wolfgang (1994): Die politische Philosophie des Gesellschaftsvertrags. Darmstadt: Wissenschaftliche Buchgesellschaft, Kap. V.
Morris, Christopher W. (Hg.) (1999): The Social Contract Theorists. Critical Essays on Hobbes, Locke, and Rousseau. Lanham: Rowman & Littlefield, Kap. 9 bis 11.

8. Die repräsentative Demokratie[1]

Rousseau sah, wie wir gesehen haben, in der direkten Demokratie ein mögliches Gegenmittel gegen die Unterdrückung von Interessen, allerdings nahm die konkrete Ausgestaltung totalitäre Züge an. Unabhängig davon aber erfreut sich das Grundkonzept der direkten Demokratie in vielen Demokratietheorien weiterhin als Ideal durchaus großer Beliebtheit. Allerdings ist sie in der Gegenwart in der Praxis nirgends mehr anzutreffen. Moderne Staaten sind durchweg repräsentative Demokratien wie bei Locke, auch wenn sie – wie z. B. die Schweiz – durchaus Elemente der direkten Demokratie in einem gewissen Umfang in ihr politisches System eingebaut haben mögen. Die wesentliche Frage aber ist nicht so sehr, ob direkte Demokratie möglich ist, sondern ob sie denn überhaupt grundsätzlich wünschenswert wäre, wenn sie denn möglich wäre. Dies ist der eigentliche Kern, um den es bei der Auseinandersetzung zwischen z. B. Locke und Rousseau geht, nicht die Beschränkungen durch die Praxis.

Ausgehend von grundlegenden Konzeptionen politischer Repräsentation auf der Basis der Arbeiten von Hanna F. Pitkin (1967) wird daher oft zwischen „First-best"- und „Second-best"- Argumenten für Repräsentation unterschieden (Brennan/Hamlin 2000), je nachdem ob Repräsentation nur als bestmöglicher Ersatz für das aus praktischen Gründen nicht zu verwirklichende Ideal der direkten Demokratie („second-best") gesehen wird oder als eigenständige Form der politischen Entscheidungsfindung, die der direkten Demokratie sogar überlegen ist („first-best"), weil sie nämlich die Qualität der Entscheidungen verbessert.

8.1 Direkte Demokratie als Ideal und Repräsentation als „zweitbeste" Lösung, die das Ideal nachzuahmen versucht

Streng genommen ist der Begriff von Repräsentation als „zweitbester" Lösung nicht korrekt. Denn wenn die eigentlich „beste" Option, d. h. die direkte Demokratie, in der Realität gar nicht zur Auswahl steht, dann ist die „zweitbeste" Alternative die unter den gegebenen Umständen beste Alternative, ansonsten wäre es unsinnig, diese zu wählen. Die „zweitbeste" Lösung ist daher so zu verstehen, dass sie die Entscheidung, die unter den idealen Bedingungen direkter Demokratie gefasst würde, möglichst genau nachbildet, dass sie also zu denselben Ergebnissen kommen würde wie die direkte Demokratie. Die Repräsentation ist ein in der Praxis unvermeidliches Übel, eben einfach nur der bestmögliche Ersatz für das „Echte", das beste Duplikat, wenn man das Original nicht haben kann.

---

[1] In diesem Kapitel greife ich mitunter in größeren Passagen auf Behnke 2007 (Kap. 7: 71 ff.) zurück.

8. Die repräsentative Demokratie

Der Begriff der direkten Demokratie ist allerdings wesentlich komplexer, als es allgemeinhin scheint. Eine enge oder einfache oder auch nur formale Auffassung von direkter Demokratie bezieht sich auf die allgemeine Partizipation an der Abstimmung. Direkte Demokratie in diesem Sinn besteht darin, dass *alle* Bürger an den Beschlüssen beteiligt sind. (Ich will an dieser Stelle nicht auf den offensichtlichen Widerspruch eingehen, dass damit in den frühen „Demokratien" keineswegs alle Personen gemeint waren, deren Interessen wir aus heutiger Sicht als berücksichtigenswert betrachten würden.) Wenn wir direkte Demokratie also um der Argumentation wegen erst einmal auf diese enge Weise definieren, dass es dabei lediglich um die allgemeine Beteiligung ginge (was z. B. gerade nicht die Position von Rousseau wäre), dann sind Wahlen in repräsentativen Systemen so zu organisieren, dass sie genau denselben Output generieren, der auch produziert worden wäre, wenn alle Bürger direkt an der Entscheidungsfindung beteiligt gewesen wären (vgl. auch Pitkin 1967: 84).

Die beste Annäherung an das Ideal der direkten Demokratie wird dann erreicht, wenn die Ebene der repräsentativen Kammer nur eine Art von Verdichtung der Ebene der Gesamtheit der Bürger darstellt, sodass die repräsentative Kammer als Abbild der Bürgerschaft gesehen wird, in der alle relevanten Beziehungen, die sich auf die politischen Entscheidungen auswirken, zwischen den Repräsentanten in spiegelbildlicher Weise zu denen bestehen, wie sie zwischen den Bürgern selbst vorhanden sind. Das Parlament wird gesehen als Spiegel der Nation, das sich zum Original verhält wie – wohl die berühmteste Metapher in diesem Zusammenhang von Mirabeau – eine Karte zu der auf ihr abgebildeten Landschaft. Doch jede Abbildung, jedes Modell vereinfacht das Original in irgendeiner Weise. Das einzige Modell, das das Original hundertprozentig adäquat abbildet, ist das Original selbst. Die wesentlichen kritischen Fragen stellen sich nun auf folgende Weise: Was sind denn dann die „richtigen" bzw. „wichtigen", also die repräsentationswürdigen Eigenschaften der Realität, die durch das Modell adäquat abgebildet werden sollen? Hinsichtlich welcher Eigenschaften können gewisse Unschärfen, die bei der Abbildung entstehen, ohne allzu große Skrupel hingenommen werden? Und auf die Repräsentation welcher Eigenschaften kann womöglich sogar völlig verzichtet werden?

Je genauer und feiner die Abbildung sein soll, d. h., je mehr Strukturen des Originals im Abbild wiedergegeben werden sollen, desto mehr Menschen muss das Parlament beinhalten, wenn das Original die Nation sein soll. Die Größe des Parlaments war daher genau unter diesem Aspekt auch einer der wichtigsten Streitpunkte bei der Ratifikation der Verfassung der ersten modernen Demokratie, nämlich der amerikanischen. Sprachen sich die sogenannten „Federalists", das Lager von Madison und Hamilton, eher für eine überschaubare Anzahl von Abgeordneten aus, so wollten die Anti-Federalists eine deutliche höhere Anzahl von Mandaten, da sie nur so eine „echte" Re-

8.1 Direkte Demokratie als Ideal und Repräsentation als „zweitbeste" Lösung

präsentation als gewährleistet ansehen. „It must then have been intended that those who are placed instead of the people, should possess their sentiments and feelings, and be governed by their interests, or in other words, should bear the strongest resemblance of those in whose room they are substituted. It is obvious that for an assembly to be a true likeness of the people of any country, they must be considerably numerous." (Brutus, zitiert nach Manin 1997: 110) Von „deskriptiver Repräsentation" sprechen wir daher dann, wenn die Verteilung aller repräsentationsrelevanten Eigenschaften – und das sind im Wesentlichen Eigenschaften, die mit Interessen zusammenhängen – im Parlament annähernd dieselbe ist wie in der Bevölkerung. Insofern erfüllt nach Ansicht mancher Theoretiker eine erfolgreich umgesetzte deskriptive Repräsentation im Sinne der spiegelbildlichen Abbildung das gleiche Ziel wie die sogenannte Mandatstheorie der Repräsentation. Während im letzteren Fall die Identität der Willen der Abgeordneten mit dem ihrer Wähler durch einen klar umrissenen Auftrag gesichert sein soll, geschieht dies im Falle der spiegelbildlichen Abbildung durch das „spontane" Verhalten der Abgeordneten, da sich diese verhalten, wie sich ihre Wähler an ihrer Stelle auch verhalten würden, da sie eben wie ihre Wähler *sind* (vgl. Manin 1997: 111).

Wie sich aus dem obigen Zitat eines Anti-Federalists leicht erkennen lässt, waren diese sehr misstrauisch, inwieweit die Federalists, die ja die dominante Kraft bei den Verfassungsberatungen darstellten, tatsächlich alle Bevölkerungsschichten repräsentieren und deren Interessen berücksichtigen würden. Angesichts der offenkundig sehr elitären Zusammensetzung der berühmten Gründungsväter, die überwiegend reich und Großgrundbesitzer waren, erscheint dieses Misstrauen durchaus berechtigt, so wie auch das Misstrauen berechtigt war und ist, inwiefern ein Parlament, in dem Frauen gar nicht oder kaum vorkommen, tatsächlich ein vertrauenswürdiger Garant dafür sein kann, dass deren Interessen in angemessener Weise wahrgenommen werden.

Aber genauso wie es im Falle des imperativen Mandats in der Realität unmöglich ist, den Abgeordneten zum Zeitpunkt der Wahl klare Anweisungen im Voraus für alle zukünftig zu treffenden Entscheidungen zu geben, genauso ist es dem Wähler unmöglich, einen ihm selbst ähnlichen Abgeordneten, gewissermaßen als Kopie von sich selbst, zu wählen, da er nicht wüsste, unter welchem Aspekt dieser ihm selbst denn ähnlich sein soll. Denn es gibt ja viele verschiedene Dimensionen von repräsentationsrelevanten Eigenschaften und Interessen, die eine entsprechend unübersichtliche Anzahl von Kombinationen hervorbringen können. Werde ich z. B. als linksstehende Frau besser durch eine konservative Frau oder durch einen ebenfalls linksstehenden Mann repräsentiert? Die Gruppe der Frauen z. B. ist ja alles andere als homogen und zerfällt wiederum aufgrund von Binnendifferenzen in verschiedene interessenbezogene Untergruppen, die wiederum große Ähnlichkeiten mit den entsprechenden Untergruppen in anderen Segmenten der Bevölkerung haben können. Woher wissen wir also, dass das Parlament tatsächlich eine spiegelbildliche Abbildung der Bevölkerung ist? Und wenn es ein Spiegelbild sein soll: ein Spiegelbild in Bezug auf was?

8.1.1 Repräsentation durch eine Zufallsstichprobe

Das Problem ist eng verwandt mit dem der sogenannten Stichprobentheorie in Bezug auf Umfragen. Die Aufgabe besteht dabei darin, aus einer *Grundgesamtheit* eine *Stichprobe* zu ziehen, die die Grundgesamtheit in allen relevanten Aspekten repräsentiert und die insofern eine *repräsentative Stichprobe* für die Grundgesamtheit ist. Die Grundgesamtheit könnte z. B. die Menge aller wahlberechtigten Bürger sein. Die Stichprobe würde dann als Teilmenge aus dieser Grundgesamtheit gezogen. Der entscheidende Punkt ist, dass sich eine repräsentative Stichprobe in jeder Hinsicht ganz genauso verhält wie die Grundgesamtheit. Wenn wir z. B. ein Meinungsbild zu einer bestimmten Fragestellung erhalten wollen, erhalten wir in der Stichprobe genau dasselbe Ergebnis, das wir erzielt hätten, wenn wir jede einzelne Person der Grundgesamtheit abgefragt hätten. Das heißt, in der repräsentativen Stichprobe werden alle Strukturen der Grundgesamtheit eins zu eins widergespiegelt. In Bezug auf politische Repräsentation legen wir vor allem Wert darauf, dass repräsentationsrelevante Eigenschaften angemessen widergespiegelt werden, also Eigenschaften, an die sich berücksichtigenswerte Interessen knüpfen. Diese Strukturen bestehen aus multidimensionalen Verteilungen einer Anzahl von Merkmalen, die dann im Idealfall mit allen möglichen Kombinationen mit den gleichen Anteilen vertreten sind wie in der Grundgesamtheit. Der Vorteil des Vorhandenseins einer solchen repräsentativen Stichprobe in Hinsicht auf die Reduktion der Entscheidungskosten ist unmittelbar erkennbar. Wir benötigen für die Entscheidung weniger Ressourcen, ohne dass wir bei der Qualität der Erkenntnis Einbußen zu verzeichnen hätten. Repräsentative Stichproben sind insofern im wahrsten Sinn des Wortes Gold wert. Im Film *Magic Town* von William A. Wellman aus dem Jahr 1947 sucht der von James Stewart gespielte Meinungsforscher Lawrence „Rip" Smith nach der „Zauberformel", mit der er auf Basis von Umfragen die nationale Meinung voraussagen kann. Durch Zufall findet er eine Kleinstadt, die „Magic Town", in der die Meinungsverteilung immer genau derjenigen der gesamten Nation entspricht, sodass er mit relativ geringem Aufwand die besten Prognoseergebnisse liefern kann, allerdings nur so lange, bis die Einwohner der Stadt erfahren, dass sie die „repräsentative" Stadt in den USA darstellen.

Das grundsätzliche Problem beim Finden einer „repräsentativen" Stichprobe besteht darin, dass wir bei einer bestimmten Stichprobe niemals genau wissen können, ob sie denn wirklich repräsentativ ist. Denn um dies zu überprüfen, müssten wir sie mit der Grundgesamtheit vergleichen, d. h., wir müssten bezüglich jedes relevanten Merkmals und jeder relevanten Merk-

8.1 Direkte Demokratie als Ideal und Repräsentation als „zweitbeste" Lösung

malskombination überprüfen, ob der Anteil in der Stichprobe derselbe ist wie in der Grundgesamtheit. Aber über diese Informationen bezüglich der Grundgesamtheit verfügen wir nicht; dieses Informationsdefizit ist ja gerade erst der Grund, warum wir auf die Stichprobe zurückgreifen. In Bezug auf die Repräsentation der Bevölkerung durch das Parlament gilt daher, dass wir niemals wissen, wie gut die Bevölkerung im Sinne der Abbildungstheorie tatsächlich durch das Parlament repräsentiert wird. Wir könnten diesen Abgleich bestenfalls in Bezug auf einige wenige Merkmale machen, bei denen uns aufgrund von bevölkerungsweiten Datenerhebungen die entsprechenden Verteilungen bekannt sind oder bei denen aufgrund kausaler Zusammenhänge die tatsächliche Verteilung annähernd korrekt geschätzt werden kann, wie z. B. beim Anteil der biologischen Geschlechter. Das hilft uns aber nur sehr bedingt weiter. Denn selbst wenn wir z. B. 50 Prozent Frauen in einem Parlament hätten, wüssten wir nicht, ob es die „richtigen" Frauen sind, d. h., ob die Binnenverteilung der Frauen im Parlament in Hinsicht auf relevante Interessen auch der Binnenverteilung dieser Interessen bei allen Frauen in der Grundgesamtheit entspricht. Tatsächlich verfügen wir aber in der Statistik bzw. in der Theorie der Meinungsumfragen über ein Instrument, genauer ein Konzept, mit dem all diese Probleme gelöst werden können, nämlich das Konzept der *Zufallsstichprobe*.

Bei einer einfachen Zufallsstichprobe werden die Elemente der Stichprobe aus den Elementen der Grundgesamtheit mithilfe eines Zufallsgenerators ausgewählt, sodass jedes Element der Grundgesamtheit die gleiche Wahrscheinlichkeit besitzt, in die Stichprobe zu gelangen. Ist die Stichprobe hinreichend groß, dann ist nach dem *Gesetz der großen Zahlen* von Jakob Bernoulli jede Eigenschaft in der Grundgesamtheit und – wichtiger noch – jede Beziehung zwischen Eigenschaften in der Grundgesamtheit in der Stichprobe annähernd identisch abgebildet. Wenn wir also über eine echte Zufallsstichprobe verfügten, wüssten wir, dass diese – bei hinreichender Größe der Stichprobe – eine weitgehend repräsentative Stichprobe wäre. Das Problem besteht allerdings nun wiederum darin, dass es in der Praxis nicht so einfach ist, eine „echte" Zufallsstichprobe zu generieren, weshalb es in Bezug auf die Theorie auch angemessen ist, eher von dem Konzept einer Zufallsstichprobe und weniger vom Instrument der Zufallsstichprobe zu sprechen. Bei Bevölkerungsumfragen z. B. ist es weitgehend verwirklichbar, eine echte zufällige Auswahl von Personen zu bilden, die man für die Teilnahme an der Umfrage anspricht; es gibt aber dann systematische Verweigerungen bei der Teilnahmebereitschaft, sodass hinsichtlich der tatsächlich erstellten Stichprobe dann entsprechende Einschränkungen gelten, wenn man ihre Ergebnisse auf die Grundgesamtheit übertragen will.

Es ist offensichtlich, dass dieses Statistical-sampling-Modell bezüglich politischer Repräsentation sehr vielversprechend ist, solange es uns in erster Linie nur darum geht, ein Parlament zu generieren, dessen Entscheidungen

8. Die repräsentative Demokratie

mit großer Wahrscheinlichkeit in den meisten Fällen die Entscheidungen reproduzieren würden, die auch die Bevölkerung als Ganzes treffen würde. Insofern ist es nicht verwunderlich, dass diese Idee immer wieder ihre Anhänger und Befürworter gefunden hat, so auch bei Vertretern der Politischen Theorie (Buchstein 2009). Prominent vertreten wurde die Idee vor wenigen Jahren auch von David von Reybrouck in seinem Bestseller *Gegen Wahlen* (2016).

Das Statistical-sampling-Modell kommt in der gegenwärtigen Diskussion auch im Zusammenhang mit Modellen der sogenannten *deliberativen Demokratietheorie* vor. Allerdings sollen hierbei nicht Stichproben von Abgeordneten, sondern Stichproben von Wählern gezogen werden. Die Grundidee solcher „deliberative polls" besteht darin, dass eine Zufallsstichprobe von Wählern über die anstehenden politischen Entscheidungen deliberieren soll, sodass die so gewonnenen Präferenzen die „aufgeklärten Interessen" zumindest in einem höheren Maße widerspiegeln, als es sonst beim normalen Wählerpublikum der Fall ist, da dieses keine Gründe hat, sich die für die politischen Entscheidungen relevanten Informationen zu besorgen. Diese „deliberative opinion polls" sollen dann publiziert werden, sodass sie den anderen Wählern als Orientierung bei ihrer Wahlentscheidung dienen können (Fishkin 1995; Gastil 2000). Auch das Konzept sogenannter *Bürgerräte*, die nun im Rahmen der Arbeit des Bundestags integriert sind, greift auf das Statistical-sampling-Modell zurück. Allerdings haben diese Bürgerräte keine eigene Entscheidungskompetenz, sondern eine nur beratende Funktion. Sie geben dem Bundestag Handlungsempfehlungen, an deren Umsetzung dieser aber nicht gebunden ist. Einen Schritt weiter geht daher der von den Klimaaktivisten der „Letzten Generation" vorgeschlagene *Gesellschaftsrat*. Auch seine Zusammensetzung soll durch Los erfolgen, allerdings sollen die von ihm beschlossenen Maßnahmen insofern verpflichtend sein, als er bei der Einführung mit einer Selbstverpflichtung der Regierung verbunden sein soll, sich die Entscheidungen des Gesellschaftsrats so zu eigen zu machen, als ob es die eigenen wären, und für eine entsprechende Durchsetzung auch im Parlament zu sorgen.

Das Statistical-sampling-Modell ist also hochaktuell. Abgesehen von den weitreichenden Folgen für unser politisches System – so würde sich die Rolle von Parteien z. B. grundlegend ändern, wenn es sie denn in der bisherigen Form überhaupt noch geben würde (aber genau darin würden ja die Befürworter einen Vorteil sehen) –, ist diese Form von politisch bindenden Abstimmungen durch zufällig gewählte Gremienmitglieder für uns ungewohnt und mutet uns daher fremdartig an. Befürworter dieser Modelle weisen in diesem Zusammenhang gerne darauf hin, dass Losverfahren zu den klassischen Methoden zählen, die in der athenischen Demokratie, aber auch noch in der Neuzeit von einigen italienischen Stadtstaaten wie Florenz und Venedig eingesetzt wurden, um über die Besetzung politischer Ämter

8.1 Direkte Demokratie als Ideal und Repräsentation als „zweitbeste" Lösung

zu entscheiden. Der Vorteil des Losverfahrens gegenüber Wahlen wurde in der gleichen Partizipationschance für alle gesehen und vor allem in der damit automatisch verbundenen Rotation, womit die Entstehung einer Clique von Berufspolitikern verhindert werden sollte. Allerdings ist es eben ein bedeutender Unterschied, ob Losverfahren für die Bestellung bestimmter Posten eingesetzt werden – also im Bereich der Exekutive: dort mögen sie ein gutes Mittel gegen Nepotismus sein – oder ob sie im Bereich der Legislative angewandt werden. Denn dass die Umsetzung der Gesetze durch die Exekutive delegiert werden kann, bestreitet wohl niemand, auch nicht Rousseau. Schließlich legt die Exekutive im Sinn einer strikten Auslegung der Theorie der Gewaltenteilung ja nicht fest, was gemacht wird – das wird durch die Gesetze festgelegt –, sondern „exekutiert" ebendiese Gesetze nur. Dafür bedarf es daher keiner spezifischen Legitimation durch die Betroffenen, denn die Bürger sind mit ihren Interessen durch den Inhalt der Gesetze betroffen, und nicht durch die Verwirklichung dieser Inhalte. Aber je mehr es in der Praxis auch einen diskretionären Spielraum der Exekutive gibt in Bezug auf das „Wie" oder sogar auf Entscheidungen, die jenseits der Gesetze getroffen werden, also in dem Bereich, den Locke die Prärogative nennt, desto stärker wird die Regierung sich ihrer Legitimation durch eine Art von Ermächtigung durch die Bürger, in der Regel eben in der Form von Wahlen, versichern müssen. Rousseau z. B. wendet sich mit dem Argument gegen die Repräsentation bei Locke, dass damit Menschen Gesetzen unterworfen werden, die nicht von ihnen gemacht wurden. Da die Souveränität aber unteilbar ist, können sich die Bürger bei Rousseau ihrer nicht entledigen, indem sie ihren Willen, genauer ihre Willensbildung, an von ihnen ernannte Vertreter delegieren. Aber wenn nicht einmal die von den Wählern mit der Wahrung ihrer Interessen beauftragten Abgeordneten legitimiert sein sollen, den Willen der Bürger zu vertreten, dann trifft dies noch viel weniger für zufällig ausgewählte Vertreter zu. Obwohl also Konstruktionen wie „deliberative mini publics" oder der Gesellschaftsrat der „Letzten Generation" auf den ersten Blick in der Tradition der direkten Demokratie zu stehen scheinen – die „Letzte Generation" nimmt für sich ja gerade explizit in Anspruch, dass dieser Gesellschaftsrat im Gegensatz zum gewählten Parlament die „wahre" Mehrheit bzw. die „wahren" Interessen der Gesellschaft verträte –, stehen sie nach ihrer inneren Logik in einem fundamentalen Gegensatz zum Rousseau'schen Ansatz der direkten Demokratie, denn der Volkswille wird durch eine solche zufällig gewählte Gruppe ja genauso wenig ausgedrückt wie durch ein gewähltes Parlament, da nur das Volk als Ganzes diesen Willen ausdrücken kann. Und während sich Vertreter der repräsentativen Demokratie zumindest darauf berufen können, dass es eine indirekte Willensbildung gibt, da das Volk Delegierte auswählt, die es dann mit der in der Sache inhaltlichen Willensbildung beauftragt, bleibt selbst diese Fiktion eines einheitlichen Willens, der in einem zweistufigen Prozess ermittelt wird, den Anhängern einer Statistical-sampling-Logik verwehrt. Aber könnten diejenigen, die sich als

8. Die repräsentative Demokratie

Volk konstituieren bei der Formulierung des ursprünglichen Vertrags, dann nicht genauso, wie sie bei Locke in diesen Vertrag das Mehrheitsprinzip hineinschreiben, auch das Prinzip aufnehmen, dass dieser Mehrheitswille, der für das Volk stehen soll, eben jeweils durch den Beschluss einer solcherart zufällig zusammengestellten Versammlung ermittelt werden soll? Aber das wäre wieder ein radikaler Entäußerungsvertrag, radikaler als der Entäußerungsvertrag bei Locke, weil bei diesem der Mensch zwar im Naturzustand Rechte abgibt, aber die Rechte, die er als Souverän besitzt, zumindest mittelbar behält. Bei einem durch Los bestimmten Repräsentationsorgan hingegen wäre die Souveränität vollständig verloren, solange die Zufallsversammlung nicht von sich aus beschließen würde, sie dem Volk wieder zurückzugeben, also dadurch, dass sie die Zufallsversammlungen wieder auflösen würde. Denn selbst wenn man den Beschluss durch die Zufallsversammlung nur als einen automatischen Mechanismus ansehen würde, um den Willen des Souveräns zu enthüllen, muss der Souverän immer noch die Möglichkeit haben, sich diesem Beschluss zu entziehen, denn ansonsten wäre er ja nicht der Souverän. Aber genau das wäre in einer strikten Form der Umsetzung eines Statistical-sampling-Modells gar nicht mehr möglich. Insofern ist es konsequent, dass die bestehenden Konstruktionen des Bürgerrats diesem nur einen Empfehlungscharakter zuschreiben, so wie z. B. der Wahl-O-Mat als Entscheidungshilfe genutzt werden kann, um eine besser informierte Entscheidung zu treffen, die eigentliche Entscheidung aber dem Bürger nicht abnehmen kann.

8.1.2 Das Verhältniswahlsystem als Approximation an das Spiegelbildmodell

Halten wir vorerst an der Prämisse fest, dass es aus normativen Gründen wünschenswert sei, dass das Parlament eine spiegelbildliche Abbildung der Nation ist, sodass das Parlament lediglich eine Verkleinerung der Nation darstellt, aber dieser in sämtlichen strukturellen Eigenschaften sehr ähnlich ist. Da wir nur wissen, dass es eine solche Struktur gibt, aber eben gerade nicht wissen, wie sie im Detail aussieht, wäre unter Umständen dieser Art, die von Unwissen bzw. Ignoranz geprägt sind, das Statistical-sampling-Modell die ideale Methode, die Zusammensetzung des Parlaments zu ermitteln. Wobei wichtig ist, zu betonen, dass diese Form von Unwissenheit nicht einfach einen Mangel an Wissen darstellt, der im Grunde behoben werden könnte, sondern unvermeidbar ist. Ihr Auftreten ist logisch zwingend, denn diese Unwissenheit wäre nur dann beseitigt, wenn wir tatsächlich bezüglich aller Fragen die Verteilung der Ansichten der gesamten Bevölkerung kennen würden. Dann aber benötigten wir kein repräsentatives Organ mehr, weil wir über das Original selbst verfügen würden. Wenn wir aber auf ein Parlament als Repräsentationsorgan angewiesen sind, dann wäre das zufällig zusammengestellte in der Tat das bestmögliche, wenn wir die Willensbildung

8.1 Direkte Demokratie als Ideal und Repräsentation als „zweitbeste" Lösung

des gesamten Volkes wirklich nur genauso nachbilden wollen würden, wie sie sich authentisch ereignen würde, wenn wir das ganze Volk abstimmen lassen würden. Insofern kann das Statistical-sampling-Modell als Referenzmodell dafür dienen, wie im Prinzip die gewünschte spiegelbildliche Abbildung der Nation in eine Körperschaft, die an ihrer Stelle Entscheidungen treffen soll, ablaufen müsste.

Vorausgesetzt, das Statistical-sampling-Modell wäre in Hinsicht auf die Ergebnisse der Willensbildung ideal, so scheitert seine Umsetzung in der Realität an den schon genannten zwei Eigenschaften. Zum Ersten ist es in der Realität alles andere als trivial, eine echte Zufallsstichprobe zu erstellen, zum Zweiten aber würden zufällig ausgeloste Parlamentarier, die ja streng genommen eben gerade keine Abgeordneten mehr wären, über keine Legitimation vonseiten der Bürger verfügen, aufgrund derer sie tatsächlich befugt wären, in deren Namen deren Interessen zu vertreten. Ähnlich wie bei Hobbes wären die Bürger lediglich darauf angewiesen, dass die Hoffnung, dass diese zufällig ausgewählten Parlamentarier ihre Interessen vertreten, nicht unplausibel ist. Hoffnungen aber sind kein zufriedenstellender Ersatz für Kontrolle.

Das System der *Verhältniswahl* scheint aus diesen Gründen eine sehr sinnvolle und realistische Vorkehrung zu sein, um die angestrebten Ziele wenn nicht auf perfekte Weise, so doch in hinreichender Präzision zu erreichen. Da hier die Parlamentarier auf jeden Fall gewählt werden, sie also Abgeordnete im wörtlichen Sinn sind, ist das Problem der Legitimation gelöst. Zugleich wird das Spiegelbildideal ebenfalls umgesetzt, nicht in Form der scharfen und annähernd identischen Eins-zu-eins-Abbildung des Statistical-sampling-Modells, aber doch in einer etwas unscharfen und groben Form, bei der davon ausgegangen werden kann, dass die wesentlichen Interessen halbwegs angemessen zu ihrer Verteilung in der Bevölkerung abgebildet werden.

Die einfachste und formale Definition einer Verhältniswahl bezieht sich immer auf das Verhältnis von Stimmen und Sitzen, die eine Partei erhält. Verhältniswahlsysteme streben also an, dass jede Partei für jeden ihrer Sitze annähernd den gleichen „Preis in Stimmen" bezahlen muss. Man kann es aber auch auf den einzelnen Kandidaten bezogen ausdrücken. In diesem Fall versucht das Verhältniswahlsystem zu erreichen, dass jeder Abgeordnete ungefähr gleich viele Wählerstimmen benötigt, um gewählt zu werden. Halten wir erst einmal an der unmittelbaren Personenwahl von Abgeordneten fest, dann ist zu erwarten, dass besonders populäre Kandidaten weit mehr Stimmen erhalten werden, als sie eigentlich benötigen würden. Um das Prinzip, dass auf jeden Abgeordneten gleich viele gezählte Stimmen entfallen sollen, aufrechtzuerhalten, müssen daher überschüssige Stimmen eines Kandidaten auf andere Kandidaten übertragen werden können. Verhältniswahlen sind daher – wenn auch nicht explizit auf Parteien – auf irgendeine Form von Organisationsstrukturen angewiesen, die erkennen lassen, welche überschüssigen Stimmen wohin fließen sollen.

8. Die repräsentative Demokratie

Das Verhältniswahlsystem entwickelte sich in der Mitte des 19. Jahrhunderts zu einer stark diskutierten Alternative zum vorherrschenden System der Mehrheitswahl in Wahlkreisen, bei dem ein oder mehrere Kandidaten gewählt wurden, die die höchste bzw. die höchsten Stimmenzahlen erzielt hatten. Eines der einflussreichsten Werke zur Verbreitung dieses neuen Systems war Thomas Hares Buch *The Election of Representatives*, das im Jahr 1859 erschien. Die von Hare vorgeschlagene Form einer Verhältniswahl ist die der *Single Transferable Vote* (STV), wie sie z. B. in Irland und Malta praktiziert wird.[2] Gewählt wird in Wahlkreisen. Ein Wahlkreis ist dabei die geografische und rechtliche Einheit, die die Referenzebene für die Vergabe von Mandaten darstellt. In Verhältniswahlsystemen muss ein Wahlkreis aus mehreren Mandaten bestehen. Dabei kann es auch sein, dass die Nation als Ganzes einen einzigen Wahlkreis bildet oder regionale Untereinheiten jeweils einen Wahlkreis darstellen. Zuerst wird nun eine sogenannte Quota oder Wahlzahl ermittelt; das ist die Stimmenzahl, die für den Gewinn eines Mandats im Wahlkreis benötigt wird. Jeder Kandidat, der diese kritische Stimmenzahl erhält, gilt damit als gewählt. Die Stimmenzahlen für die Kandidaten werden auf die folgende Weise berechnet: Jeder Wähler gibt eine Rangordnung über die Kandidaten im Wahlkreis an, die seine Präferenzen widerspiegelt. Wird der von ihm am stärksten präferierte Kandidat mit einem bestimmten Überschuss an Stimmen gewählt, dann erhält der Kandidat auf dem zweiten Platz der Liste des Wählers für diese Position ebenfalls eine Stimme von diesem Wähler, allerdings gewichtet mit dem Quotienten aus dem Stimmenüberschuss des erfolgreichen Kandidaten und der gesamten Stimmenanzahl, die der erfolgreiche Kandidat erhalten hat. Beträgt die Quota z. B. 50.000 Stimmen, der Kandidat wird aber mit 60.000 Stimmen gewählt, dann werden die 60.000 Stimmen den jeweiligen Kandidaten auf dem zweiten Platz hinzugerechnet, allerdings gewichtet mit dem Faktor 1/6, sodass die übertragenen Stimmen sich effektiv auf 10.000 Stimmen belaufen. Werden keine externen Vorgaben gemacht, wie die Wähler ihre Rangordnung erstellen sollen, wie z. B. im Falle einer festen Liste, aber auch nicht in Form einer noch so vagen Empfehlung, dann entstehen spontane „Wählerkoalitionen" aus den Wählern, die ihre Rangordnungen so erstellt haben, dass die von ihnen bevorzugten Kandidaten eine Art von Kandidatenkartell bilden, innerhalb dessen die Stimmenübertragungen stattfinden.

Bei ihren einflussreichsten Propagandisten wie Thomas Hare und John Stuart Mill, der sich für das System von Hare einsetzte, entwickelte sich

---

[2] Auch wenn die STV in der Literatur und in der öffentlichen Diskussion vor allem mit dem Namen von Thomas Hare verbunden ist, so ist er nicht der Erfinder dieses Verfahrens. Vielmehr wurde das Verfahren von ihm 1821 von Thomas W. Hill erfunden und fand bei Lokalwahlen in Australien Anwendung. Unabhängig von Hill wurde das Verfahren noch einmal von dem Schweizer Mathematiker und Politiker Carl Andrae ersonnen und bei Parlamentswahlen in Dänemark von 1856 bis 1863 eingesetzt (Colomer 2001: 120).

das Proportionalsystem nicht aus dem Wunsch, eine spiegelbildliche Abbildung der Nation zu schaffen, sondern eher indirekt aus dem Wunsch, auch Minderheiten Gehör zu verschaffen. Die Argumentationslinie sieht dabei folgendermaßen aus: Nehmen wir an, wir hätten drei Wahlkreise mit jeweils 10.000 Wahlberechtigten, wobei für jeden Wahlkreis ein Abgeordneter gewählt wird. Jeder Wähler hat eine Stimme, gewählt ist in einem Wahlkreis der Kandidat, der die meisten Stimmen erhalten hat; das System ist also ein relatives Mehrheitswahlrecht. Es wird angenommen, dass jeder Wähler ein vorherrschendes Interesse hat, das seine Wahlentscheidung eindeutig bestimmt. Wähler mit einem alles andere überwiegende Interesse A wählen einen Kandidaten der Partei ‚A', Wähler mit dem vorherrschenden Interesse B wählen einen Kandidaten von ‚B'. Die Interessen A und B sind dabei nicht hundertprozentig kompatibel. Sie müssen aber auch nicht genau entgegengesetzt sein. Es ist angemessen, sich A und B eher als Interessenlagen vorzustellen, sodass in dem einen Fall einer politischen Entscheidung ein Konflikt zwischen A und B besteht, aber in einem anderen Fall nicht. Der Anteil der ‚A'-Wähler soll in allen drei Wahlkreisen gleich groß sein und beträgt jeweils 6.500 Stimmen, die restlichen Stimmen gehen jeweils an ‚B'. Bei einem relativen Mehrheitswahlrecht erhielte ‚A' alle drei Sitze. Die Minorität mit dem für sie dominanten Interesse B geht leer aus, sie ist mit keinem Sitz im Parlament vertreten. Das Ergebnis ist nach Ansicht Hares „ungerecht", denn „in justice, the majority and minority ought to stand in the constituted assembly in the same proportion as in their constituents" (Hare 1859/1865: 7). Die Minderheit ist demnach nicht im Parlament repräsentiert. Dies würden klassische Vertreter des Mehrheitswahlrechts wie Edmund Burke oder Walter Bagehot natürlich bestreiten, denn *jeder* Bürger eines Wahlkreises ist ihrer Ansicht nach durch den Wahlkreisabgeordneten vertreten, d. h., die Kandidaten von ‚A' würden auch die Interessen der Bürger, die ‚B' gewählt haben, vertreten, obwohl sie nicht von ihnen gewählt worden sind. Dies stellt insofern keinen logischen Bruch in ihrer Argumentation dar, als sich für sie das „vorherrschende" Interesse aller Angehörigen eines Wahlkreises durch die Zugehörigkeit zum Wahlkreis ergibt. Es ist die Gemeinschaft des Wahlkreises als Ganzes, die durch ihren Abgeordneten vertreten wird. Doch gerade darin liegt für Hare der Kern der Ungerechtigkeit: in der durch puren geografisch bedingten Zufall erzwungenen Gemeinschaft aller Bürger eines Wahlkreises, die die Minderheit dazu verdammt, mit der ihr fremden Mehrheit einen gemeinsamen Vertreter zu bestimmen. Die Lösung besteht daher in der Auflösung dieser erzwungenen Gemeinschaft durch Bildung von „constituencies by voluntary association" (ebd.: 23).

> It has been said that, in order to express the various opinions of those who form minorities, they should be permitted, not by dissent to impede the free action of the majority of the society or partnership with which the accidents of life, and the frame of our electoral system, has connected them; but, leaving all such free action of the majority untouched, to come out of that society or partnership, and form another

society and another partnership, with the members of which they entertain opinions in common. (ebd.)

Jeder Gruppe von Personen, deren Anzahl einen bestimmten Schwellenwert überschreitet, ist erlaubt, eine Art von „virtuellem Wahlkreis" zu bilden, in dem sie *einstimmig* (ebd.; Mill 1861/1998: 311) einen ihnen allen genehmen Kandidaten wählen können. „Every one of the electors would be personally identified with his representative, and the representative with his constituents." (Mill 1861/1998: 311) Der besagte Schwellenwert ist die schon erwähnte Quota. Im oben genannten Beispiel könnte sie z. B. 7.500 betragen.[3] Da die Anhänger von Partei ‚A' insgesamt 19.500 Wähler umfassen und die Anhängerschaft von ‚B' auf 10.500 Wähler kommt, gewinnt die Partei ‚A' insgesamt 2 Mandate, und ‚B' erhält eines. Hares Konzept von „voluntary constituencies" ist ebenso originell wie vielschichtig. Die Wähler bewegen sich in dem virtuellen Raum, bis sich genügend Gleichgesinnte an einem „Ort" versammelt haben, um dort einen eigenen Wahlkreis zu bilden. Um ein berühmtes Bild von Albert O. Hirschman (1970/1974) zu nehmen; die Wähler „wandern" aus Wahlkreisen ab, in denen sie von einer feindlichen Mehrheit umgeben sind, die ihnen kein Mitspracherecht einräumt, um sich an anderer Stelle diese Stimme durch die Neugründung eines virtuellen Wahlkreises wieder zu verschaffen. Da die virtuellen Wahlkreise fiktive Gebilde sind, sind die Kosten der Abwanderung zu vernachlässigen, sodass jeder seine echten Präferenzen ausdrücken kann. Die Opposition gründet so zwar nicht ihren eigenen Staat, aber doch zumindest ihre eigenen Wahlkreise. Dabei werden Hare und Mill nicht müde, darauf hinzuweisen, dass es sich dabei um eine „loyale Opposition" handelt, die auf diese Weise das Gemeinwohl fördern will. Die Rettung der ansonsten verlorenen und stummen Stimmen durch die Bildung der „freiwillig vereinten Wahlkreise" dient dem öffentlichen Wohl und verhindert den Schaden für das Gemeinwohl, indem sie garantiert, dass in den parlamentarischen Diskussions- und Entscheidungsprozess auch die Ansichten der Minorität einfließen (Hare 1859/1865: 11).

Die Repräsentationstheorie von Hare und Mill lässt sich also folgendermaßen zusammenfassen: Die Gesellschaft lässt sich in distinkte Gruppen teilen, wobei sich die Gruppen aufgrund des vorherrschenden Interesses oder einer spezifischen Kombination von Interessen, die ihre Mitglieder bei der Wahl ihrer Abgeordneten leiten, voneinander unterscheiden lassen. Die Repräsentation der Gesellschaft im Parlament ist dann angemessen, wenn jede dieser Gruppen im Parlament in einem Umfang vertreten ist, der proportional zur Größe der Gruppe selbst ist. Die Abbildung der Nation oder der Gesellschaft in ihre parlamentarischen Vertreter ist hierbei im Vergleich zum Statistical-

---

[3] Dieser Betrag ergibt sich, indem man die Gesamtzahl der Wählerschaft durch die um 1 erhöhte Anzahl der Mandate dividiert. Es handelt sich dabei nicht um die von Hare selbst vorgeschlagene Quota, sondern um die sogenannte *Droop-Quota*.

sampling-Modell sehr grob, da die Abbildung bewusst durchgeführt wird, wobei lediglich als einziger Strukturaspekt, der durch die Abbildung erhalten bleiben soll, das vorherrschende Interesse berücksichtigt wird. Um im Vergleich zum Statistical-sampling-Modell in der passenden Terminologie zu bleiben: Diese Form der Abbildung entspricht dann eher einer Art von sehr einfacher Quotenstichprobe als einer einfachen Zufallsstichprobe. Bei einer Quotenstichprobe werden anhand eines oder mehrerer vorgegebener Kategorisierungsmerkmale, wie z. B. Geschlecht oder Bildung, Zellen gebildet, die dann mit Fällen gefüllt werden, die die entsprechende Ausprägung des Merkmals oder der Merkmalskombination aufweisen, und zwar in einer solchen Anzahl, dass die relative Häufigkeit einer bestimmten Eigenschaftsausprägung in der Stichprobe der relativen Häufigkeit in der Grundgesamtheit entspricht. Allerdings kann bei Quotenstichproben eben nur hinsichtlich der Quotierungsmerkmale Repräsentativität der Stichproben garantiert werden. In Bezug auf Parlamentswahlen bedeutet dies: Wenn das die Wahl leitende vorherrschende Interesse nicht identisch mit dem ist, nach dem der Bürger die politischen Sachfragen während der Legislaturperiode von seinen Abgeordneten beurteilt sehen möchte, dann führt die auf das bei der Wahl aktuell vorherrschende Interesse fokussierte Wahlentscheidung zu einer zu engen Betrachtungsweise, die dem weiten Spielraum zukünftig zu treffender Entscheidungen unter Umständen nicht genügend Platz einräumt.

8.1.3 Wahrheitsurteile und Interessenurteile bei reproduktiver Repräsentation

Wenn es sich um eine Repräsentation im Sinne eines Ersatzes für direkte Demokratie handelt, d. h., wenn mithilfe des repräsentativen Entscheidungsprozesses der direkte lediglich nachgebildet, d. h. reproduziert werden soll, dann ändert sich in Bezug auf die Behandlung bestimmter Fragen, seien es nun Wahrheits- oder Interessenurteile, nichts Prinzipielles, da der Entscheidungsprozess genau so, wenn auch im verkleinerten Maßstab, abläuft. Die einzige Änderung ist also die, die durch die unterschiedliche Größe selbst bedingt ist. Selbst in einem mittelgroßen Stadtstaat wie Athen waren in den verschiedenen Räten und Versammlungen vermutlich mehrere tausend Personen versammelt, die an den Entscheidungen teilnahmen, während in repräsentativen Kammern eine Größe wie die des deutschen Bundestags mit ca. 600 Abgeordneten eher die obere Grenze markiert.

Condorcets Jury-Theorem geht von einem Problem der Wahrheitssuche aus. Dass es sich bei politischen Entscheidungen um genau solche handelt, die sich mit Wahrheitsfragen beschäftigen, also dass es dort darum geht, die „richtigen" Entscheidungen zu treffen, darin sind sich ansonsten so unterschiedliche Theoretiker wie Burke, Rousseau und Madison einig. Bei Edmund Burke ist es offensichtlich, dass er das Urteilsvermögen der Abgeordneten für ihre herausragende Eigenschaft und das Parlament für

8. Die repräsentative Demokratie

eine „deliberative" Versammlung einer Nation mit einem Interesse hielt (Burke 1774/1999: 11 f.). Rousseau und Madison gehen von einem objektiven Gemeinwohl aus, das sich am zuverlässigsten bestimmen lässt, wenn die subjektiven Interessen beim Urteilsprozess weitestgehend ausgeschaltet bleiben. Die partikularen Interessen sind nichts anderes als die Vorurteile und voreingenommenen Sichtweisen, von denen man sich erst befreien muss, wenn man möglichst unbefangen an die Suche nach der Wahrheit gehen will. Geht man weiterhin vom Burke'schen Ideal des freien und ungebundenen Abgeordneten aus, dann kann man auch Condorcets Forderung als erfüllt ansehen, dass alle Abgeordneten zu einem unabhängigen Urteil gelangen. Der einzige Nachteil der repräsentativen Entscheidungsfindung gegenüber der der direkten Demokratie bestände in der geringeren Zahl der Entscheidenden und somit in der geringeren Wahrscheinlichkeit, dass sie durch einen Mehrheitsbeschluss zum richtigen Urteil gelangen. Allerdings wurde weiter oben gezeigt, dass die Wahrscheinlichkeiten relativ schnell gegen 1 konvergieren, d. h., es ist in der Praxis meistens so gut wie ohne Bedeutung, ob eine Mehrheitsentscheidung von 200 oder von 2.000 Menschen getroffen wird, da sie in nahezu allen Fällen zum gleichen Urteil gelangen werden.

Doch diese eben geschilderten Bedingungen sind heutzutage kaum erfüllt, und es gibt berechtigte Zweifel, dass sie es zu Zeiten Burkes gewesen sein könnten. Abgeordnete sind kaum unabhängig in ihren Entscheidungen, vielmehr sind sie dem Fraktionszwang unterworfen, durch den im Ergebnis die Entscheidungen aller Mitglieder einer Fraktion auf eine gemeinsame Linie gebracht werden. Die Anzahl der unabhängig Urteilenden ist dann aber nur noch die Anzahl der Fraktionen im Parlament. Der Vorteil der großen Zahl wird also dadurch unterminiert, dass eine Vielzahl der Entscheidungen stark miteinander korreliert; damit aber sinkt der Vorteil einer Mehrheitsentscheidung gegenüber einer Einzelmeinung gewaltig. Folgerichtig interpretieren Grofman und Feld (1988) daher die Forderung Rousseaus, dass die Entscheidungen getroffen werden sollen, ohne sich zuvor darüber zu beraten, in diesem Sinn, dass dadurch die Anzahl der Entscheidenden möglichst hoch gehalten werden soll. So merkwürdig diese Forderung aus heutiger Sicht erscheinen mag, so hat sie ihre Berechtigung, wenn wir Debatten nicht immer ausschließlich als einen Überzeugungsprozess zur besseren Meinung hin sehen, sondern durchaus auch als Manipulationsinstrumente mächtiger Debattenteilnehmer. Genau so hat Rousseau Debatten wohl wahrgenommen, er fürchtete den Effekt der Überredung mehr, als er den der Überzeugung schätzte. Rousseau glaubte daher, dass die Rolle der Formulierung der Gesetze von einem sogenannten *Legislateur* übernommen werden sollte, einem unabhängigen Geist, der die Funktion eines unparteiischen Schiedsrichters übernimmt. Der Legislateur sollte dabei, damit er nicht von Eigeninteressen kontaminiert ist, eine Person sein, die selbst nicht zur Gemeinschaft gehört, sondern von außen kommt.

Da allgemein davon ausgegangen wird, dass der Fraktionszwang auf Listenabgeordnete stärker wirkt als auf direkt gewählte Abgeordnete, heißt dies, dass ein Verhältniswahlsystem in der Regel die Entstehung eines starken Fraktionszwangs fördert, womit auch die Rolle der Parteien entsprechend aufgewertet wird. Da ein Mehrheitswahlsystem eine größere Unabhängigkeit der Abgeordneten begünstigt, müsste es demnach nach dem Condorcet'schen Jury-Kriterium das geeignetere System sein, um eine richtige Entscheidung in der repräsentativen Körperschaft hervorzubringen. Andererseits lassen sich auch Proportionalwahlsysteme vorstellen, bei denen die Abgeordneten direkt vom Volk gewählt werden und die Rolle der Parteien eher gering ist. Beim STV-System einer Verhältniswahl wäre das ja ebenfalls der Fall.

Ist das Ziel der reproduktiven Repräsentation das des Ausgleichs von Interessen, nicht in dem Sinn, dass es ein objektives Gesamtinteresse gibt, das von allen verfolgt werden muss, sondern in dem Sinn, dass jede Person mit ihrem Interesse und den ihr zur Verfügung stehenden Ressourcen ihr bestmögliches Ergebnis zu erlangen versuchen wird, sodass das Ergebnis letztlich das Resultat eines Aushandlungsprozesses darstellt, dann ist es wichtig, dass *alle* Interessen in diesen Verhandlungs- und Austauschprozess eingehen. Das heißt, selbst wenn in einem bestimmten Gremium dann die Mehrheitsregel entscheidet, so sollte vor der Entscheidung jedes Interesse zumindest eine Stimme gehabt haben, um überhaupt die Chance zu haben, auf die Entscheidung Einfluss ausüben zu können. Hier geht es vor allem um das Ideal politischer Gleichheit. Je inklusiver daher die Entscheidungsregel, desto fairer ist das Ergebnis. Unter diesem Gesichtspunkt aber ist die Verhältniswahl das eindeutig überlegene System, da hier sowohl in den Aushandlungsprozess als auch in die Entscheidungsphase mehr Interessen eingehen, als dies bei einem Mehrheitswahlsystem der Fall ist.

8.2 Repräsentation als beste Lösung

Repräsentation wird allerdings nicht immer als nur bestmöglicher Ersatz für das eigentliche Ideal der direkten Demokratie gesehen, sondern die Entscheidungsfindung in einem repräsentativen System wird der in einer direkten Demokratie sogar des Öfteren explizit vorgezogen.

Um diese Aspekte zu diskutieren, ist es hilfreich, sich noch einmal klarzumachen, was der wesentliche Grund für Rousseau war, die allgemeine Partizipation der Bürger an der Gesetzgebung zu fordern. Es geht um Legitimation, die Rousseaus Ansicht nach nur gesichert werden kann, wenn die Bürger unter Gesetzen leben, die sie sich auch selbst gegeben haben. Diese Gesetze sollen die *volonté générale*, den Gemeinwillen, ausdrücken. Diese ist objektiv in dem Sinn, dass jeder zu demselben Ergebnis gelangen sollte, soweit er sich von den seine Urteilskraft trübenden Faktoren befreien kann (zu denen

8. Die repräsentative Demokratie

nicht zuletzt die Einzelwillen, die *volontés particulières*, gehören). Idealerweise kommt das Ergebnis also einstimmig zustande, und Rousseau weist in der Tat auch darauf hin, dass wir, je stärker sich das Ergebnis der Einstimmigkeit nähert, desto sicherer sein können, dass damit der Gemeinwille verwirklicht wird. Je stärker die Ansichten variieren, desto größer die Wahrscheinlichkeit, dass die Einzelwillen das Ergebnis verunreinigen. Im Prinzip kann sogar ein Einzelner also den Gemeinwillen korrekt identifizieren, der Legislateur übernimmt ja in gewisser Weise diese Funktion. Das heißt, die den Gemeinwillen repräsentierende Lösung kann von einer einzigen Person gefunden werden, wichtig ist nur, dass sie dann von allen bestätigt wird, wobei dann auch eine Mehrheitsentscheidung die Interessen „aller" immer noch mit der größten Wahrscheinlichkeit auf den Punkt bringt. Wir benötigen also, abgesehen von der Legitimationsfunktion, keineswegs die allgemeine Partizipation aller Bürger für die Beschlüsse über die Gesetze.

Denn auch der mit der allgemeinen Partizipation ermittelte Wille kann der „falsche" sein, d. h., er entspricht nicht dem Gemeinwillen. Wenn wir nun also eine repräsentative Demokratie in Bezug auf das Ergebnis rechtfertigen wollen, dann soll die repräsentative Versammlung nicht einfach den Willen reproduzieren, den die Gesamtheit realiter hervorbringen würde, sondern sie soll den „wahren" Willen ausdrücken, den die Gesamtheit eben ausgedrückt hätte, wenn sie den Gemeinwillen korrekt identifiziert hätte. Es kann aber durchaus sein, dass eine kleinere Anzahl von Personen mit größerer Wahrscheinlichkeit die Wahrheit korrekt identifiziert als eine größere Gruppe, weil wir in der Bevölkerung eine hohe Varianz der Urteilskraft haben, d. h., nach der Logik des Condorcet-Jury-Theorems gibt es Personen, die die Wahrheit mit einer sehr hohen Trefferwahrscheinlichkeit finden, und andere, die sie nur mit einer deutlich niedrigeren Wahrscheinlichkeit finden. Soweit diese Trefferwahrscheinlichkeiten allerdings fix wären, d. h. von Natur gegeben und unveränderlich, würde immer noch gelten, dass sich die Wahrscheinlichkeit, mit der die Gruppe als Ganzes das richtige Urteil fällt, jedes Mal erhöht, wenn eine weitere Person dazukommt, solange diese Person mit einer Wahrscheinlichkeit von größer 0,5 die richtige Lösung befürwortet. Eine kleinere Gruppe kann also aus den folgenden Gründen bessere Ergebnisse produzieren als eine größere bzw. die größere Gruppe schlechtere als die kleinere:

- Wenn alle abstimmen, sind auch viele unter den Abstimmenden, die tatsächlich mit einer Wahrscheinlichkeit von weniger als 0,5 die Wahrheit erkennen. Da dies bedeutet, dass sie schlechter abschneiden als der Wurf einer Münze, müssen sie systematisch das Falsche wählen, z. B. aufgrund religiöser Verblendung oder weil sie Vorurteilen und Theorien glauben, die sie dazu bringen, die Welt um sie herum nicht korrekt wahrzunehmen. Je mehr solcher systematisch „falsch" Abstimmenden es in der Gruppe gibt, desto niedriger die Wahrscheinlichkeit, mit der die Mehrheit zum korrekten Urteil kommt.

- Wenn alle abstimmen, dann nehmen vielleicht diejenigen mit der höheren Urteilskraft nicht mehr alle teil, d. h., es kommt zu einem Selektionseffekt, sodass die Übriggebliebenen tendenziell diejenigen mit schlechterer Urteilskraft sind und die Gruppe als Ganzes mit einer niedrigeren Wahrscheinlichkeit das richtige Urteil fällt, als wenn nur diejenigen mit der höheren Urteilskraft allein abgestimmt hätten, die aber jetzt gar nicht mehr alle dabei sind.
- Es ist möglich, das Urteilsvermögen durch Training oder einfach durch Wissen und Information zu verbessern. Dies ist aber ein sehr kostenintensiver Prozess, der nicht für alle geleistet werden kann. Ein solches Training der Urteilskraft lässt sich effektiv nur für eine kleine Auswahl durchführen.

Im nächsten Abschnitt soll der letztgenannte Grund noch einmal vertieft behandelt werden.

8.2.1 Der Vorteil der Auswahl

Die repräsentative Staatsform wird der direkten unter anderem vorgezogen, weil die Ansicht besteht, bei den Abgeordneten handele es sich um eine Art von „natürlicher Aristokratie", die den Durchschnittsbürgern an Urteilskraft und moralischen Fähigkeiten überlegen ist. Der Begriff der „natürlichen Aristokratie" wird vor allem auf Thomas Jefferson zurückgeführt, aber er findet sich auch bei anderen wichtigen Theoretikern seiner Zeit.

Auch Verteidiger der repräsentativen Demokratie wie Edmund Burke, die das Mandat im Sinne von Locke als eine Treuhänderschaft verstehen, heben daher nicht einfach auf die Unabhängigkeit der Abgeordneten ab, sondern eben auf ihr besseres Urteilsvermögen, wie es Burke anlässlich seiner Wahl zu einem der beiden Abgeordneten von Bristol gegenüber den Bürgern seines Wahlkreises ausgedrückt hat:

> Certainly, Gentlemen, it ought to be the happiness and glory of a Representative, to live in the strictest union, the closest correspondence, and the most unreserved communication with his constituents. Their wishes ought to have great weight with him; their opinion high respect; their business unremitted attention. It is his duty to sacrifice his repose, his pleasures, his satisfactions, to theirs; and, above all, ever, and in all cases, to prefer their interests to his own. But, his unbiassed opinion, his mature judgement, his enlightened conscience, he ought not to sacrifice to you; to any man, or to any sett of men living. These he does not derive from your pleasure; no, nor from the Law and the Constitution. They are a trust from Providence, for the abuse of which he is deeply answerable. Your Representative owes you, not his industry only, but his

judgement; and he betrays, instead of serving you, if he sacrifices it to your opinion.[4] (Burke 1774/1999: 10 f.)

Der Abgeordnete ist also verpflichtet, die Interessen der Bürger zu repräsentieren, diese müssen aber nicht unbedingt das sein, was die Bürger selbst als solche wahrnehmen. Ihre bloßen Meinungen („opinions") sind daher weniger zu berücksichtigen, vielmehr zählt das kompetente Urteil des Abgeordneten. Auch Madisons berühmte Passage in den *Federalist Papers* drückt diese Überlegenheit des Abgeordneten gegenüber den von ihm Repräsentierten aus. Er spricht von einer „Verfeinerung" der Abgeordneten, „whose wisdom may best discern the true interest of their country, and whose patriotism and love of justice, will be least likely to sacrifice it to temporary or partial considerations" (Hamilton et al. 1788/1982: 46 f.).

Während solche Ansichten im Zusammenhang mit dem Konzept des freien Mandats und der Wahl von Mandatsträgern in einem Wahlkreis nach Mehrheitswahl aus naheliegenden Gründen nicht unerwartet auftreten, ist es auf den ersten Blick eher überraschend, dass auch Befürworter der Verhältniswahl wie Hare und mehr noch Mill gerade auch hierin einen Vorteil des Verhältniswahlsystems sahen. Ihrer Ansicht nach gewährleistet die Methode von Hare, dass die Qualität der Abgeordneten verbessert wird.

> Of all modes in which a national representation can possibly be constituted, this one affords the best security for the intellectual qualifications desirable in the representatives. [...] On Mr. Hare's system, those who did not like the local candidates, or who could not succeed in carrying the local candidate they preferred, would have the power to fill up their voting papers by a selection from all the persons of national reputation, on the list of candidates, with whose general political principles they were in sympathy. Almost every person, therefore, who had made himself in any way honourably distinguished, though devoid of local influence, and having sworn allegiance to no political party, would have a fair chance of making up the quota; and with this encouragement such persons might be expected to offer themselves, in numbers hitherto undreamt of. [...] In no other way which it seems possible to suggest, would Parliament be so certain of containing the very élite of the country. (Mill 1861/1998: 311 f.)

Dieses Argument gilt jedoch nur für die STV-Form der Proportionalwahl, hingegen nicht für die Verhältniswahl mit Parteilisten.

8.2.2 Der Vorteil des erworbenen Expertentums

Aber selbst wenn man annimmt, dass Abgeordnete ursprünglich nicht mit einer besseren Urteilskraft ausgestattet waren als ihre Wähler, so gibt es doch

---

[4] Dass eine solche Haltung nicht ganz ohne Risiko ist und dass seine Einstellungen zu Konflikten zwischen ihm und den Bürgern seines Wahlkreises führen könnten, sah Burke selbst durchaus: „Perhaps I may give you too much, rather than too little trouble." (Burke 1774/1999: 12) Tatsächlich brachte Burke durch sein Eintreten für die Aufhebung von Handelsschranken gegenüber Irland die einflussreichen Kaufleute von Bristol gegen sich auf und verzichtete 1780 auf eine erneute Kandidatur in Bristol.

gute Gründe, davon auszugehen, dass sie durch ihren Abgeordnetenstatus in dieser Hinsicht eine gewisse Überlegenheit erlangen. Eine der wesentlichen Erkenntnisse des modernen Klassikers *An Economic Theory of Democracy* von Anthony Downs (1957) z. B. war die Tatsache, dass es von Wählern rational sei, in Bezug auf politische Fragen ignorant zu sein. Angeregt wurde diese Vermutung ebenfalls von Joseph Schumpeter (1942/1993), dem aufgefallen war, dass Bürger wesentlich weniger Mühe darauf verwenden, die Qualität von Regierungsprogrammen zu überprüfen als die von täglich benötigten Konsumgütern. Auf dem „politischen Markt" entscheiden die Bürger nicht ausschließlich über die Handlungen, von deren Konsequenzen sie betroffen sind, während sie allein darüber entscheiden, ob sie bestimmte Konsumgüter kaufen wollen oder nicht. Um Informationskosten zu sparen, verwendet der Bürger bei seiner Wahlentscheidung daher grobe *Heuristiken*. Wenn jedoch nur noch relativ wenige die politischen Entscheidungen treffen, wie es im repräsentativen System der Fall ist, dann sind die Grenznutzen der Informiertheit wesentlich höher, und die Suche nach Informationen und deren Verwertung sind rational. Da aber unter Bereitstellung von Informationen getroffene Entscheidungen besser sind als solche, die ohne Informationen stattfinden, und ein repräsentatives System dazu führt, dass Entscheidungen auf einer besseren Informationsgrundlage gefällt werden, sind auch die Entscheidungen im repräsentativen System besser.

In dieselbe Richtung zielt ein Argument, welches besagt, dass Entscheidungen, die nach ausgiebiger Diskussion gefällt werden, informierter und daher besser sind. Im Gegensatz zu Rousseau und Condorcet gefährden nach dieser Ansicht Debatten und Diskussionen nicht die Wahrheitssuche bzw. die Wahrheitsfindung, sondern sie sind das unerlässliche und unverzichtbare Mittel hierzu (Habermas 1992; Dryzek 2000). Wichtig für die Fruchtbarkeit solcher Diskussion ist, dass alle Interessen und Ansichten vertreten werden. Dabei müssen Interessen nicht zwangsläufig von denjenigen vertreten werden, die sie selber haben, vielmehr lässt sich eine Art von „virtueller Beteiligung" vorstellen, bei der auch die Interessen Nichtanwesender durch Anwesende vertreten werden, die die Interessen der ersten Gruppen automatisch mitvertreten, da ihre eigenen Interessen mit diesen verbunden sind.[5] Dennoch ist die einzige sichere Gewährleistung, dass die Interessen der Betroffenen so eingebracht werden, wie sie die Betroffenen selbst sehen, wenn die Betroffenen diese Interessen auch selbst formulieren und so in den Ent-

---

5 In diesem Sinne argumentierte pikanterweise der Vater des Vorkämpfers für das Frauenwahlrecht John Stuart Mill, James Mill, dass das Wahlrecht von Frauen überflüssig sei, da ihre Interessen ja durch ihre Väter und ihre Ehemänner vertreten würden (Colomer 2001: 32f.). Der Begriff der „virtuellen Beteiligung" (virtual suffrage) sollte daher nicht mit dem der „virtuellen Repräsentation" von Burke verwechselt werden. Um virtuelle Repräsentation handelt es sich, wenn die Interessen Nichtanwesender durch Anwesende vertreten werden, deren Interessen *identisch* mit der ersten Gruppe sind.

8. Die repräsentative Demokratie

scheidungsprozess miteinbringen können.[6] Die von der Politik Betroffenen sind also selbst anwesend bei den Entscheidungen, deren Konsequenzen sie zu tragen haben; dies führt zu einer *Politics of Presence* (Phillips 1995). Dies entspricht auch weitgehend der Position, wie sie schon von John Stuart Mill vertreten wurde: „[...] the rights and interests of every or any person are only secure from being disregarded, when the person interested is himself able, and habitually disposed, to stand up for them" (Mill 1861/1998: 245). Da die Verhältniswahl von John Stuart Mill nun gerade deswegen vorgeschlagen wurde, um die Repräsentation jeder Gruppierung der Bevölkerung zu gewährleisten, sollte erwartet werden, dass diese Gruppen in Verhältniswahlsystemen besser repräsentiert werden.

Man sollte sich aber immer vergegenwärtigen, dass das Argument von Mill für die Verhältniswahl nicht bedeutet, dass ein in dieser Hinsicht repräsentatives Parlament die besten Entscheidungen hervorbringt, weil es eine korrekte, d. h. spiegelbildliche Abbildung der Machtverhältnisse in der Realität ist. Es geht eben gerade nicht um Aushandlungsprozesse zwischen diesen verschiedenen Gruppen, bei denen jede Gruppe ihr jeweils spezifisches Interesse so stark wie möglich durchzubringen versucht. Stattdessen sind *alle* Abgeordneten verpflichtet, die objektiv beste Lösung im Sinne des Gemeinwohls zu finden. Aber die Verhältniswahl garantiert aus Sicht von Mill, dass die Interessen aller Gruppen und Minderheiten, die würdig sind, berücksichtigt zu werden, auch wahrgenommen werden, weil sie durch ihre Vertreter im Parlament sichtbar gemacht werden. Der Vorteil der Repräsentation von Minderheiten im Parlament bei der Verhältniswahl besteht also nicht darin, dass sie nun die Macht hätten, Entscheidungen in ihrem Sinn zu beeinflussen, sondern darin, dass sie die Möglichkeit haben, ihre Interessen öffentlich zu artikulieren, sodass sie dann von *allen* vernünftigen Abgeordneten in angemessener Weise berücksichtigt werden können.

8.2.3 Der Vorteil des mangelnden Einflusses des Wählers

Ein weiterer Vorteil des repräsentativen Systems besteht paradoxerweise in der Einflusslosigkeit der Wähler. Diese wissen, dass sie annähernd mit Sicherheit selber keinen Einfluss auf das Ergebnis der Wahl ausüben, da die Wahrscheinlichkeit, dass sie mit ihrer Stimme den Wahlausgang entscheiden könnten, so gut wie null ist (Chamberlain/Rothschild 1981). Demzufolge müssten sich rationale Wähler, die die Kosten einer Wahlteilnahme mit den erwarteten Nutzen verrechnen, der Wahl enthalten (Riker/Ordeshook 1968). Die Beobachtung, dass die Wahlbeteiligung dennoch in jeder Demokratie beträchtlich höher liegt – auch „niedrige" Wahlbeteiligungen von ca. 50 Pro-

---

[6] Ausgenommen sind hierbei natürlich die Fälle, in denen Betroffenen nicht die Fähigkeit zugeschrieben wird, ihr eigenes Interesse erkennen zu können, wie z. B. im Falle von geistig Behinderten oder Kindern.

zent sind, verglichen mit den erwarteten, überaus hoch –, ist ein weiteres berühmtes Ergebnis aus Downs' *Economic Theory of Democracy*, das in die Geschichte der Wahlforschung als das *Paradox des Wählens* (vgl. Grofman 1995; Meehl 1977) eingegangen ist.

Bürger, die sich bei ihrer Wahlteilnahme von sogenannten „expressiven" Nutzenerwägungen leiten lassen, gehen wählen, weil sie die Teilnahme für ihre Pflicht als gute Staatsbürger halten. Durch die Fokussierung auf die Elemente des expressiven Nutzens bei der Wahlentscheidung gelangen jedoch die Dimensionen der Bewertung von Politik ins Blickfeld des Wählers, die eher seinen ideellen Überzeugungen als seinen engen egoistischen Interessen entsprechen (Brennan/Hamlin 2000). Der Wähler nutzt die Gelegenheit, in einer „Niedrigkostensituation" seine Entscheidung entsprechend seinen *moralischen Präferenzen* zu treffen (Aldrich 1993, 1997). Man kann es auch so ausdrücken: Die Größe des Staates in einem repräsentativen System und damit der gegen null tendierende Einfluss, den ein Bürger durch seine Wahlentscheidung auf das Ergebnis nimmt, läutert ihn in dem Sinne, dass er bei seiner Wahlentscheidung weitgehend von seinen partikularen Interessen abweicht und sich stattdessen von Gemeinwohlüberlegungen leiten lässt.

Literatur zur Einführung

Behnke, Joachim (2007): Das Wahlsystem der Bundesrepublik Deutschland. Logik, Technik und Praxis der Verhältniswahl. Baden-Baden: Nomos, Kap. 7.

Pitkin, Hanna Fenichel (1967): The Concept of Representation. Berkeley: University of California Press.

Swift, Adam (2006): Political Philosophy: A Beginners' Guide for Students and Politicians. Cambridge: Polity Press, Part 5.

Weiterführende Literatur

Estlund, David M. (2008): Democratic Authority. A Philosophical Framework. Princeton, New Jersey: Princeton University Press.

Urbinati, Nadia (2006): Representative Democracy: Principles and Genealogy. Chicago: University of Chicago Press.

9. Der Schutz der Freiheit vor dem Mehrheitsprinzip: John Stuart Mill

In der Politischen Philosophie geht es, wie am Anfang dieses Buches dargestellt wurde, in erster Linie um die Legitimation von Herrschaft. Etwas konkreter geht es um die Zulässigkeit von Handlungen, die im Rahmen einer legitimierten Herrschaft ausgeübt werden. Denn diese Handlungsbefugnisse müssen naturgemäß beschränkt sein, wenn man nicht einer absoluten, unbeschränkten Herrschaft das Wort reden will. Für eine solche unbeschränkte Herrschaftsgewalt setzte sich zwar Hobbes prominent ein, aber mit dieser Haltung befindet er sich in einer doch eher einsamen Position auf dem großen weiten Flur der Politischen Philosophie.

Am einfachsten wäre es in gewisser Weise, wir würden grundsätzlich nur Handlungen unternehmen, die die Zustimmung aller finden, sodass diese Handlungen also selbst unmittelbar mit Einstimmigkeit gebilligt würden. Wenn Handlungen aber mit Interessen zu tun haben und nicht alle Interessen aller Menschen miteinander kompatibel sind, muss es zu Konfliktsituationen kommen, in denen das, was manche gerne tun würden, andere gerne verhindern würden. Wir benötigen also Regeln, die diese Konflikte zwar nicht lösen – denn der Konflikt an sich ist wegen der Unvereinbarkeit der Interessen logisch unlösbar –, aber in berechenbare Bahnen steuern, indem sie festlegen, was erlaubt und was verboten ist. Jede Freiheit benötigt zuerst einmal Verbote, um die Freiheit in dem ihr zugestandenen Raum ausleben zu können. Das hat nichts mit Rousseaus „Zwang zur Freiheit" zu tun, die man treffender wohl als „Diktatur zur Einförmigkeit" charakterisieren könnte, sondern ist eine logische Notwendigkeit, da jede Freiheit immer darin besteht, anderen bestimmte Formen der Intervention zu verbieten. Nichts könnte also falscher sein, als die Idee des Liberalismus darauf zu verkürzen, dass er grundsätzlich gegen Verbote sei, oder auch nur, dass er deren Anzahl zu minimieren versuche. „Alles, was das Dasein für jeden von uns lebenswert macht, hängt davon ab, dass man die Beschränkung der Tätigkeit anderer durchsetzt. Gewisse Verhaltensmaßregeln müssen daher auferlegt werden, vor allem durch das Gesetz; in manchen Dingen, die keine geeigneten Objekte der Gesetzgebung sind, durch die öffentliche Meinung." (Mill 1859/2010: 12 f.) Allerdings dürfen diese Verbote nicht willkürlich sein, d. h., sie dürfen nicht übergriffig werden und die Freiheit auf eine Weise beschränken, die nicht sinnvoll ist und nicht gerechtfertigt werden kann. John Stuart Mills 1859 erschienene Schrift *On Liberty* (Über die Freiheit) formuliert nun die Beschränkungen, denen diese Verbote seiner Ansicht nach unterliegen sollten, also die Bedingungen und Erfordernisse, denen sie genügen müssen. Dabei fokussiert er allerdings nicht nur auf die vom Staat per Gesetz erlassenen Verbote, in der Tradition von Wilhelm von Humboldts Klassiker des Liberalismus *Ideen zu einem Versuch, die Grenzen der Wirksamkeit des Staates zu bestimmen*, sondern genauso auf die „moralischen", von der Gesellschaft auferlegten Gebote, die durch Mittel der sozialen Ächtung und Ausgrenzung, also durch die öffentliche Meinung, umgesetzt werden. Mills Anspruch besteht darin, ein übergeordnetes Prinzip zu formulieren, mit dessen Hilfe die zulässigen Grenzen der Gesetze und gesellschaftlichen Gebote eindeutig gezogen werden können. Dieses Prinzip meint er mit seinem sogenannten „Harm-Principle" gefunden zu haben. Für dessen Begründung muss allerdings etwas weiter ausgeholt werden, sie kann nur in mehreren Schritten erfolgen.

9.1 Das Risiko der „Tyrannei der Mehrheit"

Die Freiheit ist schon immer gefährdet. Dabei beschreibt Mill den historischen Prozess so, dass es in den politischen Theorien des Staates ursprünglich um die Verteidigung der Freiheit vor einem übergriffigen Staat ging, der als Feind gesehen wurde. „Unter Freiheit verstand man den Schutz der Freiheit vor der Tyrannei der politischen Herrscher." (Mill 1859/2010: 7) Seine Skepsis gegenüber den bekannten „Lösungen" drückt Mill dabei in den folgenden Sätzen deutlich aus:

> Um die schwächeren Glieder der Gemeinschaft davor zu schützen, von unzähligen Geiern aufgefressen zu werden, war es notwendig, dass es ein Raubtier gab, das stärker als die übrigen war und das den Auftrag hatte, jene niederzuhalten. Aber da der König der Geier nicht weniger darauf ausgehen würde, die Herde zu berauben, als einer der kleineren Raubvögel, war es unumgänglich, in einer dauernden Verteidigungsstellung gegen seinen Schnabel und seine Klauen zu verharren. Daher war es das Ziel der Patrioten, Grenzen zu setzen gegen die Macht, welche der Herrscher erlaubterweise über die Gemeinschaft ausübte [...] (ebd.: 8).

Erinnert die bildliche Metapher des „Königs der Geier" als das Raubtier, das die Geier in Schach zu halten vermag, sehr an Hobbes bzw. an Lockes sarkastische Kritik desselben, dass sich bei ihm die Menschen, um sich vor Mardern und Füchsen zu schützen, der Willkür eines Löwen aussetzten (siehe Kap. 5.5), so zielt Mills Beschreibung doch im Wesentlichen offensichtlich eher auf Lockes Agency-Vertrag, bei dem die Bürger Sicherheitsmaßnahmen gegen den Machtmissbrauch des Herrschers vornehmen. Dabei spielen für Mill zwei Mechanismen eine herausragende Rolle: zum einen die Einführung von Privilegien, „die man politische Freiheiten oder Rechte nannte" (ebd.), und zum anderen bestimmte Zustimmungsrechte des Volkes bzw. der Körperschaft, die das Volk vertritt, zu bestimmten Maßnahmen des Herrschers.

Dass es nicht mehr nötig sei, solche Schutzvorkehrungen vorzunehmen, wenn das Volk selbst die Herrschaft ausübt, ist nach Mill eine verhängnisvolle und irrige Vorstellung, die nur so lange Bestand haben konnte, wie sie sich nicht dem Test der Realität stellen musste. Denn das Volk übt in der konkreten Realität die Herrschaft niemals als einheitlicher Körper aus – eine offensichtliche Abgrenzung zu Rousseau.

> Das Volk, welches die Macht ausübt, ist nicht immer dasselbe Volk wie das, über welches sie ausgeübt wird, und die „Selbstregierung", von der geredet wird, ist nicht die Regierung jedes Einzelnen über sich selbst, sondern jedes Einzelnen durch alle Übrigen. Überdies bedeutet der Wille des Volkes praktisch den Willen des zahlreichsten oder des aktivsten seiner *Teile*, nämlich der Mehrheit oder derjenigen, denen es gelingt, sich als die Mehrheit anerkennen zu lassen. Das Volk *kann* infolgedessen beabsichtigen, einen Teil der Gesamtheit zu bedrücken, und Vorsichtsmaßnahmen dagegen sind ebenso geboten wie gegen jeden anderen Missbrauch der Gewalt. (ebd.: 11)

Als besonderes Problem ergibt sich nun allerdings, dass die Schutzvorkehrungen, die sich als effizient gegen tyrannische Herrscher erwiesen haben, sich nicht mehr als tauglich erweisen, wenn das Volk selbst die Herrschaft ausübt. Denn hier geht es nicht mehr um einen Schutz vor dem Feind, also einem Anderen, sondern um den Schutz vor einem Teil von sich selbst. Es müssen daher andere Mechanismen gesucht und gefunden werden.

Wo Einstimmigkeit herrscht, kann niemandem Unrecht zugefügt werden, denn es kann ja nie dazu kommen, dass eine Maßnahme beschlossen wird, bei der jemand bevorzugen würde, dass sie nicht ausgeführt würde, denn dann hätte er ihr erst gar nicht zugestimmt. Wegen des allgegenwärtigen Konfliktpotenzials von gewöhnlichen Handlungen im Alltag kann das Einstimmigkeitsprinzip nur auf einer Ebene gelten, die von den Alltagssituationen derart abstrahiert, dass niemand der Entscheidenden mehr die Konsequenzen für konkrete Situationen vorhersehen kann, sondern nur noch diejenigen Konsequenzen, die sich im Mittel für bestimmte Typen von Handlungen ergeben. Nicht einmal für Gesetze, also für die Abstraktion von konkreten Handlungen zu Handlungsregeln, kann das Einstimmigkeitsprinzip angewandt werden, weil die Konsequenzen noch nicht genügend verschleiert sind. Erst für die Regeln zur Erlassung von Regeln, also auf der zweiten Metaebene, ist die Bedingung der hinreichenden Abstraktion erfüllt. Konkret handelt es sich also um Regeln zweiter Ordnung, wie Regeln erster Ordnung (die Gesetze) erlassen werden. Bei diesen Regeln zweiter Ordnung handelt es sich demnach um die Verfassung eines Gemeinwesens, also letztlich um den Inhalt der Gesellschaftsverträge bzw. um das, was Inhalt eines Gesellschaftsvertrags sein sollte.

Für den Abschluss dieses Vertrags ist diese Einstimmigkeit oder zumindest eine Fiktion von Einstimmigkeit nicht nur möglich, sondern sie ist aus den in Kapitel 1.3 genannten Gründen der Legitimation auch nötig. In dieser Hinsicht sind sich alle Vertragstheoretiker einig. Für die Praxis der Gesetzgebung aber ist dieses Erfordernis offensichtlich untauglich. Wäre wirklich die Zustimmung jedes einzelnen Mitglieds der Gesellschaft erforderlich, käme es wohl zu gar keinen Entscheidungen mehr, denn jeder Einzelne besäße ein Vetorecht. Dies mag für einzelne herausgehobene Personen sinnvoll sein, wie z. B. den amerikanischen Präsidenten im System der *Checks and Balances*, wie es von Madison erdacht worden ist, aber dafür bräuchte eine solche

Person wiederum eine ganz spezifische Legitimation. Hat jeder einzelne normale Bürger ein Vetorecht, kann er entweder jedes ihm unliebsame Gesetz verhindern oder sich seine Zustimmung von den anderen, die vom Gesetz profitieren würden, teuer erkaufen lassen. Jeder Einzelne würde so zum potenziellen Erpresser der Gesamtheit, dessen Einzelwillen jede noch so sehr am Gemeinwohl orientierte Entscheidung unterminieren könnte. Hätte man Marie Antoinette um Erlaubnis fragen müssen, hätte die Französische Revolution nicht stattfinden können, wie Amartya Sen dieses Dilemma einmal treffend auf den Punkt gebracht hat (1970b: 25).

Für die Praxis sind daher Mehrheitsregeln – ob sie nun einfache oder qualifizierte Mehrheiten verlangen – unerlässlich. Sie werden in den einstimmig verabschiedeten Verfassungen festgelegt und erhalten daher ihre Legitimität als abgeleitete Legitimität aus der Verfassung, denn unmittelbare Legitimität kann nur durch Einstimmigkeit entstehen. Damit sind wir aber wieder bei dem Grundproblem demokratischer Entscheidungsfindung angelangt, dass eine Mehrheitsregel immer bedeutet, dass ein Teil der Gemeinschaft überstimmt werden muss und der politische Beschluss gegen dessen ausdrücklichen Willen durchgeführt wird. Der überstimmten Minderheit wird also etwas verboten, was sie eigentlich gerne tun wollen würde, oder sie wird zu etwas gezwungen, was sie gerne unterlassen würde. Wie im sechsten Kapitel ausgeführt, kann es unter bestimmten Bedingungen dennoch im wohlverstandenen Interesse eines einzelnen Mitglieds der Gesellschaft sein, der Mehrheitsregel als Regel zuzustimmen. Die wichtigste dieser Bedingungen war dort die von rotierenden Mehrheiten, d. h. von sich ständig neu zusammensetzenden, voneinander unabhängigen Mehrheiten. In der Realität liegt diese Bedingung aber häufig nicht vor.[1] Wären wir also auf eine permanente Neudurchmischung der Regierungsparteien angewiesen, um diesen Legitimität zuzusprechen, hätten wir schlechte Karten. Wie können wir dann sicherstellen, dass es zu keinem Missbrauch der Macht der Mehrheit

---

1 1998 sah Jürgen Habermas in der Wahl der neuen Regierung von SPD und Grünen eine Bestätigung dessen, dass die deutsche Demokratie nun ihren Reifetest bestanden habe, denn 1998 war es zum ersten Mal in der Geschichte der Bundesrepublik Deutschland der Fall, dass die Parteien, die die neue Regierungskoalition bildeten, sämtlich aus der Opposition stammten. Tatsächlich ist dies auch ein Vierteljahrhundert später weiterhin der einzige Fall, in dem es nach einer Bundestagswahl zu einem totalen Wechsel bei den Regierungsparteien gekommen ist. In Bayern ist seit 1957 die CSU ununterbrochen an der Macht, häufig sogar als Alleinregierung. Möglicherweise ist dies dennoch nicht problematisch, solange die Durchmischung von Interessen, die durch die Rotation der Mehrheiten gewährleistet werden soll, innerhalb der Parteien selbst stattfindet. Für echte Volksparteien gilt dies in der Regel tatsächlich insofern, als sie es sich nicht leisten können, die Bedürfnisse größerer Segmente der Bevölkerung zu missachten, wenn sie Volkspartei sein und auch bleiben wollen. Ist allerdings eine Mehrheit der Bevölkerung hinsichtlich ihrer Interessenlage relativ homogen, dann kann eine stabile Volkspartei eine Mehrheit haben und es sich daher sehr wohl erlauben, die Interessen der Minderheit außer Acht zu lassen.

gegenüber der Minderheit kommt, also zu keiner „Diktatur der Mehrheit", wie es Alexis de Tocqueville Mitte des 19. Jahrhunderts in seiner Studie *Über die Demokratie in Amerika* ausgedrückt hat (1835/1986)? Denn eine Mehrheit kann prinzipiell genauso tyrannisch sein wie eine Einzelperson; die Mehrheitsregel an sich kann daher keine hinreichende Gewährleistung einer funktionierenden demokratischen Praxis sichern. Dies ist das grundsätzliche Problem, das Mill in *On Liberty* umtreibt.

Ein wichtiger Weg aus diesem Problem besteht in der Garantie von Rechten, die die Minderheiten vor unzulässigen Übergriffigkeiten der Mehrheit schützen soll. Locke ist mit seiner Konstatierung des Naturrechts diesen Weg gegangen. Aber ein vor dem Staat und unabhängig vom Staat existierendes Recht ist für viele ein Widerspruch in sich, denn „Recht" kann nur sein, was durch den Staat garantiert wird, ein vorstaatlich existierendes Recht ist daher so wenig möglich wie die Existenz eines Menschen ohne Eltern. Bentham sprach daher vom Naturrecht verächtlich als „nonsense on stilts" (Wolff 2016: 116), also von „Unsinn auf Stelzen". Auch Rousseau war vom Naturrecht nicht überzeugt. Seine Lösung zur Absicherung der Minderheit gegenüber der Mehrheit besteht darin, dass jeder in gewisser Weise immer gleichzeitig Mitglied der Minderheit und der Mehrheit ist, weil er Mitglied des Minderheit und Mehrheit vereinenden Ganzen ist. Aber ein Einzelwille, der dem Mehrheitswillen entgegensteht, erfährt dadurch keinen anderen Schutz als den, dass ihm versprochen wird, dass er zu Recht dem Mehrheitswillen unterliegt, weil sein Einzelwille der falsche war, weil er der *volonté générale* widersprochen hat. Das dürfte kein Trost für diejenigen sein, die im Ausleben ihres Einzelwillens einen Ausdruck ihrer Freiheit, verstanden als Autonomie, als Selbstbestimmung, sehen und die den Rousseau'schen Begriff der Freiheit mit seinen totalitären Zügen der Unterwerfung des Individuums unter das Kollektiv daher nur als Perversion des Konzepts der Freiheit empfinden können.

John Stuart Mill schlägt nun einen sehr eigenen Weg ein, um das von ihm konstatierte Übel, dass der Staat oder eine Mehrheit von Bürgern, die entsprechende Gesetze erlässt, auf unzulässige Weise die individuelle Freiheit beschränkt, zu beseitigen. Auch er greift auf Rechte zurück, allerdings nicht auf Naturrecht, das er ebenso wie Bentham ablehnt, sondern er versucht seine Begründung von zulässigen „freiheitseinschränkenden Prinzipien" (Feinberg 1984) ohne den Rückgriff auf das Naturrecht, das er als „abstraktes" Recht bezeichnet, zu liefern:

> Ich halte es für geraten, hier zu erklären, dass ich auf jeden Vorteil verzichte, den man für meine Beweisführung aus der Idee eines abstrakten, vom Nützlichkeitsprinzips unabhängigen Rechtes ableiten könnte. Ich betrachte Nützlichkeit als letzte Berufungsinstanz in allen ethischen Fragen, aber es muss Nützlichkeit im weitesten Sinne sein, begründet in den ewigen Interessen der Menschheit als eines sich entwickelnden Wesens (Mill 1859/2010: 20).

Diese aus dem Nützlichkeitsprinzip abgeleiteten Rechte dienen dem Schutz der Freiheit, wobei Freiheit bei Mill im Sinne von Autonomie zu verstehen ist und nicht als erzwungene „Freiheit" zur Führung des „richtigen" Lebens. Denn was richtig und falsch ist, bestimmt bei Mill nicht die *volonté générale* bzw. das Kollektiv, sondern das Individuum selbst. Die Freiheit ist allerdings zwar das, was es an allererster Stelle zu bewahren gilt, aber sie kann nicht grenzenlos sein, weil sonst die Freiheit des einen die Unfreiheit des anderen nach sich ziehen würde. Die Freiheit muss natürlich beschränkt sein, Verbote sind – wie weiter oben erwähnt – unerlässlich. Um die „erlaubten" Verbote von den übergriffigen abzugrenzen, bedarf es nun eines Kriteriums, das Mill in seinem berühmten *Harm Principle* formuliert. Dieses wird im Deutschen manchmal als *Freiheitsprinzip* bezeichnet, in eher wörtlicher Übersetzung auch als *Schadensprinzip*. Allerdings ist das Konzept von „harm" etwas komplexer und vielschichtiger, als es sich mit der Übersetzung „Schaden" abbilden lässt, weshalb ich den originalen Begriff „Harm Principle" verwenden werde.

9.2 Mills *Harm Principle*

Mill formuliert sein Prinzip auf folgende Weise: „Dies Prinzip lautet: dass der einzige Grund, aus dem die Menschheit, einzeln oder vereint, sich in die Handlungsfreiheit eines ihrer Mitglieder einzumengen befugt ist, der ist: sich selbst zu schützen. Dass der einzige Zweck, um dessentwillen man Zwang gegen den Willen eines Mitglieds einer zivilisierten Gemeinschaft rechtmäßig ausüben darf, der ist: die Schädigung anderer zu verhüten" (Mill 1859/2010: 18 f.). Zentral ist also das Recht auf Selbstverteidigung gegen ungerechtfertigte Angriffe oder Übergriffe, wobei die Verteidigung eines zu Unrecht Angegriffenen auch von anderen unternommen werden kann, ja womöglich sogar von anderen übernommen werden muss, wenn der Angegriffene selbst nicht zu seiner eigenen Verteidigung in der Lage ist. Dabei ist der „Angriff" nicht nur in Bezug auf körperliche Delikte zu sehen, wie der allgemeine Begriff der „Schädigung anderer" (harm to others) klar ausdrückt. Vielmehr geht es um die grundsätzlich unerlaubte Ausübung von Zwang. Dies ist jetzt sicherlich noch nicht aufregend: Das Recht, sich gegen Schädigungen seines Lebens, seiner Gesundheit oder seines Eigentums – um die Locke'sche Trias zu bemühen – zu wehren, wird wohl von niemandem ernsthaft bestritten, solange diese „Schädigungen" nicht rechtmäßig sind. Auf diese Unterscheidung werde ich gleich noch konkreter eingehen. Wichtiger als die Freiheitseinschränkungen, die Mill für mit seinem *Harm Principle* vereinbar hält, sind aber die, die damit gerade nicht erlaubt und zulässig sind, denn die Verhinderung der Schädigung „anderer" ist – wie Mill betont – eben der „einzige Grund", warum Freiheitseinschränkungen rechtmäßig sein können. Dies ist nun alles andere als selbstverständlich, denn viele Gesetze und Verbote, die für uns so vertraut und üblich sind, dass wir sie unhinterfragt akzeptieren, scheinen zumindest auf den ersten Blick diesen sehr eng gesteckten Rahmen zu sprengen.

9.2.1 Wider den Paternalismus

Nicht abgedeckt durch das *Harm Principle* sind Gesetze, die Menschen vor sich selbst schützen sollen. Die Gurtpflicht würde z. B. darunterfallen, die zumindest zum Zeitpunkt ihrer Einführung in den 1970er-Jahren in Deutschland auch entsprechend umstritten war, aber vor allem auch das Verbot von Drogen. (Insofern ist es nicht verwunderlich, dass die Legalisierung von Drogen in der Tat Ausdruck einer klassischen liberalen Haltung zu sein scheint.) Die brisanteste Thematik in diesem Zusammenhang dürfte die Zulässigkeit von aktiver oder passiver Sterbehilfe sein. Möglicherweise können auch Gesetze gegen Prostitution so interpretiert werden (jedenfalls werden sie häufig so gerechtfertigt), nämlich dann, wenn die Gesetze die Prostituierten oder Freier in dem Sinn vor sich selbst schützen sollen, dass sie mit den entsprechenden Handlungen ihre moralische Integrität beschädigen würden.

Mill lehnt solche Gesetze, die Joel Feinberg unter dem Titel „Harm to Self" (1986) zusammenfasst, grundsätzlich als eine Form eines übergriffigen Paternalismus ab. Hier spielt es eben eine maßgebliche Rolle, ob die Konsequenzen einer Handlung nur in Folgen für sich selbst oder auch oder sogar ausschließlich in Folgen für andere bestehen. Es liegt auch intuitiv nahe, dass nur andere vor einem selbst beschützt werden müssen, denn wenn man Schaden gegen sich selbst vermeiden kann, indem man einfach die entsprechende Handlung unterlässt, dann gibt es eigentlich keinen Grund, warum man hier Verbote erlassen sollte. „Nur insoweit sein Verhalten andere in Mitleidenschaft zieht, ist jemand der Gesellschaft verantwortlich." (Mill 1859/2010: 19) Wenn wir aber jemanden davon abhalten, Handlungen zu begehen, die ihm aus unserer Sicht – und womöglich ja nur aus unserer Sicht – „Schaden" zufügen, dann bevormunden wir ihn, wir erlegen ihm unseren Willen auf, indem wir ihn dazu zwingen, sich so zu verhalten, wie wir uns an seiner Stelle verhalten würden bzw. wie wir es an seiner Stelle für richtig hielten, sich zu verhalten. Nur sind wir eben nicht an seiner Stelle und es stellt eine offensichtliche Anmaßung dar, so zu tun, als ob wir seine Interessen stellvertretend für ihn wahrnehmen könnten.

> Man kann einen Menschen nicht rechtmäßig zwingen, etwas zu tun oder zu lassen, weil dies besser für ihn wäre, weil es ihn glücklicher machen, weil er nach Meinung anderer klug oder richtig handeln würde. Dies sind wohl gute Gründe, ihm Vorhaltungen zu machen, mit ihm zu rechten, ihn zu überreden oder mit ihm zu unterhandeln, aber keinesfalls, um ihn zu zwingen oder ihn mit Unannehmlichkeiten zu bedrohen, wenn er anders handelt. (ebd.)

Wir können also versuchen, auf ihn Einfluss zu nehmen, ihn zu überzeugen usw., aber wir können nicht seine Entscheidungen an seiner statt treffen,

9. Der Schutz der Freiheit vor dem Mehrheitsprinzip: John Stuart Mill

wenn es uns nicht gelungen ist, ihn zu überzeugen. Denn hier kommt wieder die Theorie des Selbsteigentums ins Spiel. „Soweit er [...] selbst betroffen ist, bleibt seine Unabhängigkeit von Rechts wegen unbeschränkt. Über sich selbst, über seinen eigenen Körper und Geist ist der Einzelne souveräner Herrscher." (ebd.) Wenn jemand also den eigenen Körper schädigt, indem er Drogen nimmt, oder sogar, im Extremfall, indem er sich das Leben selbst nimmt, so übt er in gewisser Weise nur das ihm allein zustehende Eigentumsrecht an sich selbst aus.

Allerdings macht Mill gewisse Einschränkungen in dieser Ausübung des Eigentumsrechts an sich selbst.

> Es ist vielleicht kaum nötig zu betonen, dass diese Lehre nur auf Menschen mit völlig ausgereiften Fähigkeiten anzuwenden wäre. Wir reden nicht von Kindern oder jungen Leuten, die noch nicht das Alter erreicht haben, wo sie das Gesetz als Mann oder Frau mündig spricht. Wer sich noch in einem Stande befindet, wo andere für ihn sorgen müssen, den muss man gegen seine eigenen Handlungen ebenso schützen wie gegen äußere Unbill. (ebd.)

Auch wenn Mill sich hier auf Kinder bezieht, die *noch* unmündig sind, so ist klar aus der Logik seines Arguments zu erkennen, dass paternalistische Schutzmaßnahmen sehr wohl immer dann erlaubt sein können, ja womöglich sogar gefordert werden müssen, wenn wir nicht davon ausgehen können, dass die betroffenen Personen mündig oder aufgeklärt genug sind, in ihrem wohlverstandenen Eigeninteresse zu handeln. Das Problem mit dem Drogenkonsumenten besteht ja häufig gerade darin, dass er womöglich süchtig ist und damit in einem Zustand, in dem er nicht mehr zu rationalen Entscheidungen fähig ist, weil er sich nur noch einem unmittelbaren Verlangen unterwirft, das so stark ist, dass jede Erwägung mit einem mittel- bis langfristigen Horizont unterdrückt wird. Der ganze Sinn der Freiheit aber besteht darin, dass man Lebenspläne entwirft und diese dann umzusetzen versucht. Ist die Fähigkeit zu planen nicht mehr vorhanden, gibt es auch keine Freiheit, die man noch beschützen müsste. Der paternalistische Schutz vor Prostitution, also der Prostituierten vor der Aufnahme dieser Tätigkeit, könnte ebenfalls damit begründet werden, dass Prostitution nur noch in einem Umfeld realistisch stattfinden kann, in dem es keine Kontrolle über das eigene Leben mehr gibt. Die erste Aufgabe des Staates würde aber in einer strikten, antipaternalistischen Auslegung des Schadensprinzips darin bestehen, genau ein solches Umfeld, in dem selbstbestimmte Kontrolle möglich ist, zu schaffen; zumindest, wenn das für den Staat möglich ist.[2]

---

[2] Das sollte z. B. im Wesentlichen wohl auch mit dem 2001 verabschiedeten Prostitutionsgesetz erreicht werden, auch wenn es um den Erfolg der Umsetzung große Kontroversen gibt.

Einer der Gründe, warum das *Harm Principle* nicht zur Anwendung kommt, wenn sich jemand selbst Schaden zufügt, besteht darin, dass in der Regel davon auszugehen ist, dass diese Handlung bewusst und somit mit seiner „Einwilligung" geschehen ist. Das *Harm Principle* aber wird nur wirksam, wenn die schädigende Handlung gegen den Willen der geschädigten Person vorgenommen wurde. Hat diese hingegen der Handlung zugestimmt, dann kann im Sinne des in Kapitel 1.3 erwähnten Grundsatzes „Volenti non fit iniuria" kein Unrecht geschehen sein, das es zu korrigieren oder zu verhindern gälte. Auch hier spielt die kognitive Reife insofern eine Rolle, als die „Freiwilligkeit" eben „echt" sein muss, also nicht auf Zwang, Gewalt oder Täuschung beruhen darf. Eine Erschwerung der Selbsttötung kann daher eventuell dadurch gerechtfertigt sein, dass der Wunsch zu sterben in einer Verfassung entstanden sein mag, in der die Person – z. B. wegen schwerer Depressionen – nicht in der Lage ist, eine wohlabgewogene Entscheidung in ihrem Interesse zu treffen. Wenn wir aber davon ausgehen, dass es sehr wohl eine rationale Entscheidung von souveränen Personen sein kann, freiwillig aus dem Leben zu scheiden, dann wäre die Verhinderung dieser Handlung wieder ein nicht zu rechtfertigender Eingriff in die Handlungsfreiheit. Ganz in diesem Sinne – und damit im Sinne von John Stuart Mill – formulierte z. B. auch das Bundesverfassungsgericht in seinem Urteil zur Sterbehilfe von 2020: „Die Entscheidung des Einzelnen, seinem Leben entsprechend seinem Verständnis von Lebensqualität und Sinnhaftigkeit der eigenen Existenz ein Ende zu setzen, ist im Ausgangspunkt als Akt autonomer Selbstbestimmung von Staat und Gesellschaft zu respektieren." Dabei umfasst die „Freiheit, sich das Leben zu nehmen, [...] auch die Freiheit, hierfür bei Dritten Hilfe zu suchen und Hilfe, soweit sie angeboten wird, in Anspruch zu nehmen".[3] Das vom Bundestag 2015 beschlossene Verbot der geschäftsmäßigen Sterbehilfe wurde damit als mit dem Grundgesetz nicht vereinbar angesehen. Dieser vom Bundesverfassungsgericht aufgehobene Beschluss war sicherlich im Sinne von Mill Paternalismus der allerschlimmsten Form. Es entbehrt nicht einer bitteren Ironie, dass bei der damaligen Abstimmung der Fraktionszwang aufgehoben worden war mit dem Hinweis, dabei handele es sich um eine sogenannte „Gewissensentscheidung".

9.2.2 Wider ein Diktat der „Moral" und die Unangreifbarkeit der Privatsphäre

In seinem vierbändigen Opus magnum *The Moral Limits of the Criminal Law* unterscheidet Joel Feinberg zwischen drei Typen von Delikten, die wir üblicherweise als Straftaten definieren, „harm to others" (Feinberg 1984), „offense to others" (Feinberg 1985) und „harm to self" (Feinberg 1986). In ihrer Praxis gehen die meisten Staaten daher offensichtlich über Mill

---

3 BVerfG, Urteil des Zweiten Senats vom 26. Februar 2020 – 2 BvR 2347/15 –, Rn. 1–343: (https://www.bverfg.de/e/rs20200226_2bvr234715.html).

hinaus, nach dem nur „Harm to others"-Delikte bestraft werden sollten. Neben dem aus Sicht Mills unzulässigen Paternalismus bei Handlungen, bei denen man sich selbst Schaden zufügt („harm to self"), sind es vor allem Delikte, die man im weitesten Sinn als „offense" ansehen kann, die nach Mill ebenfalls keine Rechtfertigung darstellen könnten, um die Freiheitsrechte von Individuen zu beschränken. Nun ist der Begriff „offense" sehr schillernd, im weiteren Sinn kann er als eine Form von Angriff angesehen werden oder schlichtweg als jegliche Form von Vergehen oder Delikt. Die Bedeutung, die in unserem Kontext allerdings die wesentliche ist, ist die im Sinne von „mental states" bzw., präziser, „offended states of mind" (Feinberg 1984: 46), zu denen Feinberg unter anderem unangenehme Gefühle, Abscheu, Zustände von Irritation, Frustration, das Schockieren bestimmter Empfindlichkeiten, Verlegenheit, Scham, Schuld etc. zählt. Insbesondere schafft das *Offense Principle*, wie es Feinberg nennt, eine Rechtfertigung, bestimmte „moral offenses" zu bestrafen, so unter anderem „open lewdness, solicitation, and indecent exposure [...] the distribution or sale of pornography, activities and materials offensive to religious or patriotic sensibilities, and racial and ethnic slurs" (ebd.: 13). Verwandt zur Anwendung des *Offense Principle* im Bereich der „Moral" sind Gesetze, die sich direkt der Verhinderung von „unmoralischem" Verhalten widmen und die Feinberg unter dem Begriff „legal moralism" zusammenfasst. Dazu zählen insbesondere Homosexualität, Ehebruch, Bigamie, Prostitution, Live-Sex-Shows oder auch „bloody gladiatorial contests presented by voluntary performers before consenting audiences" (ebd.). Das letzte Beispiel insbesondere macht deutlich, dass wir nicht unbedingt immer der Ansicht sind, dass etwas nur deshalb schon erlaubt sein soll, weil es auf freiwilligen Vereinbarungen beruht. Tatsächlich können Menschen anderen Menschen z. B. keine Erlaubnis erteilen, die mit ihnen etwas machen würden, das gegen ihre Menschenwürde verstößt, denn diese ist wie alle Menschenrechte unveräußerlich. In diesem Fall ist es unerheblich, ob die Handlungen oder Entscheidungen freiwillig getroffen worden sind. So sind z. B. Selbstversklavungsverträge nicht zulässig.

Wenn wir aber grundsätzlich bereit sind einzugestehen, dass gewisse Dinge einfach verboten sein sollten, weil sie so offenkundig *nicht sein sollten*, stellt sich die anschließende Frage: Warum sollen wir blutige Kampfspiele oder z. B. Abmachungen bzw. Verträge, sich selbst von einem anderen aufzehren zu lassen (wie im makabren Fall des sogenannten „Kannibalen von Rotenburg"), verbieten, aber nicht Homosexualität, Prostitution, Pornografie etc. – Handlungen, die ja in vielen Ländern dieser Welt tatsächlich auch bis vor wenigen Jahrzehnten verboten waren und in manchen immer noch sind? Dies ist im Kern das Problem, das Mill umtreibt. Denn wie schon gesagt, richtet er sein Augenmerk nicht allein auf die klassischen staatlichen Verbote, sondern explizit auch auf den „moralischen Zwang durch öffentliche Meinung" (Mill 1859/2010: 18), wobei es aus seiner Sicht natürlich noch einmal besonders schlimm ist, wenn diese „moralischen Zwänge" dann sogar auch noch durch den Staat durchgesetzt werden.

Auch bei diesen „moralischen" Fragen argumentiert Mill zumindest mit einem Aspekt, der auch bei seiner Ablehnung des Paternalismus eine Rolle spielt. Mill unterscheidet zwischen Handlungen, deren Konsequenzen andere betreffen (other-regarding), und Handlungen, deren Konsequenzen nur die handelnde Person selbst betreffen (self-regarding). Nur aus Handlungen der ersten Sorte können moralische Verpflichtungen gegenüber anderen Personen entstehen. „In all den Dingen, die äußere Beziehungen des Einzelnen betreffen, ist er von Rechts wegen denen, deren Belange berührt werden, verantwortlich und notfalls der Gesellschaft als ihrem Beschützer." (ebd.: 21) Alles, was nur ihn betrifft und keinen Einfluss auf andere ausübt, kann hingegen keine moralisch begründeten Ansprüche anderer nach sich ziehen, denn wie sollten sie denn entstehen, wenn die anderen ja gar nicht betroffen sind.

> [...] es gibt einen Tätigkeitsbereich, an welchem die Gesellschaft im Unterschied zum Individuum – wenn überhaupt – nur indirekt Interesse hat. Dieser schließt alle Einzelheiten des persönlichen Lebens und Treibens ein, die nur ihn selbst angehen, oder wenn sie andere auch betreffen, sodann nur mit ihrer freien, unabhängigen und nicht durch Täuschung erlangten Zustimmung und Teilnahme (ebd.: 22).

Das Recht der anderen entsteht also nur dann, wenn ihre „Belange berührt werden" und wenn es ein Interesse der anderen bzw. der Gesellschaft gibt, diese Interventionen zu unterbinden. Finden solche Interventionen erst gar nicht statt, kann es kein entsprechendes Interesse geben.

Der einfachste Fall, in dem die Interessen anderer nicht berührt sein können, ist der, wenn jemand Handlungen für sich allein oder mit bestimmten anderen Personen im Einvernehmen mit diesen in seinem privaten Raum begeht, sodass andere von diesen Handlungen erst gar nichts mitbekommen. Sie sind also nicht nur nicht betroffen, sondern wissen nicht einmal von diesen Handlungen. In diesem Fall, so muss man Mill verstehen, gehen diese Handlungen niemand anderen etwas an, sie sind im wörtlichen Sinn „Privatsache": Es ist ausschließlich Sache der Person, die die Handlung ausführt, darüber zu entscheiden, was sie tun will, denn es ist ihr Leben bzw. ihr Lebensplan, den sie mit dieser Handlung verwirklicht. Insbesondere Verbote bestimmter sexueller Handlungen oder Praktiken sind damit offensichtlich unzulässig, denn gerade in diesem Bereich dürfte die ausschließliche Beschränkung auf den privaten Raum ja in der Regel gegeben sein. Hier Verbote zu verhängen, ist mit dem *Harm Principle* unvereinbar, denn dieses dient ja gerade der Sicherung der „Freiheit, einen Lebensplan, der unseren eigenen Charakteranlagen entspricht, zu entwerfen und zu tun, was uns beliebt, ohne Rücksicht auf die Folgen und ohne uns von unseren Zeitgenossen stören zu lassen – solange wir ihnen nichts zuleide tun –, selbst wenn sie unser Benehmen für

9. Der Schutz der Freiheit vor dem Mehrheitsprinzip: John Stuart Mill

verrückt, verderbt oder falsch halten" (ebd.: 22 f.). Die moralischen Regeln, denen sich die Individuen unterwerfen sollen, sind aber, solange es um Handlungen geht, die anderen gegenüber keinen Schaden ausüben, nicht nur übergriffig, sondern auch willkürlich. Letztlich sind sie nur Ausdruck von Macht bzw. des Versuchs, Macht über andere auszuüben, indem man sie zu bestimmten Lebensformen zwingen will, obwohl es gar keinen übergeordneten echten Grund, d. h. kein gesellschaftliches Interesse gibt, warum sich alle an diese „Moralvorschriften" halten sollten. „Wo immer eine überlegene Klasse vorhanden ist, rührt ein großer Teil der Moral des Landes von ihren Sonderinteressen her und von den Gefühlen der Klassenüberlegenheit." (ebd.: 14) Aber bei der Beurteilung, was denn ein „gutes Leben" für jemanden ist, ist jeder selbst der beste Schiedsrichter in eigener Sache, denn es hängt ja von seinem Lebensplan ab, der wiederum spezifisch für bestimmte Charakteranlagen ist, die jemand besitzt. Was für den einen gut ist, muss es nicht für den anderen sein. Jeder soll für sich entscheiden und es soll entsprechend viele Lebensentwürfe und Lebensweisen geben, wie es zulässige Lebenspläne gibt. „Die einzige Unabhängigkeit, die diesen Namen verdient, ist die Möglichkeit, unser eigenes Wohl auf unsere eigene Weise zu erreichen." (ebd.: 23) Eine freie Gesellschaft ist daher zwangsläufig eine Gesellschaft der größtmöglichen Vielfalt. So ist auch zu verstehen, dass Mill seiner Abhandlung als Motto eines von Wilhelm von Humboldt voranstellt: „Nach dem ganzen Räsonnement kommt schlechterdings alles auf die Ausbildung des Menschen in der höchsten Mannigfaltigkeit an" (ebd.: ohne S.).

Jeder soll also die größtmögliche Freiheit genießen, zu tun, was ihm gefällt, solange er anderen keinen Schaden im Sinne von „harm" zufügt. Handlungen, die strikt auf den privaten Raum beschränkt sind, können gar keinen Schaden gegenüber anderen anrichten, das Verbot solcher Handlungen kann daher auch niemals unter Berufung auf das *Harm Principle* gerechtfertigt werden. Auch Handlungen oder Praktiken, die von manchen, vielleicht sogar von vielen oder einer überwältigenden Mehrheit als anstößig empfunden werden oder sogar Abscheu in ihnen erwecken, sind durch das *Harm Principle* geschützt, wenn sie im Privatbereich stattfinden und nicht einmal nach außen dringen. Aber selbst wenn andere wüssten, was in diesem privaten Bereich stattfindet, und diese Handlungen grundsätzlich ihre größte Abscheu erregen, so ist schwer zu erkennen, wie das bloße Wissen, dass aus der Sicht des Betroffenen (also der Person, die diese Handlungen mitbekommt, nicht derjenigen, die sie begeht oder an der sie begangen werden) verabscheuungswürdige Handlungen stattfinden, diese Person in irgendeiner Weise schädigen können sollte, sodass sie vor dieser Art von Schaden beschützt werden müsste. „There is one kind of offended state that can probably never satisfy this requirement, namely the shock or disappointment occasioned by the bare knowledge that other persons are doing, or may be doing, immoral things in private with legal impunity." (Feinberg 1984: 50)

> Gänzlich anders aber verhält es sich auch nach Mill, wenn solche Handlungen, die im privaten Raum zulässig wären, im öffentlichen Raum stattfinden.
>
> Andererseits gibt es Handlungen, die nur für den Handelnden selbst schädlich sind und deshalb nicht gesetzlich untersagt zu werden brauchen, die aber, in aller Öffentlichkeit begangen, eine Beleidigung der guten Sitten bedeuten und die man, da sie unter die Verstöße gegen andere fallen, rechtmäßig verbieten sollte. Hierzu gehören auch Vergehen gegen die Schicklichkeit, wobei zu verweilen aber um so weniger nötig ist, als sie nur indirekt etwas mit unserem Thema zu tun haben und die Verwahrung gegen die Öffentlichkeit bei vielen anderen Handlungen, die nicht an sich verwerflich sind und auch nicht dafür gelten, ebenso stark ist. (Mill 1859/2010: 141)

Diese Passage macht noch einmal klar, dass das, was im Privaten stattfindet, keine Angelegenheit der Gesetze sein kann, solange dort alle Handlungen von autonomen Personen vorgenommen werden. Aber bei der Übertragung in den öffentlichen Raum scheint Mill doch etwas zu holpern, und sein etwas lässiger Verweis, dass die dort genannten Tatbereiche nur indirekt mit seinem Thema zu tun hätten, ist überraschend und wirkt so, als ob Mill schnell über Aspekte hinweghuschen wolle, von denen ihm sehr wohl bewusst ist, dass sie durchaus in einem Spannungsverhältnis zu seinem *Harm Principle* stehen. Mill spricht im Originaltext hier selbst davon, dass bestimmte „violations of manners" (Beleidigung der guten Sitten) ohne Zweifel „offences to others" (Verstöße gegen andere) darstellen, insbesondere fielen darunter auch „offences against decency" (Vergehen gegen die Schicklichkeit) (Mill 1859/1991: 109).

Diese Argumentation, dass Handlungen, die im Privaten zulässig wären, es nicht in der Öffentlichkeit sind, ist erst einmal leichter nachzuvollziehen, solange sie sich auf schädliche Handlungen, die aber nur dem Handelnden selbst Schaden zufügen, bezieht. Wobei Mill dabei durchaus keinen Zweifel daran lässt, dass er damit Handlungen meint, die an sich tadelnswert sind, wenn nicht sogar verwerflich. Das heißt, es handelt sich bei diesen Handlungen um solche, bei denen es besser wäre, wenn sie nicht begangen würden. Der Schutz des Privaten aber schützt grundsätzlich auch diese Handlungen, weil nun mal keine anderen betroffen sind. Und obwohl diese Handlungen schädlich sind, ist es sogar erlaubt, andere zu solchen Handlungen anzustiften. Das gilt sogar, obwohl diese Form der Ermutigung ja keine nur auf den Akteur selbst bezogene Handlung, sondern eine soziale Handlung darstellt, da sie sich auf andere bezieht. Aber, so Mill: „Was erlaubt ist zu tun, muss auch erlaubt sein zu raten" (Mill 1859/2010: 142). Aber auch wenn die Handlung der Anstiftung oder Ermutigung eine soziale, also nicht strikt „self-regarding" ist, so findet sie normalerweise immer noch in einem Raum des Privaten statt. Findet sie nun hingegen explizit im öffentlichen Raum statt, wären die Wirkungen offensichtlich gänzlich andere. Dass wir diese Handlungen, die ja an sich tadelnswert sind, nicht in der Öffentlichkeit herausstellen und damit indirekt billigen wollen, leuchtet ein. Es stellt sich dann höchstens noch die Frage, wann denn eine Handlung für den Handelnden selbst schädlich ist bzw. wie wir erkennen, ob eine Handlung an sich schädlich bzw. tadelnswert ist.

Wenn wir die Schwierigkeit, zu benennen, was denn eine „tadelnswerte" Handlung sein soll, erst einmal ausblenden und annehmen, dass sich dies bei bestimmten Handlungen eindeutig feststellen lässt, dann erscheint es nicht abwegig, dass Handlungen, von denen wir wollen, dass sie idealerweise überhaupt nicht stattfinden würden, nicht in der Öffentlichkeit stattfinden sollen. Unser „Zugeständnis" besteht in diesen Fällen darin, diese Handlungen im Privaten dennoch zu erlauben, womit gewährleistet ist, dass sie keinem anderen Schaden zufügen. Was in den eigenen vier Wänden passiert, ist ja auch deshalb Privatsache, weil es die anderen und der Staat nicht zu wissen brauchen und normalerweise auch gar nicht wissen würden. Dringen diese Handlungen in den öffentlichen Bereich, dann wird das Wissen um die Ausführung der Handlungen den anderen und dem Staat geradezu aufgedrängt und sie könnten sich gar nicht mehr blind stellen, selbst wenn sie es wollten. Schädliche Handlungen mitzubekommen und nichts dagegen zu tun, ist aber offenkundig völlig anders zu bewerten, als wenn man sie nicht mitbekommt, weil dann die Fiktion, dass sie einen nichts angingen, widerspruchsfrei aufrechterhalten werden kann. Andererseits ist nicht so leicht zu verstehen, warum sich daran, ob eine Handlung erlaubt ist oder nicht, etwas ändern sollte, je nachdem, ob wir die Handlung mitbekommen oder nicht. Also selbst bei diesen schädlichen, aber eben doch erlaubten Handlungen stellt sich schon die Frage, warum sie verboten sein sollten, wenn sie an die Öffentlichkeit gelangen. Tatsächlich erübrigt sich die Beantwortung dieser Frage in gewisser Weise, weil Mill ja sogar so weit geht, auch Handlungen, die nicht „an sich verwerflich" sind, für verbotswürdig zu halten, wenn sie im öffentlichen Raum stattfinden und sie „Vergehen gegen die Schicklichkeit" (offences against decency) darstellen.

Der offensichtliche Anwendungsbereich sind sexuelle Handlungen. Während sexuelle Tätigkeiten zwischen zwei Personen (oder auch mehreren: Mill verteidigt z. B. auch explizit die Polygamie der Mormonen) in jeder Hinsicht zulässig sind, wenn sie privat stattfinden, wären sie verboten, wenn sie in der Öffentlichkeit stattfänden. Dies entspricht auch den entsprechenden Vorschriften in unserem deutschen Rechtssystem. So regelt der § 183a des Strafgesetzbuchs („Erregung öffentlichen Ärgernisses") öffentliche sexuelle Handlungen folgendermaßen: „Wer öffentlich sexuelle Handlungen vornimmt und dadurch absichtlich oder wissentlich ein Ärgernis erregt, wird mit Freiheitsstrafe bis zu einem Jahr oder mit Geldstrafe bestraft [...]." Allerdings gibt es die wichtige Einschränkung, dass die Tat „absichtlich oder wissentlich ein Ärgernis erregt", d. h., es muss dritte Personen geben, die sich dadurch belästigt fühlen, und die Handelnden müssen wissen, dass es diese dritten Personen gibt und sich diese belästigt fühlen. Ist dies nicht der Fall, könnte der öffentlich praktizierte Geschlechtsverkehr allerdings immer noch als Ordnungswidrigkeit geahndet werden, nämlich nach § 118 („Belästigung der Allgemeinheit"). Voraussetzung dafür ist, dass jemand eine „grob ungehörige Handlung" vornimmt. Früher wurde dieser Tatbestand auch als „grober Unfug" bezeichnet. Auch Nacktheit an öffentlichen Orten, wo das nicht üblich ist, würde darunterfallen (aber auch gänzlich andere Vergehen ohne jegliche sexuelle Konnotation, wie falsche Hilferufe, das Bespritzen anderer durch rücksichtsloses Fahren oder die Störung von erlaubten Filmvorführungen). Aber was heute nur noch eine Ordnungswidrigkeit ist, war gestern noch eine Straftat, wie es mit den im § 118 erfassten Taten tatsächlich vor der Strafrechtsreform von 1969, durchgeführt durch den damaligen Justizminister und späteren Bundespräsidenten Heinemann, der Fall war.

Der kleine Exkurs weist nun auf ein wesentliches Problem hin. Das, was der „Schicklichkeit" entspricht bzw. gegen sie verstößt, verändert sich über die Zeit hinweg. 1968 z. B. war es ein Skandal, als sich William Shatner und Nichelle Nichols in einer Folge der Serie *Star Trek* küssten, was als erster Kuss zwischen einem weißen Mann und einer schwarzen Frau in die Fernsehgeschichte einging. Der Kuss schaffte es überhaupt nur mit einigen Schwierigkeiten und Tricks der Darsteller in die Folge, weil der Sender große Befürchtungen hatte, dass er in den Südstaaten Empörung hervorrufen könnte (vgl. Jecke 2022). Zum zeitlichen Hintergrund: Erst ein Jahr zuvor hatte der *Supreme Court* ein Gesetz von Virginia als verfassungswidrig erklärt, nach dem sogenannte „gemischtrassige" Ehen verboten waren. Auch im Kinofilm durften nach dem sogenannten *Hays Code*, offiziell *Motion Pictures Production Code*, der eine Selbstverpflichtung aller großen Produktionsfirmen war und vor allem von den 30er-Jahren bis Ende der 50er-Jahre des 20. Jahrhunderts galt, keine Kussszenen zwischen Weißen und Nichtweißen gezeigt werden (vgl. Volk 2016). Welche Handlungen in der Öffentlichkeit verletzen also die „guten Sitten"? Offensichtlich ist dies von den „moralischen Moden" der jeweiligen Kultur und Zeit abhängig, aber dass dies dann auch noch in für alle verbindliche Vorschriften münden könnte, lehnt Mill ja grundsätzlich und mit aller Leidenschaft ab, weil es für ihn lediglich bedeutet, dass eine dominante Gruppe dem Rest der Gesellschaft vorschreibt, wie diese zu leben hat. Ist es also wirklich möglich, das *Harm Principle* unabhängig von solchen moralischen Moden bzw. idiosynkratischen Moralvorstellungen zu formulieren? Für diejenigen, die eine Funktion des Rechts genau darin sehen, geltende Moralvorstellungen aufrechtzuerhalten, weil diese den inneren Zusammenhalt einer Gesellschaft garantieren und ihre Identität ausmachen, ist das eine Frage, die sich erst gar nicht stellt bzw. – wenn doch – sehr leicht zu beantworten ist. Diese Handlungen sind verboten, weil sie moralisch falsch sind, sie sind daher auch nicht nur in der Öffentlichkeit verboten, sondern an sich, also auch im Privaten. Zu den Vertretern dieser „moralischen" Funktion des Rechts zählte z. B. schon Mills Zeitgenosse James

Fitzjames Stephen mit seiner 1874 erschienenen Schrift *Liberty, Equality, Fraternity* (1874/1993), aber auch Patrick Devlin mit seiner genau 100 Jahre nach der Publikation von *On Liberty* veröffentlichten Streitschrift *The Enforcement of Morals* (1959/2010). Devlins Buch war eine Reaktion auf den sogenannten *Wolfenden Report*, der Ende der 1950er-Jahre in England erschienen war, unter anderem eine Liberalisierung in Bezug auf die Straftatbestände Homosexualität und Prostitution vorschlug und so eine erhitzte öffentliche Debatte auslöste. Die prominenteste Stimme in dieser Diskussion, H. L. A. Hart, nahm dabei in *Law, Liberty, and Morality* (1963) die grundsätzliche Position von Mill ein, dass die in diesem engen Sinn verstandene Moral[4] kein Gegenstand des Rechts sein soll (auch wenn Hart durchaus klarmacht, dass er keineswegs Mills radikale Ansicht teilt, dass nur Harm-Delikte Straftatbestände sein können.) Das Problem, bei den „guten Sitten" eine Differenzierung vorzunehmen zwischen einem allgemeingültigen abstrahierenden Kern, der Verbote womöglich rechtfertigen könnte, und dem Bestandteil der „guten Sitten", der lediglich die jeweilige „herrschende Meinung" (im wörtlichen Sinn) darstellt, stellt sich aber nur Mill oder eben Rechtsphilosophen wie Hart, die seiner grundsätzlichen Linie folgen.

Um unter anderem diese Differenzierung begründen zu können, müssen wir uns noch einmal genauer klarmachen, was denn nun die Sorte von Schaden genau ausmachen soll, die dann als „harm" und nicht als bloßer „offence" gelten soll, sodass darauf auch ein strafrechtliches Verbot gegründet werden kann, das vom Staat dann mit Zwang durchgesetzt werden darf.

9.2.3 Harm als Schädigung von durch Rechte geschützten Interessen

Der zentrale Begriff, um das *Harm Principle* zu erläutern, ist der des Interesses. Mill spricht hier unter anderem vom Interesse der Gesellschaft oder sogar der ganzen Menschheit. Diese übergeordneten Interessen „rechtfertigen [...] die Überprüfung individueller Selbstbestimmung durch fremde Überwachung nur hinsichtlich solcher Handlungen der Einzelnen, die den Interessenkreis anderer schneiden" (Mill 1859/2010: 20). Grundsätzlich sind also die Interessen der Individuen geschützt, solange sie nicht die Interessen der anderen verletzen, denn dann kommt es womöglich auch zu einer Schädigung des Interesses der Gesamtgesellschaft, das für Mill als Utilitarist ja der Summe aller individuellen Interessen gleichkommt, wenn wir davon ausgehen, dass Interessen sehr stark mit Nutzen verknüpft sind, sodass ich üblicherweise an etwas Interesse habe, von dem ich Nutzen habe.

---

4 Es geht also nicht um Moral im Sinne Kants, bei der es um die Rechtfertigung verallgemeinerbarer Regeln für das menschliche Handeln geht, sondern um „Moral", die eigentlich genau das Gegenteil davon ist, weil sie spezifische Handlungen im Sinne der existierenden moralischen Kultur vorschreibt.

Wenn wir also das grundlegende Interesse eines Menschen darin sehen, dass er das eigene Wohlbefinden steigern möchte und Leid, Schmerz und unangenehme Gefühle und Erlebnisse, die solche hervorrufen, zu vermeiden sucht, dann ist offensichtlich, dass die Schädigung von Interessen nur ein notwendiger, aber sicherlich kein hinreichender Bestandteil sein kann, um eine Handlung als verboten zu deklarieren. Denn es gibt im Leben eines jeden Menschen eine Unzahl von Erlebnissen, die in diesem Sinne seinen Interessen schaden, von denen wir aber lediglich konstatieren würden, dass das nun mal ein integraler Bestandteil des Lebens und des Machens von Erfahrungen selbst ist und sicherlich nichts, wogegen geschützt zu werden man ein Recht besitzen würde. Solche Erfahrungen, würden wir normalerweise sagen, „muss man eben aushalten". Damit sind wir beim entscheidenden Differenzierungskriterium: Nur die Verletzung solcher Interessen, die durch ein Recht geschützt sind, stellt eine unzulässige Schädigung einer Person dar, die durch Gesetze geahndet werden muss. Denn genau dies ist es, was ein Recht erst zu einem Recht macht, wie Mill in seinem Text zu *Utilitarianism* zwei Jahre nach *On Liberty* noch präzisiert: „Wenn wir von dem Recht einer Person sprechen, meinen wir damit, dass die Person von der Gesellschaft verlangen darf, im Besitz dieses Rechts durch gesetzliche Gewalt bzw. durch den Einfluss der Erziehung und der öffentlichen Meinung geschützt zu werden" (Mill 1861/2022: 159).

Auch wenn diese Klärung durchaus hilfreich dabei ist, sich über das Wesen der Beziehung zwischen Interessen und Rechten ein besseres Bild zu machen, so drehen wir uns offensichtlich immer noch etwas im Kreis. Die Feststellung, dass der Schutz vor „harm" nur dann greift, wenn die betroffenen Interessen so bedeutend sind, dass wir sie durch Rechte absichern, verlagert ja die entscheidende Frage nur um eine Stufe: Welche Interessen sollten wir denn mit Rechten schützen?

Sicherlich muss die Beantwortung dieser Frage etwas mit der Höhe des Schadens zu tun haben, also damit, in welchem Umfang unsere Interessen geschädigt wurden. Ereignisse, die lediglich ein kurzes und womöglich einmaliges Ärgernis nach sich ziehen, sind wohl kaum schwerwiegend genug, daraus Rechte abzuleiten, die ja immer die Konsequenz haben, dass wir dafür anderen Pflichten auferlegen müssen, also in deren Freiheiten eingreifen. Solche eher „harmlosen" Ereignisse sind insbesondere Delikte, die unter die Kategorie von „offense" fallen würden. Einzelne Beleidigungen, Respektlosigkeiten oder Verletzungen meines Schamgefühls sind kaum schwerwiegend genug, um umgekehrt schwerwiegende Eingriffe in Freiheitssphären von anderen zu rechtfertigen. Die Verhinderung der Erfüllung bestimmter Interessen muss das Potenzial haben, Schädigungen in einem solchen Umfang oder von solcher Art vorzunehmen, dass das Leben nicht mehr auf mehr oder weniger dieselbe Weise verlaufen kann, wie es bei Erfüllung der Interessen der Fall gewesen wäre, d. h., unser Lebenslauf muss dadurch beeinflusst sein

– nicht unbedingt wirklich auf dramatische Weise, aber eben doch so, dass uns gewisse Türen verschlossen sind, die uns sonst offengestanden hätten. Allerdings kann die Bedeutung der Interessen für den Verlauf des eigenen Lebens allein nicht hinreichender Grund sein, diese Interessen durch ein Recht zu schützen. Auch wenn im Bonmot von Oscar Wilde („Lieber Gott, bewahre mich vor den körperlichen Schmerzen. Mit den seelischen werde ich schon selber fertig.") ein nachvollziehbarer Kern steckt, so ist doch nicht daran zu zweifeln, dass seelische Schmerzen zu den unangenehmsten Erfahrungen zählen können, die man eigentlich gerne vermeiden würde, auch wenn man „selbst damit fertig werden würde". Diese Erfahrungen zählen zu denjenigen, die man eben „aushalten muss". Abgesehen von schweren physischen Erkrankungen, die in der Regel die Ausnahme darstellen, zählen Schmerzen z. B. über eine unerwiderte Liebe wohl zu den tiefsten und die nicht zustande gekommene Beziehung kann einen Lebenslauf bedeutend beeinflussen, ja das Leben sogar als wertlos erscheinen lassen, wie es z. B. Heinrich Heine im Gedicht 63 des Zyklus *Die Heimkehr* aus dem *Buch der Lieder* beschrieben hat:

> Wer zum ersten Male liebt,
> Sei's auch glücklos, ist ein Gott;
> Aber wer zum zweiten Male
> Glücklos liebt, der ist ein Narr.
>
> Ich, ein solcher Narr, ich liebe
> Wieder ohne Gegenliebe!
> Sonne, Mond und Sterne lachen,
> Und ich lache mit – und sterbe.

Goethes Werther nimmt sich das Leben wegen einer unerfüllten Liebe, und das literarische Vorbild fand so viele Nachahmer, dass es sogar Namensgeber des sogenannten „Werther-Effekts" wurde. Im Film *The Lobster* von Giorgos Lanthimos müssen Singles innerhalb von 45 Tagen einen Partner oder eine Partnerin finden, sonst werden sie zu einem Tier verwandelt. Erfüllte Liebesbeziehungen sind also im wahrsten Sinne existenziell und wenig anderes trägt mit vergleichbarer Wirkung dazu bei, ob wir glauben, ein gelungenes oder nicht gelungenes Leben zu führen.

Dennoch erscheint es uns aus guten Gründen völlig absurd, jemandem ein Recht darauf zu verleihen, zurückgeliebt bzw. überhaupt geliebt zu werden. Liberale wie Friedrich Hayek oder David Miller haben daher in verschiedenen Kontexten auf die Metapher der Liebesbeziehung zurückgegriffen, weil sie den Kern dessen, worum es ihnen geht, geradezu paradigmatisch verkörpert, nämlich, dass es in vielen wesentlichen Beziehungen darum geht, was jemand wählt, und dass es originäre Bereiche gibt, in denen es ausschließlich darum gehen sollte, wofür oder wogegen sich jemand entscheidet. Wahrscheinlich lässt sich kein größerer Eingriff in die persönliche Freiheit vorstellen als der von arrangierten Ehen oder im Extremfall von Zwangsehen.

Dabei ist es aber noch gar nicht so lange her, dass auch hier in bestimmten Kreisen von den Eltern arrangierte Ehen üblich waren, wie ja nicht zuletzt Fontanes tragische Protagonistin Effi Briest als glaubwürdiges Zeugnis seiner Zeit belegt. Es gibt Beziehungen, bei denen es im Wesen der Beziehungen selbst liegt, dass sie freiwillig eingegangen werden müssen. Neben Liebesbeziehungen betrifft das unter anderem die Wahl des Arbeitgebers (vonseiten des Arbeitgebers wiederum die Wahl des Mitarbeiters) oder die Zulassung neuer Mitglieder in einen Club durch die bestehenden Mitglieder – eine Analogie, die viele politische Philosophen auch in Bezug auf die Zulassung von Immigranten nutzen (Walzer 1981). Es obliegt in all diesen Fällen einzig und allein den Wählenden, selbst zu entscheiden, ob sie diese Beziehung eingehen wollen oder nicht. Ein Recht, gewählt zu werden, kann es nicht geben. Die hier existierenden Rechte sind Rechte, Beziehungen einzugehen, es sind keine Rechte, Beziehungen mit *bestimmten* Personen der eigenen Wahl einzugehen. Wie bei einem Tauschgeschäft handelt es sich hier um soziale Interaktionen, die die beidseitige Zustimmung erfordern. „[...] there are many rights whose exercise is contingent on finding partners who are willing to cooperate in the exercise [...]." (Miller 2007: 209) Es sind ja gerade solche Wahlentscheidungen, in denen sich die menschliche Freiheit überhaupt erst ausdrückt. „Die menschlichen Fähigkeiten der Auffassung, des Urteilens, des Unterscheidungsvermögens, der geistigen Energie, selbst die der moralischen Wertschätzung kann man nur dadurch üben, dass man eine Wahl trifft. Wer etwas tut, weil es Sitte ist, wählt nicht." (Mill 1859/2010: 85)

Ein Recht, geliebt zu werden, kann es aber auch nicht geben, weil es nicht verallgemeinerbar wäre. In *Utilitarianism* bezieht sich Mill ausdrücklich auf Kant und nimmt eine etwas obskure utilitaristische Deutung von dessen Kategorischem Imperativ vor.

> Damit Kants Prinzip einen Sinn erhält, muss es so verstanden werden, dass wir unser Verhalten nach einer Regel ausrichten sollen, die alle vernünftigen Wesen *zum Nutzen ihres Gesamtinteresses* annehmen können. Ich fasse zusammen. Der Begriff der Gerechtigkeit setzt zweierlei voraus: eine Verhaltensregel und ein Gefühl als Sanktion der Regel. Das eine, die Regel, muss der ganzen Menschheit gemeinsam sein und ihrem Wohl dienen. (Mill 1861/2022: 157 f.)

Nun sind wir am Ende der Argumentationskette angelangt: Nur diejenigen Interessen können durch Rechte als schützenswert deklariert werden, bei denen die Gewährleistung ihrer Durchsetzung dem Gesamtnutzen dient. Warum aber sollte das Prinzip der freien Partnerwahl, wie es heutzutage in den allermeisten Gesellschaften verbürgt ist, den Gesamtnutzen mehren? Weil es eben nicht nur von „großer Bedeutung [...] [ist], was die Menschen tun, sondern auch, was für eine Art von Menschen es sind, die etwas tun" (Mill 1859/2010: 86). Denn Nutzen bzw. Nützlichkeit betrachtet Mill, wie schon weiter oben ausgeführt, nicht nur als „letzte Berufungsinstanz in allen ethischen Fragen", sondern es muss dabei auch „Nützlichkeit im weitesten

Sinne sein, begründet in den ewigen Interessen der Menschheit als eines sich entwickelnden Wesens" (ebd.: 20). Es ist hier wieder das von Rousseau schon formulierte Prinzip der Selbstvervollkommnung, das ins Spiel kommt. Während es bei Rousseau aber eine notwendige Reaktion des Menschen auf die Vergesellschaftung darstellt, die zu keiner Verbesserung seiner Situation führt, sondern ja in gewisser Weise den Weg ebnet zu seinem Verfall, ist Selbstvervollkommnung bei Mill in der Tradition von Humboldt das, was den Wert menschlichen Handelns ausmacht. Daher die erwähnte Wichtigkeit der Wahl, denn es ist „wesentlich, dass verschiedene Personen *auch ein verschiedenes Leben führen können*" (ebd.: 92), entsprechend ihren Anlagen und ihren Lebensplänen. Es sind nicht die Ergebnisse des Handelns an sich, nicht die Taten an sich, die zählen, sondern die Ergebnisse menschlichen Handelns als Ausdruck eines selbstgewählten Lebensplans und dessen zielstrebiger Umsetzung. Diesen Gesichtspunkt bringt Mill in einer Passage auf den Punkt, die einige Aspekte der gegenwärtigen Diskussion zur Künstlichen Intelligenz auf frappierende Weise vorwegzunehmen scheint.

> Angenommen, es wäre möglich, Häuser zu errichten, Korn zu bauen, Schlachten zu schlagen, Prozesse zu führen und selbst Kirchen zu bauen und Gebete zu verrichten durch Maschinen-Automaten in menschlicher Form, so würde es doch einen beträchtlichen Verlust bedeuten, diese Automaten gegen die Männer und Frauen, die zur Zeit die zivilisierte Welt bewohnen, einzutauschen, obwohl sie sicher nur verkümmerte Exemplare dessen sind, was die Natur hervorbringen kann und will. Menschliche Natur ist nicht eine Maschine, nach Modell gebaut und ans Werk gesetzt, um genau die vorgeschriebene Arbeit zu machen, sondern ein Baum, der wachsen und sich nach allen Seiten ausbreiten will, gemäß dem Gesetz der ihm innewohnenden Kräfte, die ihn zu einem lebenden Organismus machen. (ebd.: 86)

Nur diejenigen Interessen sollen geschützt werden, bei deren Pflege nicht nur der Gesamtnutzen maximiert wird, sondern für die eine Regel formuliert werden kann, die zudem verallgemeinerbar ist. Es kann also keine Rechte geben, die Interessen schützen sollen, die untereinander in Konflikt geraten. Wenn z. B. David Miller daher von Rechten spricht, deren Inanspruchnahme der Zustimmung anderer bedürfen, dann ist dies in diesen Fällen genau der Mechanismus, der für eine Verallgemeinerbarkeit sorgt. Denn die einseitig interessierte Partei würde ja, sollten wir ihr allein aufgrund ihres Interesses schon ein Recht auf Verwirklichung desselben zusprechen, nicht nur die Freiheit der Partei, deren Zustimmung es bedarf, beschränken, sondern auch verhindern, dass andere Parteien, die dasselbe Interesse besitzen, ihrerseits ein Recht auf Verwirklichung ihres Interesses geltend machen können. Ein solches Recht kann also nicht für alle in gleicher Weise gelten, wenn die verschiedenen Akteure im Wettbewerb zueinander um die Erlangung eines knappen „Gutes" stehen. Sowenig wie Liebe daher ein Recht auf Gegenliebe begründen kann, kann es ein Recht geben, das einen z. B. in wirtschaftlicher Sicht vor Konkurrenz schützt. Sicherlich sind die Interessen eines Geschäftsinhabers bedroht, wenn ein anderer Geschäftsmann ein Geschäft in seiner Nähe aufmacht, das dieselben oder ähnliche Produkte anbietet. Aber diese Schädigung seiner Interessen stellt im Sinne von Mill sicherlich keinen „harm" dar, sodass die Interessen des Geschäftsinhabers durch entsprechendes Recht geschützt werden müssten, weil sich dafür keine allgemein anwendbare Regel formulieren ließe, die den Gesamtnutzen mehrt. Die einzige Regel, die sich für diese Situation formulieren lässt und die diese Bedingungen erfüllt, ist die des freien Wettbewerbs.

9.3 Gedanken- und Meinungsfreiheit

Der vielleicht berühmteste Teil von *On Liberty* besteht in dem sehr ausführlichen Kapitel zur Gedanken- und Meinungsfreiheit, dem Mill auch deshalb so viel Raum widmet, weil er glaubt, dass es der Illustration der Grundsätze seiner Theorie bzw. des *Harm Principle* besonders dienlich ist. Allein schon aus diesem Grund wäre auch hier eine nicht ganz kursorische Behandlung sinnvoll. Aber auch unabhängig vom *Harm Principle* gilt dieses Kapitel immer noch als einer der wichtigsten und grundlegendsten Texte zur Meinungsfreiheit überhaupt. Mill unterscheidet bei seiner Behandlung der Gedanken- und Meinungsfreiheit drei Fälle, je nachdem, ob die unterdrückte Meinung die „wahre" oder die „falsche" ist.

9.3.1 Die Wahrheit ist die unterdrückte Meinung

Der offensichtlich problematischste Fall ist der, in dem die herrschende Meinung eine falsche Überzeugung ausdrückt und die Wahrheit unterdrückt wird. Natürlich werden diejenigen, die der herrschenden Meinung folgen, der Ansicht sein, dass diese die „wahre" sei. Aber wie wir aus der Geschichte wissen, gibt es in der Vergangenheit eine Unzahl von Fällen, in denen Meinungen unterdrückt, für falsch oder gar ketzerisch gehalten wurden, die dann in der Folgezeit zur herrschenden Meinung wurden, also zur dann geltenden „Wahrheit". Mill nennt hier unter anderem Sokrates, der von seinen Zeitgenossen als Jugendverderber und Gotteslästerer zum Tode verurteilt wurde, aber für die Nachwelt der herausragende Repräsentant der Antike geworden sei (zumindest ist er das offenbar für Mill). Ein zweites von ihm genanntes Beispiel ist das Christentum, das von einer verfolgten Religion zur Staatsreligion und dann zur ihrerseits verfolgenden Religion wurde. Was also heute als falsch gilt, kann die Wahrheit von morgen sein und umgekehrt. Noch näher – um dies zu illustrieren – liegen uns vermutlich die klassischen Beispiele aus der Wissenschaftstheorie, insbesondere die Ablösung des geozentrischen Weltbilds durch das heliozentrische oder die Ersetzung der aristotelischen Naturphilosophie durch die neuzeitliche Mechanik von Galilei.

Die Geschichte lehrt uns also aus Sicht Mills eines: Ein wesentlicher Grund, warum wir niemals Gedanken oder Theorien unterdrücken sollten, weil wir sie für falsch halten, oder niemals verbieten sollten, dass Theorien zur herrschenden Meinung im Widerspruch stehen können, besteht darin, dass wir niemals sicher sein können, dass die jeweiligen Meinungen oder Theorien falsch bzw. wahr sind. „Wir können nie sicher sein, dass eine Meinung, die wir zu ersticken bemüht sind, falsch ist [...]. Die Meinung, die man durch Autorität zu unterdrücken versucht, ist möglicherweise richtig." (Mill 1859/2010: 29) Wir müssen daher immer die menschliche Fehlbarkeit berücksichtigen. Wer andere Meinungen unterdrückt, verhält sich anmaßend, weil er für sich die Eigenschaft der Unfehlbarkeit in Anspruch nimmt und die „*eigene* Gewissheit für eine *absolute* Gewissheit" hält (ebd.).

Mill vertritt hier einen erkenntnistheoretischen Ansatz, der heutzutage unter dem von Charles Sanders Peirce eingeführten Prädikat des *Fallibilismus* bekannt ist (Keil 2019). Dabei ähneln die Auffassungen insbesondere den Vertretern des *Falsifikationismus*, einer Unterkategorie des Fallibilismus, wie sie vor allem von Karl Popper (1973, 1935/1989) und Hans Albert (1968/1991) vertreten wurde. Denn die Überzeugungskraft oder Glaubwürdigkeit einer Theorie oder Meinung gewinnt in dem Maße, in dem wir sie infrage stellen und harten Prüfungen aussetzen und sie diese Prüfungen erfolgreich absolviert. Denn da wir uns niemals sicher sein können, im Besitz der Wahrheit zu sein, müssen wir zumindest versuchen, ihr so nahe wie möglich zu kommen, indem wir der Wahrheit die bestmögliche Chance einräumen, sich zu „bewähren" (wie Popper sagen würde), und die falschen Überzeugungen dem größtmöglichen Risiko aussetzen, widerlegt zu werden. Dies entspricht auch ganz und gar der Denkweise von John Stuart Mill, der insofern als ein Vorläufer des Falsifikationismus angesehen werden kann.

> Unsere gesichertsten Überzeugungen haben keine verlässlichere Schutzwache als eine ständige Einladung an die ganze Welt, sie als unbegründet zu erweisen. Wenn diese die Herausforderung nicht annimmt oder, falls sie sie annimmt, der Angriff fehlschlägt, so sind wir von der Gewissheit noch weit entfernt, aber wir haben das Beste getan, was der gegebene Stand menschlicher Vernunft zulässt: wir haben nichts außer Acht gelassen, was der Wahrheit eine Chance geben konnte, uns zu erreichen. Bleiben die Schranken offen, dann können wir hoffen, dass man eine bessere Wahrheit, wenn es solche gibt, finden wird, sobald der Menschengeist sie zu erfassen fähig ist. In der Zwischenzeit können wir uns darauf verlassen, der Wahrheit so nahegekommen zu sein, wie es in unseren Tagen möglich ist. (Mill 1859/2010: 34 f.)

Die Wahrheit bzw. das, was wir (vorläufig) als Wahrheit zu akzeptieren bereit sind, muss das Ergebnis dieser Prüfungen sein. Sie darf nicht vorausgesetzt werden, und schon gar nicht kann sie einen unumstößlichen Geltungsanspruch erheben und ihn dann noch darauf gründen, dass sie gewaltsam alle Versuche verhindert, die ihrem Bereich zugesprochenen Aussagen der Falschheit zu überführen. „Es besteht der größte Unterschied zwischen der Annahme, eine Anschauung sei richtig, weil man, trotz reichlicher Gelegenheit sie zu bekämpfen, sie nicht widerlegt hat, und der, dass sie richtig sei, nur um ihre Widerlegung nicht zuzulassen." (ebd.: 32)

Wenn wir Meinungsfreiheit nun aber mit dem *Harm Principle* verteidigen wollen, müssen wir davon ausgehen, dass die Verbreitung einer Meinung, auch einer unpopulären und der vorherrschenden Meinung widersprechenden und daher ja womöglich durchaus falschen, keinen Schaden anrichten kann bzw. umgekehrt, dass es zum Schaden bzw. gegen das Gesamtinteresse der Gesellschaft wäre, wenn diese Meinung unterdrückt würde. Da die Meinungsfreiheit, in der falsifikationistischen Weise, wie sie von John Stuart Mill verteidigt wird, ja vor allem dazu dient, die Chancen, dass die Wahrheit sich durchsetzt, zu maximieren, kann die Rechtfertigung der Meinungsfreiheit mit dem *Harm Principle* nur funktionieren, wenn wir davon ausgehen, dass die Wahrheit tatsächlich immer der falschen Überzeugung vorzuziehen ist. Aber ist dies denn tatsächlich auch immer der Fall? Rousseau wäre der Erste, der anführen würde, dass die Aufklärung und der Gewinn von neuen Erkenntnissen dem Menschen nicht zum Nutzen gereicht haben. Wir kennen alle Beispiele aus dem Alltag, bei denen es fraglich erscheint, ob man von der Kenntnis der Wahrheit wirklich profitieren würde. Soll der Arzt dem Krebskranken denn tatsächlich immer die bittere Wahrheit offenbaren, wenn dadurch die Heilungschancen nicht verbessert werden können, weil sie nicht bestehen, aber andererseits durch dieses Wissen auch noch die letzten verbliebenen Wochen oder Monate des unheilbar Kranken verbittert werden könnten? Oder denken wir an die berühmte Szene im Film *Planet der Affen* von 1968 (wenn wir unsere Vorbehalte in Hinsicht auf politische Korrektheit wegen der stereotypischen Darstellung von Schimpansen als wissbegierig, Orang-Utans als machiavellistische Machtpolitiker und Gorillas als tumbe Krieger erst einmal hintanstellen) kurz vor dem Schluss, als sich der auf dem von Affen beherrschten Planeten gestrandete Astronaut Taylor (gespielt von Charlton Heston) auf den Weg macht, um Antwort auf die grundlegende Frage zu finden, warum die Menschen dort degeneriert sind: „Wie war es möglich, dass der Affe den Menschen überflügelt hat? Darauf muss es eine Antwort geben." Dr. Zaius (Orang-Utan), so etwas wie gleichzeitiger Hüter von Wissenschaft und Religion, gibt ihm darauf die Antwort: „Ich warne Dich, Taylor, denn die Antwort wird Dich sicher erschrecken." (Im englischen Original noch treffender: „You may not like what you find.") Am Ende des Films findet Taylor mit einem der beeindruckendsten Schlussbilder der Filmgeschichte seine Antwort. Die im Sand halb verschüttete Freiheitsstatue offenbart ihm die schreckliche Wahrheit, dass er auf der Erde ist und seine Zivilisation untergegangen ist bzw. sich selbst zugrunde gerichtet hat.

Vielleicht ist das Wissen um den Untergang der eigenen Zivilisation bzw. der ganzen Menschheit wirklich etwas, wovon man verschont bleiben möchte. Auch Lars von Trier greift die Thematik in *Melancholia* auf, wenn die Menschheit mit der Wahrheit eines Zusammenstoßes mit einem Kometen konfrontiert wird, der unausweichlich das Ende der Menschheit bedeuten wird (kein Happy End wie bei *Armageddon – Das jüngste Gericht* oder *Deep*

Impact – ist halt Lars von Trier). Doch selbst in solchen Extremfällen würden zumindest einige, wie z. B. Taylor, die Wahrheit kennenlernen wollen, und in *Melancholia* hilft das Wissen um den sicheren Untergang der von Kirsten Dunst gespielten Figur, eine Souveränität und Gelassenheit zu gewinnen, die sie in ihrem vorherigen Leben niemals hatte. Das mag nicht ganz normal und psychisch eher verstörend sein, aber dennoch drängt sich auch hier die entscheidende Frage auf: Woher wissen wir, dass bestimmtes Wissen „schlecht" für die Menschen ist? Denn „die Nützlichkeit einer Meinung ist selbst auch wieder Meinungssache, ebenso bestreitbar, ebenso erörterungsfähig und -bedürftig wie die Meinung selbst. Man braucht ebenso einen unfehlbaren Richter, um über die Schädlichkeit wie über die Unrichtigkeit einer Meinung zu urteilen [...]" (ebd.: 36). Die Wahrheit besitzt zudem aus Mills Sicht darüber hinaus auch noch einen intrinsischen Wert. „Die Wahrheit eines Gedankens ist Teils seines Nutzens." (ebd.: 37) Da der Nutzen, wie wir wissen, bei Mill „im weitesten Sinn" verstanden werden muss, „begründet in den ewigen Interessen der Menschheit als eines sich entwickelnden Wesens", können wir auch getrost annehmen, dass die Kenntnis der Wahrheit für diese Entwicklung notwendig ist bzw. dass ein Leben in Täuschung dieses Leben entwerten würde, selbst wenn die Täuschung dieses Leben in gewisser Weise leichter zu ertragen machen würde. Aber genau das können wir ja nicht mit Sicherheit wissen. Den Menschen daher dieses für sie angeblich schädliche Wissen vorzuenthalten, wäre wieder eine Form des von Mill so vehement abgelehnten Paternalismus. Der Arzt z. B., der aus vermeintlicher Rücksichtnahme gegen den unheilbar Erkrankten diesem die Wahrheit über seinen Gesundheitszustand vorenthält, nimmt diesem die Möglichkeit, darauf angemessen zu reagieren, indem er z. B. Vorkehrungen für seine Familie oder Freunde trifft. Denn im Gegensatz zum Extrembeispiel des unausweichlichen Untergangs der menschlichen Zivilisation hat die dem sicheren Tod geweihte Einzelperson sehr wohl eine Perspektive, die über ihren Tod hinausreicht, z. B. bezüglich der Art, wie sie erinnert werden will. Ebendiese Vorkehrungen sind aber womöglich die Voraussetzungen dafür, dass der Sterbenskranke diese für ihn wichtigen Ziele verwirklichen kann.

Es gibt also kein Argument, um Meinungen zu unterdrücken. Sind sie wahr und stehen sie im Gegensatz zur herrschenden Ansicht, gewinnt die Gesellschaft, wenn sie in den Besitz dieser Wahrheit gelangt. Selbst wenn die Kenntnis der Wahrheit womöglich Schaden anrichten könnte bzw. dies von bestimmten Personen oder Stellen vermutet wird, wäre das kein Grund, sie zu unterdrücken. Das heißt nun allerdings wiederum nicht, dass eine Meinung, die an sich zulässig ist, unabhängig vom Kontext in jeder Situation erlaubt ist. Denn während Gedanken, solange sie nicht geäußert werden, immer frei sind, weil sie eindeutig im separaten Bereich des rein Privaten stattfinden, also keinerlei „Other-regarding"-Bezüge aufweisen, sind Meinungen, wenn sie sprachlich ausgedrückt werden, Handlungen, die sich an andere richten. Wie weit die Meinungsäußerung gegenüber der reinen Gedankenfreiheit ebenfalls geschützt ist, hängt von den Wirkungen der Meinung auf andere und deren Verhalten ab. Hier greift also wieder unmittelbar das *Harm Principle* in seiner reinen Form, das macht Mill unmissverständlich klar: „Niemand behauptet, dass Handlungen ebenso frei sein dürften wie Meinungen. Im Gegenteil: selbst Gedanken verlieren ihre Straflosigkeit, wenn die Umstände, unter denen sie ausgesprochen werden, von der Art sind, dass ihr Ausdruck eine direkte Aufreizung zu irgendeiner Schandtat bildet" (ebd.: 81). Als Beispiel erwähnt Mill die Meinung, dass Getreidehändler mit überzogenen Preisen die Armen in den Hunger treiben. Diese Meinung sei als solche grundsätzlich erlaubt und dürfe sogar auch in der Presse veröffentlicht werden. Sie sei aber verboten, wenn sie im Angesicht einer aufgebrachten Menge vor dem Wohnhaus des Getreidehändlers geäußert wird, weil sie dann die Menge zu Taten anstacheln könnte, die das Wohlergehen und vielleicht sogar das Leben des Getreidehändlers bedrohen könnten.

Der Kontext spielt also eine entscheidende Rolle. Insofern hatte die Präsidentin der Harvard Universität, Claudine Gay, bei einer Anhörung vor dem US-Kongress zu antisemitischen Parolen auf dem Campus der Universität im Dezember 2023, also ca. zwei Monate nach dem Überfall der Hamas auf israelische Siedler im Grenzgebiet zum Gazastreifen, nicht ganz unrecht damit, dass die Bewertung bestimmter Aussagen vom Kontext abhänge, nämlich inwieweit diese Äußerungen in ein Verhalten übergehen, das nach den Richtlinien des Campus unzulässig ist (dpa 2023). Auch in Deutschland wurde die Diskussion lebhaft geführt, ob Aussprüche wie „Free Palestine" und „From the river to the sea" durch die Meinungsfreiheit noch gedeckt seien. Auch hier entscheidet wieder der Kontext (Steinke 2023). Erst wenn die Äußerung zur Gewalt aufstachelt, kann sie nach § 130 des Strafgesetzbuchs (Volksverhetzung) als Straftat geahndet werden. Unsere Rechtslage und auch die der USA entsprechen also weitgehend der Mill'schen Auffassung, dass die Meinungsfreiheit sehr großzügig auszulegen ist und vieles erlaubt, außer die geäußerten Meinungen leiten zu Handlungen über, die anderen im Sinne des *Harm Principle* Schaden zufügen. Ein weiteres Beispiel für die Problematik wären die sogenannten Mohammed-Karikaturen. Auch hier gilt in der Regel, dass Karikaturen dieser Art durch die Meinungs- und Kunstfreiheit gedeckt sind, außer sie sind „geeignet, den öffentlichen Frieden zu stören", wie es z. B. in Deutschland in § 166 des Strafgesetzbuches heißt.

Natürlich ist diese Grenzziehung im konkreten Einzelfall äußerst schwierig: Wann ist etwas nur Meinungsäußerung und ab wann ist es eine Handlung, durch die anderen Schaden zugefügt wird? Wie kann z. B. eine Äußerung wie „Free Palestine", insbesondere in Verbindung mit dem Satz „From the river to the sea", gerade vor dem Hintergrund des Massakers vom 7. Oktober 2023, bei dem Mitglieder der Hamas Israelis auf abscheulichste und brutalste Weise abschlachteten und das bei der Anhörung erst wenige Wochen zurücklag, überhaupt noch auf eine „harmlose" Weise verstanden werden? Ist die naheliegende Deutung die, dass damit das Existenzrecht Israels infrage gestellt werden soll, dann ist die Äußerung strafbar; ist sie hingegen eine „bloße Erinnerung" daran, den Palästinensern ein gleichberechtigtes Leben in Freiheit, womöglich im Rahmen einer Zweistaatenlösung, zu ermöglichen, dann wäre sie grundsätzlich zulässig, auch wenn der Anlass ihrer Äußerung noch so makaber ist. Aber was genau die „naheliegende Deutung" nun tatsächlich ist, dürfte oft nicht so einfach zu entscheiden sein.

Die Harvard-Präsidentin Claudine Gay musste wegen ihrer Äußerung zur Kontextbezogenheit der Parolen allerdings von ihrem Amt zurücktreten, weil ihr Verharmlosung antisemitischen Denkens vorgeworfen worden war. Dazu muss allerdings bemerkt werden, dass ihre Äußerung die Antwort auf die Frage der republikanischen Abgeordneten Elise Stefanik darstellte, ob der „Aufruf zum Völkermord an den Juden" gegen die Richtlinien ihrer Universität verstoße. Was Claudine Gay offensichtlich meinte, war, dass eine Äußerung wie z. B. „From the river to the sea", die man *unter bestimmten Umständen* auch als „Aufruf zum Völkermord" interpretieren kann, nicht grundsätzlich unzulässig sei, sondern dass dies eben vom Kontext abhänge. Aber natürlich ist sie unzulässig, wenn sie als „Aufruf zum Völkermord" zu verstehen *ist*. Dies war die von Stefanik unterstellte Interpretation, die Antwort von Gay auf die so gestellte Frage war daher mehr als unglücklich und ihr Rücktritt nur folgerichtig.

Die von Mill angestoßenen Fragen im zweiten Kapitel von *On Liberty* besitzen, wie man sieht, weiterhin eine hochaktuelle Relevanz.

9.3.2 Die Wahrheit ist die herrschende Meinung

Die Wahrheit muss nicht immer die unterdrückte Meinung sein, sie kann durchaus auch die herrschende Meinung sein. An der grundsätzlichen Argumentation ändert sich dadurch eigentlich wenig, da wir ja nie wissen, welche von beiden die „wahre" und welche die „falsche" ist. Genauso, wie wir damit rechnen müssen, dass die unterdrückte Meinung die wahre sein könnte, müssen wir damit rechnen, dass sie die falsche sein könnte. Allerdings hätten viele das intuitive Gespür, dass diese Situation eher ein kleineres Übel darstellen würde, auch wenn wir nie mit hinreichender Sicherheit wissen können, ob wir uns überhaupt in dieser Situation befinden.

Aber selbst wenn wir mit Sicherheit wüssten, welches die wahre und welches die falsche Auffassung ist, hätten wir nach Mill gute Gründe, die falsche Ansicht, also die, von der wir tatsächlich *wissen, dass sie die falsche ist*, zuzulassen. Das heißt nun keineswegs, dass wir sie fördern sollten, das gerade nicht, aber wir sollten sie uns, wenn sie da ist, nutzbar machen, um in der Auseinandersetzung mit ihr unsere eigenen Argumente zu schärfen und zu präzisieren. Man muss stets wachsam gegenüber den Argumenten der anderen Seite bleiben; nimmt man diese gar nicht mehr wahr, besteht die Gefahr, dass man auf seinem „Posten [einschläft] [...], sobald kein Feind in Sicht ist" (Mill 1859/2010: 63).

Wie bei einem Gerichtsprozess kann man die eigene Position besser und überzeugender vertreten, wenn man sie als Erwiderung auf die Gegenseite formuliert, denn es gilt:

> [...] drei Viertel aller Beweise für eine umstrittene Meinung [bestehen] in der Widerlegung von Scheingründen für die abweichende Meinung. [...] Wer nur seine eigene Auffassung eines Falles kennt, weiß wenig über ihn. Seine Gründe mögen gut, mögen unwiderlegbar sein. Ist er aber ebenso wenig imstande, die Gründe der Gegenseite zu widerlegen, kennt er sie nicht einmal, dann hat er keine Berechtigung, eine der beiden Richtungen vorzuziehen (ebd.: 55).

Nur im Abgleich mit der abweichenden Meinung oder Theorie als Folie im Hintergrund können wir den Wert und die Überlegenheit einer Meinung oder Theorie erkennen und wertschätzen. Da eine Meinung immer auch falsch sein kann, verführt das Festhalten an einer Meinung, ohne sie in der Auseinandersetzung mit gegnerischen Ansichten zu stählen, zu dogmatischer Härte und zur Verfestigung des Irrtums, wenn wir uns einmal in ihm befinden. Das heißt aber auch, dass wir, wenn wir uns nicht im Irrtum befinden, sondern tatsächlich die wahre Meinung oder Theorie vertreten, uns dessen gar nicht sicher sein können, denn ohne permanente Auseinandersetzung mit der Gegenseite wäre ja kein Unterschied zu erkennen, ob die von uns vertretene Meinung nun wahr oder falsch ist. Eine Meinung, die sich nicht der Prüfung aussetzt und daher niemals falsch sein kann bzw. deren Falschheit man niemals nachweisen könnte, ist wertlos, selbst wenn sie an sich richtig ist.

9.3.3 Die Wahrheit ist nicht „die ganze Wahrheit"

Der dritte Fall, den Mill untersucht, ist der, wenn die eine Meinung nicht ganz richtig und die abweichende Meinung nicht ganz falsch ist, also „ein Körnchen Wahrheit" (Mill 1859/2010: 77) enthält. Die endgültige Meinung entsteht dann als Synthese aus den ursprünglich widersprechenden Meinungen. In den meisten abweichenden Theorien, Ideologien, Gedankengebäuden ist auch immer etwas Gutes zu entdecken. Es wäre daher falsch, sich dieser Möglichkeit des Erkenntnisgewinns von vornherein zu verschließen. Als Beispiele nennt hier Mill unter anderem Atheisten, von denen „ein großer Teil der besten und wertvollsten Morallehren" (ebd.: 75) stammt, aber auch den Koran und nicht zuletzt Rousseau, der aus Sicht Mills in vielen, ja den meisten Dingen falschlag, aber dessen Paradoxe dennoch als „heilsame Erschütterung [...] wie Bomben [...] die dichte Masse einseitiger Vorurteile" sprengten. „Der höhere Wert einfacher Lebenshaltung, die entnervende und entsittlichende Wirkung der Fesseln und Heucheleien einer künstlich gewordenen Gesellschaft sind Ideen, die kultivierten Geistern niemals wieder gänzlich aus dem Sinn gekommen sind, seit Rousseau schrieb." (ebd.: 69) Wenn wir uns die Möglichkeit offenhalten wollen, das Beste beider Welten, die sich gegenüberstehen, jeweils selektiv auszuwählen und als neue Gesamtsicht zu vereinen, ist es erst einmal nötig, alle diese möglichen Gedanken- und Ideenwelten zuzulassen, damit sie ihre volle heilsame Wirkung entfalten können.

Literatur zur Einführung

Wolff, Jonathan (2016): An Introduction to Political Philosophy. Oxford [u. a.]: Oxford University Press, Kap. 4.

Weiterführende Literatur

Feinberg, Joel (1984): The moral limits of the Criminal Law. Harm to others. New York: Oxford University Press.

Feinberg, Joel (1985): The moral limits of the Criminal Law. Offense to others. New York: Oxford University Press.

Feinberg, Joel (1986): The moral limits of the Criminal Law. Harm to self. New York: Oxford University Press.

Gray, John/Smith, G. W. (Hg.) (2012): John Stuart Mill *On Liberty* in Focus. London: Routledge.

Schefczyk, Michael/Schramme, Thomas (Hg.) (2015): John Stuart Mill: Über die Freiheit. Berlin/Boston: de Gruyter.

10. Gerechtigkeit als Fairness: John Rawls

Die unzweifelhaft einflussreichste Figur in der Politischen Philosophie im letzten Jahrhundert ist John Rawls, dessen Wirken, auch wenn er 2002 gestorben ist, noch weit in das 21. Jahrhundert ausstrahlt und der weiterhin als die maßgebliche Referenz gilt, wenn es um die Erörterung von Gerechtigkeitsfragen geht. Auch diejenigen, die seine Theorie bzw. die Grundannahmen derselben keineswegs teilen, kamen und kommen nicht umhin, seine Theorie zumindest als eine Art von Bezugsrahmen zu akzeptieren, vor dessen Hintergrund theoretische Ansätze häufig dahingehend diskutiert werden, inwiefern sie von Rawls abweichen und mit welchen Argumenten diese abweichende Position begründet wird. Als Hauptwerk gilt sein Buch *A Theory of Justice*, das 1971 veröffentlicht wurde, wobei dieses Werk auf grundlegende Konzepte zurückgreift, die er seit Ende der 50er-Jahre in Artikeln veröffentlicht hatte. Der Wesenszug, der seinen Zugriff auf die Gerechtigkeitsthematik am besten charakterisiert, ist sein Verständnis von Gerechtigkeit als Fairness („justice as fairness"). Wie grundlegend diese Auffassung für ihn war, zeigt sich darin, dass sie schon der Titel eines wegweisenden Artikels von 1958 war und später der eines Buches von 2001, in dem seine Theorie im Lichte der Kritik noch einmal modifiziert wurde.

Der Fokus der Theorie von Rawls liegt auf dem Aspekt von Gerechtigkeit, der allgemein als Verteilungsgerechtigkeit bezeichnet wird. Es geht also darum, wie Dinge, die für Menschen von Bedeutung sind und die Rawls als Grundgüter bezeichnet, verteilt werden bzw. nach welchen Regeln sie verteilt werden sollten, damit es gerecht ist. Dieser Aspekt steht auch meistens im Mittelpunkt gegenwärtiger Theorien vom Staat, denn weder diskutieren wir üblicherweise heutzutage über den Sinn bzw. die Rechtfertigung des Staates an sich noch darüber, ob dieser Staat ein demokratischer Staat sein sollte. Diese Themen können als weitgehend abgeräumt betrachtet werden, auch wenn natürlich die spezifische Ausgestaltung von Demokratien, z. B. in Hinsicht auf direktdemokratische Elemente, weiterhin intensiv diskutiert wird oder der vielerorts mehr oder weniger schleichende Verfall demokratischer Strukturen uns beunruhigt. Das Letztere bezieht sich aber eher auf empirische Untersuchungen zu den Funktionsbedingungen der Demokratie; die grundsätzlichen normativen Fragen, *ob* wir einen Staat haben sollten und *ob* dieser demokratisch sein sollte, stehen aber kaum mehr zur Debatte. Sehr wohl infrage steht angesichts dieser allseitig akzeptierten Selbstverständlichkeit des demokratischen Rechtsstaats als Ausgangspunkt unserer normativen Überlegungen hingegen, welche Aufgaben dieser Staat denn haben sollte, wie weit er in das Leben seiner Bürger eingreifen soll und darf und wie er festlegt, wer was in dieser Gesellschaft auf Grundlage welcher Kriterien erhält. Dies sind genau die Fragen, mit denen sich die Verteilungsgerechtigkeit im Kern auseinandersetzt. Es ist daher wenig überraschend, dass die Verteilungsgerechtigkeit zu einem der dominanten Pfeiler der gegenwärtigen

10. Gerechtigkeit als Fairness: John Rawls

Politischen Philosophie zählt, und Rawls ist sozusagen ihr Prophet, auch wenn der Begriff Prophet für einen Kantianer wie Rawls vielleicht etwas unpassend sein mag.

10.1 Das Konzept der Verfahrensgerechtigkeit

Um die Herangehensweise von Rawls zu illustrieren bzw. zu verstehen, d. h. die Art und Weise, wie er das Fundament errichtet, auf dem seine Theorie dann gebildet wird, eignet sich das Konzept der Verfahrensgerechtigkeit besonders gut, das eine zentrale Rolle in der Theorie von Rawls spielt. Dabei unterscheidet Rawls zwischen drei Konzepten von Verfahrensgerechtigkeit.

Um „vollkommene" oder „perfekte" Verfahrensgerechtigkeit handelt es sich, wenn in Hinsicht auf ein Verteilungsproblem sowohl ein unabhängiger Gerechtigkeitsmaßstab existiert als auch ein Verfahren, welches in der Lage ist, das diesem Maßstab entsprechende Ergebnis zu produzieren. In diesem Fall verfügen wir also schon beim Auftauchen des Problems vorab über diesen unabhängigen Gerechtigkeitsmaßstab, der uns nahelegt, was denn die Forderung der Gerechtigkeit wäre bzw. wie eine gerechte Aufteilung aussehen würde. Dabei geht es erst einmal nicht darum, wie und ob dieser Gerechtigkeitsmaßstab begründet werden kann, sondern sein Vorhandensein wird einfach vorausgesetzt. Als Beispiel greift Rawls dabei auf das bekannte Problem der Aufteilung eines Kuchens zurück, das ja geradezu zu einer ikonischen Illustration von Teilungsproblematiken geworden ist. Nehmen wir also an, eine Tante bringt ihren beiden Neffen einen Kuchen mit, den diese gerecht unter sich aufteilen sollen. Solange keine Gründe vorliegen, warum einer von beiden größere Ansprüche haben sollte als der andere, definiert der unabhängige Gerechtigkeitsmaßstab die Gleichverteilung als das gerechte Ergebnis. Im Sinne des *Prinzips des unzureichenden Grundes* soll also jeder dasselbe erhalten, solange wir eben keinen gewichtigen und akzeptablen Grund haben, die Neffen unterschiedlich zu behandeln. Jeder von ihnen soll also die Hälfte des Kuchens erhalten. Nun benötigen wir noch ein Verfahren, das genau dieses Ergebnis auf einfache und pragmatische Weise herzustellen vermag. Dabei können wir auf das verbreitete Divide-and-Choose-Verfahren zurückgreifen. Der eine Neffe zerlegt den Kuchen also in zwei Teile, der andere Neffe darf sich dann als Erster sein Stück auswählen und das verbleibende Stück erhält derjenige, der die Teilung vorgenommen hat. Die „Lösung" des Problems findet sich mit der aus der Spieltheorie bekannten Methode der „backward induction" bzw. Rückwärtsinduktion (Behnke 2020: 120 ff.), d. h., wir rollen das Spiel für die Analyse von hinten her auf. Der nicht teilende Neffe ist als Erster am Zug und darf sich sein Stück auswählen. Wenn wir von vernünftigen Präferenzen ausgehen – d. h., aus Sicht des Neffen ist es desto, je größer sein Stück ist –, wird er sich das größere Stück auswählen, wenn beide Stücke nicht gleich groß sind. Sind beide gleich groß, wird er indifferent sein und sich ein beliebiges der beiden Stücke nehmen.

10.1 Das Konzept der Verfahrensgerechtigkeit

Der teilende Neffe kommt erst als Zweiter zum Zug und weiß daher, dass er das kleinere Stück erhalten wird, wenn es ein kleineres Stück gibt, der Kuchen also nicht gleichmäßig aufgeteilt worden ist. Also muss er so teilen, dass das „kleinere" Stück das größtmögliche kleinere Stück ist; das ist dann der Fall, wenn es genauso groß ist wie das „größere" bzw. wenn es streng genommen gar kein „kleineres" und kein „größeres" Stück gibt, weil beide eben gleich groß sind. Die durch den normalen Eigennutz der beiden Neffen bedingte Motivation und ihre daraus folgenden Handlungsweisen führen also dazu, dass das Ergebnis realisiert wird, das auch nach dem unabhängigen Gerechtigkeitsmaßstab das „richtige" gewesen wäre.

Bei der sogenannten „imperfekten" oder „unvollkommenen" Verfahrensgerechtigkeit verfügen wir zwar immer noch über einen unabhängigen Maßstab, wie denn das gerechte Ergebnis aussehen soll, aber leider steht uns jetzt kein Verfahren mehr zur Verfügung, das in der Lage wäre, dieses Ergebnis eindeutig und genau in der erwünschten Weise herbeizuführen. Das Beispiel, das Rawls hier zur Illustration heranzieht, ist der Strafprozess. Der unabhängige Maßstab sagt uns dann zumindest, wie das Ergebnis idealerweise im Prinzip aussehen sollte, nämlich so, dass kein Unschuldiger verurteilt und kein Schuldiger freigesprochen wird. Allerdings gibt es unglücklicherweise kein Verfahren, das uns garantieren könnte, dieses im Sinne der Gerechtigkeit erwünschte Ergebnis zu erzielen, was uns ja eine lange und leidvolle Geschichte von Justizirrtümern, wie sie auch noch im besten und fairsten Rechtssystem auftreten, vor Augen führt. Denn es gibt eine dem Problem inhärente Dilemmastruktur, die es unmöglich macht, ein solches ideales Verfahren zu etablieren, denn die beiden mit der Gerechtigkeit verbundenen Ziele stehen in einem Konkurrenzverhältnis zueinander, d. h., es gibt einen Trade-off zwischen ihren jeweiligen Verwirklichungsmöglichkeiten. Je besser es mir gelingt, das eine Ziel zu erreichen, desto größere Verfehlungen bei der Erreichung des anderen Ziels muss ich in Kauf nehmen, alle anderen Umstände als gleichbleibend vorausgesetzt. Denn wenn ich sicher sein will, niemals bzw. zumindest so gut wie niemals einen Unschuldigen zu verurteilen, und daher eine entsprechend hohe Hürde bei der Beweislast für erforderlich halte, dann muss ich als zwangsläufige Konsequenz in Kauf nehmen, auch gelegentlich einen Schuldigen freizusprechen, wenn die hinreichende Beweislast eben nicht mehr erbracht werden kann, weil die an sie gestellten Ansprüche so hoch sind. Natürlich lassen sich die Verfahren als Ganzes sehr wohl verbessern, z. B. wenn die Eindeutigkeit bestimmter Indizien verbessert werden kann. DNA-Tests, wie sie heute eingesetzt werden, können natürlich mit wesentlich größerer Sicherheit und Genauigkeit die Anwesenheit eines mutmaßlichen Täters am Tatort nachweisen als die berüchtigten Haarproben, die früher eingesetzt wurden und wegen ihrer relativ hohen Fehleranfälligkeit für nicht wenige Justizirrtümer verantwortlich gewesen sein dürften. Aber das grundsätzliche Dilemma des Trade-offs zwischen den

10. Gerechtigkeit als Fairness: John Rawls

beiden Zielen wird nicht dadurch aufgehoben, dass es lediglich leichter geworden ist festzustellen, ob eine bestimmte Höhe der Beweislast mit einer bestimmten Sicherheit erreicht worden ist. Denn immer noch gilt, dass ich sichere Verurteilungen der Schuldigen nur durch den „Beifang" von Verurteilungen von Unschuldigen verwirklichen kann, und sichere Freisprüche von Unschuldigen nur durch die Bereitschaft, relativ viele Schuldige im Gegenzug dafür laufenzulassen.

Um „reine" Verfahrensgerechtigkeit handelt es sich schließlich, wenn ich über überhaupt keinen unabhängigen Gerechtigkeitsmaßstab mehr verfüge, aber über ein Verfahren, das so beschaffen ist, dass man das Ergebnis als gerecht ansehen kann, *weil es dieses Verfahren durchlaufen hat*. Das Verfahren selbst verfügt sozusagen über intrinsische Eigenschaften, die die von ihm produzierten Ergebnisse gerecht machen. Die maßgebliche intrinsische Eigenschaft besteht dabei darin, dass das Verfahren fair war, d. h. niemanden auf unfaire Weise bevorzugt oder benachteiligt hat. Es wird nun auch unmittelbar klar, was Rawls mit „justice as fairness" meint. Als Beispiel nimmt er die „faire" Wette. Stellen wir uns also zwei Spieler A und B vor, die jeweils denselben Einsatz wagen, z. B. einen Euro, und sich darauf einigen, dass derjenige den Gesamteinsatz von zwei Euro erhalten soll, zu dessen Gunsten ein Münzwurf entscheidet. Bei „Kopf" erhält A den Gesamteinsatz, bei „Zahl" erhält B den Gesamteinsatz. Beide Spieler haben also die gleiche, „faire" Chance, die Wette bzw. das Spiel zu gewinnen, aber es gibt keinen unabhängigen Gerechtigkeitsmaßstab, mit dem sich vorab entscheiden ließe, wer von beiden denn aus Gerechtigkeitsgründen wie viel erhalten sollte. Weder hat A einen aufgrund des Gerechtigkeitsmaßstabs existierenden Anspruch auf die zwei Euro, noch hat B einen solchen Anspruch, sondern nur das Verfahren, also das Ergebnis des Münzwurfs, entscheidet darüber, ob es nun gerecht ist, dass am Ende A bzw. B die zwei Euro besitzt. Ist es derjenige, dem die zwei Euro aufgrund der Regeln des Spiels zustehen, dann ist auch die entstandene Verteilung gerecht.

Allerdings ist es natürlich keineswegs immer so, dass eine bestimmte Aufteilung allein nur schon deshalb gerecht ist, weil sie aufgrund eines „fairen" Verfahrens zustande gekommen ist. Nehmen wir an, wir haben den Fall von zwei Erben, die ähnlich wie in unserem Kuchenteilungsbeispiel beide denselben Anspruch auf ein bestimmtes Erbe hätten, wie es z. B. bei Geschwistern üblicherweise der Fall ist, die ihre Eltern beerben. Zumindest ist die Gleichverteilung des Erbes der gesetzlich geregelte Normalfall, wenn die Eltern nicht testamentarisch abweichende Vorkehrungen getroffen haben. Tatsächlich könnte dann ein Zufallsverfahren wie der Münzwurf zum Einsatz kommen, wenn es sich bei der Erbmasse um teilweise unteilbare Güter handelt. Allerdings würden dann üblicherweise Kompensationszahlungen an den „Verlierer" erfolgen, d. h., er oder sie würde den Miterben oder die Miterbin „auszahlen". Auch wenn in der Realität solche Auszahlungen häufig –

z. B. im Fall der Vererbung von Firmen – aufgrund testamentarischer Verfügungen zu niedrig ausfallen, so wären sie idealerweise entsprechend zum realen Marktwert, sodass dem Verlierer kein materieller Schaden entstünde. Der Nachteil gegenüber dem Gewinner beim Münzwurf bestünde nur noch im immateriellen Schaden, weil mit dem Erbe z. B. bestimmte Erinnerungen oder traditionell bedingte Vorzüge verbunden sind. Genauso wäre es, wenn um ein Erinnerungsstück gewürfelt oder per Münzwurf entschieden würde, dieses Erinnerungsstück aber keinerlei materiellen Wert hat, sodass überhaupt keine Kompensationszahlungen geleistet würden. Die in diesen Fällen entstehenden Vorteile für denjenigen, der dieses unteilbare Erbgut erhält, sind nicht in dem Sinn gerecht, dass sie ihm in irgendeinem Sinne zustehen würden. Es ist aber umgekehrt offensichtlich nicht per se ungerecht, dass diese Vorteile entstehen, denn ihr Zustandekommen liegt in der Beschaffenheit der Situation selbst, die nur eine asymmetrische Verteilung zulässt, sodass diese Asymmetrie eben unvermeidbar ist. Diese Asymmetrie nun dadurch zu vermeiden, indem man solche Güter gar niemandem zuteilt, aber würde bedeuten, das Kind mit dem Bade auszuschütten, und hätte eine im ökonomischen Sinn ineffiziente Verteilung zur Folge, weil bestimmte Güter bzw. der durch sie bereitgestellte Nutzen verschwendet würden. Tatsächlich weisen Kinder in einem bestimmten Alter die Tendenz auf, Ressourcen lieber wegzuwerfen als sie ungleich aufzuteilen (Shaw/Olson 2012). Die Alltagsvernunft älterer Personen bzw. rationaler Akteure allerdings gibt der Effizienz wieder stärkeres Gewicht (Almås et al. 2010). Es wäre offenkundig unsinnig und sogar problematisch, Dinge nicht zu vergeben oder zu nutzen, nur weil ihre einseitige Bereitstellung unter Umständen Neidgefühle erzeugen könnte, in dem Sinn, dass man gegenüber anderen unfair benachteiligt wurde. Wenn das Verfahren der Zuteilung überdies fair war, eben genau in dem Sinn, dass jeder dieselbe Chance hatte, der Bevorzugte bei der asymmetrischen Verteilung zu sein, dann gibt es keine Benachteiligung und der Neid auf den Bessergestellten lässt sich nicht aus inhaltlichen Gründen rechtfertigen. (Die Situation ist gänzlich anders zu beurteilen, wenn jemand zu Recht „neidisch" ist, weil er oder sie tatsächlich benachteiligt wurde. Mit dem hier relevanten Konzept der sogenannten „Neidfreiheit" werden wir uns im Zusammenhang mit der Theorie von Ronald Dworkin beschäftigen.)

Asymmetrische Verteilungen *können* also gerecht sein, wenn sie auf faire Weise zustande gekommen sind. Aber das faire Verfahren allein würde noch keine Gerechtigkeit, auch nicht im Sinne von Rawls, garantieren können. Dies lässt sich leicht plausibilisieren, wenn wir unsere Geschichte von den beiden Erben dahingehend modifizieren, dass das Erbe nun sehr wohl teilbar wäre, z. B. könnte es ganz einfach aus einem Geldbetrag von 100.000 Euro bestehen. In diesem Fall würden wir wohl automatisch wieder auf die perfekte Verfahrensgerechtigkeit zurückgreifen und einfach jedem der beiden Erben jeweils die Hälfte, also 50.000 Euro, geben. Dem einen die ganzen

10. Gerechtigkeit als Fairness: John Rawls

100.000 Euro zu geben und den anderen leer ausgehen zu lassen, wäre sicherlich nicht gerecht, selbst wenn das Ergebnis in dem Sinne „fair" wäre, dass es mit einem Münzwurf bestimmt worden wäre. Wenn wir die Möglichkeit haben, das Erbe gleichmäßig zu teilen, dann müssen wir das offensichtlich auch tun. Wenn die beiden Erben *danach* jeweils ihren Erbanteil in einem Wettspiel gegeneinander einsetzen, sodass am Ende der eine 100.000 Euro besitzt und der andere nichts, dann ist das vermutlich eher kein Problem, weil sie mit ihrem Erbe natürlich tun und lassen dürfen, was ihnen gefällt. Und sollte es ihnen gefallen, es in einer solchen Wette wieder durchzubringen, dann ist das eben so. (Ob wir dies als Problem sehen oder nicht, hängt davon ab, ob wir bei der Beurteilung der Verteilung in Betracht ziehen, inwieweit sie aufgrund persönlicher Entscheidungen zustande gekommen ist. Auf diesen Punkt werde ich noch im Zusammenhang mit Nozick ausführlicher eingehen.)

Natürlich ist die gerechte Teilung von 100.000 Euro offensichtlich eine Sache der perfekten Verfahrensgerechtigkeit. Die reine Verfahrensgerechtigkeit kommt hier ebenso offensichtlich erst gar nicht zum Zug, weil wir sie ja nur in Fällen einsetzen würden, in denen die perfekte Verfahrensgerechtigkeit nicht möglich ist, weil wir eben über keinen unabhängigen Gerechtigkeitsmaßstab verfügen. Dennoch hilft uns das Beispiel, adäquate Intuitionen dafür zu bilden, unter welchen Bedingungen die Anwendung reiner Verfahrensgerechtigkeit stattfinden könnte oder sogar sollte. Wenn die Gerechtigkeit des Ergebnisses allein durch das Verfahren garantiert werden soll, dann muss dieses Verfahren besondere und herausgehobene Eigenschaften besitzen, die das Ergebnis in einer besonderen Weise auszeichnen. Auf jeden Fall muss das Verfahren eben „fair" sein, in dem Sinn, dass es keinen in unangemessener Weise benachteiligt oder bevorzugt. Das heißt nicht zwingend, dass alle gleich behandelt werden müssen, aber es heißt, dass wir Unterschiede in der Behandlung nur aufgrund von Kriterien vornehmen dürfen, die im Rahmen unseres Fairnesskonzepts liegen bzw. mit diesem harmonieren. Die Kriterien dürfen nicht „unter moralischen Gesichtspunkten [...] willkürlich" (Rawls 1971/1979: 93) sein, was sie für eine moralische Bewertung irrelevant machen würde. Die Kriterien, die die „Fairness" des Verfahrens begründen, müssen insofern selbstevident sein, als sie von jedem, der unvoreingenommen und vernünftig ist, akzeptiert werden. Denn das Verfahren kann nur dann ein „gerechtes" Ergebnis produzieren, wenn alle Beteiligten auch bereit sind, das Ergebnis zu akzeptieren, sich also freiwillig auf das Verfahren einlassen und sich an das vom Verfahren hervorgebrachte Ergebnis gebunden fühlen, *weil* sie die Fairness der Regeln anerkennen.

Diese Vorüberlegungen zur reinen Verfahrensgerechtigkeit sollten uns nun helfen, ein tieferes Verständnis vom berühmtesten Konzept der Rawls'schen Theorie zu erhalten, nämlich dem sogenannten *Schleier des Nichtwissens*.

10.2 Der Schleier des Nichtwissens und der Urzustand

Wie der Titel seines Hauptwerks *A Theory of Justice* schon sagt, geht es um Gerechtigkeit, genauer um Verteilungsgerechtigkeit, also um die Gerechtigkeit beim Verteilen von Dingen und Gütern. Tatsächlich spricht Rawls hier konkret von den sogenannten „Grundgütern".

> Als ersten Schritt wollen wir annehmen, die Grundstruktur der Gesellschaft verteile gewisse Grundgüter, d. h. Dinge, von denen man annehmen kann, daß sie jeder vernünftige Mensch haben will. Diese Güter sind gewöhnlich brauchbar, gleichgültig, was jemand für einen vernünftigen Lebensplan hat. Der Einfachheit halber wollen wir annehmen, die hauptsächlichen Grundgüter der Gesellschaft seien Rechte, Freiheiten und Chancen sowie Einkommen und Vermögen. (Rawls 1971/1979: 83)

Im Begriff des Lebensplans manifestiert sich die grundsätzliche liberale Ausrichtung von Rawls, ganz im Sinne von John Stuart Mill. Menschen verwirklichen sich in der Umsetzung von Lebensplänen, die die Ziele definieren, von deren Erreichung sie es abhängig machen, ob sie ihr eigenes Leben als gelungen und zufriedenstellend betrachten. Das ist es, wovon die amerikanische Unabhängigkeitserklärung spricht, wenn sie unter anderem ein Recht auf „pursuit of happiness" postuliert, direkt neben den Rechten auf Leben und Freiheit, die alle als „unalienable", also als unveräußerlich, gelten. Die Erkenntnis der Gültigkeit dieser Rechte als „self-evident truths" zeigt, wie sehr die amerikanischen Gründungsväter von Locke beeinflusst waren.[1] Und wie wir sehen, ist dieses Grundanliegen des Liberalismus auch eines von Rawls. Die Lebenspläne sind keine Garantie für Glück, aber es muss für jeden die Möglichkeit geben, solche Lebenspläne aufzustellen, und solange sie als „vernünftig" gelten können, muss auch jeder eine faire Chance haben, sie im Prinzip erfüllen zu können. Die Grundgüter sind die Mittel, die wir benötigen, um unsere Lebenspläne zu verwirklichen. Die Rechte und Freiheiten definieren dabei eher die Rahmenbedingungen und Einkommen und Vermögen die materiellen Mittel, die oft unverzichtbar sind, wenn es darum geht, bestimmte Ziele zu erreichen, wie z. B. ein angenehmes Leben mit hinreichendem Wohlstand. Zentral ist auch der Begriff der Chancen, die ebenfalls als Grundgüter angesehen werden. Diese Chancen beruhen ihrerseits teilweise auf materiellen Grundlagen, oft aber auch auf Rechten und Freiheiten, insbesondere aber auf Zugangs- und Teilhaberechten.

Für die Verteilung dieser Grundgüter sind gesellschaftliche Institutionen zuständig, also alle Regeln, Gesetze und Verfahren, nach denen diese Verteilung vorgenommen wird. Es geht also bei Rawls um die Gerechtigkeit von Institutionen, Rawls spricht hier von der „Grundstruktur der Gesellschaft". Die

---

[1] Tatsächlich hieß es in einem ersten Entwurf von Jefferson noch: „We hold these truths to be sacred & undeniable [...]" Benjamin Franklin machte dann den Vorschlag, diese Adjektive durch „self-evident" auszutauschen (Lepore 2019: XIV f.).

10. Gerechtigkeit als Fairness: John Rawls

Verwendung des Gerechtigkeitsbegriffs ist bei Rawls dementsprechend sehr spezifisch bzw. eingeschränkt. Es geht nicht darum, inwiefern Personen gerecht sein können oder ihre Handlungen, was zumindest umgangssprachlich und im alltäglichen Gebrauch ja ebenfalls eine verbreitete Verwendung des Begriffs der Gerechtigkeit ist. Der libertäre Philosoph Hayek hält es sogar für geradezu absurd und widersinnig, den Begriff der Gerechtigkeit und insbesondere den der sozialen Gerechtigkeit auf Institutionen, und nicht Personen und deren Handlungen, zu beziehen: „Strictly speaking, only human conduct can be called just or unjust" (Hayek 1976: 31). Allerdings scheint diese Kritik wiederum wenig nachvollziehbar, denn die Anwendung des Gerechtigkeitsbegriffs auf Institutionen, z. B. Prinzipien, ist ja auch im Alltag nicht ungebräuchlich und entspricht durchaus dem Prinzip der klassischen Philosophie „suum cuique" (Jedem das Seine), das auch noch heute als Formel in Gerichtsgebäuden verwendet wird.[2] Auch wenn diese letzte Verwendung zeigt, dass der Begriff in der klassischen Philosophie auch und teilweise vor allem in Bezug auf das Strafrecht angewandt wurde, so ist es durchaus plausibel, ihn in einem allgemeineren Sinne zu interpretieren. Gerecht ist demnach, wenn jeder erhält, was ihm zusteht. Es ist also die Verteilung am Ende, was jeder *hat*, die darüber entscheidet, ob etwas gerecht ist, bzw. das Verhältnis von dem, was jemand hat, zu dem, was er im Sinne der Gerechtigkeit haben *sollte*. Insofern erscheint es durchaus äußerst sinnvoll, von der Gerechtigkeit einer Institution zu sprechen, wenn das Wirken dieser Institution dafür sorgt, dass am Ende tatsächlich jeder hat, was ihm auch zusteht, also was er haben sollte. Gemäß der Aufteilung der Grundgüter in Rechte und Freiheiten, Chancen und materielle Grundlagen wie Einkommen und Vermögen bezieht sich die Grundstruktur also auf eine Vielzahl von Institutionen. Neben den klassischen liberalen Rechten, die es auch schon bei Locke gibt und in der amerikanischen Verfassung, sind es also vor allem Konkretisierungen von Teilhabe- und Zugangsrechten und die Regeln über die Verteilung von Einkommen und Vermögen. Letzteres bezieht sich also z. B. auf Systeme von Transferzahlungen wie Sozialhilfe oder Bürgergeld, Einkommenssteuer und bei uns immer wieder im Fokus stehende Formen von Vermögenssteuern und Erbschaftssteuern.

Um das Vorgehen von Rawls näher zu erläutern, ist es hilfreich, sich insbesondere auf die letzten Besteuerungssysteme zu konzentrieren, weil es hier nämlich weit voneinander abweichende Auffassungen gibt, die für verschiedene philosophische Grundauffassungen besonders charakteristisch sind. Denn auch wenn es für viele Philosophen immer schon nachvollziehbar erschien und weiterhin erscheint, dass es „selbstevidente Wahrheiten" in

---

[2] Teilweise ist die Verwendung heutzutage umstritten wegen des Umstands, dass der Spruch von den Nationalsozialisten auf zynische Weise missbraucht wurde und im Tor des KZs Buchenwald eingelassen war.

10.2 Der Schleier des Nichtwissens und der Urzustand

Bezug auf Rechte wie die auf Leben, Freiheit und Eigentum, also Lockes Naturrechte, gibt, also „Wahrheiten", denen sich kein vernünftiger Mensch entziehen kann, so gibt es deutlich weniger Übereinstimmung, wenn es um Fragen der angemessenen Besteuerung von Einkommen, Vermögen oder Erbe geht. Denn die „Selbstevidenz" bezüglich der grundlegenden Naturrechte beruht ja eben darauf, dass es hier nahezu einmütige Urteile gibt, weil kein vernünftiger Mensch abstreiten würde, dass es ein Recht auf Leben und Freiheit gibt, und dass dieses Recht ein Menschenrecht in dem Sinn ist, dass es jedem qua seines Menschseins zukommt. Dass die Gründungsväter der US-amerikanischen Verfassung diesen Grundsätzen offensichtlich problemlos zustimmen konnten und dennoch, als die Sklavenhalter, die sie teilweise waren, keine Unvereinbarkeit mit der Sklaverei wahrnehmen wollten, ist eine der schwerverdaulichen Absurditäten der Gründungsgeschichte der ersten modernen Demokratie (wobei nicht wenige wegen dieser Unvereinbarkeit mit gutem Recht die Frage stellen, inwieweit wir hier daher tatsächlich von einer echten Demokratie sprechen können).[3]

Trotz dieser Widersprüche und Inkonsistenzen, die sozusagen nur aufgrund einer effektiven moralischen Selbstblendung nicht in einer harten und un-

---

3 Dieser Widerspruch, den man durchaus auch als zynische Heuchelei begreifen kann, war vielen durchaus bewusst, was man nicht zuletzt an bestimmten Verrenkungen der Verfassung selbst sehen kann, in der der Begriff der Sklaverei nie erwähnt wird, obwohl die Sklaven aber z. B. in Artikel 1 der Verfassung mitgezählt wurden, um die Zahl der Abgeordneten zu bestimmen, durch die ein einzelner Staat repräsentiert werden sollte. Sklaven tauchen hier als – in Abgrenzung zu „free Persons" und „Indians" (die nicht besteuert wurden) – „all other Persons" auf, die mit dem von Madison vorgeschlagenen Faktor von 3/5 multipliziert wurden, um das Repräsentationsgewicht der Staaten festzulegen. Am Schluss gaben diejenigen, die mit der Konstatierung dieser Rechte am liebsten auch gleichzeitig ein für alle Mal die Sklaverei abgeschafft hätten, nach, weil ihnen klar war, dass die Südstaaten der durch die Verfassung neu zu gründenden Union sonst nicht beigetreten wären. Der Widerspruch war also den Gegnern der Sklaverei sehr wohl schmerzlich bewusst und wurde von den Befürwortern letztlich mit den altbekannten Argumenten für nicht-existent erklärt, indem den Sklaven schlicht die Fähigkeit abgesprochen wurde, vernünftig und eigenverantwortlich zu handeln, was auch bei klassischen Liberalen immer als Voraussetzung für die Gewährleistung dieser Rechte gegolten hat. So konstatiert auch John Stuart Mill: „Despotismus ist eine legitime Regierungsform, wo man es mit Barbaren zu tun hat [...]. Freiheit, als Prinzip, kann man nicht auf einer Entwicklungsstufe anwenden, auf der die Menschheit noch nicht einer freien und gleichberechtigten Erörterung derselben fähig ist" (Mill 1859/2010: 20). Auch wenn Mill damit keinesfalls die Sklaverei verteidigen wollte, so offensichtlich ist, dass sie sich mit diesem Argument „begründen" lässt (indem man objektiv falsche Prämissen in das Argument aufnimmt, die aber als wahr deklariert werden; vgl. Kap. 2.3). Je aufgeklärter und kultivierter daher die afrikanischstämmigen Personen waren, desto offener trat dieser Widerspruch in der eigenen Argumentation zutage. Es ist daher nur in sich konsistent, dass rassistische Machwerke wie der legendäre Film *Birth of a Nation* von David Wark Griffith von 1915 die Sklaven zum großen Teil als unbekümmerte, naive und eher schlichte Gemüter dargestellt haben, die wie kleine Kinder sind und entsprechend geführt werden müssen. Ein Narrativ, das auch in *Vom Winde verweht* aufgegriffen wurde, dem inflationsbereinigt und von der Zuschauerzahl her immer noch erfolgreichsten Film aller Zeiten.

umgehbaren Unverträglichkeit auftraten, war also die Selbstevidenz der natürlichen Rechte auf Leben und Freiheit aller (vernünftigen) Personen in der Tat einheitlicher Konsens. Nicht über die Rechte selbst gab es Kontroversen, sondern über ihren Anwendungsbereich. Komplizierter liegt die Sache allerdings, wenn es um die gesellschaftliche Grundstruktur geht, also z. B. die Institutionen, die das Steuer- und das Transfersystem regeln. Hier gibt es offenkundig weit ausgreifende Meinungsverschiedenheiten über die angemessene Höhe von Spitzensteuersätzen oder die Breite der Leistungen, die durch Transferzahlungen für Bedürftige abgedeckt werden soll. Man kann Rawls nun durchaus so verstehen, dass aber auch die Antworten auf diese Fragen selbstevident sein *müssten*, d. h. dass auch sie „Wahrheiten" darstellen, über deren Richtigkeit und Falschheit zwischen vernünftigen Menschen weitgehend Einigkeit bestehen müsste. Dies mag vielleicht nicht für jede konkrete einzelne Regelung gelten, aber doch für die grundsätzlichen Prinzipien, nach denen diese Regelungen konstruiert werden müssen, und die Rawls als „Gerechtigkeitsgrundsätze" bezeichnet. Wie lässt sich also erklären, dass es unterschiedliche Meinungen gibt, wo es zumindest unter vernünftigen Menschen nur eine einzige Meinung geben dürfte? Die Antwort auf diese grundlegende Frage lautet, dass die Meinungen der verschiedenen Personen eben nicht immer die von „vernünftigen" Personen sind, sondern dass sie oft durch Vorurteile und Eigeninteresse verzerrt sind. So überrascht es uns wenig, dass reiche Personen in der Regel dazu neigen, hohe Spitzensteuersätze abzulehnen, während weniger betuchte Personen und insbesondere ärmere Personen hohen Spitzensteuersätzen durchaus Positives abgewinnen können und im gleichen Sinn auch höhere Transferzahlungen häufig begrüßen. Das ist es auch, was alle, die mit dem *Homo oeconomicus* der Wirtschaftswissenschaften gut vertraut sind, erwarten würden, zumindest soweit sie der Ansicht sind, dass der *Homo oeconomicus* ein realistisches Handlungsmodell darstellt. Sicherlich stimmt die empirische Realität nicht immer mit diesem holzschnittartigen Menschenbild überein, so gibt es z. B. die Initiative „Tax me now" (vgl. Zekri 2021), in der sehr Reiche und Superreiche fordern, dass sie höher besteuert werden müssten, vor allem in Form von Vermögens- und Erbschaftssteuern. Umgekehrt gibt es eher weniger betuchte Menschen, die aufgrund ihrer eigenen situativen Lage eigentlich nicht die Parteien wählen sollten, die sie wählen, zumindest nicht, wenn es nach ihren objektiven Interessen geht. Dieses Phänomen war z. B. Anfang der 2000er bei bestimmten Segmenten der Wähler der Republikaner zu beobachten (Bartels 2005) und lässt sich womöglich damit erklären, dass diese Wähler an den sogenannten Trickle-down-Effekt glaubten, nach dem die Wohlstandseffekte für die Reichen und Superreichen auch zu der Mittelschicht und den ärmeren „durchsickern" und die großen Wohlstandsgewinne für die Reichen notwendig sind, um Anreize zu schaffen, die das Wirtschaftswachstum überhaupt erst hervorbringen. Auch wenn die empirische Evidenz nicht unbedingt zugunsten des

Trickle-down-Effekts ausfällt, so verhielten sich diese Wähler dennoch subjektiv rational, auch wenn sie objektiv irrigen Wahrnehmungen unterlagen.⁴ Doch Reiche, die für höhere Steuern sind, und Arme, die für niedrigere Steuern sind, können getrost weiterhin als „statistische Störungen" betrachtet werden, und der überwiegende Teil der untereinander abweichenden Meinungen, also deren Varianz, wie der Statistiker sagen würde, kann plausibel sehr wohl mit spezifischen Voreingenommenheiten und unterschiedlichen Eigeninteressen erklärt werden.

Vernünftig sein bedeutet aber, dass das eigene Handeln eben gerade nicht auf Vorurteilen und Voreingenommenheiten beruhen sollte, sondern auf Evidenz von dem, was wirklich „der Fall ist", und auf einer angemessenen Einschätzung und Bewertung dieser Evidenz. Diese Haltung kann auch moralische Urteile umfassen, und die Frage, was wir der Gemeinschaft in Form von Steuern und Beiträgen schulden, ist zweifellos eine moralische Frage. Vernünftig sein ist daher ein Synonym für „das moralisch Richtige tun". Es ist unschwer zu erkennen, dass dies eine Art des Denkens ist, die wir vor allem mit Kant verbinden, und in der Tat ist Rawls' Philosophie durch und durch von Kant geprägt. Das moralisch Richtige ist also das, was wir vernünftigerweise tun sollten, und das, was wir vernünftigerweise tun sollten, ist das, wovon wir erkennen, dass wir es tun sollten, wenn wir die Evidenz objektiv wahrnehmen, uns also von unseren Vorurteilen und Voreingenommenheiten befreien.

Aber es gibt außer zu Kant auch eine gewisse Nähe zu Rousseau in diesem Denken. Denn auch wenn Rousseau nicht an Naturrechte glaubte und die Entscheidungen des Souveräns bei ihm daher grundsätzlich offen sein müssen, weil sie sonst im Widerspruch zum Konzept der Souveränität stünden, so ist nicht zu leugnen, dass der *volonté générale* ein gewisser objektiver Wahrheitsanspruch zu eigen ist, dessen Enthüllung nur durch eine durch die jeweiligen *volontés particulières* der einzelnen Bürger bedingte Verzerrung erschwert werden kann. Wie wir wissen, wird sich daher die *volonté générale* auch desto stärker in den konkreten Abstimmungen der Einstimmigkeit annähern, je weniger die *volontés particulières* sich auswirken. Umgekehrt wird somit die Nähe zur Einstimmigkeit in gewisser Weise zum Maß der „Wahrheitsnähe" bzw. der Wahrscheinlichkeit, mit der der Mehrheitswille tatsächlich auch die *volonté générale* ausdrückt. Was wir benötigen – und

---

4 Und so absurd und fehlgeleitet uns das Wahlverhalten solcher Wähler der Republikaner in der George W. Bush-Ära vorkommen mag, so hyperrational wirken sie inzwischen im Vergleich zu Republikanerwählern der Donald Trump-Ära, deren objektiv irrige Wahrnehmungen ein Ausmaß angenommen haben, wie man es sich früher schlichtweg nicht hätte vorstellen können. Die problematischste dieser objektiv irrigen Wahrnehmungen ist dabei natürlich die, dass die Wahl von 2020 gefälscht worden sei, ein klarer Verstoß gegen das *Willingness-to-lose*-Prinzip (vgl. Kap. 5.4), das Voraussetzung des Gesellschaftsvertrags und des Funktionierens jeder Demokratie ist.

hinsichtlich dieses Ziels sind sich Rousseau und Rawls sehr ähnlich –, ist ein Mechanismus, der eine Reinigung von unseren Vorurteilen und Voreingenommenheiten, die sich in den *volontés particulières* widerspiegeln, bewirkt, also die von Robert Goodin als „laundered preferences" bezeichneten Wertungen über Sachverhalte und politische Vorschläge generiert, wobei diese Vorschläge z. B. solche sind, die die Institutionen der Grundstruktur der Gesellschaft betreffen. Wenn wir uns von unseren Vorurteilen und Voreingenommenheiten befreit haben, wird die *volonté générale* einstimmig sein, d. h., jeder Einzelne verkörpert die Gesamtheit, weil es keine feststellbaren Unterschiede mehr zwischen den Einzelwillen und dem Gesamtwillen gibt, alles ist eins. Rawls bezieht sich auch explizit auf Rousseau, wenn er diesen Gedanken auf folgende Weise ausdrückt: „Was auch die Stellung eines Menschen in der Zeit sein mag, er ist stets gezwungen, für alle Menschen zu entscheiden" (Rawls 1971/1979: 163).

Bei Rousseau war vor allem das Eigentum das Gift, das die Präferenzen und Urteile verfälschte, die Entäußerung von allen Eigentumstiteln daher die notwendige Voraussetzung für einen echten und fairen Gesellschaftsvertrag. Wie wir wissen, wurde dieses Modell zur Folie für eine blutige Wirklichkeit. Rawls hingegen belässt es hier bei einem Gedankenexperiment. Die Ursachen für unsere verfälschten Wahrnehmungen sind aber bei ihm nicht wie bei Rousseau die Indikatoren der faktisch vorhandenen Ungleichheiten, wie die bezüglich des Reichtums und des Einkommens, sondern die Faktoren, die diese Ungleichheiten hervorbringen. Hier sind es vor allem zwei dieser Faktoren, die Rawls nennt: zum einen den sozialen Hintergrund, in den jemand hineingeboren wird, zum anderen die natürlichen Ausstattungen, mit denen jemand auf die Welt kommt. Genauso wie ein gehobener sozialer Hintergrund einer Person bestimmte Hindernisse aus dem Weg räumt und die Verwirklichung der besagten Lebenspläne entsprechend erleichtert, genauso hat eine Person Vorteile, wenn sie hinsichtlich ihrer Talente und sonstigen natürlichen Attribute, wie Schönheit, bevorzugt ist. Für beide aber gilt, dass sie nicht „verdient" sind, auf ihnen kann kein berechtigter Anspruch auf irgendetwas begründet werden, denn sie sind nach Rawls „unter moralischen Gesichtspunkten [...] willkürlich" (ebd.: 93). Da sie lediglich auf Zufälligkeiten beruhen – Rawls spricht z. B. bei der „Zuteilung" der natürlichen Talente auch von der „Lotterie der Natur" (ebd.: 94) –, gibt es keinen Grund, warum jemand mehr bekommen sollte als jemand anderes, nur weil er in Bezug auf diese zufälligen Faktoren vom Glück begünstigt worden ist. Die einzige Verteilung, die an sich und in sich gerechtfertigt werden kann, solange es keine Kriterien gibt, die eine berechtigte Unterscheidung zulassen, ist daher die Gleichverteilung. Das heißt, die Gleichverteilung ist die voreingestellte und in sich normativ begründete Ausgangsverteilung. Soll von dieser abgewichen werden, dann bedarf das einer stichhaltigen Begründung.

10.2 Der Schleier des Nichtwissens und der Urzustand

Das Verfahren, das wir zur Gewinnung der Gerechtigkeitsgrundsätze benötigen, ist also eines, bei dem diese willkürlichen Faktoren, wie sozialer Hintergrund und natürliche Ausstattung mit Talenten, keinerlei Einfluss ausüben können. Die Umstände des sozialen Hintergrunds in der Realität könnten aber nur mit ähnlich brachialen Methoden wie denen der Französischen Revolution neutralisiert werden. Die Unterschiede der natürlichen Talente können sogar gar nicht nivelliert werden, außer wir würden „Korrekturmechanismen" einführen, die schwerwiegende Eingriffe in die körperliche Integrität bedeuten würden.[5] Die Egalisierung körperlicher Merkmale, wenn man sie denn wirklich erzielen wollen würde und könnte, wäre wohl nur mit noch brutaleren Methoden möglich als die der sozialen Umstände. Eine vollständige Egalisierung hinsichtlich der beiden Einflussfaktoren ist also in der Wirklichkeit nicht möglich bzw. allerhöchstens unter Umständen und mit Begleiteffekten möglich, die höchst unerwünscht wären, da sie ein diktatorisches Regime vergleichbar dem der Jakobiner erfordern würde. Rawls bedient sich daher wie gesagt eines Gedankenexperiments.

Dazu entwirft er einen „Urzustand", in dem die beteiligten Personen objektiv und befreit von ihren Interessen die Gerechtigkeitsgrundsätze formulieren können, weil sie sich nämlich hinter einem „Schleier des Nichtwissens" befinden. Er beruft sich dabei auf den Begriff der reinen Verfahrensgerechtigkeit, der als „Grundlage der Theorie" genommen werden soll. Der Zweck besteht daher in der Herstellung von Fairness.

> Irgendwie muß man die Wirkung von Zufälligkeiten beseitigen, die die Menschen in ungleiche Situationen bringen und zu dem Versuch verführen, gesellschaftliche und natürliche Umstände zu ihrem Vorteil auszunutzen. Zu diesem Zweck setze ich voraus, daß sich die Parteien hinter einem Schleier des Nichtwissens befinden. Sie wissen nicht, wie sich die verschiedenen Möglichkeiten auf ihre Interessen auswirken würden, und müssen Grundsätze allein unter allgemeinen Gesichtspunkten beurteilen.

> Es wird also angenommen, daß den Parteien bestimmte Arten von Einzeltatsachen unbekannt sind. Vor allem kennt niemand seinen Platz in der Gesellschaft, seine Klasse oder seinen Status; ebensowenig seine natürlichen Gaben, seine Intelligenz, Körperkraft usw. Ferner kennt niemand seine Vorstellung vom Guten, die Einzelheiten seines vernünftigen Lebensplanes, ja nicht einmal die Besonderheiten seiner Psyche wie seine Einstellung zum Risiko oder seine Neigung zu Optimismus oder Pessimismus. Darüber hinaus setze ich noch voraus, daß die Parteien die besonderen Verhältnisse in ihrer eigenen Gesellschaft nicht kennen, d. h. ihre wirtschaftliche und politische Lage,

---

5 In der Kurzgeschichte *Harrison Bergeron* von 1961 schildert Kurt Vonnegut eine zukünftige Welt im Jahr 2081, in der dank des 211., 212. und 213. Amendments der Verfassung schließlich jeder in jeder Hinsicht absolut gleich ist. „They weren't only equal before God and the law. They were equal every which way." (Vonnegut 1998: 7) Für die Durchsetzung der nötigen Maßnahmen sorgt ein „United States Handicapper General". Menschen mit überdurchschnittlicher Intelligenz wird z. B. ein Miniradiosender in ihr Ohr eingesetzt, den sie ununterbrochen tragen müssen und der alle zwanzig Sekunden ein Störgeräusch aussendet „to keep people like George from taking unfair advantage of their brains" (ebd.).

10. Gerechtigkeit als Fairness: John Rawls

den Entwicklungsstand ihrer Zivilisation und Kultur. Die Menschen im Urzustand wissen auch nicht, zu welcher Generation sie gehören. (ebd.: 159 f.)

Diese Beschränkungen im Urzustand hinter dem Schleier des Nichtwissens sind also, wie Rawls selbst einräumt, „ziemlich umfangreich". Die Unterschiede zwischen den Personen können sich nicht mehr auswirken, weil sie den Parteien selbst gar nicht bekannt sind und sich alle im gleichen Zustand der Ignoranz gegenüber ihren eigenen Eigenschaften befinden. Da sie sich insofern alle in der absolut identischen Entscheidungssituation befinden, müssen sie auch alle zu denselben Urteilen kommen, also ganz im Sinne von Rousseaus *volonté générale*. Jeder entscheidet für alle und alle entscheiden für jeden Einzelnen, weil sie gleichzeitig jeden Einzelnen verkörpern, wie sie auch durch jeden Einzelnen verkörpert werden. „Daher läßt sich die Übereinkunft im Urzustand als die eines zufällig ausgewählten Beteiligten sehen. Wenn irgend jemand nach reiflicher Überlegung eine Gerechtigkeitsvorstellung einer anderen vorzieht, dann tun es alle, und es kommt Einstimmigkeit zustande." (ebd.: 162) Der Urzustand bzw. der Schleier des Nichtwissens schafft in einem radikalen Sinn Unparteilichkeit insofern, als es in ihm gar nicht mehr möglich ist, die einzelnen Eigeninteressen hervorgehoben zu berücksichtigen. Da niemand „seine Stellung in der Gesellschaft und seine natürlichen Gaben [kennt], [...] kann niemand Grundsätze auf seinen Vorteil zuschneiden" (ebd.: 163).

10.3 Die zwei Gerechtigkeitsgrundsätze

Hinter dem Schleier des Nichtwissens kommen die beteiligen Personen nun nach Ansicht von Rawls im Urzustand zu zwei Gerechtigkeitsgrundsätzen. Dabei entwickeln sie diese erst einmal in einer vorläufigen und noch nicht so spezifischen Form, die sie dann weiter differenzieren. In dieser ersten Entwurfsversion lauten die Gerechtigkeitsgrundsätze (Rawls 1971/1979: 81):

1. Jedermann soll gleiches Recht auf das umfangreichste System gleicher Grundfreiheiten haben, das mit dem gleichen System für alle anderen verträglich ist.
2. Soziale und wirtschaftliche Ungleichheiten sind so zu gestalten, dass (a) vernünftigerweise zu erwarten ist, dass sie zu jedermanns Vorteil dienen, und (b) sie mit Positionen und Ämtern verbunden sind, die jedem offen stehen.

Die Regelung der Grundstruktur der Gesellschaft bezieht sich demnach auf zwei Teilbereiche, die separat, also nach jeweils eigenen Prinzipien, organisiert werden. Der erste Grundsatz bezieht sich auf Rechte und Pflichten, die alle Mitglieder der Gesellschaft in exakt derselben Weise besitzen; hier haben wir also einen Bereich absoluter Gleichheit, es kann in Bezug auf die Grundfreiheiten unter keinen Umständen eine Ungleichbehandlung gerechtfertigt werden. Demgegenüber bezieht sich der zweite Grundsatz auf die Verteilung materieller Güter und von Zugangschancen, bei denen grundsätzlich eine Ungleichbehandlung zwischen den Mitgliedern der Gesellschaft erlaubt ist, aber eben nur, wenn sie bestimmten Bedingungen genügt. Wir können also sagen: Der erste Grundsatz bezieht sich auf die Grundgüter, bei denen die Gleichheit zwischen den Mitgliedern eingehalten werden *muss*, der zweite Grundsatz bezieht sich auf die Grundgüter, bei denen von der Gleichheit, die aber immer den normativen Referenzpunkt darstellt, abgewichen werden *kann*.

Zu den Grundfreiheiten zählen all die Rechte, die man benötigt, um die eigenen Lebenspläne verwirklichen zu können; es handelt sich um Rechte, die ein Leben in Freiheit bzw. ein freies Leben überhaupt erst ermöglichen, daher der Name Grundfreiheiten. Diesen Rechten stehen natürlich wie immer entsprechende Pflichten gegenüber. Sie umfassen die üblichen Menschenrechte, die wir von Locke her kennen, nämlich die Rechte auf Leben, Freiheit und Eigentum, konkret also insbesondere das Recht auf körperliche Unversehrtheit und den Schutz vor physischer und psychischer Unterdrückung. Des Weiteren enthalten sie aber auch die grundlegenden politischen Rechte wie das Recht zu wählen und in politische Ämter gewählt werden zu können, Vereinigungs- und Versammlungsfreiheit sowie Gewissens-, Gedanken- und Meinungsfreiheit. Insbesondere erwähnt Rawls auch den Schutz vor willkürlicher Festnahme und Verhaftung. Rawls spricht hier übergreifend von einem Recht auf die „Herrschaft der Gesetze", also das Recht auf stabile und eindeutige Gesetze, denn ohne diese ließe sich ja auch kein vernünftiger Lebensplan entwerfen, da dieser auf berechenbaren Erwartungen fußen muss. Interessant ist auch, welche Grundfreiheiten Rawls explizit ausschließt, nämlich die auf eine *bestimmte* Form von Eigentum, womit er insbesondere das Eigentum an Produktionsmitteln meint, und Vertragsfreiheit im Sinne von *laissez-faire*. Auch hier kann man, wenn man will, einen Hauch von Rousseau verspüren: Nicht jeder Vertrag, der „freiwillig" geschlossen worden ist, ist gültig. Er ist es nämlich dann nicht, wenn die Umstände des Vertragsabschlusses keinen fairen Vertrag möglich machen, sodass echte Freiwilligkeit nicht gegeben sein kann. Die Bemerkung in Bezug auf die Formen des Eigentums lässt vermuten, dass bestimmte sozialistische Gesellschaftssysteme durchaus mit Rawls vereinbar sein könnten, insbesondere sogenannte marktsozialistische Systeme, die weitgehend dem Typus des liberalen Rechtsstaats entsprechen, aber bestimmte Güter grundsätzlich im kollektiven Besitz belassen.

Die Formulierung des ersten Gerechtigkeitsgrundsatzes ist nicht sonderlich originell, außer den erwähnten Ausnahmen vielleicht und der Subsumierung der dort erwähnten Rechte als Grundfreiheiten unter den Grundgütern. Der Wesensgehalt entspricht den üblichen Rechtekatalogen von liberalen Philosophen wie Locke und Kant. Die Freiheiten sind grundsätzlich so umfangreich wie möglich zu gestalten, sie müssen verallgemeinerbar sein, wie es sich z. B. in den verschiedenen Formulierungen des Kategorischen Imperativs

10. Gerechtigkeit als Fairness: John Rawls

oder in einer etwas simpleren Form in der Goldenen Regel ausdrückt, und diese Freiheiten können nur dort ihre Grenze finden, wo sie in den Freiheitsbereich der anderen eindringen, was Oliver Wendell Holmes mit dem ihm zugeschriebenen Zitat „Das Recht, meine Faust zu schwingen, endet, wo die Nase des anderen Mannes beginnt" sehr anschaulich auf den Punkt gebracht hat. Eine Grundfreiheit kann also sehr wohl eingeschränkt werden, wenn sie in Konflikt mit einer anderen Grundfreiheit gerät; dann muss es zu einer Güterabwägung kommen, unter welchen Umständen eine solche Einschränkung erlaubt ist. Aber Grundfreiheiten dürfen niemals eingeschränkt werden in Bezug auf den zweiten Gerechtigkeitsgrundsatz. Der erste Grundsatz hat nach Rawls gegenüber dem zweiten Vorrang, beide Grundsätze stehen in einer sogenannten *lexikalischen Ordnung*.

Von einer lexikalischen oder auch lexikografischen Ordnung sprechen wir, wenn wir bestimmte Konzepte mithilfe mehrerer Kriterien in eine Rangordnung bringen, wobei die Kriterien hierarchischer Natur sind. Die Menge aller Objekte oder Konzepte, die hinsichtlich des wichtigsten Konzepts besser abschneiden als eine zweite Menge von Objekten oder Konzepten, bildet eine Gruppe, deren Mitglieder allen Mitgliedern der zweiten Gruppe übergeordnet sind. Innerhalb der so aufgrund des wichtigsten Kriteriums gebildeten Gruppen kann nun das zweitwichtigste Kriterium herangezogen werden, um innerhalb der jeweiligen Gruppen eine Unterordnung nach diesem Kriterium vorzunehmen. Wir kennen das Prinzip z. B. in Form der alphabetischen Ordnung. Alle Wörter mit einem „A" als erstem Buchstaben stehen vor den Wörtern mit einem „B" als erstem Buchstaben. Und innerhalb der Gruppe von Wörtern, die alle „A" als ersten Buchstaben haben, stehen die Wörter mit „A" als zweitem Buchstaben, wie z. B. „Aachen", vor den Wörtern mit einem „B" als zweitem Buchstaben, wie z. B. „Ableitung". Eine lexikalische Ordnung bedeutet also schlicht, dass es keine Verrechnung zwischen den verschiedenen Kriterien geben kann: „AZ" steht immer noch vor „BA", obwohl der durchschnittliche Rangplatz der einzelnen Buchstaben des zweiten Wortstammes höher ist als der des ersten. Bei lexikalischen Ordnungen bilden wir also gerade keine Durchschnittswerte über die Ausprägungen in allen Kriterien.

Eine Verbesserung der Versorgung mit Grundgütern, die durch den zweiten Grundsatz geregelt wird, darf also niemals dadurch erkauft werden, dass die Geltung einer der Grundfreiheiten des ersten Grundsatzes aufgehoben oder auch nur vermindert wird, selbst dann nicht, wenn die materielle Verbesserung für alle vorteilhaft wäre und die Einschränkung der Grundfreiheiten nur für wenige wirksam würde und auch eher geringfügig erscheint. Der Charakter einer lexikalischen Ordnung verbietet dies. Eine Gesellschaft, in der alle Grundfreiheiten so weit wie möglich geschützt werden, ist also immer einer Gesellschaft mit weniger Grundfreiheiten vorzuziehen, selbst wenn es den Mitgliedern der zweiten Gesellschaft in materieller Hinsicht deutlich besser gehen sollte. Es ist zumindest die Annahme von Rawls, dass die Parteien hinter dem Schleier des Nichtwissens nicht nur die beiden Gerechtigkeitsgrundsätze so bilden würden, wie er es beschreibt, sondern dass sie auch die beiden Grundsätze in ebendiese lexikalische Ordnung bringen würden.

Es ist wichtig, sich klarzumachen, dass Beobachtungen, die wir womöglich gerade in der Gegenwart zu machen glauben, nämlich dass in der Realität viele oft auf ein „bisschen" Demokratie verzichten würden für ein Mehr an Wohlstand, keineswegs die Ergebnisse des Rawls'schen Gedankenexperiments widerlegen. Denn die empirischen Verhaltensweisen müssen nicht zwangsläufig dem entsprechen, wie sich vernünftige Menschen hinter einem Schleier des Nichtwissens verhalten würden. Nur weil sich Menschen in der Realität anders verhalten, als sie sich verhalten sollten, wenn sie vernünftig wären, heißt das noch lange nicht, dass die normativen Regeln falsch sind, sondern vielleicht einfach nur, dass sich die Menschen in der realen Welt eben nicht immer vernünftig verhalten. Rawls spricht auch davon, dass der wesentliche Teil seiner Theorie von der Bedingung der „vollständigen Konformität" ausgeht, was er „ideale Theorie" nennt (ebd.: 25). In der Realität herrschen häufig aber „weniger glückliche Umstände" aufgrund von „natürlichen Beschränkungen" und „geschichtlichen Zufälligkeiten" (ebd.: 277 f.). Hierfür geht es dann um die Entwicklung des zweiten Teils der Theorie, der sogenannten „nicht idealen" Theorie. Aber selbst für diese bildet der unter der idealen Theorie gebildete Gerechtigkeitsbegriff die Leitlinie, denn dieser ist „für die Grundstruktur an sich selbst wertvoll [...]. Man sollte nicht auf ihn verzichten, wenn seine Grundsätze nicht überall brauchbar sind" (ebd.: 25). Die ideale Theorie ist also notgedrungen abstrakt und nicht immer auf die Realität eins zu eins anwendbar. Dennoch können wir sie als Richtschnur für die Beurteilung der Realität heranziehen. Vor allem schafft sie die Grundlagen für jede weitere, realistischere Analyse von Institutionen. Für die grundsätzliche Klärung des Begriffs von Gerechtigkeit ist die ideale Theorie maßgeblich, auf die ich mich daher auch in diesem Kapitel beschränken werde. Dennoch kann aber natürlich sehr wohl hinterfragt werden, ob sich denn vernünftige Menschen tatsächlich grundsätzlich so verhalten würden, wie von Rawls apostrophiert. Sind die empirischen Abweichungen von Einstellungen zur Gerechtigkeit der Tatsache geschuldet, dass diese Einstellungen nicht hinter dem Schleier des Nichtwissens entstehen, die Menschen also nicht hinreichend vernünftig sind, oder sind sie sehr wohl vernünftig, aber eben auf eine andere Weise, als von Rawls vermutet? Dass wir uns nicht unbedingt einigen können, was vernünftige Menschen tun würden, heißt wiederum nicht, dass es diesen objektiven Maßstab nicht gibt, sondern vielleicht nur, dass wir partiell der Vernunft entbehren, die wir benötigen würden, um uns über ihre Forderungen hundertprozentig einig zu sein.

Während der erste Gerechtigkeitsgrundsatz also im Vergleich zu Leuten wie Locke, Kant oder Mill nichts wesentlich Neues enthält, und auch wenn die

Einordnung der beiden Gerechtigkeitsgrundsätze in Form einer lexikalischen Ordnung schon sehr charakteristische Züge des Denkens von Rawls enthüllt, so entfaltet sich seine Originalität in vollem Umfang erst in Bezug auf den zweiten Gerechtigkeitsgrundsatz und die hier auftretenden Interpretationen und Gedanken sind es in erster Linie, die Rawls' Ruhm begründen.

10.4 Die möglichen Interpretationen der im zweiten Gerechtigkeitsgrundsatz enthaltenen Prinzipien

Der zweite Gerechtigkeitsgrundsatz bezieht sich auf Ungleichheiten bzw. Ungleichheiten, die sich rechtfertigen lassen. Das Grundprinzip ist denkbar einfach: Grundsätzlich müssen alle Güter gleich verteilt sein, nur eine solche Gleichverteilung lässt sich in sich selbst rechtfertigen. Abweichungen von der Gleichverteilung sind nur erlaubt, wenn sie zu „jedermanns Vorteil" sind, wenn sich also jeder unter der Ungleichverteilung besser stellt, genauer gesagt, wenn sich jeder in einem institutionellen System, das Ungleichheiten zulässt, besserstellt. Denn entscheidend sind die Anreizsysteme, die mit den unterschiedlichen Verteilungsformen verknüpft werden können, sodass die Menge der zu verteilenden Güter bzw. deren Umfang nicht fix ist, sondern ihrerseits abhängt von der gewählten institutionellen Struktur. Durch den zweiten Gerechtigkeitsgrundsatz wird die Verteilung zweier Arten von Grundgütern geregelt: einerseits die Verteilung rein materieller Güter, für die man sich der Einfachheit halber stellvertretend Einkommen und Vermögen vorstellen kann, andererseits die Verteilung von Zugangsmöglichkeiten zu Ämtern und Positionen. Dieser zweite Bereich bezieht sich also auf Umstände und Situationen, in denen es um Chancengleichheit bzw. Chancengerechtigkeit geht. Auch hier gibt es eine lexikalische Ordnung zwischen diesen beiden Teilbereichen. Denn die Chancengleichheit bzw. die Forderung, dass Ämter und Positionen „jedem offen" stehen, muss so geregelt sein, dass sie den Gerechtigkeitserfordernissen entspricht. Wird ein bestimmtes Konzept von Chancengleichheit als geeignet angesehen, diesen Erfordernissen in hinreichender Weise zu genügen, so darf daran nicht mehr gerüttelt werden. Das heißt, auch hier gilt, dass der Zugang zu Ämtern und Positionen für bestimmte Gruppen nicht verschlechtert werden darf, um eine materielle Besserstellung bestimmter Gruppen oder sogar eine materielle Besserstellung aller zu erzielen. Die optimale Ausgestaltung des Grundsatzes, die materiellen Güter „zu jedermanns Vorteil" zu verteilen, setzt also einerseits die Grundfreiheiten des ersten Grundsatzes und andererseits die jeweils gefundene Interpretation der Chancengleichheit voraus. Es handelt sich bei der Suche nach dem besten Entwurf zur Erfüllung des Gerechtigkeitsgrundsatzes 2 (a) also sozusagen um eine Optimierung unter Nebenbedingungen, wobei der erste Gerechtigkeitsgrundsatz und der Gerechtigkeitsgrundsatz 2 (b) ebendiese Nebenbedingungen darstellen.

10.4.1 Die beiden Interpretationen von „jedermanns Vorteil": Das Differenzprinzip

Rawls diskutiert nun für jeden der beiden Bestandteile des zweiten Gerechtigkeitsgrundsatzes zwei mögliche Auslegungen. Für das Prinzip „jedermanns Vorteil" bezüglich der Verteilung der materiellen Güter nennt er zwei Ausgestaltungen, nämlich das Pareto- oder Optimalitätsprinzip und das Unterschieds- bzw. Differenzprinzip. Das Pareto-Kriterium ist uns schon aus Kapitel 4.3 bekannt. Ein Zustand bzw. die Verteilung bestimmter Güter ist dann *pareto-optimal*, wenn sich keiner verbessern kann, ohne dass sich dabei ein anderer verschlechtern würde. Wäre es also möglich, jemanden besserzustellen, ohne dass sich jemand anders dabei schlechterstellen müsste, dann wäre dieser Zustand nicht pareto-optimal, weil wir natürlich jede Möglichkeit, den Nutzen bzw. die Wohlfahrt einer Person zu vergrößern, wahrnehmen sollten, wenn wir dabei niemandem Schaden zufügen, sodass die Gesamtwohlfahrt bzw. der Gesamtnutzen gesteigert werden könnte. Solche einseitigen Nutzensteigerungen zu realisieren, die „kostenlos" in dem Sinn sind, dass sie niemand zu bezahlen hat, scheint ein unmittelbar einleuchtendes Gebot der Vernunft, weil wir ansonsten Ressourcen verschwenden würden, die die Situation bestimmter Personen sehr wohl zu bessern vermögen würden. Das Pareto-Kriterium ist insofern ein Effizienzkriterium. Es ist aber offensichtlich gerade kein Gerechtigkeitskriterium. Denn das Pareto-Kriterium liefert uns nur eine partielle Ordnung in dem Sinn, dass jeder pareto-optimale Zustand einem nicht-pareto-optimalen vorzuziehen ist, aber es liefert uns eben gerade kein Kriterium, wie wir eine Rangordnung zwischen den verschiedenen pareto-optimalen Zuständen herzustellen haben. Nehmen wir an, wir hätten 100 Euro zwischen zwei Personen zu verteilen (oder unseren Kuchen aus dem Kuchenteilungsbeispiel). Dann ist jede Zuteilung des Geldbetrags, die nicht die ganzen 100 Euro verteilt, offensichtlich nicht-pareto-optimal, denn wir könnten den Restbetrag z. B. vollständig einer Person dazugeben. Diese würde sich dann verbessern, ohne dass die andere Person sich gegenüber dem Ausgangszustand verschlechtert hätte. Sie hätte sich lediglich im Vergleich zu dem, was die erste Person erhält, verschlechtert. Solange wir aber Gefühle wie z. B. Neid, die sich nicht auf die absolute Position, sondern auf die relative Position im Vergleich zu anderen beziehen, außer Acht lassen, d. h., wenn wir das Wohlfahrtsniveau einer Person ausschließlich danach beurteilen, was sie selbst hat, dann ändert sich ihr Wohlfahrtsniveau nicht nur deshalb, weil sich das anderer Personen verändert. Das spricht dafür, das Geld optimal zu nutzen, es also vollständig zu verteilen. Aber wenn es einmal vollständig verteilt ist, dann ist nach dem Pareto-Kriterium jedes Ergebnis so gut wie jedes andere, selbst die völlig asymmetrische Verteilung, in der eine Person die ganzen 100 Euro erhält und die andere leer ausgeht, ist genauso pareto-optimal wie eine 50/50-Verteilung oder eine, in der die erste Person 60, 70, 80 oder 90 Euro erhält und die zweite Person den Rest. Aber

10. Gerechtigkeit als Fairness: John Rawls

unter Gerechtigkeitsgesichtspunkten lässt sich womöglich sehr wohl eine Unterscheidung treffen, welche Verteilung gerechter ist. Rawls schlägt nun statt des Pareto-Prinzips das sogenannte Unterschieds- bzw. Differenzprinzip vor. Dies verkörpert „eine stark egalitäre Auffassung, daß es eine gleiche Verteilung vorzieht, falls es keinen Zustand gibt, in dem beide Beteiligten besser dran sind" (Rawls 1971/1979: 96). In dem Fall unseres Beispiels, in dem ein fixer Geldbetrag von 100 Euro zwischen zwei Personen aufgeteilt werden soll, würde dies also bedeuten, dass der Geldbetrag gleich zwischen den beiden Personen aufgeteilt wird, sodass jede 50 Euro erhält. Tatsächlich gibt es auch eine sehr ausführliche Literatur zu empirischen Untersuchungen über sogenannte Ultimatum- und Diktatorspiele, in der nachgewiesen wird, dass viele Menschen eine starke psychologische Disposition haben, einen gegebenen Geldbetrag gleichmäßig zwischen verschiedenen Personen aufzuteilen (vgl. Güth et al. 1982; Behnke et al. 2010; Behnke 2012). Während also das Pareto-Kriterium alle möglichen Aufteilungen als gleichberechtigt behandelt, würde das Unterschiedsprinzip die 50/50-Lösung hervorheben und auswählen. In Abbildung 10.1 gibt die durchgehende schwarze Linie z. B. alle möglichen Kombinationen an, in denen die 100 Euro aufgeteilt werden können. Die Winkelhalbierende des Quadranten, d. h. die Gerade mit der Steigung von 45 Grad, gibt alle gleichverteilten Ergebnisse an, der Schnittpunkt der schwarzen Linie mit der Winkelhalbierenden, der mit x bezeichnet und als Kreis hervorgehoben ist, wäre demnach das Ergebnis nach dem Unterschiedsprinzip.

Dies gilt aber nur unter der Bedingung, dass der zu teilende Betrag gleich bleibt. Wenn von der Gleichverteilung nach dem Unterschiedsprinzip nur dann abgewichen werden darf, wenn sich beide verbessern, dann muss der neue Betrag, der aufgeteilt werden soll, größer sein als der ursprüngliche. Nehmen wir also an, es gibt einerseits die Möglichkeit, 100 Euro beliebig aufzuteilen, die dann nach dem Unterschiedsprinzip hälftig aufgeteilt werden müssten, dazu aber auch ein Angebot, stattdessen 140 Euro zu erhalten, die aber nur zur Verfügung stünden, wenn dabei auf die erste Partei A 55 Euro verteilt würden und auf die zweite Partei B 85 Euro. Das ist das Ergebnis, das in Abbildung 10.1 im Punkt y mit einem Dreieck dargestellt ist. Die durch diesen Punkt gehende gestrichelte Linie gibt die *Budgetgerade* an, also alle theoretisch möglichen Aufteilungen von 140 Euro. Allerdings ist aufgrund der Bedingung eben nur der im Dreieck dargestellte Punkt realisierbar. Dieses Ergebnis befindet sich vom Ausgangsergebnis x aus gesehen in dem Quadranten rechts oben, d. h., es stellt eine pareto-superiore Verbesserung dar.

10.4 Interpretationen des zweiten Gerechtigkeitsgrundsatzes

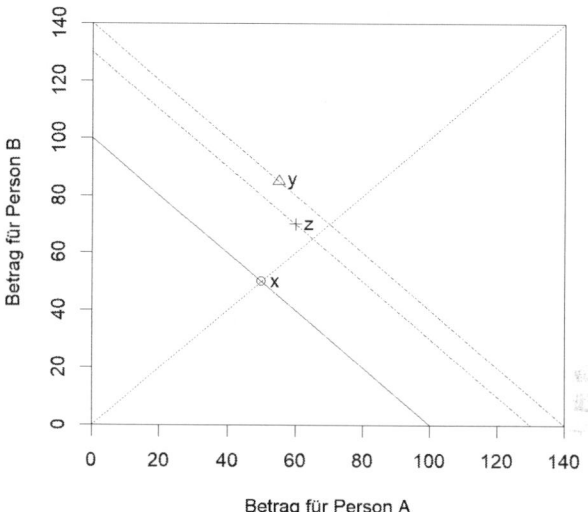

*Abbildung 10.1: Verschiedene Verteilungen eines Geldbetrags
(Quelle: eigene Darstellung)*

Da sich in y beide gegenüber x verbessern, würde dieses Ergebnis auch nach dem Unterschiedsprinzip realisiert. Das Unterschiedsprinzip steht also nicht im Gegensatz zum Pareto-Prinzip, sondern es stellt eine zusätzliche Differenzierung dar, d. h., es erlaubt auch dann noch die Erstellung einer Rangordnung, wo das Pareto-Prinzip stumm bleibt. Dies lässt sich sehr gut illustrieren, wenn wir annehmen, es gäbe ein weiteres mögliches Verteilungsergebnis, bei dem A 60 Euro erhält und B 70 Euro, also das Ergebnis im Punkt z, der durch ein Kreuz gekennzeichnet ist. Auch z würde gegenüber der Gleichverteilung in x eine pareto-superiore Verbesserung darstellen, weil sich beide Parteien verbessern, und würde ebenfalls nach dem Unterschiedsprinzip gegenüber x vorgezogen werden. Allerdings wäre das Pareto-Prinzip unentschieden zwischen y und z, denn während sich A bei z von 55 Euro auf 60 Euro verbessert, verschlechtert sich gleichzeitig B von 85 Euro auf 70 Euro. Beide zusammen erhalten nun 10 Euro weniger als zuvor, d. h., gesamtgesellschaftlich gesehen bzw. aus einer utilitaristischen Perspektive ist z schlechter als y.

Nach dem (schwachen) Pareto-Prinzip ist ein Zustand gegenüber einem anderen vorzuziehen, wenn sich mindestens eine Person verbessert, ohne dass sich eine andere verschlechtert. Nach dem Unterschiedsprinzip wäre aber eine Gleichverteilung in diesem Fall vorzuziehen. Dies lässt sich mit einem System von *Indifferenzkurven* darstellen. *Indifferenzkurven* stellen die Menge der Ergebnisse dar, die im Sinne eines angewandten Kriteriums alle gleichermaßen gut sind, zwischen denen man daher „indifferent" ist, wenn man sich entscheiden müsste, welches Ergebnis man verwirklichen wollen würde. Entsprechend der Theorie von Rawls bestehen die Indifferenzkurven nach der Logik des Unterschiedsprinzips also aus senkrechten und waagerechten Geraden, die von der Winkelhalbierenden weggehen. Dies entspricht der Darstellung in Abbildung 10.2.

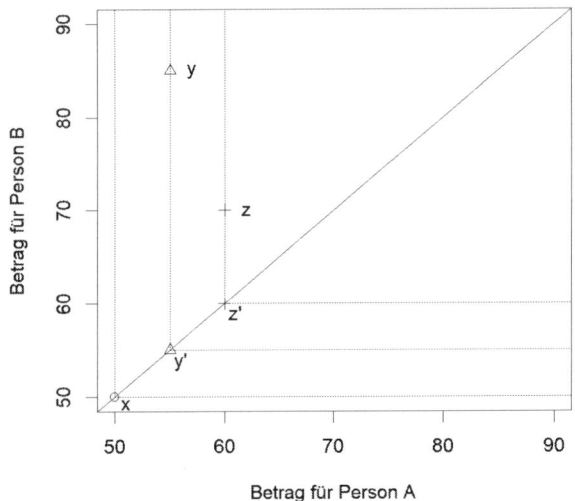

Abbildung 10.2: Indifferenzlinien (Quelle: eigene Darstellung)

Die Punkte y' und z' sind die Projektionen von y und z auf die Winkelhalbierende. Während also aus Sicht des (schwachen) Pareto-Prinzips y gegenüber y' und z gegenüber z' vorzuziehen sind, ist dies aus Sicht des Unterschiedsprinzips nicht gegeben, da eine Verbesserung von B z. B. von 55 Euro auf 85 Euro, also vom Ergebnis unter y' zum Ergebnis unter y, nur gerechtfertigt wäre, wenn sich auch das Ergebnis von A verbessern würde. Alle Punkte auf den Indifferenzlinien, die von den jeweiligen Punkten auf der Winkelhalbierenden ausgehen, sind also aus Sicht des Unterschiedsprinzips gleich gut, daher ja auch der Name Indifferenzlinie. Der Punkt auf der Winkelhalbierenden, der zu einer bestimmten Indifferenzlinie gehört, hat aber offensichtlich dieselben Werte der beiden Koordinaten, nämlich die des Minimums der Werte des ursprünglichen Koordinatenpaars; die Projektion von y mit den Koordinaten (55, 85) auf die Winkelhalbierende ist eben (55, 55). Anders ausgedrückt: Ein Verteilungsergebnis ist immer nur so gut wie das Gleichverteilungsergebnis, bei dem beide das Ergebnis erhalten, das in der Ausgangsverteilung der von beiden schlechtergestellte erhalten hat. Das Ergebnis 55 Euro für A und 85 Euro für B ist nach dem Unterschiedsprinzip eben nur so gut wie 55 Euro für beide. Daher ist y gegenüber x vorzuziehen, bei dem beide 50 Euro erhalten, weil y so gut ist, *als ob beide 55 Euro erhalten würden*, obwohl in Wirklichkeit dieses Gleichverteilungsergebnis gar nicht vorkommt und A 55 Euro und B 85 Euro erhalten. Demnach ist z nach dem Unterschiedsprinzip gegenüber y vorzuziehen, weil z so gut ist, als ob beide 60 Euro erhalten würden. So ergibt sich die übliche Formulierung des Unterschiedsprinzips: Eine Verteilung ist gegenüber einer anderen vorzuziehen, wenn sich die am schlechtesten gestellte Partei dabei besserstellt.

10.4.2 Die beiden Interpretationen von „jedem offen"

Kommen wir nun zu den beiden möglichen Interpretationen von „jedem offen" in Bezug auf die Vergabe von Positionen und Ämtern. Hier unterscheidet Rawls nach „willens und fähig" und „fairer Chancengleichheit". Wir könnten von „fairer" Chancengleichheit auch im Sinn von „echter" Chancengleichheit sprechen und diese gegenüber „formaler" Chancengleichheit abgrenzen, die im Wesentlichen mit der Formulierung „willens und fähig" gemeint ist. Es geht in diesem Kontext um Diskriminierungsverbote. Formale Chancengleichheit bedeutet dabei, wie das Begriffspaar „willens und fähig" ja schon verdeutlicht, dass die Vergabe von Chancen, die mit dem Zugang zu bestimmten Ämtern und Positionen verbunden sind, nicht von Kriterien abhängen darf, die für die Erfüllung der mit diesen Positionen und Ämtern verknüpften Aufgaben irrelevant sind. Eines der wichtigsten Anwendungsgebiete ist dabei z. B. der Zugang zu höheren Bildungsangeboten, insbesondere zu Studiengängen an Universitäten. Formale Chancengleichheit ist dann so zu verstehen, dass es keine Beschränkung des Zugangs nach Kriterien geben darf, die für das erfolgreiche Bestehen des Studiums keinerlei Bedeutung haben, z. B. das Geschlecht oder die Religion. Natürlich aber darf sehr wohl diskriminiert werden nach Kriterien, die für das erfolgreiche Bestehen des Studiums als notwendige Bedingungen angesehen werden. Eine Selektion nach Leistungskriterien ist daher in der Regel zulässig (solange die Leistungen relevant sind für die Erfüllung der mit der Position verbundenen Aufgaben bzw. zumindest ein plausibler Zusammenhang besteht) und stellt keine verbotene Diskriminierung dar. Die Formulierung „jedem offen" darf daher keinesfalls wörtlich so verstanden werden, dass keinerlei Diskriminierung zulässig ist und z. B. jeder nach Belieben alles studieren darf. Wir verlangen durchaus zu Recht bzw. in Übereinstimmung mit dem Prinzip von „jedem offen" den Nachweis der Befähigung für die Ausfüllung eines Amtes oder einer Position, z. B. der Allgemeinen Hochschulreife in Form des Abiturs für den Zugang zu Universitäten. Denn wir haben als Gesellschaft natürlich ein berechtigtes Interesse daran, dass unsere Ingenieure, Juristen und Ärzte nicht einfach nur Personen sind, die gerne Ingenieure, Juristen und Ärzte werden wollten, sondern Personen, die auch die notwendigen Fähigkeiten mitbringen, um gute Ingenieure, Juristen und Ärzte zu *sein*, und die so ihren sinnvollen Beitrag für die Gesellschaft leisten.

10. Gerechtigkeit als Fairness: John Rawls

Aber es genügt nicht immer, das Recht, z. B. zu studieren, zu haben, man muss auch die Möglichkeit haben, dieses Recht zu nutzen, d. h. das Recht Wirklichkeit werden zu lassen. Mit diesem Aspekt beschäftigt sich die „echte" oder – wie Rawls sie nennt – die „faire" Chancengleichheit.

> Der Gedanke ist hier der, daß Positionen nicht nur in einem formalen Sinne offen sein sollen, sondern daß jeder auch eine faire Chance haben soll, sie zu erlangen. [...] Menschen mit ähnlichen Fähigkeiten sollten ähnliche Lebenschancen haben. Genauer: Man geht von einer Verteilung der natürlichen Fähigkeiten aus und verlangt, daß Menschen mit gleichen Fähigkeiten und gleicher Bereitschaft, sie einzusetzen, gleiche Erfolgsaussichten haben sollen, unabhängig von ihrer anfänglichen gesellschaftlichen Stellung. In allen Teilen der Gesellschaft sollte es für ähnlich Begabte und Motivierte auch einigermaßen ähnliche kulturelle Möglichkeiten und Aufstiegschancen geben. Die Aussichten von Menschen mit gleichen Fähigkeiten und Motiven dürfen nicht von ihrer sozialen Schicht abhängen. (Rawls 1971/1979: 93)

Im Grunde spielt auch hier das Begriffspaar „fähig und willens" wieder eine zentrale Rolle. Während diese beiden Eigenschaften bei der formalen Chancengleichheit aber notwendige Bedingungen darstellen, sind sie nun bei der echten Chancengleichheit hinreichende Bedingungen. Natürlich muss jemand fähig und willens sein, um bestimmte Ämter und Positionen auszufüllen (notwendige Bedingung); ist er aber fähig und willens, diese Positionen zu übernehmen, dann muss ihm auch eine echte Möglichkeit angeboten werden, diesen Wunsch wahr werden zu lassen. Was nützt es jemandem, nicht aus formalen Gründen von einer höheren Bildung ausgeschlossen zu sein, wenn ihm aber die Mittel dazu fehlen, diese Möglichkeit auch wirklich wahrzunehmen? Armut ist kein formaler Grund, jemanden von einer Universität oder schon vom Besuch einer höheren Schule auszuschließen, aber wenn Arme sich die Schule oder Universität nicht leisten können, wirkt Armut sich genauso aus, *als ob* Armut ein Kriterium wäre, nach dem formal diskriminiert wird. Ob aber jemand ein Gymnasium besucht, Abitur macht und später ein Studium aufnimmt, sollte lediglich davon abhängen, ob er die Eigenschaften besitzt, die dafür nötig sind (fähig), vorausgesetzt natürlich, dass er das jeweils auch will (willens). Bei der fairen Chancengleichheit geht es daher vor allem darum, den Einfluss des Faktors des sozialen Hintergrunds so weit wie möglich zu neutralisieren. Wenn es also z. B. am Vorhandensein materieller Mittel hängt, ob jemand eine bestimmte Bildungslaufbahn einschlagen kann, dann müssen jedem, der grundsätzlich dazu fähig ist, ebendiese Mittel auch bereitgestellt werden. Das BAföG z. B. wäre eine klassische Maßnahme, um die faire Chancengleichheit im echten Sinn zu verwirklichen, indem es solche Mittel bereitstellt. Noch wichtiger aber ist es, den Zugang zu einer höheren Bildung unabhängig von den finanziellen Ressourcen im Hintergrund zu machen, entweder indem diese Bildungsangebote kostenlos zur Verfügung gestellt werden oder z. B. in Form eines Kredits finanziert werden können, der für niemanden Hürden in Form von unzumutbaren Belastungen in der Zukunft aufbaut.

Es geht aber nicht nur um den Abbau finanzieller Hürden, sodass jeder, der „fähig" ist, die entsprechenden Chancen erhält. Nicht nur sollte es für „ähnlich Begabte und Motivierte auch einigermaßen ähnliche kulturelle Möglichkeiten und Aufstiegschancen geben", sondern ähnlich Begabte sollten auch dieselbe Chance haben, ähnliche Motivationen auszubilden. Denn der soziale Hintergrund bestimmt nicht nur die materiellen Ressourcen, sondern auch die Ambitionen, die sich in Lebensplänen ausdrücken. Insofern geht es bei der Form von Förderung, die faire Chancengleichheit herstellen soll, nicht nur um die Bereitstellung von Mitteln, sondern auch um die Schaffung einer Umgebung, die zur Ausbildung der Motivationen erst führt, die man „vernünftigerweise" haben sollte, d. h. die Wünsche und den Ehrgeiz, den man als wirklich autonomes Wesen entfalten würde. Kinder aus benachteiligten Familien benötigen eben nicht nur die finanziellen Mittel, ihre Wünsche umzusetzen, sondern womöglich auch eine Ermutigung, diese Wünsche überhaupt erst zu bilden.

10.5 Die vier gesellschaftlichen Systeme in Abhängigkeit von der Deutung der beiden Prinzipien „jedermanns Vorteil" und „jedem offen"

Da es jeweils zwei Interpretationen der Prinzipien zur Verteilung der materiellen Güter und zur Gestaltung des Zugangs zu Ämtern und Positionen gibt, gibt es vier Kombinationen der beiden Prinzipien, die jeweils bestimmte Gesellschaftssysteme determinieren, die in Tabelle 10.1 aufgeführt sind.

Tabelle 10.1: Die vier Gesellschaftssysteme, die sich nach Rawls aus den Kombinationen der Interpretationen der beiden Prinzipien im zweiten Gerechtigkeitsgrundsatz ergeben

		„jedermanns Vorteil"	
		Pareto-Prinzip	Unterschiedsprinzip
„jedem offen"	Fähig und willens	System der natürlichen Freiheit	Natürliche Aristokratie
	Faire Chancengleichheit	Liberale Gleichheit	Demokratische Gleichheit

Das System der natürlichen Freiheit schränkt weder die Willkür aufgrund der sozialen Herkunft noch die aufgrund der natürlichen Ausstattung mit Talenten ein. Das System ist daher im weitesten Sinne eine Form der Laissez-faire-Wirtschaft bzw. des sogenannten Manchesterkapitalismus. Das System ist keineswegs rechtlos, die beteiligten Personen sind alle politisch gleich und besitzen alle dieselben Rechte bzw. Grundfreiheiten, d. h., der erste Gerechtigkeitsgrundsatz ist auch hier uneingeschränkt verwirklicht, denn die in der Tabelle dargestellten Kombinationen beziehen sich ja nur auf

10. Gerechtigkeit als Fairness: John Rawls

Modifikationen hinsichtlich der beiden Prinzipien, die im zweiten Gerechtigkeitsgrundsatz angesprochen sind. Pareto-superiore Verbesserungen werden erzielt, weil ihnen jeweils alle Betroffenen zustimmen würden, da sie sich alle verbessern würden. Allerdings sind diese „Verträge" eben nicht unbedingt fair, d. h., die „Zustimmung" kann unter den Bedingungen von Abhängigkeit und Not entstehen, sodass durchaus hinterfragt werden kann, inwiefern sie „freiwillig" erfolgt. Wenn die einzige Alternative zu einem Hungerlohn, von dem man im wörtlichen Sinn nicht satt wird – der also im berühmten Graubereich „zum Leben zu wenig, zum Sterben zu viel" auftritt –, die ist, hungers zu sterben, dann hat man nicht wirklich eine Wahl. Definiert man Ausbeutung als die Ausnutzung solcher Abhängigkeiten, indem man sich einen (ungerechtfertigten) Vorteil aus der Situation anderer verschafft (vgl. Goodin 1988: 123 ff.), dann können und müssen solche Verhältnisse mit Recht als Ausbeuterverhältnisse und die Löhne als Ausbeuterlöhne bezeichnet werden. Dies ist auch der Grund, warum Rawls, wie schon erwähnt, die „Vertragsfreiheit im Sinne der Theorie des laissez-faire" (Rawls 1971/1979: 83) eben gerade nicht zu den Grundfreiheiten zählt. Denn in solchen Verhältnissen können die Arbeitgeber die Löhne annähernd beliebig drücken, weil sie die – in Marx'scher Diktion – „Reservearmee" der Arbeitslosen gegen die Noch-Arbeit-Habenden ausspielen können, sodass letztere sich nach dem Motto „Alles ist besser als der Tod" mit ebendiesem Lohn abspeisen lassen, der ihnen gerade noch ihr Überleben sichert, weshalb Marx den „Wert der Arbeit" aus Sicht des Arbeitgebers als die Kosten der Reproduktion der Arbeitskraft veranschlagt hat. Da hinter dem Schleier des Nichtwissens jeder befürchten muss, in diese Situation der Abhängigkeit zu kommen, ist ein Unterschiedsprinzip sicherlich eine gute und hinreichende Versicherung gegen diese Form der Ausbeutung. Kritiker von Rawls, die eher ein sogenanntes „Priority"-Prinzip (Parfit 2000) oder ein „Sufficiency"-Prinzip (Frankfurt 1987) vertreten, weisen allerdings darauf hin, dass das Unterschiedsprinzip möglicherweise über das Ziel hinausschießen könnte und dass es für die Schlechtergestellten schon eine hinreichende Versicherung bedeutet, wenn sie unabhängig von ihrer Arbeitssituation ein Minimum eines Lebensstandards garantiert bekommen, wie es z. B. im modernen Sozialstaat, unter anderem in Form eines Mindestlohns, in der Regel der Fall ist. Empirische Studien zeigen, dass dies auch eher den spontanen Gerechtigkeitsintuitionen in der Bevölkerung zu entsprechen scheint (Miller 1992, 1999). Eine gewisse geistige Nähe zum Unterschiedsprinzip lässt sich auch im Konzept eines *Bedingungslosen Grundeinkommens* erkennen. Interessant ist daher in diesem Zusammenhang, dass dessen wohl engagiertester Verfechter Philippe van Parijs dieses ebenfalls damit rechtfertigt, dass es unter anderem Schutz vor Ausbeutung (Parijs 1995) gewähren würde. Van Parijs geht in seinem Buch *Real Freedom for All* sogar so weit, im Untertitel zu behaupten, dass der Kapitalismus – wenn überhaupt – nur durch solche Maßnahmen gerechtfertigt werden kann. Diese Nähe der Einstellung zu Rawls lässt sich leicht damit erklären, dass auch van Parijs maßgeblich von ihm beeinflusst wurde. Auch wenn die Dichotomie möglicherweise aus den erwähnten Gründen etwas bemüht erscheint, so scheint es doch plausibel, dass sich, wenn die Dichotomie zwischen „Pareto-Prinzip" und „Unterschiedsprinzip" die einzige sich bietende Alternative ist, die Parteien hinter dem Schleier des Nichtwissens für das Unterschiedsprinzip entscheiden würden.

Ein System, das das Unterschiedsprinzip berücksichtigt, aber bei der formalen Chancengleichheit bleibt, wird von Rawls als „Natürliche Aristokratie" bezeichnet. Die Klassenstruktur wird also nicht grundsätzlich hinterfragt, d. h., es gibt keine Abschaffung oder Nivellierung der sozialen Unterschiede, stattdessen „versucht man die gesellschaftlichen Zufälligkeiten nur so weit auszugleichen, wie es die formale Chancengleichheit verlangt" (Rawls 1971/1979: 94), was kaum echte Reformen nahelegen dürfte. Aber „Vergünstigungen werden nur als gerecht angesehen, wenn es sonst auch den sozial Tieferstehenden schlechter ginge" (ebd.: 94 f.). Die Bevorteilten sind moralisch verpflichtet, die Benachteiligten zu unterstützen, auch wenn sich Rawls hier in diesem Zusammenhang vor allem auf die „Vorteile der von Natur Begabteren" bezieht. Dies mag etwas verwundern, da wir normalerweise die Aristokratie ja gerade nicht mit ererbten natürlichen Vorteilen, sondern eben mit Standesprivilegien in Verbindung bringen. Es ist daher sehr wichtig, sich klarzumachen, dass Rawls hier von der „natürlichen" Aristokratie in dem Sinn spricht, wie sie schon in Kapitel 8.2.1 erwähnt wurde, also von einer Aristokratie des Geistes, die sich nach den Worten Jeffersons aufgrund von „Tugend und Talent" herausbildet. Es ist aber diese natürliche Überlegenheit, die diese „Aristokratie" dann tatsächlich im Sinn des Mottos „noblesse oblige" verpflichtet, wobei wir mit guten Gründen skeptisch sind, wie weit dieses Motto vom historischen Erbadel befolgt wurde. Man muss dabei nicht unbedingt an Exzesse des Machtmissbrauchs denken, sondern durchaus an „gewöhnliche" Formen der Vernachlässigung der eigenen Verantwortung, wie sie in bildlicher Form wohl selten besser ausgedrückt wurde als in der Szene des Films *Der kleine Lord*, in der der alte Earl von Dorincourt, gespielt von Alec Guinness, zusammen mit seinem Enkel durch die Siedlung seiner Pächter reitet, die von ihm einem Zustand der Verwahrlosung überlassen worden ist. Die Scham angesichts des eigenen moralischen Versagens, so offen vor seinem Enkel zutage tretend, ist dabei dem Earl ins Gesicht geschrieben, obwohl oder gerade weil er seinen gewohnten stoischen Gesichtsausdruck beibehält.[6] Auch in anderen Romanen des viktorianischen Zeitalters spielt

---

6 Nebenbei bemerkt eine sehr gute Illustration des sogenannten Kuleschow-Effekts, bei dem durch Montage einem Gesichtsausdruck eine bestimmte Bedeutung bzw. Interpretation unterlegt wird, je nachdem, mit welchem Bild er im Gegenschnitt kombiniert wird. Der Name stammt von einem berühmten Experiment des sowjetischen Filmpioniers Lev Kuleschow, der damit großen Einfluss auf die sowjetischen klassischen Filmregisseure wie Pudowkin und Eisenstein ausübte (Monaco 1984: 355 f.). Die berühmteste Anwendung in

dieses Thema eine große Rolle. So widmet sich Dorothea Brooke, die Heldin von George Eliots Roman *Middlemarch*, der allgemein als der bedeutendste englische Roman überhaupt angesehen wird, mit Begeisterung dem Versuch, eben diese Pächterwohnungen zu verbessern, und überzeugt und bestärkt ihren Verehrer James Chettam, ein entsprechendes Modellprojekt durchzuführen.

> „Ich glaube, wir verdienten es, aus unseren schönen Häusern hinausgepeitscht zu werden – alle, die wir unsere Pächter in solchen Ställen wohnen lassen, wie wir sie um uns herum sehen. Das Leben in solchen Häusern könnte glücklicher sein als unser eigenes, wenn es nur richtige Häuschen wären, die den Menschen angemessen sind, von denen wir Pflichterfüllung und Zuneigung erwarten. (Eliot 1872/2021: 52)

Zum Glück ist James Chettam, auch wenn er bei seinem Werben um Dorothea erfolglos bleibt, verantwortungsvoller als der Earl von Dorincourt und setzt das Vorhaben auch durch. Interessant ist, dass Dorothea ihre eigene Verpflichtung auch als Teil einer reziproken stillschweigenden Abmachung sieht (vgl. Kapitel 3.2), wenn sie argumentiert, dass die eigene Pflicht ja auch daraus folgt, dass man umgekehrt von den Pächtern erwartet, dass diese ihrerseits ihre Pflichten erfüllen.

Grob kann man sagen, dass der Sprung vom Pareto-Prinzip zum Unterschiedsprinzip mit einer Neutralisierung der natürlichen Willkür einhergeht, während der Sprung von der formalen zur echten oder fairen Chancengleichheit mit einer Neutralisierung der sozialen Willkür verbunden ist. Dieser Zusammenhang wird auch in Tabelle 10.2 wiedergegeben.

Tabelle 10.2: Die Wirkung der vier Gesellschaftssysteme auf die Beseitigung bzw. Nivellierung sozialer und natürlicher Willkür

		„Jedermanns Vorteil"	
		Pareto-Prinzip	Unterschiedsprinzip
„Jedem offen"	Fähig und willens	System der natürlichen Freiheit *Natürliche und soziale Willkür*	Natürliche Aristokratie *Nur soziale Willkür*
	Faire Chancengleichheit	Liberale Gleichheit *Nur natürliche Willkür*	Demokratische Gleichheit *Weder natürliche noch soziale Willkür*

Bei dem System der liberalen Gleichheit sollen vor allem die zufälligen Effekte der sozialen Herkunft beseitigt werden. Der Wohlstand von Personen soll ihren

---

Form einer Hommage stammt aus Hitchcocks Film *Fenster zum Hof* mit James Stewart und Grace Kelly.

Handlungen zu verdanken sein, d. h. ihrem Fleiß und ihrer Aktivität, aber damit natürlich auch ihren natürlichen Talenten, denn diese bestimmen maßgeblich die Produktivität dieser Handlungen. Anhänger dieses Systems vertreten in der Tradition von Locke eine Theorie des Selbsteigentums. Da die Menschen Eigentümer ihrer selbst und damit auch ihrer Talente sind, muss ihnen auch der Mehrwert, dessen Schaffung eben der Anwendung dieser Talente zu verdanken ist, zugesprochen werden. Menschen, die sich gleichermaßen anstrengen und die gleichen Fähigkeiten besitzen, sollen auch vergleichbare Früchte ihres Erfolgs genießen. Fällt dieser Erfolg lediglich aufgrund unterschiedlicher Startchancen unterschiedlich aus, weil manche mit vorteilhaften Lebensbedingungen auf die Welt kommen, die anderen versagt sind, dann ist dies eine Form von Ungerechtigkeit, die kompensiert werden muss. Die Kompensation der Vorteile, die aufgrund der Unterschiede in den natürlichen Talenten zustande kommen, wäre aus ihrer Sicht ein unzulässiger Eingriff in Persönlichkeitsrechte, weil dadurch die Talente und Begabungen von Personen nicht mehr als ihr Eigentum, sondern als eine Art von kollektivem Eigentum betrachtet werden.

Entscheiden sich die Personen für faire Chancengleichheit einerseits und das Unterschiedsprinzip andererseits, was sie Rawls gemäß hinter dem Schleier des Nichtwissens auch tun würden und womit sie sowohl die Folgen sozialer als auch natürlicher Willkür zu neutralisieren versuchen, gelangen sie in das System der „Demokratischen Gleichheit" bzw. zu einer nun differenzierten Formulierung des zweiten Gerechtigkeitsgrundsatzes (vgl. Rawls 1971/1979: 104).

2. Soziale und wirtschaftliche Ungleichheiten sind so zu regeln, dass sie sowohl (a) den am wenigsten Begünstigten die bestmöglichen Aussichten bringen als auch (b) mit Ämtern und Positionen verbunden sind, die allen gemäß der fairen Chancengleichheit offen stehen.

Dies ist die Gesellschaftsform, die Rawls als einzige ansieht, die im Sinne der Fairness als Gerechtigkeit auch begründet werden kann.

10.6 Rawls' Argument und die „natürlichen Pflichten"

Rawls zählt zu den Vertretern der sogenannten *modernen Vertragstheorie* und wird allgemein als ihr bedeutendster Repräsentant angesehen. Allerdings ist Rawls' Vertrag ja ein *hypothetischer Vertrag*, d. h. kein Vertrag, der wirklich geschlossen wird, sondern ein Vertrag, der unter bestimmten Umständen geschlossen *worden wäre* bzw. geschlossen würde, wobei die „bestimmten Umstände" wiederum solche sind, die als geeignet angesehen werden, dass sie insofern ideal dafür beschaffen sind, als der Vertrag, der geschlossen würde, auch der „richtige", nämliche der gerechte Vertrag wäre. Da ist viel Konjunktiv im letzten Satz, aber eben auch in der Theorie von Rawls selbst.

Die Frage, die sich nun offenbar aufdrängt und die zu stellen die Kritiker von Rawls auch nicht müde werden, ist aber die: Wenn die bindende Kraft eines

10. Gerechtigkeit als Fairness: John Rawls

Vertrags darin besteht, dass ihm zugestimmt wird (denken wir daran, dass die sogenannten Zustimmungstheorien im Kapitel 3.2.2 ja unter den „Transaktionstheorien" rangierten, sich also auf Handlungen beziehen), also *tatsächlich zugestimmt wird*, inwiefern kann dann eine bloß hypothetische Zustimmung, die unter bestimmten idealen Umständen *erfolgt wäre*, diese bindende Kraft entfalten?

Tatsächlich ist das Argument von Rawls etwas verschlungen, um nicht zu sagen doch relativ komplex. Die Zustimmung zu den Gerechtigkeitsgrundsätzen hinter dem Schleier des Nichtwissens schafft nämlich keinesfalls unmittelbar die Bindung an den Vertrag bzw. die Gerechtigkeitsgrundsätze. Aber die Umstände, die durch den Schleier des Nichtwissens modelliert werden, führen dazu, dass die Grundsätze, denen zugestimmt wird, *gerecht sind*, bzw. dass wir wissen, dass sie gerecht sind, weil sie unter diesen Umständen gefunden wurden. Der Urzustand generiert also eine Art von Test, den die dort gefundenen Gerechtigkeitsgrundsätze aufgrund der Zustimmung erfolgreich bestehen. Wir sind nicht an diese Grundsätze gebunden, weil wir ihnen im Urzustand zustimmen würden, sondern weil wir ihnen im Urzustand zustimmen würden, wissen wir, dass sie gerecht sind, und wir sind an sie gebunden, *weil sie gerecht sind*. Das heißt, die Zustimmung erfolgt aus einer natürlichen Pflicht, das Richtige und Gute zu wollen und zu seiner Verwirklichung beizutragen, so wie es z. B. von Rawls' philosophischem Säulenheiligen Immanuel Kant im Kategorischen Imperativ ausgedrückt worden ist: „Handle nur nach derjenigen Maxime, durch die du zugleich wollen kannst, dass sie ein allgemeines Gesetz werde."

Das Gesamtargument hat demnach die folgende Struktur:

> P1: Es gibt „richtige" ethische Urteile über Gerechtigkeit, zumindest in dem Sinn, dass ihnen keiner mit vernünftigen Argumenten widersprechen kann.
>
> P2: Alle kommen zu denselben Urteilen, wenn ihre Präferenzen von persönlichen Interessen gereinigt sind.
>
> P3: Die persönlichen Interessen kommen vor allem aufgrund von Vorteilen zustande, die auf der sozialen Herkunft und der natürlichen Ausstattung beruhen.
>
> P4: Der Schleier des Nichtwissens neutralisiert diese persönlichen Interessen.
>
> P5: Wenn bestimmte Grundsätze von allen als richtig erkannt werden, dann müssen auch alle dafür sein, dass sie Gesetz werden.

> K: Die unter dem Schleier des Nichtwissens erkannten Grundsätze müssen als allgemeine Gesetze implementiert werden.

Literatur zur Einführung

Höffe, Otfried (Hg.) (1998): John Rawls. Eine Theorie der Gerechtigkeit. Berlin: Akademie Verlag.

Kersting, Wolfgang (1994): Die politische Philosophie des Gesellschaftsvertrags. Darmstadt: Wissenschaftliche Buchgesellschaft, Kap. IX.

Weiterführende Literatur

Daniels, Norman (Hg.) (1989): Reading Rawls: Critical studies on Rawls', A theory of justice'. Stanford, Cal.: Stanford University Press.

Rawls, John (2001): Justice as Fairness. A Restatement. Cambridge: Harvard University Press.

Steinvorth, Ulrich (1999): Gleiche Freiheit. Politische Philosophie und Verteilungsgerechtigkeit. Berlin: Akademie Verlag, Zweiter Teil, Kap. 1.

11. Libertäre Freiheit: Robert Nozick

Der immense Einfluss von Rawls liegt unter anderem darin begründet, dass er nicht nur viele Anhänger gefunden und Philosophen beeinflusst hat, die sich von seiner Theorie haben inspirieren lassen, sondern dass er auch viele entschiedene Kritiker auf den Plan gerufen und diese motiviert hat, Gegenargumente zu entwickeln. Die wohl einflussreichsten Kritiker stammen aus dem Lager der sogenannten Libertären, wobei James M. Buchanan und Robert Nozick die bekanntesten und bedeutendsten Vertreter dieser Denkrichtung sind.

James Buchanan war Ökonom. Er war vor allem berühmt für seine grundlegenden Arbeiten auf dem Gebiet der ökonomischen Theorie der Politik, der sogenannten Public-Choice-Theorie, als einer deren maßgeblichen Gründer er gilt. 1986 erhielt er für diese Pionierschriften den Nobelpreis für Wirtschaftswissenschaften. Buchanan hat sich mit dem Staat vor allem sehr stark in Hinsicht auf finanzwissenschaftliche Fragen und die Theorie der öffentlichen Güter auseinandergesetzt. Sein politischer Ansatz ist sehr stark geprägt von der Wahrnehmung, dass die steigende Staatsquote – etwas überspitzt ausgedrückt – durch illegitime „demokratische" Entscheidungen zustande kommt, bei der eine Mehrheit von „have nots" teure Entscheidungen in Bezug auf Staatsaufgaben trifft, für deren Kosten dann die Minderheit der „haves" aufzukommen hat. Politische Maßnahmen, den Staat zu einer Selbstbindung bzw. Selbstdisziplinierung in Hinsicht auf seine Ausgaben durch entsprechende Gesetze und institutionelle Designs – z. B. Vorkehrungen wie eine Schuldenbremse – zu zwingen, gehen daher vermutlich stark auf seinen Einfluss zurück, auch wenn manche Schilderungen über seinen politischen Einfluss übertrieben erscheinen und teilweise, wie Nancy MacLeans kontrovers diskutiertes Buch *Democracy in Chains* (2017), schon mehr als nur einen Hauch von Verschwörungstheorie aufzuweisen scheinen. Es braucht keinen „stealth plan" der radikalen Rechten, von dem in MacLeans Untertitel ihres Buches die Rede ist, um die staatskritischen Ansichten der Libertären zu erklären, vielmehr lassen sich diese Ansichten mit den Interessen von Reichen erklären bzw. mit dem Statement, dass Reiche nicht, nur weil sie reich sind, ihrer Rechte verlustig gehen. Es ist für Reiche nicht weniger legitim als auch für alle anderen, ihre Interessen im Rahmen ihrer Rechte verfolgen zu dürfen. Libertäre werden daher zwar oft als die Anwälte der Reichen und Bessergestellten wahrgenommen, aus ihrer Sicht aber geht es eher um eine „reine" Interpretation des Liberalismus, die sich ganz und gar auf Rechte konzentriert. Die „Verteidigung" der Interessen der Reichen ist aus ihrer Sicht eher eine sich zwangsläufig einstellende Konsequenz aus dem Umstand, dass es insbesondere die Rechte der Reichen sind, die häufig auf dem Altar der sozialen Gerechtigkeit geopfert zu werden drohen, wahrscheinlich, weil Reiche zum natürlichen Feindbild mancher politischen Gruppen geworden sind und es uns intuitiv schwerfällt, Reiche und Begünstigte als „Opfer" zu sehen. Aber nur weil jemand eine vorteilhafte Stellung hat, heißt das noch nicht, dass seine Rechte nicht verletzt werden könnten. Während also „linke" Theoretiker dazu tendieren, zusätzliche und neue *soziale Rechte* für die Armen und Benachteiligten zu fordern, versuchen „rechte", libertäre Theoretiker vor allem, der einseitigen Beschneidung der Rechte der Reichen entgegenzuwirken, die meist als Folge der Gegenfinanzierung der neuen oder ausgeweiteten sozialen Rechte auftritt. Je nachdem, welche Rechte man fordert und welche Rechte man als Konsequenz daraus zu opfern bereit ist, kommt man zu gänzlich unterschiedlichen Ansichten. Während Jean Hampton nahelegt, dass „libertarianism might be said to allow the community's well-being to be held hostage to the rights, and in particular the property rights, of individuals" (Hampton 1997: 147), sehen das Libertäre typischerweise genau umgekehrt. „Die Reichen sind dem Staat und der Gemeinschaft nichts schuldig", so könnte man vielleicht eine der Grundaussagen des Libertarismus auf den Punkt bringen. Eine Schuld einzufordern, die gar nicht existiert und nur behauptet wird, ist übergriffig. Es geht weniger darum, was wünschenswert und „gut" wäre, sondern darum, was legitimerweise gefordert werden kann. Buchanans diesbezügliche „Antwort" auf Rawls hat er vor allem in seinem Buch *Limits of Liberty* (1975) ausgearbeitet, das eine Art moderner Fortentwicklung von Hobbes darstellt.

Der einflussreichste Kritiker von Rawls aus dem Feld der Philosophie aber ist ohne Zweifel Robert Nozick, dessen 1974 erschienenes Buch *Anarchy, State, and Utopia* (deutsch: *Anarchie Staat Utopia*) inzwischen als der Klassiker des Libertarismus schlechthin gelten darf.

11.1 Die Rolle von Entscheidungen und Verantwortung: „Historische Prinzipien" vs. „End-Resultat-Prinzipien"

Die Grundidee von Rawls' Schleier des Nichtwissens besteht darin, ungerechte Ungleichheiten, die im Wesentlichen auf der sozialen Herkunft und den natürlichen Talenten beruhen, zu beseitigen oder doch zumindest auf das Maß abzumildern, bei dem diese Fähigkeiten oder Privilegien auch den Ärmsten und am schlechtesten Gestellten in der Gesellschaft zugutekommen. Dies entspricht ohne Zweifel auch vielen Gerechtigkeitsintuitionen, weil die durch diese Faktoren bedingten Vorteile unverdient sind; sie sind insofern für eine moralische Beurteilung irrelevant und es wäre demnach „unter moralischen Gesichtspunkten willkürlich", wie Rawls sagt, sie ihre Wirkung bei der Verteilung von Grundgütern in ungeschmälerter Weise entfalten zu lassen. Es gibt nun zwei typische Gegenargumente gegen diese theoretischen Annahmen, die der Rawls'schen Philosophie zugrunde liegen. Erstens: Nur weil etwas unverdient ist, heißt das noch lange nicht, dass sich daraus kein moralisch gerechtfertigter Anspruch ableiten lässt. Der Besitz von Talenten mag auf reines Glück bei der „Lotterie der Natur" zurückzuführen sein und ist insofern sicherlich unverdient, aber dennoch kann der Besitzer des Talents im Sinne der Theorie des Selbsteigentums als der einzige legitime Eigentümer des Talents gelten, dem dementsprechend auch die Früchte aus der Nutzung des Talents zufallen müssen. Tatsächlich bewegt sich der Libertarismus von Nozick weitgehend in der Tradition von Locke und ist maßgeblich von dessen Vorstellung von Naturrechten und insbesondere Eigentumsrechten beeinflusst. Glück ist neben sozialer Herkunft und natürlicher Ausstattung eine weitere Ursache von Ungleichheit. Dabei können soziale Herkunft und natürliche Ausstattung selbst als Ergebnisse des Zufalls und somit von Glück oder Pech betrachtet werden, aber es gibt natürlich auch autonome reine Glückselemente, die unmittelbar auf Zufall beruhen, so z. B. Glücksspiele und Wetten auf Zufallsereignisse oder eben die Teilnahme an Lotterien, die ebensolche im Wortsinn sind. Rawls greift ja bei der Illustration der reinen Verfahrensgerechtigkeit selbst auf das Beispiel einer solchen fairen Wette zurück. Auch hier ist das Ergebnis unverdient, da nur durch Zufall bedingt, aber es wäre auch nach Rawls in diesen Fällen insofern gerechtfertigt, als das Verfahren fair war. Aber inwiefern ist die natürliche Verteilung von Talenten unfair oder gar ungerecht zu nennen? Ist es wirklich „unfair", dass Margot Robbie und Ryan Gosling schöner sind als die allermeisten ihrer jeweiligen Geschlechtsgenossinnen und -genossen? Ich vermute, die meisten von uns würden eine solche Behauptung als irgendwie nicht passend empfinden und wenn wir jemanden erleben, der oder die darüber klagt, dass es ungerecht sei, dass Margot Robbie so schön sei, so würden wir häufig vermuten, dass diese „Klage" mit einem Hauch von Selbstironie unterlegt ist. Allerdings funktioniert diese Ironie natürlich nur deshalb, weil sie irgendwie immer noch einen Hauch von Plausibilität zu besitzen scheint, aber eben nur einen Hauch und eben auch nur irgendwie. „Life is not fair", wie der sarkastisch kurze berühmte Satz von Milton und Rose Friedman in ihrem Bestseller *Free to Choose* lautet, gefolgt von der Warnung „It is tempting to believe that government can rectify what nature has spawned" (Friedman/Friedman 1980: 137). Glück ist für Theorien der Verteilungsgerechtigkeit also ein komplexes Thema. Ein wesentlicher Punkt für die Beurteilung, unter welchen Umständen der Zufall legitime Ergebnisse schaffen kann, hat damit zu tun, inwiefern der Zufall mit Entscheidungen verknüpft ist. Bei den Ausführungen zur fairen Wette im Zusammenhang mit der reinen Verfahrensgerechtigkeit habe ich schon darauf hingewiesen, dass es für die Akzeptanz des Ergebnisses eine Rolle spielen kann, inwieweit wir uns auf das Glücksspiel freiwillig eingelassen haben. Es macht womöglich einen Unterschied, ob wir uns dazu entschieden haben, eine Lotterie zu spielen, oder ob mit uns eine Lotterie gespielt wird. Diese Aspekte von Glück spielen im sogenannten *Luck Egalitarianism* eine große Rolle, auf dessen wichtigsten Wegbereiter, Ronald Dworkin, ich im nächsten Kapitel eingehen werde.

Entscheidungen spielen im Zusammenhang mit Talenten aber noch eine andere Rolle. Denn auch wenn einem das Talent als Ergebnis des Zufalls in den Schoß gefallen sein mag, so beruht die Nutzbarmachung des Talents auf der Entscheidung, es nicht einfach brachliegen zu lassen, sondern es auszubilden und gezielt zu trainieren. Ein noch so großes musikalisches Talent wird sich nicht zur vollen Blüte entwickeln können, wenn es nicht durch Fleiß (und womöglich durch Förderung durch Dritte) vorangebracht wird. Das Talent ist ohne den Ehrgeiz es auszubilden oft weitgehend nutzlos und in solchen Fällen in gewisser Weise „verschwendet". Wer also tatsächlich Vorteile aus der Nutzung seines Talents zu ziehen versteht, hat in der Regel davor in sein Talent und dessen Entwicklung investiert, meist in Form von Arbeit und oft auch in Form von Verzicht. Wer insofern aus seinem Talent Gewinn zu schöpfen versteht, hat es dann aufgrund seiner Nutzung und der Nutzbarmachung des Talents womöglich sehr wohl verdient, auch wenn er das Talent selbst nicht verdient haben mag.

Die eben erwähnte Sichtweise ist alles andere als unpopulär und uns aus anderen Kontexten bekannt, z. B. auch aus der Bibel. In den bekannten Gleichnissen über die anvertrauten Talente in den Evangelien von Matthäus und Lukas vertraut ein Herr seinen Dienern „Talente" an (in diesem Fall eine römische Währung in Silber), die sie für ihn verwalten sollen, während er auf Reisen geht. Während zwei Diener das Geld anlegen und jeweils verdoppeln, vergräbt der dritte Diener sein Talent an Silbergeld, um sicherzugehen, es nicht verlieren zu können. Der zurückgekehrte Herr lobt die ersten beiden Diener für ihre wirtschaftliche Tatkraft, während er den letzten beschimpft und wegen seiner Faulheit und Untätigkeit entlässt. Er gibt sogar dessen Talent dem erfolgreichsten Diener. In diesem Zusammenhang taucht auch der als *Matthäus-Prinzip* bekanntgewordene Spruch auf: „Wer hat, dem wird gegeben." Wörtlich heißt es im Matthäus-Evangelium: „Denn jedem, der hat, dem wird gegeben, und er wird in Überfluß haben; wer aber nicht hat, dem wird auch das, was er hat, genommen werden" (Matthäus 25, 29). Nicht nur steht demjenigen, der sein Talent nutzt, nach diesem Gleichnis der daraus erwirtschaftete Gewinn zu, sondern es gibt darüber hinaus auch eine moralische Verantwortung, sein Talent zu nutzen, sodass derjenige, der es brachliegen lässt, dafür sogar bestraft werden kann. Tatsächlich scheint der Begriff der Verantwortung durchaus eine zentrale Rolle bei libertären Philosophen zu spielen. So vermutet auch Jean Hampton, dass „the ground of Nozick's conception of absolute rights is not only a conception of liberty but also a conception of moral responsibility" (Hampton 1997: 150).

Fleiß und Ehrgeiz spielen auch unabhängig von Talenten eine Rolle. So wird es auch zu Ungleichheiten aufgrund der Anstrengungen und des Fleißes einzelner Personen kommen, selbst wenn alle mit denselben Talenten begabt sind bzw. sich in dieser Hinsicht nicht besonders voneinander unterscheiden. Es erscheint nicht unmittelbar einleuchtend, warum Fleiß und Anstrengungen nicht belohnt werden sollen, wie es bei Rawls auf den ersten Blick der

Fall zu sein scheint. Dies ist vermutlich der Punkt an Rawls, an dem sich die allermeisten Kritiker stören, selbst diejenigen, die ihm in den Grundzügen seiner Theorie weitgehend zuzustimmen bereit sind. Dass der Fleißige die Früchte seiner Arbeit mit den Faulen zu teilen hat, entspricht nicht dem üblichen Alltagsverständnis, das sich z. B. auch in La Fontaines Fabel *Die Grille und die Ameise* ausdrückt.[1] Allerdings ist die Sache bei Rawls etwas differenzierter zu betrachten: Wenn der Fleißige nur durch ein Anreizsystem dazu gebracht werden kann, fleißig zu sein, sodass eine entsprechend große Wertschöpfung vorliegt und durch Umverteilungsmaßnahmen auch die am schlechtesten gestellte Gruppe profitiert, und wenn dieses Anreizsystem darin besteht, dass der Fleißige einen Großteil seines so erwirtschafteten Wohlstands behalten kann, dann kann und wird es vermutlich zu einer durchaus beträchtlichen Ungleichheit kommen. Aber der Fleißige hat bei Rawls keinen Anspruch per se auf das von ihm erwirtschaftete Einkommen, sondern nur auf den Teil, der ihm verbleibt, wenn seine Produktivität dahingehend optimiert wird, dass der Teil seines Einkommens, den er abgeben muss, maximiert wird.

Die grundsätzliche Kritik Nozicks an Rawls entzündet sich daher an diesem Punkt, dass die Beurteilung der Gerechtigkeit einer gegebenen Verteilung lediglich auf der Form der Verteilung beruht – was er als „End-Resultat-Prinzipien" (end-result principles) bezeichnet –, aber nicht auch den Entstehungsprozess der Verteilung berücksichtigt. Denn dieselbe Verteilung kann auf ganz und gar unterschiedliche Weise zustande kommen. Die Entscheidung, was wem zusteht, muss diesen Prozess aber berücksichtigen, d. h., wer welchen Beitrag geleistet hat und wer welche Entscheidungen getroffen hat, z. B. in Bezug auf den Einsatz seiner Arbeitskraft, seiner Talente etc. Dies bezeichnet Nozick als „historische Prinzipien" (historical principles).

Ein zentrales Konzept für Libertäre ist daher das der Verantwortung. In diesem Fall nicht im moralischen Sinn, sondern in dem Sinn, inwiefern man selbst für seine Situation verantwortlich gemacht werden kann, weil diese das Ergebnis von Entscheidungen ist, die man getroffen hat und die man anders hätte treffen können. Ob jemand, der bedürftig ist, unsere Unterstützung verdient, hängt dann auch von dem Ausmaß ab, in dem er für seine Lage in diesem Sinn verantwortlich gemacht werden kann.

---

1 Während die Grille den Sommer damit verbringt, zu singen, ist die Ameise fleißig und schafft sich Vorräte für den Herbst und den Winter an, was ihr überdies noch den Spott der Grille einträgt. Als es aber dann Winter wird, wendet sich die Grille an die Ameise und bittet sie, ihr etwas von deren Vorräten abzugeben, was diese aber ablehnt mit dem Hinweis auf das sorglose Verhalten der Grille im Sommer.

11.2 Nozicks Anspruchstheorie: Die drei „gerechtigkeitsbewahrenden Prinzipien"

Das „historische" Prinzip findet seine entscheidende Anwendung bei Nozick in der Entstehung von Vermögen. Der Prozess der Entstehung eines Vermögens beruht auf vielen einzelnen Entscheidungen. Der wesentliche Punkt für Nozick ist nun, ob diese Entscheidungen rechtens waren, d. h., ob die entsprechende Person das Recht hatte, diese Entscheidung so zu treffen, wie sie sie getroffen hat. Wenn dies der Fall ist, dann hat die Person lediglich auf legitime Weise Gebrauch von ihrer Freiheit gemacht, diese Rechte in ihrem Sinne zu nutzen. Solange dabei niemand mit seinen Handlungen die Rechte anderer verletzt, können die Handlungen nicht verboten sein und damit kann auch das Ergebnis dieser Handlungen nicht unzulässig sein. Im Zusammenhang mit den hier zentralen Eigentumsrechten spricht Nozick von bestimmten Prinzipien, die festlegen, welche Arten von Handlungen, die Eigentumsrechte betreffen, grundsätzlich zulässig sind. Nozicks Theorie wird als seine „Anspruchstheorie" (entitlement theory) bezeichnet. Im Gegensatz zu Locke verwendet er weniger den Begriff des Eigentums selbst (property), sondern beschreibt die Umstände, unter denen eine Person einen berechtigten Anspruch auf eine bestimmte Sache bzw. ein Besitztum (holding) hat. Diese Anspruchstheorie muss zunächst einmal beinhalten, wie ein solcher Anspruch zum ersten Mal überhaupt entstehen kann, wie also eine bisher herrenlose Sache zum Eigentum im Sinne eines Rechtstitels einer Person werden kann. Den entsprechenden Grundsatz bezeichnet Nozick als „Grundsatz der gerechten Aneignung" (principle of justice in acquisition) (Nozick 1974/2011: 219).

Grundsatz der gerechten Aneignung
Wer ein Besitztum im Einklang mit dem Grundsatz der gerechten Aneignung erwirbt, hat Anspruch auf dieses Besitztum.

Die zweite Form, in der sich Eigentumsverhältnisse verändern können, bezieht sich dann logisch stringent auf Prozesse, in die Sachen involviert sind, die schon Eigentum sind. Es handelt sich also um Vorgänge, bei denen der Eigentumstitel von einer Person zu einer anderen übertragen wird. Dieses Prinzip bezeichnet Nozick als „Grundsatz der gerechten Übertragung" (principle of justice in transfer) (ebd.: 219).

Grundsatz der gerechten Übertragung
Wer ein Besitztum im Einklang mit dem Grundsatz der gerechten Übertragung von jemandem erwirbt, der Anspruch auf das Besitztum hat, der hat Anspruch auf das Besitztum.

Diese beiden sehr einfachen und elementaren Prinzipien sind nicht nur notwendig, da sie genau die Prozesse und Transaktionen beschreiben, in denen Eigentumsverhältnisse verändert werden, sie sind auch hinreichend,

d. h., wäre die Welt ganz und gar gerecht, dann würde der folgende Dreiklang von Prinzipien „exhaustively cover the subject of justice in holdings" (ebd., 151). Ich greife bei diesem Zitat auf das englische Original zurück, weil der Begriff „exhaustively cover" die Bedeutung besser auf den Punkt bringt als die deutsche Übersetzung mit „völlig geklärt". Denn die Definition ist nach Nozick offensichtlich nicht einfach nur eindeutig, sondern sie ist erschöpfend, d. h., damit ist eigentlich schon alles gesagt, was sich zum Thema Gerechtigkeit in Bezug auf Eigentum bzw. Besitz sagen lässt. Solange etwas in Einklang mit diesen Grundsätzen vonstattengeht, kann die Gerechtigkeit keinen Schaden nehmen, denn das wird ja gerade dadurch ausgeschlossen, dass die Grundsätze selbst die Einhaltung der Gerechtigkeit gewährleisten. Dies hebt Nozick noch einmal explizit hervor, indem er diese Prinzipien als „gerechtigkeitserhaltend" (justice-preserving) bezeichnet, so wie die korrekte Beachtung der Regeln der Inferenz in der Logik oder Mathematik „wahrheitserhaltend" (truth-preserving) sind (Nozick 1974/2011: 220).

Exkurs: Die Analogie von „gerechtigkeitserhaltend" und „wahrheitserhaltend"

Da uns die Methoden der einfachen Algebra besser vertraut sind als die der Logik, möchte ich die von Nozick angesprochene Analogie mit dem einfachen Distributivgesetz illustrieren:

$a*(b+c)=a*b+a*c$

Wenn ich das Produkt aus einer Summe (b+c) und einem bestimmten Faktor (a) berechne, so komme ich zu demselben Ergebnis, wenn ich stattdessen die einzelnen Summanden jeweils mit dem Faktor multipliziere und dann die Teilprodukte addiere. 5*(4+3) könnte ich also so berechnen, dass ich erst die Summe aus 4 und 3 berechne, die 7 ergibt, und diese dann mit 5 multipliziere. Insgesamt erhalte ich dann als Ergebnis der Rechnung 35. Genauso aber könnte ich das Produkt aus 5 und 4, das 20 ergibt, und das aus 5 und 3, das 15 ergibt, berechnen und dann diese beiden Produkte addieren, was ebenfalls 35 ergibt. Die Äquivalenz der beiden Ausdrücke links und rechts von der Klammer ist in diesem Fall dadurch gewährleistet, dass das Distributivgesetz korrekt ist, was letztlich wieder nichts anderes heißt, als dass der Wert des Ausdrucks sich nicht verändert, solange ich das Gesetz korrekt anwende. Der Sinn solcher Rechenregeln besteht darin, dass sie uns erleichtern sollen, den Wert, den wir ermitteln wollen, auf leichtere und womöglich auch elegantere Weise zu berechnen. Wir wissen also, dass sich der Wert nicht ändert, wenn wir diese Transformationen vornehmen, und können so gezielt diejenigen Umwandlungen auswählen, die uns die Berechnung am stärksten erleichtern.

Die Frage ist nun: Woher *wissen* wir, dass das Distributivgesetz auch tatsächlich korrekt ist? Wir wissen es, weil wir es *beweisen* können. Das kann ein formaler Beweis oder auch ein intuitiver sein. Wir können z. B. das Produkt

11. Libertäre Freiheit: Robert Nozick

aus m und n sehr anschaulich grafisch darstellen, indem wir ein bestimmtes Objekt m-mal in eine Reihe bringen und dann n solcher Reihen bilden. Für unser Beispielprodukt 5*7 würden wir z. B. 5 Reihen mit jeweils 7 Kästchen bilden.

```
□□□□□□□
□□□□□□□
□□□□□□□
□□□□□□□
□□□□□□□
```

Das Ergebnis des Produkts erhalten wir, indem wir sämtliche Kästchen über sämtliche Reihen hinweg auszählen.

Wir können aber auch jede Reihe in zwei Teile zerlegen, in unserem Beispiel eine 7-er- Reihe von Kästchen in zwei Teilreihen mit 4 und 3 Kästchen zerlegen und dann zwei Blöcke bilden, die jeweils 5 Reihen von den beiden Fragmenten bilden. Dabei heben wir die ersten 4 Kästchen hervor, indem wir sie schwarz füllen.

```
■■■■  □□□
■■■■  □□□
■■■■  □□□
■■■■  □□□
■■■■  □□□
```

Wir können nun die Gesamtzahl der Kästchen ermitteln, indem wir zuerst die schwarzen im ersten Block zählen, dann die leeren im zweiten Block und anschließend die beiden Zahlen addieren. Die Gesamtzahl der Kästchen wird offensichtlich dieselbe sein.

Aufgrund dieses intuitiven „Beweises" wissen wir, dass die Umwandlung im Distributivgesetz korrekt ist. Wir haben also gute Gründe, an die „wahrheitserhaltende" bzw. in diesem Fall eher „werterhaltende" Eigenschaft der vorgenommenen Transformationen zu glauben.

Ende des Exkurses

11.2 Nozicks Anspruchstheorie: Die drei „gerechtigkeitsbewahrenden Prinzipien"

In der Mathematik und in der Logik verfügen wir über Beweise, warum bestimmte Verfahren tatsächlich wahrheits- bzw. werterhaltend sind, d. h., wir verfügen über gute Gründe, das zu glauben. Was wir glauben, stellt – wie wir in der Wissenschaftstheorie sagen würden – „gerechtfertigte wahre Glaubensüberzeugungen" (justified true beliefs) dar. Es ist aber offensichtlich, dass wir nicht unmittelbar im gleichen Sinn über solche guten Gründe verfügen, warum wir an die „gerechtigkeitserhaltende" Eigenschaft der Transformationen, die durch den Grundsatz der gerechten Aneignung erfasst werden, glauben sollten. Streng genommen spricht Nozick nur in Bezug auf den Grundsatz der gerechten Übertragung von der gerechtigkeitserhaltenden Eigenschaft, doch ist klar, dass diese Eigenschaft für beide Prinzipien gelten muss, damit er sein Argument so führen kann, wie er es offensichtlich führen will. Was auch immer der Ausgangszustand war: Solange wir diesen in einen nächsten Zustand überführen, indem wir Aktionen vornehmen, die entweder mit dem Grundsatz der gerechten Aneignung oder dem Grundsatz der gerechten Übertragung erfasst werden, kann sich am Zustand der Gerechtigkeit nichts zum Schlechteren ändern. War der Zustand vorher gerecht, dann muss er danach immer noch als gerecht gelten. Das heißt nicht, dass der Ausgangszustand tatsächlich gerecht war, aber es heißt, dass er, wenn er gerecht war, „trotz" dieser Aktionen gerecht bleibt bzw. – genau genommen – der Zustand, der sich aus dem Ausgangszustand aufgrund dieser Aktionen ergibt, immer noch gerecht ist. Denn die durch die beiden Grundsätze erfassten Aktionen sind grundsätzlich erlaubt, d. h., es ist nichts „Falsches" an ihnen; war davor alles in Ordnung, also gerecht, bzw. nichts „Falsches" vorhanden, dann kann es nicht durch diese Aktionen neu in die Welt gekommen sein.

Wir verfügen zwar über keine guten Gründe, warum die beiden Grundsätze gerechtigkeitserhaltend sein sollen, aber in gewisser Weise ist dies irrelevant, weil die Definitionen in der vorliegenden Form tautologisch sind, d. h., sie sind wahr aufgrund ihrer Form. Denn wenn jemand z. B. „ein Besitztum im Einklang mit dem Grundsatz der gerechten Aneignung erwirbt", dann vollzieht er Handlungen, die eben in Einklang mit dem Grundsatz der gerechten Aneignung stehen und damit „gerecht" *sind*. Denn das Prinzip ist konditional in einer „Wenn ... dann"-Form gefasst, also in Form einer logischen Implikation: Der gerechtfertigte Anspruch auf das erworbene Besitztum existiert nur, wenn der Erwerb auf „korrekte" Weise erfolgt ist. Nozick behauptet also einfach nur bzw. geht er davon aus, *dass* es einen Grundsatz der gerechten Aneignung gibt. Dieser beschreibt dann die korrekten Formen, wie der Erwerbsprozess vonstattengegangen sein muss, also welche Handlungen zulässig sind und daher geeignet, die Ansprüche zu begründen, genauso wie das Distributivgesetz die korrekten Rechenregeln beschreibt, die wir anwenden müssen, damit der Wert des Ergebnisses erhalten bleibt.

Der Grundsatz der gerechten Aneignung lässt sich also etwas ausführlicher so formulieren: Nehmen wir an, es gibt bestimmte Prozesse, d. h. bestimmte

11. Libertäre Freiheit: Robert Nozick

Handlungen des Typs H, die eine Person X in Relation zu einem Gut G unternimmt, bei denen Konsens darüber besteht, dass aufgrund dieser Handlungen H die Person X einen moralisch gerechtfertigten Anspruch auf G erwirbt. Dann gilt, dass eine Person einen gerechtfertigten Anspruch auf ein Gut hat, wenn sie davor eine dieser Handlungen unternommen hat. Nicht der Grundsatz der gerechten Aneignung ist also in irgendeiner Weise problematisch – dieser stellt letztlich lediglich eine logische Trivialität dar. Fraglich ist, ob es einen Anwendungsbereich für den Grundsatz gibt, d. h., *ob es tatsächlich eine Theorie der Aneignung gibt*, die bestimmte Handlungen in der beschriebenen Weise in Verbindung zu bestimmten Gütern und den darauf erhobenen Ansprüchen setzen kann. Wenn wir aber erst einmal getrost mit Nozick annehmen, dass es eine solche Theorie gibt, dann können wir den Grundsatz der gerechten Aneignung problemlos anerkennen. Analog gilt all das eben Gesagte auch für den zweiten Grundsatz der gerechten Übertragung.

Tatsächlich ist es bei Übertragungen wesentlich einfacher, eine solche Theorie zu finden, die unstrittig ist bzw. zumindest annähernd unstrittig zu sein scheint. Hier geht es also um Transaktionen zwischen zwei Personen, bei denen schon bestehende Eigentumstitel von einer Person zu einer anderen wandern. Typische Transaktionen, die in diese Kategorie fallen, wären vor allem Tausch, Verkauf/Kauf, Verschenken/Beschenktwerden und Vererben/Erben. Der gebräuchlichste Vorgang dabei ist wohl der Kauf bzw. das Verkaufen. Jemand kann z. B. von ihm produzierte Güter oder von ihm erbrachte Dienstleistungen an Personen verkaufen, die bereit sind, dafür einen bestimmten Preis zu entrichten. Dadurch verändert sich die Anfangsverteilung des Eigentums mitunter beträchtlich. Nozick bringt hier das berühmte Beispiel von Wilt Chamberlain, der ein berühmter Basketballspieler in den 1960er- und Anfang der 1970er-Jahre war. Würde z. B. ein Verein Wilt Chamberlain verpflichten und ihm einen Bonus pro Zuschauer zahlen und diesen Bonus auf den Preis der Tickets aufschlagen, dann könnte Wilt Chamberlain sehr vermögend werden. Solange die Zuschauer alle freiwillig bereit sind, diesen Aufschlag zu zahlen, um Wilt Chamberlain spielen zu sehen, kann das Ergebnis aus Sicht Nozicks nicht problematisch sein, da die Eigentumsübertragung, hier also von Geld in Form des Aufschlags auf die Ticketpreise, der direkt an Wilt Chamberlain geht, im Einklang mit dem Grundsatz der gerechten Übertragung stattfindet. Wir benötigen auch gar kein Gedankenexperiment wie das von Nozick, um diesen Prozess zu illustrieren. So hat die Eras-Welttournee von Taylor Swift 2023/2024 insgesamt Einnahmen von mehr als einer Milliarde Dollar erbracht (Niemczyk 2023). Man kann wohl plausibel davon ausgehen, dass davon ein nicht ganz unerheblicher Teil auch bei Taylor Swift selbst hängengeblieben sein wird. Taylor Swift ist nicht nur einfach reich, sie ist vielmehr – in den Worten von John Cleese als *Merchant Banker* im gleichnamigen Monty-Python-Sketch – „very, very rich, quite phenomenally wealthy". Die Antwort von Robert Nozick hierauf wäre wohl: „So what?" Wo soll hier ein Problem sein? Taylor Swift bietet eine Dienstleistung an, die von vielen, ja von sehr, sehr vielen Personen nachgefragt wird, die dafür einen erklecklichen Preis (die Ticketpreise in Deutschland lagen zwischen knapp 100 und 800 Euro) zu zahlen bereit sind. Solange all diese Transaktionen freiwillig erfolgen und dabei in keiner Weise betrogen oder getäuscht worden ist (bei *Milli Vanilli* wäre die Angelegenheit sicherlich komplizierter zu beurteilen: Bezahlten die Fans für die Musik, die Show oder für einen Eindruck von „Authentizität"?), ist offenkundig nach Nozicks Ansicht niemandem Unrecht getan worden, d. h., jeder hat lediglich von seinen Rechten, z. B. von dem Recht, frei darüber zu entscheiden, wofür man das eigene Geld ausgeben will, in völlig zulässiger Weise Gebrauch gemacht. Die Entscheidung, das Geld für Tickets einer Show von Taylor Swift auszugeben, ist nur Ausdruck der Autonomie der Fans. Das Endergebnis ist das kumulierte Ergebnis vieler einzelner solcher freien Entscheidungen. Wenn aber die einzelnen freien Entscheidungen zulässig waren, kann auch nicht das durch Kumulation entstandene Ergebnis unzulässig sein. Der Umverteilungsprozess von den Fans zu Taylor Swift ist einfach eine Manifestierung, deren Grundzug Nozick mit dem Spruch „Jedem, wie er will, und jedem, wie die anderen wollen" (Nozick 1974/2011: 232) (im Original treffender: From each as they choose, to each as they are chosen (Nozick 1974: 160)) zusammenfasst.

Gerechtigkeit in der Aneignung oder in der Übertragung ist nach Nozick also dann gegeben, *wenn keine Rechte verletzt werden*. Insofern handelt es sich bei seiner Theorie weniger um eine Gerechtigkeitstheorie als vielmehr um eine Theorie von Rechten bzw. um den legitimen Anwendungsbereich von Rechten, insbesondere des Eigentumsrechts. Auch hier macht sich wieder der tautologische Charakter seiner Definition bemerkbar, die auf einer, gelinde gesagt, etwas idiosynkratischen Verwendung bestimmter Schlüsselbegriffe beruht. Denn die inhaltlich korrekte Formulierung z. B. des zweiten Grundsatzes über gerechte Übertragung müsste eigentlich so lauten: „Wer ein Besitztum von jemandem erwirbt, der Anspruch auf das Besitztum hat, der hat Anspruch auf das Besitztum, wenn dabei keinerlei Rechte der beteiligten Personen verletzt werden." Mit dieser Formulierung dürften viele inhaltlich erst einmal keine Probleme haben (auch wenn sie nicht so harmlos ist, wie es auf den ersten Blick scheinen mag). Der „Wahrheitsgehalt" der Aussage bleibt dann erhalten, wenn wir – wie Nozick es gewissermaßen getan hat – nun die Bedingung „wenn keine Rechte verletzt werden" damit gleichsetzen, dass die Transaktion auch in Einklang mit dem Grundsatz der Gerechtigkeit bei Übertragungen stattgefunden hat. Allerdings verwenden wir dann eine doch sehr schräge Definition von Gerechtigkeit, die keineswegs mit dem übereinstimmt, wie wir den Begriff üblicherweise verwenden.

Denn es besteht offensichtlich keinerlei Widerspruch darin, davon auszugehen, dass bei den Ticketverkäufen der Taylor-Swift-Konzerte niemandes

11. Libertäre Freiheit: Robert Nozick

Recht verletzt worden ist, zumindest nicht unmittelbar, und es dennoch ungerecht sein könnte, dass Taylor Swift danach eben „very, very rich, quite phenomenally wealthy" ist. Dies als gerecht anzusehen, setzt ja schon voraus, dass man die Gerechtigkeitsauffassung von Nozick teilt. Es gibt aber andere und durchaus plausible Gerechtigkeitsauffassungen, nach denen sehr wohl ein Problem in dem immensen Reichtum von Taylor Swift gesehen werden kann, z. B. die von Rawls. Es ist auch keineswegs selbstverständlich, dass die Kumulation vieler einzelner, an sich unproblematischer Ereignisse bzw. Handlungen ebenfalls als unproblematisch angesehen werden muss. Eine extreme Asymmetrie bei der Verteilung des Reichtums kann Effekte haben, die in der Ungleichheit selbst begründet sind (Scanlon 2020). So können extrem reiche Personen ihren Reichtum bewusst dazu einsetzen, um politischen Einfluss zu nehmen, wie es z. B. die Koch-Brüder in den USA machen, die immer wieder sehr großzügig die Wahlkampagnen von sehr konservativen (um es noch eher harmlos auszudrücken) Kandidaten unterstützt haben. Die Ungleichverteilung ist also womöglich nicht nur deshalb problematisch – wie Rawls und andere Umverteilungsproponenten es sehen –, weil wir das Vermögen der Reichen an Menschen umverteilen können, die besonders auf Unterstützung angewiesen sind, sondern die Ungleichverteilung hat auch an sich negative Effekte und berührt somit die Interessen aller Personen in der Gesellschaft und nicht nur die derjenigen, die womöglich von einer Umverteilung profitieren könnten. Interessen aber – wie wir im Kapitel zu John Stuart Mill gelernt haben – sind die Grundlage, auf der Rechte definiert werden. Es kann also sehr wohl sein, dass durch die Kumulation von Einzelhandlungen, die selbst neutral gegenüber diesen Interessen sind, sehr wohl ein Einfluss auf die Interessen anderer Personen ausgeübt wird, womit dann womöglich doch bestimmte Rechte (wie z. B. das auf gleichen politischen Einfluss in einer Demokratie) verletzt werden könnten.

Bleibt noch der Fall kurz zu erläutern, in dem tatsächlich Rechte verletzt werden, es also zum Beispiel bei einer Transaktion zu einer Verletzung des Grundsatzes der gerechten Übertragung kommt. Dies ist unzweifelhaft der Fall, wenn die Übertragung z. B. in Form von Diebstahl oder Betrug oder Täuschung zustande gekommen ist. Für solche Fälle sieht Nozick ein Grundsatz der Berichtigung (principle of rectification) vor.

> *Grundsatz der Berichtigung ungerechter Besitzverhältnisse*
> Ansprüche auf Besitztümer entstehen lediglich durch (wiederholte) Anwendung der beiden Grundsätze der Gerechtigkeit der Aneignung und der Gerechtigkeit der Übertragung.

Das Prinzip nutzt alle Informationen über die Verletzungen der Rechte bzw. der – aus Nozicks Sicht – Gerechtigkeit und stellt dann im idealen Fall die Situation so her, wie sie der Fall wäre, wenn es niemals zu diesen Verletzungen gekommen wäre. Das mag in der Praxis allerdings schwer umzusetzen sein. Dies ist aber für die Konsistenz der Theorie von Nozick kein Problem. Denn letztlich kommt es nur darauf an, dass, wenn die Grundsätze verletzt worden sind, das Ergebnis nicht gerecht ist. Ob es dann mithilfe des Berichtigungsgrundsatzes möglich ist, die Gerechtigkeit in vollem Umfang wieder herzustellen, berührt nicht den Kern des Nozick'schen Arguments. Denn dieses geht ja davon aus, dass es eben erst gar nicht zu diesen Verletzungen kommt und konstatiert lediglich, dass, solange in der langen historischen Reihe von Transformationen der Eigentumsverhältnisse keine Verletzungen stattfinden und die erste Ausgangssituation, die allen diesen Transformationen vorausging, selbst gerecht war, auch die sich daraus ergebende Verteilung gerecht sein muss.

11.3 Nozicks Proviso

In Bezug auf den Grundsatz der gerechten Übertragung gibt es einige Anwendungsbereiche, die nahezu unbestritten sind. Auch wenn man dem Grundsatz und vor allem allen seinen Konsequenzen nicht zwingend zustimmen möchte, so gibt es doch zumindest einige Typen von Transaktionen, die sich eindeutig auf ihn anwenden und in einer Weise beschreiben lassen, dass sie hinsichtlich ihrer Rechtmäßigkeit nahezu einhellige Zustimmung finden. Das schon genannte Beispiel war vor allem die Transaktion in Form von Kaufgeschäften, die unter bestimmten idealen Bedingungen – kein Zwang, kein Betrug, keine Täuschung – von den allermeisten in der Regel als problemlos betrachtet wird. Denn solange ein Kaufgeschäft, das ja nur eine spezifische Unterform von Tauschgeschäften darstellt, freiwillig erfolgt, heißt das zuerst einmal, dass sich beide dadurch verbessern, denn sonst würden sie sich nicht auf dieses Geschäft einlassen. Tauschgeschäfte und ihre Spezialform des Kaufs führen also immer, soweit die genannten Bedingungen erfüllt sind, zu pareto-superioren Verbesserungen, möglicherweise nicht immer im objektiven Sinn, aber doch zumindest immer in der subjektiven Wahrnehmung der beteiligten Parteien. Es ist schwierig, an diesen Grundformen etwas problematisch zu finden, solange man von mündigen Akteuren ausgeht, die sich ihrer Interessen bewusst sind, und sie kommen daher aus guten Gründen in jeder Gesellschaft vor, sowohl in den kapitalistischen als auch in den sozialistischen, wenn auch in den letzten teilweise mit Einschränkungen hinsichtlich des Anwendungsbereichs. Solange also Tausch- und Kaufgeschäfte freiwillig sind und unter transparenten Umständen und hinreichender Informiertheit erfolgen, erfüllen sie die Nozick'sche Auffassung von Gerechtigkeit, weil niemandem dabei Unrecht geschieht, indem seine Rechte verletzt werden. Wenn die Ausgangssituation selbst nicht unproblematisch war, ist schwer zu erkennen, wie sich durch diese Art von Geschäften etwas zur neuen Situation hin verschlechtert haben sollte.

11. Libertäre Freiheit: Robert Nozick

Deutlich schwieriger aber ist es, eine solche Theorie für den Grundsatz der gerechten Aneignung zu formulieren, also Beschreibungen über die Typen von Handlungen zu formulieren, die als ebenso unstrittig und unproblematisch gelten, wenn es um den Ersterwerb von Eigentum geht, also um die Umwandlung von etwas, das noch nicht Eigentum ist, zumindest kein Privateigentum, zu etwas, das nun das Eigentum einer bestimmten Person ist. Diesem Problem widmet sich Nozick daher ausführlicher, wobei er sich dabei weitgehend an Lockes Eigentumstheorie orientiert. Den Ausgangszustand vor der allerersten Aneignung können wir uns bei Nozick so vorstellen, wie Locke den Naturzustand beschreibt. Alle vorhandenen Güter sind noch herrenlos bzw. gehören niemandem oder sie gehören bestenfalls allen zusammen. Wobei Nozick eher davon auszugehen scheint, dass sie niemandem gehören. Es ist vielleicht merkwürdig, diesen Zustand als „gerecht" zu bezeichnen, aber man kann zumindest zugestehen, dass er insofern gerecht ist, als nichts in ihm enthalten ist, das ihn ungerecht macht. Wie wir schon im Kapitel zu Locke gesehen haben, entsteht nun Privateigentum an schon vorhandenen Gütern, insbesondere Land, dadurch, dass ein Gut mit persönlichem Eigentum einer Person, also anderen Gütern, die schon Eigentum sind, in untrennbarer Weise verschmilzt. In der Regel handelt es sich bei diesem persönlichen Eigentum um die Arbeit, die eine Person in die Kultivierung des vorgefundenen herrenlosen Gutes steckt, also indem z. B. brachliegendes Land durch Rodung, Bepflügung und das Ausstreuen von Saatgut fruchtbar gemacht wird. Dieser Vorgang der Transformation von etwas, was niemandem oder allen gehört, zu etwas, das nur noch einer bestimmten Person gehört, bleibt aber ähnlich rätselhaft und mysteriös wie die Umwandlung von Eisen in Gold. Zumindest wirft er bestimmte Fragen auf, und tatsächlich hat niemand die naheliegenden Zweifel an dieser merkwürdigen Alchemie der Eigentumswerdung so elegant und prägnant formuliert wie Nozick selbst: „Aber warum führt die Vermischung von Eigentum mit Nichteigentum nicht zum Verlust des Eigentums statt zum Gewinn des Nichteigentums?" (Nozick 1974/2011: 250 f.) Nozick wird seiner grundsätzlichen Methode, die gegnerische Position zu widerlegen, indem er sie erst so stark wie möglich macht (eine Haltung, die wir auch schon bei Mill kennengelernt haben), auch hier in Bezug auf die Rechtfertigung der Entstehung von Eigentum gerecht, indem er die Absurdität des Prozesses der Eigentumsentstehung durch Vermischung erst einmal besonders anschaulich illustriert. Denn dieses neue Eigentum entsteht dadurch, dass es schon bestehendem Eigentum hinzugefügt wird, weil es sich mit diesem in einer unauflöslichen Weise verbindet. Aber das ist so, so Nozicks metaphorisches Beispiel, als ob wir eine Flasche Tomatensaft ins Meer schütteten und dann, wenn sich der Tomatensaft gründlich genug mit dem Meer vermischt hat, sodass wir ihn nicht mehr separieren und als unabhängigen Eigentumstitel identifizieren können, behaupteten, dass wir nun zum Eigentümer des Meeres geworden wären. Der entscheidende Punkt muss also sein, dass das durch die Arbeit veränderte Gut *mehr wert* geworden ist, im Gegensatz zum Meer, das ja durch die Vermischung mit dem Tomatensaft nicht an Qualität gewinnt. Aber dann, so Nozick, stellt sich wiederum die Frage, warum wir dem Arbeiter nicht einfach nur den geschaffenen Mehrwert als Eigentum zusprechen, vor allem dann, wenn das bearbeitete Gut vor der Bearbeitung nicht völlig wertlos war. Warum gehört demjenigen, der ein Stück Land einzäunt, dann das Land, und nicht einfach nur der Zaun? Ist nicht derjenige, der diese Eigentumstheorie akzeptiert, in der Tat so einfältig, wie es Rousseau behauptet (vgl. Kap. 7.1)? Nozick wischt diese Einwände aber dann selbst beiseite, indem er lapidar darauf hinweist, dass es kein kohärentes und in der Realität umsetzbares solches System gebe, das den Boden im Gemeineigentum beließe und das neu entstandene Eigentum nur auf den geschaffenen Mehrwert beschränke. Dabei bezieht er sich explizit auf Henry George, der die Gründungsfigur der sogenannten Landreformbewegung zum Ende des 19. Jahrhunderts war und genau diese Ansicht vertrat. Nozick liefert hier kein systematisches Argument, warum das mit der Arbeit verschmolzene Land Eigentum der Person, die es bearbeitet, werden sollte, sondern lediglich ein pragmatisches, weil es eben anders nicht gehe, wenn man die Anreize zur Veredelung des Landes schaffen wolle, die ja grundsätzlich im Interesse der Gesellschaft sind, weil sie eben diesen Mehrwert kreieren und somit den Gesamtwohlstand der Gesellschaft mehren.[2]

Der entscheidende Punkt muss daher der sein, ob denn das so geschaffene neue Eigentum tatsächlich im Interesse der Gesellschaft ist, also den Wohlstand mehrt. Sobald sich durch diesen Prozess der Eigentumsgenerierung die

---

2 Grundsätzlich aber hat Nozick recht damit, dass es in der Realität oft unmöglich oder nur sehr schwierig zu bestimmen ist, was genau der „Mehrwert" ist, der durch die Leistung einer Person entstanden ist. Charlie Chaplin war der erste Filmstar, der einen Millionendollarvertrag abgeschlossen hat. Aber ohne die Erfindung des Films wäre er „nur" ein sicherlich sehr erfolgreicher, aber eben nicht weltweit bekannter Künstler geworden (Chaplin war in den 20er- und 30er-Jahren des 20. Jahrhunderts vermutlich die berühmteste Person der ganzen Welt). Wem „gehören" nun eigentlich diese zusätzlichen Millionen an Einnahmen, die durch die Kombination des Chaplin'schen Genies mit der Technik des Kinetographen erzielt worden sind? Sind sie der Mehrwert, der durch Chaplin entsteht, oder ist dieser Mehrwert nicht eben durch den Erfinder der Filmkamera erst ermöglicht worden, sodass ihm zumindest ein entsprechender Anteil an den Einnahmen zustehen müsste? Edison, der in den USA das Patent auf den Kinetographen hatte, weil sein Angestellter Dickson diesen erfunden hatte, vertrat die letztgenannte Ansicht und verfolgte mit seinen Patentanwälten rigoros alle unabhängigen Filmemacher. Aber auch wenn in diesem Fall unklar ist, wie denn nun der Mehrwert aufgeteilt werden könnte, so bleibt unstrittig, dass die Filmemacher auf vorhandene Erfindungen zurückgegriffen haben, die eben nicht mit wertlosem Brachland zu vergleichen sind. Die Frage, die sich daher stellt, ist die, ab wann Erfindungen Teil eines kulturellen Gemeineigentums werden, auf die jeder zurückgreifen kann, um durch sie weitere Schöpfungen zu kreieren. Aber natürlich lassen sich dann bedingte Eigentumsformen denken, nach denen der Nutzer dieses geistigen Gemeineigentums der Gesellschaft zumindest einen Teil seiner Einnahmen als *Tantiemen* oder *Rendite* zurückzahlen muss.

Lage anderer Personen verschlechtern würde, ist dies nicht mehr eindeutig, was wir ja auch nach der Logik des Pareto-Prinzips darlegen können. Genau in diesem Sinn interpretiert Nozick daher das Locke'sche Proviso, das seiner Meinung nach eben als Vorkehrung dagegen gedacht sein muss, dass sich durch neu geschaffenes Eigentum die Situation dritter Personen verschlechtern könnte.

Dabei unterscheidet Nozick zwei Arten, in denen sich die Situation der anderen Personen verschlechtert haben könnte, wenn sich bestimmte Personen z. B. Land als Eigentum angeeignet haben. Diese Verschlechterung könnte 1.) darin bestehen, dass nun die anderen Personen sich dieses Land nicht mehr aneignen können, aber eben auch kein vergleichbares Land, das sie in ähnlicher Weise bearbeiten und kultivieren könnten; sie könnte 2.) darin bestehen, dass die anderen etwas nicht mehr (frei) nutzen können, was sie vorher nutzen konnten, auch ohne es sich angeeignet zu haben. Eine starke Version des Provisos besteht dann darin, dass es beide Formen von Verschlechterungen ausschließt, eine schwache Version würde sich damit begnügen, nur die zweite Form auszuschließen.

Die starke Version, also vor allem der Ausschluss der ersten Form der Verschlechterung der Situation der anderen, lässt sich offensichtlich nur verwirklichen, wenn das durch Arbeit zu veredelnde Gut, also z. B. Land, theoretisch in unendlichem Umfang vorhanden ist bzw. niemand durch den Eigentumserwerb bestimmter Personen daran gehindert wird, selbst auf gleiche Weise Eigentum zu erwerben. Dies dürfte allerdings nur für die allerwenigsten Tätigkeiten gelten. Es gilt für die Schaffung von Kunstwerken und damit auch für den Erwerb von Eigentumsrechten an diesen Kunstwerken des Schöpfers, solange diese Kunstwerke eine hinreichende *Schöpfungshöhe* erreichen, womit gemeint ist, dass sie so sehr der individuellen kreativen Persönlichkeit des Schöpfers entspringen, dass sie von keiner anderen Person hätten hergestellt werden können. Dieses Kunstwerk existiert ausschließlich aufgrund der Schöpfung durch seinen Schöpfer: Hätte es dieser nicht erschaffen, dann gäbe es das Kunstwerk eben nicht. Dabei greifen diese Künstler sehr wohl auf eine Art von Gemeineigentum zurück, nämlich auf das allen gemeinsam vorhandene Kulturgut. So hat z. B. Salman Rushdie betont, wie sehr er und viele seiner Schriftstellerkolleginnen und -kollegen auf den unerfindlichen Fundus von Mythologien, Fabeln und Märchen zurückgreifen (Rushdie 2023). Aber sie schließen dadurch niemanden anderen davon aus, sich dieses Fundus auf gleiche Weise zu bedienen.

Die Entstehung von geistigem Eigentum, insbesondere künstlerischem, erfüllt also das Locke'sche Proviso in idealtypischer Weise, weil die Menge der potenziell zu schaffenden Kunstwerke nicht nur theoretisch, sondern tatsächlich unendlich ist. Das ist bei anderen Gütern, insbesondere Land, aber nicht der Fall. Doch wie auch Locke schon erkannt hat, ist die Vorstellung, dass niemand schlechtergestellt wird durch die Aneignung von Land durch bestimmte Personen, dann sehr wohl problematisch, wenn das Land nicht unendlich, sondern von begrenztem Umfang und daher irgendwann zu Ende verteilt ist. Mit einem ziemlich cleveren Argument der Rückwärtsinduktion, einer aus der Spieltheorie bekannten Methode (Behnke 2020: 120 ff.), beweist Nozick, dass überhaupt kein Land mehr als Eigentum vergeben werden kann, wenn das Proviso in der starken und strengen Form ausgelegt wird, also wenn die Aneignung dann verboten ist, wenn sich niemand anderes mehr Land auf dieselbe Weise aneignen kann. Denn wenn die Person Y diejenige ist, die sich das letzte freie Stück Land aneignet, sodass Z die erste Person wäre, die sich kein Land mehr aneignen kann, obwohl sie es gerne tun würde, dann wäre nach der strikten Auslegung des Provisos die Aneignung von Y unrechtmäßig. Damit wird Y zur „ersten" Person, die sich kein Land mehr aneignen kann, womit nun X, die Person, die sich zuletzt vor Y Land angeeignet hat, nun zur letzten Person wird, die sich Land angeeignet hat usw. Aber immer wenn es der Fall ist, dass sich jemand Land als „letzte" Person aneignet, sodass es jeder folgenden Person nicht mehr möglich ist, sich Land anzueignen, verstößt diese Konstellation gegen das strikte Proviso, sodass am Ende der Rückwärtsinduktion die erste Person, die sich Land aneignet, zugleich die letzte ist, womit es auch ihr untersagt ist, sodass sich demnach überhaupt niemand mehr Land aneignen könnte. Da dies aber offenkundig kontraproduktiv wäre, scheidet die strikte Interpretation des Provisos aus. Auch dies ist aber ein pragmatisches und kein systematisches Argument. Die Verwerfung der strikten Interpretation des Provisos ist sicherlich sinnvoll, aber sie kann nur mit einer stillschweigenden Gemeinwohlorientierung begründet werden, und gerade nicht mit vorab existierenden absoluten Rechten. Das Eigentumsrecht, das jemand erhält, wenn er ein Stück Land mit seiner Arbeit veredelt und so einen Mehrwert schafft, hilft den Wohlstand zu mehren und ist daher im Interesse der Gesellschaft. Insofern wäre es aus Sicht der Gesellschaft durchaus sinnvoll, ein solches Recht zu verleihen bzw. ein solches Recht, das unter den entsprechenden Umständen verliehen werden kann, zu schaffen, was allerdings dann eher eine vertragstheoretische Konstruktion in der Tradition von Hobbes und Buchanan wäre, nach denen ja Recht grundsätzlich erst durch den Staat entstehen kann. Weniger einleuchtend erscheint es, dass ein solches Recht ein vorgegebenes und absolut geltendes Naturrecht sein soll, nur weil gewährleistet ist, dass bei dieser Form der Aneignung niemand schlechtergestellt wird. Genau diese wenig plausible Sichtweise ist verknüpft mit der zweiten schwachen Auslegung des Provisos, die sich Nozick zu eigen macht.

Die Erstaneignung bestimmter bisher herrenloser Güter ist demnach dann gerechtfertigt, wenn dadurch niemand schlechtergestellt wird, also selbst wenn ihm dadurch die Möglichkeit genommen wird, sich auf dieselbe Weise genügend solcher Güter von gleicher Qualität selbst anzueignen. Wenn sich

11. Libertäre Freiheit: Robert Nozick

jemand Land aneignet, wird aus der Sicht Nozicks dadurch aber niemand unmittelbar schlechtergestellt, jedenfalls nicht nur deshalb, weil ihm nun die Möglichkeit genommen wird, sich durch die Bestellung von Land besserzustellen. Nozick nimmt also das Konzept des „Sichschlechterstellens" sehr wörtlich und bezieht es auf die tatsächlich existierende Situation einer Person. Der Verlust von bisher bestehenden Aussichten und Möglichkeiten an sich ist aus Sicht von Nozick keine Verschlechterung. Allerdings scheint diese Position nicht konsistent. Denn Nozick möchte ja zumindest die Form von Verschlechterung vermeiden, dass durch die Erstaneignung bestimmter bisher herrenloser Güter durch bestimmte Personen andere Personen sich nun sehr wohl dadurch schlechterstellen könnten, weil sie etwas nicht mehr umsonst nutzen können, zu dem sie zuvor freien Zugang hatten, auch ohne es sich angeeignet zu haben. So dürfte sich niemand das einzige Wasserloch in einer Wüste aneignen und danach von anderen Gebühren dafür verlangen. Nozick geht sogar noch weiter: Selbst wenn sich jemand dieses Wasserloch zu einem Zeitpunkt angeeignet haben sollte, zu dem es für die anderen genügend verfügbare Alternativen gegeben hat, darf er den anderen den Zugang zu seinem Wasserloch nicht verweigern, wenn diese alternativen Wasserquellen z. B. durch eine Trockenperiode versiegt sind, sodass sein Wasserloch nun die einzige noch verfügbare Wasserquelle ist. In solchen Fällen kommt es zu entsprechenden Einschränkungen des Eigentumsrechts, was nach Nozick allerdings nicht damit verwechselt werden darf, dass dieses erlöscht; es wird in diesem Fall lediglich aufgrund ungewöhnlicher Umstände, die durch eine Naturkatastrophe verursacht werden, zeitweilig außer Kraft gesetzt. Das Eigentumsrecht würde jedoch in vollem Umfang erhalten bleiben, wenn die betreffende Person den Zugang zu Wasser erst selbst geschaffen hätte, z. B. durch die Bohrung eines Brunnens, oder – im Falle der Dürre – selbst aktiv Vorkehrungen getroffen hat, ihre Wasserquelle vor Austrocknung zu schützen. Ähnlich wie der Künstler hätte die Person dann ja nur etwas völlig Neues geschaffen, was ohne sie sonst so nicht in der Welt wäre. Unter diesen Umständen wäre der Eigentümer sehr wohl berechtigt, von seinem Eigentumsrecht in der Art Gebrauch zu machen, dass er den Zugang reguliert und Zugangsrechte für Gebühren verkauft.

Ähnlich verhält es sich mit Erfindungen, die nicht in der Welt wären, hätte sie der Erfinder nicht gemacht. Erfindet jemand z. B. ein neues Medikament, dann verfügt er allein über die entsprechenden Eigentumsrechte, denn niemand anderes wird dadurch schlechtergestellt. Solange vorausgesetzt werden kann, dass die Bestandteile des Medikaments grundsätzlich auch anderen verfügbar sind, können diese ja dasselbe Medikament unabhängig ebenfalls erfinden. Erhalten sie keinen Zugang zu dem ursprünglich geschaffenen Medikament, sind sie nicht schlechtergestellt, als sie es wären, wenn das Medikament erst gar nicht erfunden worden wäre. Der Patentschutz ist im Rahmen dieser Theorie lediglich eine Vorkehrung gegen Kopien, d. h.

gegen Personen, die die ursprüngliche Erfindung einfach ohne Einwilligung des Erfinders übernehmen und sie so gewissermaßen stehlen. Nach Ansicht Nozicks hätten allerdings Personen, die dieselbe Erfindung tatsächlich unabhängig vom „ersten" Erfinder machen, ihrerseits die vollen Eigentümerrechte. Denn vor der ersten Erfindung hatte jeder vollkommene Freiheit, diese Erfindung zu machen. Wird durch die erste Aneignung der Erfindung in Form eines Patents aber der zweite Erfinder, der die Erfindung unabhängig vom ersten macht, nun blockiert, dann hätte sich seine Situation durch das Patent tatsächlich verschlechtert. Da dies nicht der Fall sein darf, darf das Patentrecht eben nicht diese unabhängigen Erfindungen blockieren, zumindest der Theorie nach. Allerdings unterlägen die unabhängigen Erfinder einer bestimmten Beweislast, die vor allem, wenn die unabhängige Erfindung mit einer gewissen zeitlichen Verzögerung gemacht würde, in der Praxis schwer zu erbringen sein dürfte.[3] Die Verfallsdauer eines Patents richtet sich daher danach, so Nozick, innerhalb welchen Zeitraums man normalerweise hätte erwarten können, dass die ursprüngliche Erfindung unabhängig von jemandem anderen „wiedererfunden" worden wäre, wenn sie zum ursprünglichen Zeitpunkt nicht gemacht worden wäre.

Urheber- und Patentrechte sind ebenso faszinierende wie komplexe Eigentumstitel. Sie werfen noch andere Probleme auf. Was ist mit Erfindungen, die wiederum auf anderen Erfindungen fußen? Formal sind diese Erfindungen nicht unabhängig, da sie ohne die Grundlagenerfindungen nicht hätten gemacht werden können, aber sie stellen die Ergebnisse einer auf der Basis der alten Erfindungen arbeitenden neuen Forschergeneration dar, die insofern in gewisser Weise sehr wohl unabhängig zu ihren Erkenntnissen kommt, als sie die alten Erfindungen einfach nur noch als den gegebenen kulturellen Schatz an Hintergrundwissen betrachtet, so wie für Schriftsteller wie Salman Rushdie die Märchen und Fabeln den kulturellen Hintergrundrahmen bilden, innerhalb dessen er seine kreative Phantasie entfaltet. Soll der Fortschritt nicht aufgehalten oder gebremst werden, muss daher dieses Grundlagenwissen irgendwann als frei verfügbares kulturelles Hintergrundwissen für alle zugänglich sein, d. h. in diesem Sinn zu Gemeineigentum werden. Bewegungen wie die Open-Source-Initiativen verkörpern diese Denkrichtung. Eine zwischendurch einflussreiche politische Kraft, die ähnliche Ansichten vertrat, waren die sogenannten Piraten-Parteien, die es in mehreren Ländern gab und die sich für weitgehende Lockerungen von Eigentumsrechten insbesondere im Bereich der künstlerischen Produktion aussprachen (nicht zur Freude der

---

3 Das in der Praxis existierende Patentrecht nimmt diese Unterscheidung daher in der Regel erst gar nicht vor. Hier gilt der Grundsatz „first come first served" für die Verteilung eines knappen Gutes, da ein Patent eben nur einmal vergeben werden darf. Damit aber ist das nicht einmal hinsichtlich der zweiten Bedingung erfüllt, denn den Nachzügler-Erfindern wird ja nun der Zugang zu etwas verwehrt, zu dem sie vorher sehr wohl den Zugang gehabt hätten, nur eben etwas später als die Erstankommenden.

11. Libertäre Freiheit: Robert Nozick

Künstler, wie man sich vorstellen kann). Einer der wichtigsten Vordenker in dieser Richtung ist der Rechtswissenschaftler Lawrence Lessig (2005).

So interessant diese Materie auch ist, soll sie an dieser Stelle nicht weiter vertiefend erörtert werden. Es sollte aber hinreichend klar geworden sein, dass Theorien der Erstaneignung sehr komplexer Regelungen bedürfen, die alles andere als selbstevident sind und in vielen Details festgelegt werden müssen. Dies wirft zumindest gewisse Zweifel im Hinblick auf die Leistungsfähigkeit von Nozicks Anspruchstheorie auf. Natürlich sagt Nozick nur, dass seine Theorie gelten würde, wenn es unumstrittene Prinzipien der gerechten Aneignung und Übertragung *gäbe*. Er sagt nicht, dass es sie gibt, und er sagt noch weniger, dass er sie kennt bzw. genau beschreiben kann. Seine Ausführungen insbesondere zu Locke und dem Proviso sind eher als Skizze gedacht, wie eine solche Theorie ungefähr aussehen könnte. Dennoch ist offensichtlich, dass seine Theorie bzw. deren Relevanz sehr wohl davon abhängig ist, *ob* es solche Prinzipien der gerechten Aneignung und Übertragung tatsächlich gibt oder sogar überhaupt geben kann. Das erinnert an das klassische Problem der Logiker, ob eine Aussage wie „Der König von Frankreich ist kahl" impliziert, dass es einen König von Frankreich geben muss. Gibt es keinen König von Frankreich, ist die Aussage im schlimmsten Falle falsch, im besten Fall ist sie sinnlos, da sie über keinen Anwendungsbereich verfügt. Das Gleiche gilt aber für eine Implikation, bei der das Antecedens, also der vordere Teil, schlicht konstatiert wird. Denn wie schon erwähnt, muss Nozicks Aussage über die gerechtigkeitserhaltende Eigenschaft des Grundsatzes der gerechten Aneignung konditional gelesen werden (vgl. die Ausführungen weiter oben), etwa in der folgenden Art: „Wenn es einen Grundsatz der gerechten Aneignung gibt, dann ..." Erschwerend kommt hinzu, dass dieser Grundsatz nicht nur existieren muss, d. h. in *irgendeiner* Form existieren muss, sondern er muss darüber hinaus auch *eindeutig* sein. Er muss aus den Anfangsbedingungen *zwingend* abgeleitet werden können. Denn wenn er so oder so lauten könnte, aber eben auch ganz anders, je nachdem, worauf sich die Gesellschaft einigt, dann würde das ganze Nozick'sche Konstrukt unweigerlich in sich zusammenfallen. Der Grundsatz kann nichts Konstruiertes sein, sondern er muss notwendig aus dem abgeleitet werden, was in den Anfangsbedingungen vorgefunden wird, zumindest solange die Ableitung korrekt erfolgt. Wie wir gesehen haben, spielen Rechte für Nozick eine zentrale Rolle, ja *die* zentrale Rolle. Sie können aus den genannten Gründen nicht beliebig festgesetzt werden, sondern müssen eine schon immer dagewesene und fixierte Bedeutung haben. Denn diese Rechte, insbesondere das Eigentumsrecht, haben – wie Hampton pointiert ausführt – bei Nozick einen „absoluten" Charakter „in the sense that *no* amount of good accruing to the community generally, or to other individuals, can justify the infringement or overriding of these rights" (Hampton 1997: 147). Die Unverrückbarkeit – man könnte auch sagen: Nichtverhandelbarkeit – dieses Rechts geht so weit, dass man nach Hampton von Libertären wie Nozick sogar, wie schon oben ausgeführt, sagen könnte, dass sie die Gesellschaft als Geiseln ihres absoluten und überzogenen Rechtsbegriffs halten. Es ist daher notwendig, sich noch einmal genauer anzusehen, woher denn diese Rechte in Nozicks Theorie kommen und warum sie nicht mehr modifiziert werden können.

11.4 Rechte und Soziale Ordnungen

Rechte sind in Nozicks Theorie immer als „constraints" bzw. „side constraints" modelliert, d. h., sie stellen Bedingungen, genauer Nebenbedingungen dar, die grundsätzlich nicht verletzt werden dürfen. Das „Neben" in Nebenbedingungen sollte daher keinesfalls so verstanden werden, dass diese nicht ganz so wichtig sind, ganz im Gegenteil, denn Nebenbedingungen *müssen immer erfüllt sein,* d. h., sie bestimmten den Rahmen des Zulässigen, innerhalb dessen die verschiedenen Akteure überhaupt Handlungen auswählen dürfen. Nozick grenzt z. B. Gesellschaftstheorien, in denen Rechte Nebenbedingungen sind, von Theorien ab, in denen es um die größtmögliche Verwirklichung von Rechten geht bzw. genauer um die Minimierung der Rechtsverletzungen. Intuitiv vielleicht nicht das, was einem als Erstes in den Sinn kommen würde, sind Rechte in Theorien, die sie als Nebenbedingungen aufnehmen, stärker als in Theorien, die die Minimierung von Rechtsverletzungen als Ziel formulieren. In gewisser Weise nimmt Nozick hier die üblichen Vorbehalte gegen den Utilitarismus auf. Denn dieser würde ja erlauben, das Wohl Einzelner zu verletzen, wenn es dem Wohl der Gesamtheit dient. Dies kann auch in Form von Rechten formuliert werden. Nehmen wir an, es gibt einen Lynchmob, der verlangt, dass ein Unschuldiger, von dem der Mob natürlich aber glaubt, dass er schuldig ist, bestraft wird. Wenn der Sheriff, der weiß, dass der Beschuldigte unschuldig ist, davon ausgeht, dass der Mob, wenn er die Bestrafung verweigert, randaliert und es zu einem umfassenden und mannigfaltigen Gesetzesbruch kommt, bei dem die Rechte vieler anderer Personen massiv verletzt werden würden, dann könnte es, wenn es nur um die Minimierung der Rechtsverletzungen geht, angemessen erscheinen, den Unschuldigen zu opfern und einer Bestrafung auszuliefern, die er nicht verdient. Eine Sichtweise hingegen, die Rechte als strikt einzuhaltende Nebenbedingungen ansieht, könnte diesen „Tauschhandel" niemals vornehmen, weil Rechte dort schlicht nicht zur Disposition stehen. Interessanterweise bezieht sich Nozick bei der Rechtfertigung dieser Sichtweise auf Kant, nach dem Personen immer nur als Selbstzweck angesehen werden müssen, weil ihre Instrumentalisierung, d. h. ihre „Verwendung" als Mittel ihrer Menschenwürde widersprechen würde (Nozick 1974: 30 f.).

Als weiteren Beleg für die „absolute" Geltung von Rechten zieht Nozick das sogenannte Paradox des Liberalismus von Amartya Sen heran, das näher erläutert werden soll, um das diesbezügliche Nozick'sche Argument besser zu verstehen. Sen hat in einem der einflussreichsten und inzwischen klassischen

11. Libertäre Freiheit: Robert Nozick

Artikel der sogenannten Social-Choice-Theorie namens *The Impossibility of a Paretian Liberal* (1970) bewiesen, dass unter bestimmten Umständen, d. h. wenn die Präferenzen der beteiligten Personen auf eine bestimmte Weise geformt sind, es zu einem Konflikt zwischen den liberalen Grundüberzeugungen und dem Pareto-Prinzip kommen kann. Es geht dabei um eine sogenannte *Soziale Entscheidungsfunktion*, die eine eindeutige Rangordnung über eine Menge sozialer Ergebnisse erstellen soll. Etwas einfacher gesagt soll es eine soziale Rangordnung von Ergebnissen geben dergestalt, dass eines der Ergebnisse eindeutig am besten ist. Sen geht von einer Grundkonstellation aus, die denkbar einfach ist und in der nur drei Bedingungen genügt werden soll:

> U (Unrestricted Domain): Jedes Individuum kann jede beliebige Präferenzordnung über die möglichen sozialen Ergebnisse bilden. Anders ausgedrückt: Niemandem wird vorgeschrieben, was er wie gut finden soll.

> P (Pareto): Wenn jedes Individuum die Alternative x gegenüber y bevorzugt, dann muss auch in der sozialen Rangordnung x gegenüber y vorgezogen werden.

> L (Liberalismus): Es gibt für jedes Individuum mindestens ein Paar von sozialen Ergebnissen, bei dem dieses Individuum das Recht hat, die soziale Ordnung in Bezug auf dieses Paar zu bestimmen. Wenn das Individuum z. B. x gegenüber y bevorzugt, dann muss auch in der sozialen Rangordnung x vor y stehen.

Das Ergebnis der Analyse von Sen in Form eines Theorems lautet, dass es keine solche Soziale Entscheidungsfunktion gibt, die alle drei Bedingungen erfüllen kann.

Zur Illustration soll Amartya Sens Beispiel aus dem Originaltext herangezogen werden, das zwar einerseits zeitlich etwas angestaubt wirken mag, sich aber immer noch besonders gut zur Illustration eignet, weil es das besondere Profil der individuellen Präferenzen, das vorliegen muss, nachvollziehbar modelliert und gleichzeitig spezifische Eigenschaften der Konstruktion der Präferenzen aufweist, die in Hinsicht auf die Diskussion der Konsequenzen für eine Theorie der Verteilungsgerechtigkeit besonders aufschlussreich sein können.

In Sens illustrierendem Beispiel geht es um die Lektüre des Buches *Lady Chatterley's Lover* von D. H. Lawrence, das lange wegen seiner expliziten sexuellen Schilderungen verboten oder doch zumindest verpönt war. Es gibt zwei Akteure, den „prüden" oder „moralisch gefestigten" Mann und eine zweite Person, die ich als „amoralischen Genießer" bezeichnen möchte. Es gibt drei gesellschaftliche Zustände, die auftreten können: z bedeutet, dass keiner von beiden das Buch liest, x bedeutet, dass es nur der Prüde liest, und y bedeutet, dass es nur der amoralische Genießer liest. Der Prüde hätte am liebsten, dass keiner das Buch liest, wenn es aber einer von beiden liest, dann bevorzugt er es, wenn das Buch von ihm gelesen wird, da es ihn wegen seiner moralischen Gefestigtheit nicht berühren würde, aber auf den anderen einen verderblichen Einfluss ausüben könnte. „Prudes, I am told, tend to prefer to be censors rather than being censored." (Sen 1970a: 155) Die Präferenzordnung des Prüden sieht also folgendermaßen aus: $zPxPy$, wobei das „P" zwischen zwei Alternativen bedeutet, dass die erste gegenüber der zweiten präferiert wird. Der amoralische Genießer fände es am schlechtesten, wenn das Buch keiner liest, aber wenn es nur einer von beiden lesen sollte, bevorzugt er genauso wie der Prüde, dass das Buch von diesem gelesen wird, weil er eine innerliche Genugtuung und nicht wenig Schadenfreude dabei empfindet, sich vorzustellen, welche inneren Verwerfungen das Buch beim Prüden auslösen könnte. Die Präferenzordnung des Genießers ist also $xPyPz$.

Das Liberalismusprinzip bedeutet, dass es das Recht jeder einzelnen Person ist, zu entscheiden, was sie lesen möchte oder nicht. Wenn es also um den Vergleich zwischen z und x geht, dann kann darüber offensichtlich nur der Prüde entscheiden, denn der Unterschied zwischen z und x besteht ja genau darin, dass der Prüde das Buch in x liest und in z nicht; der Unterschied beruht also genau auf der Entscheidung, die zu treffen nur der Prüde befugt ist. Aus demselben Grund darf nur der Genießer zwischen z und y entscheiden. Soweit wir nur die Rechte betrachten, die der Liberalismus den Individuen gewährleistet, ist also y gegenüber z vorzuziehen, das Recht des Genießers wird hier wirksam, und z ist wiederum gegenüber x vorzuziehen, wenn wir das Recht des Prüden berücksichtigen. Aufgrund der liberalen Bedingung können wir also eine vollständige soziale Rangordnung über die möglichen Ergebnisse konstruieren, nämlich $yCzCx$, wobei „C" bedeuten soll, dass die vor C stehende Alternative in der sozialen Rangordnung vor der nach C stehenden Alternative steht. Soweit es die individuellen Rechte angeht, ist die Sache also klar: Wir erhalten y als das beste Ergebnis, was bedeutet, dass der weniger für moralische Erwägungen anfällige Genießer das Buch liest und der Prüde nicht. Das entspricht vermutlich auch unseren Intuitionen, weil ja jeder nun das tut, was er im Grunde auch tun möchte. Wir haben nun allerdings ein Problem: Nach dem Pareto-Prinzip ist x gegenüber y vorzuziehen, da *beide* in ihren *individuellen* Präferenzordnungen jeweils x gegenüber y bevorzugen, d. h., nur der Prüde sollte das Buch lesen und nicht der Genießer. Das Pareto-Prinzip steht also im Widerspruch zum Liberalismus, beide Prinzipien sind nicht grundsätzlich miteinander vereinbar, d. h., sie *können* in Widerspruch zueinander stehen (sie müssen dies aber keineswegs).

Es verwundert allerdings etwas, warum Nozick der Ansicht ist, dass seine Schlussfolgerungen bekräftigt würden, wenn man das „allgemeine Argument" von Sen berücksichtigte. Denn der Beweis von Sen zeigt ja nur, dass die individuellen Rechte in Konflikt mit dem gesamtgesellschaftlichen Wohlfahrt stehen können, er sagt nichts darüber aus, was von beiden wir im Zweifelsfall opfern müssen. Richtig ist: Falls wir uns entscheiden, die individuellen Rechte uneingeschränkt gelten zu lassen, wird der Preis gelegentlich womöglich darin bestehen, dass wir auf Wohlfahrtsgewinne verzichten müssen. Das heißt nun aber in keiner Weise, dass wir uns dafür entscheiden müssen, die individuellen Rechte uneingeschränkt gelten zu lassen. Dass wir für die Rechte auf die Wohlfahrtsmaximierung zu verzichten bereit sind, liegt in Sens Beispiel offensichtlich auch an der inhaltlichen Ausprägung der Präferenzen und der Nutzenfunktionen über die sozialen Ergebnisse. Denn wir würden nur ungern jemandem vorschreiben, was er zu lesen hat bzw. zu lesen zu unterlassen hat, nur um einen bestimmten Wohlfahrtsgewinn zu erzielen, der hier auch in durchaus fragwürdiger Weise zustande kommt, weil der Genießer seine Befriedigung ja nicht nur aus dem Genuss zieht, den er sich verschafft, sondern aus dem „Leiden", das der Prüde aus der Lektüre erfährt. Es erscheint aber mit guten Gründen zweifelhaft, ob Nutzen, die erst dadurch entstehen, dass anderen Schaden zugefügt wird, wirklich in vollem Ausmaß berücksichtigt werden sollten. (Sie würden sicherlich kaum zu den im „weitesten Sinn" verstandenen Nutzen von Mill zählen, die ja die Selbstvervollkommnung des Menschen als Ziel haben; Schadenfreude dürfte keine typische Eigenschaft des sich selbst perfektionierenden Individuums sein.) Unsere Intuition verführt uns also im konkreten Beispiel von Sen dazu, auf der Seite der Rechte zu stehen. Was aber wäre z. B., wenn der Moralist das Buch von sich aus lesen wollen würde, um sich über die moralische Verworfenheit der Menschheit zu informieren, gleichzeitig über die Möglichkeit verfügt, mit einem Druck auf einen Knopf einen weltweiten Atomschlag auszuüben, und diesen Knopf nach der Lektüre tatsächlich auch drücken würde, um der Menschheit bzw. dem, was dann davon noch übrig ist, die Chance auf einen gereinigten Neuanfang zu geben? Wenn wir sicher wüssten, dass dies die Konsequenzen der Lektüre des Buches durch den Moralisten wären, würden wir vermutlich sehr wohl überlegen, ob wir sein Recht uneingeschränkt gelten lassen wollen würden.

Die absolute Geltung von Rechten als strikt einzuhaltenden Nebenbedingungen scheint daher nicht immer angemessen, sie gibt diesen absoluten Rechten ein zu großes Gewicht, ganz im Sinne der schon erwähnten Vorbehalte von Jean Hampton.

11.5 Der Minimalstaat

Die Eigentumsrechte sind bei Nozick, wie wir schon gesehen haben, nicht verhandelbar; sie können in keiner Weise abgeschwächt werden. Damit schließt der Grundsatz der gerechten Übertragung auch sämtliche Abgaben aus, die nicht freiwillig erfolgen würden, insbesondere Steuern, mit denen unter anderem Umverteilungsmaßnahmen bezahlt werden würden, also Transferzahlungen an die Armen und weniger Begünstigten. Solche Transferzahlungen können bei Nozick in keiner Weise gerechtfertigt werden, der Staat stellt daher auch selbst keine Leistungen bereit, die einzige Funktion des Staats besteht in der Garantie des Rechtssystems. Es handelt sich daher um einen *Minimalstaat*, auch *Nachtwächterstaat* genannt. Hilfe für die Hilfsbedürftigen kann bestenfalls in Form von Wohltätigkeit erfolgen, aber grundsätzlich auf freiwilliger Basis, denn eine Verpflichtung gegenüber dem Leid des Benachteiligten kann es im Weltbild des Libertären nur in dem Ausmaß geben, in dem man das Leid selbst verursacht hat. Ist das Leid ohne das eigene Zutun in die Welt gekommen, entsteht keine Verantwortung, etwas dagegen zu tun, nur aus dem Grund, weil man in der Lage wäre, das Leid zu lindern. (Allerdings wären die Menschen in akuten Notsituationen sehr wohl zur Hilfe verpflichtet, das aber aus allgemeinen humanitären Gründen.) Das gesellschaftliche System, das sich bei Nozick wiederfindet, entspricht weitgehend dem System der „natürlichen Freiheit" bei Rawls. Chancengleichheit existiert nur im formalen Sinn, denn auch der Nachtwächterstaat garantiert ja dieselben Rechte für alle, d. h., Diskriminierungen aufgrund irrelevanter Merkmale sind verboten, und natürlich gilt nicht das Differenzprinzip, das garantieren soll, dass die Begünstigten ihre Vorteile nur dann voll ausspielen dürfen, wenn auch die am schlechtesten gestellte Gruppe davon profitiert.

Die Begründung des Minimalstaats wird dabei von Nozick nicht mithilfe eines vertragstheoretischen Arguments geliefert. Auch wenn Nozick neben Rawls und Buchanan häufig als einer der drei großen modernen Vertragstheoretiker genannt wird, handelt es sich bei seiner Theorie, trotz aller Bezüge vor allem zu Locke, streng genommen um keine Vertragstheorie. Nozick versucht auf diese Weise dem Vorwurf der klassischen Vertragstheorie zu entgehen, dass es ja gar keinen explizit geschlossenen Vertrag gebe, der eine entsprechende Bindungskraft entfalten könne. Ein hypothetischer Vertrag à la Rawls ist für ihn ebenfalls nicht möglich, da dieser ja letztlich, wie wir gesehen haben, auf einem Kant'schen Prinzip von natürlichen Pflichten beruht, nach dem die Menschen grundsätzlich verpflichtet sind, das Gute bzw. das als gut Erkannte zu verwirklichen oder doch zumindest nicht zu schädigen. Die Staatswerdung geschieht bei Nozick hingegen aufgrund des natürlichen Ablaufs von Prozessen, die interessengeleitet sind. Er verwendet in diesem Zusammenhang die berühmte Metapher der *unsichtbaren Hand* von Adam Smith, d. h., die Staatsbildung sieht so aus, als ob sie einer Intention oder der Intention von vielen, die sich zusammenschließen, zu verdanken wäre, tatsächlich aber entsteht sie evolutionär als eine Art „spontane Ordnung" als Ergebnis der Akkumulation vieler unabhängiger Handlungen, das mit den Worten Hayeks (1969) das „Ergebnis menschlichen Handelns, aber nicht menschlichen Entwurfs" ist.

Allerdings entsteht die Nozick'sche Ordnung nicht aus dem totalen Chaos, also einem Naturzustand im Sinne von Hobbes, sondern der Anfangszustand ist der Naturzustand bei Locke, in dem die Menschen schon die Naturrechte respektieren, sodass sie idealerweise mehr oder weniger friedlich in einer wohlgeordneten Anarchie leben. Doch getreu dem Motto aus *Wilhelm Tell* von Friedrich Schiller „kann der Frömmste nicht in Frieden leben, wenn es dem bösen Nachbarn nicht gefällt". Es kommt also auch in dieser an sich friedlichen Anarchie, wie schon im Kapitel zu Locke ausgeführt, immer wieder zu Rechtsbrüchen, die auf Bösartigkeit, also nicht nur auf Unsicherheit und Vagheit bei der Auslegung des Naturrechts, beruhen.

Grundsätzlich hat jeder im Locke'schen Naturzustand das Recht, den Rechtsbruch zu ahnden, allerdings fehlen ihm oft die nötigen Mittel dazu. Dies wird dazu führen, dass sich mehrere Individuen zu Schutzgemeinschaften zusammenschließen, die jeweils für ihre Mitglieder eintreten, analog zu Straßengangs wie den *Jets* und den *Sharks* in *West Side Story*. Nach und nach professionalisieren sich diese Schutzgemeinschaften und es kommt zu einer Arbeitsteilung, sodass Schutzgemeinschaften gegen Entgelt ihre Hilfe anbieten. Im dauernden Kampf der verschiedenen Schutzgemeinschaften gegeneinander kristallisiert sich schließlich eine dominante Schutzgemeinschaft heraus. Diese hat nun in Form des Ultraminimalstaates schon weitgehend die Züge eines Staates. Zur Vollendung fehlt ihr nur noch die allgemeine Durchsetzung des Gewaltmonopols. Denn es gibt immer noch Unabhängige, die sich keiner oder zumindest nicht der dominanten Schutzgemeinschaft angeschlossen haben. Da die dominante Schutzgemeinschaft auf die Durchsetzung ihres Gewaltmonopols angewiesen ist, zwingt sie schließlich auch die Unabhängigen dazu, ihr beizutreten, allerdings bietet sie ihnen eine entsprechende „Entschädigung" an, die im Wesentlichen in den Leistungen der Schutzgemeinschaft selbst besteht.

11.6 Nozicks Argument gegen staatliche Eingriffe in die Verteilung

Das Argument, das hier im Mittelpunkt stehen soll, ist nicht das der Entstehung des Staates. Denn da dies einem natürlichen Prozess folgt, ist kein Argument dafür notwendig, sondern die Beschreibung muss höchstens empirisch korrekt oder zumindest plausibel sein. Das eigentlich interessierende Argument ist daher das, inwieweit der Staat in sich dynamisch ergeben habende Verteilungen eingreifen darf, indem er Umverteilungen vornimmt. Dieses Argument soll hier dargestellt werden, auch wenn es im Wesentlichen schon in der Formulierung der Anspruchstheorie enthalten ist.

> P1: Es gibt grundlegende Rechte, in die einzugreifen strikt verboten ist.
>
> P2: Es gibt eine gerechte Ausgangsverteilung der Güter, die mit diesen grundlegenden Rechten kompatibel ist.
>
> P3: Jede Transformation der Ausgangsverteilung, die keine grundlegenden Rechte verletzt, ist zulässig.

P4: Wenn beim Zustandekommen eines bestimmten Ergebnisses keine grundlegenden Rechte verletzt worden sind, dann ist es auch gerecht.

K: Die sich aus zulässigen Transformationen ergeben habende Endverteilung ist gerecht.

Literatur zur Einführung

Kersting, Wolfgang (1994): Die politische Philosophie des Gesellschaftsvertrags. Darmstadt: Wissenschaftliche Buchgesellschaft, Kap. X.

Weiterführende Literatur

Bader, Ralf M./Meadowcroft, John (Hg.) (2011): The Cambridge Companion to Nozick's anarchy, state, and utopia. Cambridge: Cambridge University Press.

Steinvorth, Ulrich (1999): Gleiche Freiheit. Politische Philosophie und Verteilungsgerechtigkeit. Berlin: Akademie Verlag, Zweiter Teil, Kap. 2.

Wolff, Jonathan (1991): Robert Nozick: Property, Justice and the Minimal State. Oxford: Polity Press.

12. Ressourcengleichheit: Ronald Dworkin

Es gibt keinen Theoretiker der Politischen Philosophie, für den Gleichheit nicht einen zentralen Wert darstellt. Insbesondere die Vertragstheorien sind auf eine Gleichheit von Interessen angewiesen, ohne die niemals ein Vertrag zustande kommen könnte. Es geht dabei um keine vollständige Gleichheit aller Interessen, aber doch zumindest um Gleichheit hinsichtlich eines dominanten Interesses, das alle gemeinsam haben. Eine zweite Dimension bezieht sich auf die Gleichheit der Personen *als Personen*, also das, was man im Wesentlichen als politische Gleichheit oder rechtliche Gleichheit bezeichnen könnte. Die Menschen im Naturzustand sind weder bei Hobbes noch bei Locke im empirischen Sinn gleich, manche sind stärker, begabter, skrupelloser als andere usw., aber keiner ist von Natur aus gegenüber den anderen in einer hervorgehobenen Position, wie es z. B. in der Philosophie von Aristoteles der Fall ist, für den es von Natur aus Herren und Untergebene gibt.

Betrachten wir die Antipoden der modernen Vertragstheorie, Rawls und Nozick, so teilen sie ebenfalls die Vorstellung von rechtlicher Gleichheit. Allerdings haben sie sehr verschiedene Vorstellungen davon, was aus dieser in Bezug auf Verteilungsgerechtigkeit folgt. So spielt Gleichheit für Nozick keinerlei Rolle für die tatsächlich entstehende empirische Verteilung von Gütern, solange die rechtliche Gleichheit gewährleistet ist. Die Menschen werden in dieser Hinsicht als Gleiche behandelt bzw. gleich behandelt, das kann aber, wie wir am Wilt-Chamberlain-Beispiel gesehen haben, zu extremer Ungleichheit bei der Verteilung von Gütern führen. Rawls hingegen bezieht den Gleichheitsgrundsatz nicht nur auf die rechtliche Gleichheit, die in seinem ersten Gerechtigkeitsgrundsatz abgewickelt wird, sondern auch auf die Verteilung von (Grund-)Gütern, bei der nach dem Differenzprinzip ja nur unter sehr genau bestimmten Bedingungen von der Gleichheit abgewichen werden darf. Die Gleichheit ist für Rawls die Referenz, die als einzige aus sich selbst heraus gerechtfertigt werden kann.

Ronald Dworkin ist neben Rawls der einflussreichste Vertreter des egalitären Liberalismus. Allerdings unterscheidet er sich von diesem grundlegend in Hinsicht auf einige nicht unwesentliche Aspekte. Erstens versteht sich Dworkin nicht als Vertragstheoretiker. Auch das Konzept eines hypothetischen Vertrags ist für ihn nicht überzeugend, wie sein berühmtes Verdikt über Rawls' Urzustand „A hypothetical contract is not simply a pale form of an actual contract; it is no contract at all" (Dworkin 1973: 501) pointiert belegt. Der zweite Punkt, in dem er von Rawls deutlich abweicht, ist die starke Betonung, die er dem Konzept der persönlichen Verantwortung gibt.

Der normative Ausgangspunkt ist für Dworkin allerdings genauso wie für Rawls das Konzept der Gleichheit. Insbesondere mit zwei Artikeln von 1981 über *Equality of Welfare* und *Equality of Resources* hat er Meilensteine der Debatte über Gerechtigkeit und Gleichheit gesetzt. In einem Sammelband

12. Ressourcengleichheit: Ronald Dworkin

Sovereign Virtue von 2000 sind diese maßgeblichen Arbeiten mit weiteren anderen, die sich mit der praktischen Umsetzung der Theorie in Politik beschäftigen, noch einmal prominent von ihm publiziert worden. Im Vorwort zu diesem Band spricht Dworkin von Gleichheit als einer „gefährdeten Spezies", da Gleichheit vor allem im Umfeld der neuen Strömungen des „Neoliberalismus" und sogenannter „dritter Wege" als normative Leitidee an Bedeutung verloren zu haben scheint. Dworkins Anliegen besteht daher nicht zuletzt darin, das Konzept der Gleichheit in seiner alten Bedeutung wiederaufleben zu lassen, aber eben mit einer präziseren Bestimmung ihres Inhalts. Um dieses Ziel zu erreichen, versucht er sich an der Herausarbeitung eines Gleichheitsbegriffs, aus dem sich normative Forderungen auf plausible Weise ableiten lassen.

In Dworkins Gleichheitsbegriff geht es vor allem um gleiche Behandlung, dabei versieht er allerdings den Begriff der Gleichheit mit einer Konnotation, die über die rein rechtliche Seite hinausgeht. Es geht nämlich aus seiner Sicht um die gleiche Wichtigkeit oder Bedeutung der Bürger für den Staat bzw. die Gesellschaft, der sie angehören. „Equal concern is the sovereign virtue of political community – without it government is only tyranny." (Dworkin 2000: 1) Offensichtlich meint Dworkin hier mit Tyrannei die uns schon bekannte Tyrannei der Mehrheit. Die Entscheidungen der Mehrheit können nur dann nicht tyrannisch und damit legitim sein, wenn die Mehrheit auch die Interessen der Minderheit auf faire und angemessene Weise mitberücksichtigt. „[…] equal concern is a precondition of political legitimacy – a precondition of the majority's right to enforce its laws against those who think them unwise or even unjust." (ebd.: 2)

Die gleiche Wichtigkeit aller Bürger, d. h. ihr Recht, dass ihre Interessen und Belange alle gleichermaßen wichtig genommen werden, muss nun aber keineswegs bedeuten, dass sie – wie bei Rawls – zumindest a priori den gleichen Anspruch auf denselben Teil des gesellschaftlichen Wohlstands haben. Wenn in der Wirklichkeit, wie es ja in der Tat in den meisten der sehr wohlhabenden Gesellschaften der Gegenwart der Fall ist, die beobachtete ökonomische Ungleichheit sehr groß ist, dann stellt sich aber zumindest die Frage, inwieweit dies mit dem Konzept der „gleichen Wichtigkeit" in Übereinstimmung gebracht werden kann. Denn diese Ungleichheit ist eine Konsequenz der Gesetze bzw. der Institutionen, deren Wirken durch Gesetze festgelegt wird (Rawls würde hier von der Grundstruktur der Gesellschaft sprechen). Diese Gesetze legen ja erst fest, wer von was wie viel bekommt. Wenn die resultierende Verteilung sehr ungleich ist, dann ist das entsprechend unmittelbar auf diese Gesetze zurückzuführen. Aber nur weil es im Ergebnis des Wirkens der gesellschaftlichen Strukturen Arme und Reiche gibt, muss das noch nicht bedeuten, dass daran etwas Falsches ist. Aber zumindest schuldet man dann denen, die zu den Armen und ökonomisch Schlechtergestellten gehören, eine gewisse Rechenschaftspflicht, warum ihre bedauernswerte Lage keineswegs eine ungerechtfertigte Benachteiligung darstellt. „We must be prepared to explain, to those who suffer in that way, why they have nevertheless been treated with the equal concern that is their right." (ebd.)

Wenn es z. B. keine Rolle spielen würde, ob sich jemand dafür entscheidet zu arbeiten oder nicht zu arbeiten, würde eine simple Umsetzung von „gleicher Wichtigkeit" in der Form von „gleicher Wohlstand" nur – auch Dworkin benutzt die uns schon bekannte Metapher aus Lafontaines Fabel, in ihrer Umkehrung – eine ständige Umverteilung „von den Ameisen zu den Grillen" bedeuten. Damit scheint er durchaus eine gewisse Nähe zu dem Libertarismus von Nozick aufzuweisen: „[...] flat, indiscriminate equality is not just a weak political value, or one that is easily overridden by other values. It is no value at all: there is nothing to be said for a world in which those who choose leisure, though they could work, are rewarded with the produce of the industrious." (ebd.)

Menschen sind nach Dworkin verantwortlich für ihr Handeln und ihre Entscheidungen, wobei ihre Verantwortung vor allem darin besteht, ihr Leben nicht zu verschwenden. Die Menschen haben diese Verantwortung also in erster Linie sich selbst gegenüber, Dworkin spricht von einer „speziellen Verantwortung". Sie ungeachtet dieser Verantwortung alle über einen Kamm zu scheren, würde diese Verantwortung auf unzulässige Weise ignorieren.

Es sind also im Wesentlichen zwei Faktoren, die den Lebenslauf der Menschen bestimmen: zum einen die äußeren Umstände, in die sie hineingeboren werden bzw. innerhalb derer sie ihre jeweiligen Entscheidungen zu treffen haben, zum anderen aber diese Entscheidungen selbst. Dabei setzen die äußeren Umstände den Handlungsrahmen, innerhalb dessen die Menschen Entscheidungen treffen können. Aber die Entscheidungen sind nicht vollständig durch den Rahmen determiniert, es bleibt immer ein Spielraum für autonome Entscheidungen übrig. Und für die Entscheidungen, die innerhalb dieses verbliebenen Spielraums getroffen werden, unterliegen die Menschen ihrer speziellen Verantwortung gegenüber dem Wert, den menschliches Leben darstellt und den sie selbst vor allem mit ihrem Respekt vor ihrem eigenen Leben ausdrücken können.

> [...] the principle of special responsibility [...] does not deny that psychology or biology can provide persuasive causal explanations of why different people choose to live as they do choose, or that such choices are influenced by culture or education or material circumstance. The principle is rather relational: it insists that so far as choices are to be made about the kind of life a person lives, within whatever range of choice is permitted by resource and culture, he is responsible for making those choices himself. (ebd.)

Nach Meinung Dworkins legen die „alten" Egalitaristen zu sehr Wert auf kollektive Verantwortlichkeit der politischen Gesellschaft gegenüber den Belangen ihrer Mitglieder. Dabei legen sie diese zu strikt im Sinne von wörtlich genommener Gleichheit aus und vernachlässigen dabei die persönliche Verantwortung der Bürger. Konservative (und natürlich Libertäre) hingegen neigen umgekehrt dazu, lediglich die persönliche Verantwortlichkeit zu betonen und die kollektive Verantwortung für das Wohlergehen der Bürger zu ignorieren.

12.1 Wohlfahrtsgleichheit vs. Ressourcengleichheit

Dworkin spricht sich für Gleichheit im Sinne von Ressourcengleichheit aus. Er entwickelt seine Position dabei vor allem im Vergleich und Abgleich zu dem, was als *Wohlfahrtsgleichheit*, manchmal auch als *Wohlergehensgleichheit* bezeichnet wird. Seine beiden klassischen Artikel zu Wohlergehensgleichheit und Ressourcengleichheit sind 1981 in zwei aufeinanderfolgenden Ausgaben der Zeitschrift *Philosophy & Public Affairs* erschienen, und zwar unter den Titeln *What is Equality? Part 1: Equality of Welfare* und *What is Equality? Part 2: Equality of Resources*, was zeigt, wie sehr sie aufeinander bezogen sind. Das Konzept der Ressourcengleichheit lässt sich daher am besten als Antwort auf die Defekte der Wohlergehensgleichheit verstehen.

Dworkin hat gute Gründe, seine Auseinandersetzung zum Thema Gleichheit sowohl zeitlich als auch logisch mit Wohlfahrtsgleichheit zu beginnen, denn es „erscheint einleuchtend, daß, insofern Gleichheit wichtig ist, es letztendlich um Wohlergehensgleichheit gehen muß" (Dworkin 1981/2011: 11). Denn was auch immer im Zusammenhang mit Gerechtigkeit oder Gleichheit im Einzelnen unser Ziel sein mag: Wenn es uns darum geht, das Los der Menschen zu verbessern oder ihnen zumindest eine faire Chance zu geben, ein gutes Leben führen zu können, dann lässt sich dieses Ziel kaum sinnvoll formulieren, ohne sich auf ihr Wohlergehen zu beziehen. Sprechen wir z. B. davon, inwiefern Menschen ihre Lebenspläne verwirklichen können, dann meinen wir damit, ob sie in der Lage sind, ein Leben zu leben, das sie selbst als lebenswert und in diesem Sinn als gelungenes Leben empfinden können. Materielle Ressourcen sind lediglich Mittel, die wir dazu benötigen, um unser Leben auf eine bestimmte Weise führen zu können. In diesem Sinn werden sie von Rawls als *Grundgüter* bezeichnet. Wenn wir daher die Interpretation von Gerechtigkeit und Gleichheit auf Ressourcen bezogen vornehmen wollen, dann scheinen wir die Debatte „von den Füßen auf den Kopf zu stellen", um das philosophisch beliebt-berüchtigte Bonmot zu verwenden.

> Wenn wir uns für Gleichheit entscheiden, aber Gleichheit dann mit Blick auf Ressourcen definieren, völlig unabhängig von dem Wohlergehen, das sie mit sich bringen, dann scheinen wir Mittel mit Zwecken zu verwechseln und einer fetischistischen Faszination für etwas zu frönen, das wir nur als Mittel zum Zweck behandeln sollten. Wenn wir die Menschen wirklich als Gleiche behandeln wollen (so scheint es), dann müssen wir die Sache so einfädeln, daß sie ihr Leben als gleichermaßen lebenswert betrachten [...]. (ebd.: 11)

12.1 Wohlfahrtsgleichheit vs. Ressourcengleichheit

Es erscheint also in der Tat erst einmal relativ naheliegend, Gleichheit so zu verstehen, dass es allen Menschen gleich gut gehen soll bzw. dass sie zumindest die gleichen Chancen haben sollen, dass es ihnen gut geht. Ob es jemandem aber gut geht bzw. ob er sein Leben als erfolgreich und gelungen betrachtet, hängt davon ab, welche Ziele er in und mit seinem Leben verfolgen will. Dabei spielt aber die Ausstattung mit bestimmten Ressourcen eine völlig unterschiedliche Rolle, je nachdem, um welche Art von Zielen es sich handelt. Dworkin nimmt zur Illustration dieser Problematik eine realistische Alltagssituation, denn solche Alltagssituationen sind am besten geeignet, um unsere Intuitionen für Gerechtigkeit zu bilden. Dworkins Beispiel aus der Alltagswelt besteht in der Sorge eines Vaters für die Bedürfnisse seiner Kinder, die von der Natur her sehr verschieden sind.

> Nehmen wir zum Beispiel an, daß ein einigermaßen wohlhabender Mann mehrere Kinder hat, von denen eines blind ist, ein anderes ein Playboy mit kostspieligen Vorlieben, ein drittes ein angehender Politiker mit teuren Ambitionen, ein weiteres ein Dichter mit bescheidenen Bedürfnissen, ein fünftes ein Bildhauer, der mit teuren Materialien arbeitet, und so weiter. Wie soll er sein Testament gestalten? (ebd.: 9)

Das Beispiel des Familienvaters ist geschickt gewählt, weil wir davon ausgehen können, dass ihm am Schicksal all seiner Kinder gleichermaßen gelegen ist, dass ihre jeweiligen Leben für ihn alle die gleiche Wichtigkeit haben, so wie es die „souveräne Tugend" der Gesellschaft ist, all ihre Bürger mit „equal concern" zu betrachten. Die Beschreibung der Lebenssituation der Kinder enthält zwei elementare Konzepte, nämlich Handicaps und teure Vorlieben. Das genügsamste Kind, dessen Zufriedenheit mit dem geringsten Aufwand an Ressourcen erreicht werden kann, ist der Dichter (zumindest solange wir davon ausgehen, dass dessen Präferenzen vor allem in einer erfolgreichen beruflichen Betätigung bestehen). Natürlich können auch Dichter jenseits ihrer dichterischen Tätigkeit einen durchaus verschwenderischen und aufwendigen Lebensstil betreiben, also „teure Geschmäcker" haben. Aber in der Grundform der illustrativen Geschichte soll das erst einmal nicht das wesentliche Lebensziel des Dichters sein. Der Dichter benötigt also nur wenige Ressourcen, um seine Lebenspläne zu verwirklichen. Offensichtlich benötigt aber der Blinde wesentlich mehr Ressourcen, damit er ein gelungenes Leben führen kann, denn auch wenn aufgrund seines Handicaps seine Handlungsmöglichkeiten immer eine gewisse Beschränkung aufweisen werden, so kann doch zumindest versucht werden, diese Beschränkungen weitgehend zu reduzieren und ihm auf diese Weise einen genügend großen Handlungsspielraum zu eröffnen, der ihm die Wahl eines ihn zufriedenstellenden Lebens ermöglicht. Rein ressourcenmäßig würde aber auch die Erfüllung des Lebensplans des Playboys nicht weniger Aufwand bedeuten. Nicht nur Dworkin dürfte dabei die Intuition haben, dass aber die aufwendigen Bedürfnisse des Blinden wichtiger sind als die des Playboys, sodass ein zusätzlicher Einsatz von Ressourcen für den Blinden eher zu rechtfertigen ist als die Befriedigung der teuren und extravaganten Bedürfnisse des Playboys.

12. Ressourcengleichheit: Ronald Dworkin

Während diese Präferenzen alle zu „persönlichen Präferenzen" zählen, gibt es nach Dworkin darüber hinaus noch politische Präferenzen und „unpersönliche Präferenzen". Wohlergehensgleichheit in Bezug auf politische Präferenzen würde bedeuten, dass Menschen materiell dafür kompensiert werden müssten, dass sie sich bei politischen Abstimmungen nicht durchsetzen konnten. Es geht dabei nicht notwendig um Abstimmungen, die unmittelbar ihre Interessen berühren, sondern durchaus auch um allgemeine Abstimmungen, wie bestimmte Dinge für die Gemeinschaft verbindlich geregelt werden sollen. Denn unabhängig von ihrer persönlichen Betroffenheit verspüren Menschen eine gewisse Befriedigung bzw. Genugtuung, wenn die Gesellschaft das aus ihrer Sicht „Richtige" tut bzw. sind unzufrieden, wenn sie das „Falsche" tut. Dass der Versuch, diese Art von „Nutzen" zu verwirklichen, grundsätzliche Probleme aufwirft, darauf hat auch Mill schon hingewiesen. Die Verwirklichung von Wohlergehensgleichheit würde, wenn wir diese Präferenzen berücksichtigen würden, unter anderem die Konsequenz nach sich ziehen, dass man Rassisten und Sexisten dafür kompensieren müsste, wenn Gesetze zur Bekämpfung von Rassismus und Sexismus erlassen werden. Aber auch bei weniger umstrittenen Themen stellt sich die grundsätzliche Frage, warum überhaupt jemand dafür entschädigt werden sollte, weil er oder sie sich nicht mit seiner oder ihrer Ansicht durchgesetzt haben, die ja erst einmal per se nicht besser oder schlechter als irgendeine andere Ansicht war. Es erscheint unsinnig, sie dafür kompensieren zu wollen, dass sie aufgrund ihrer Abstimmungsniederlage nun eine Art von Unzufriedenheit und damit eine Einbuße ihres persönlichen Wohlergehens erfahren, die die Sieger der Abstimmung nicht erleiden müssen. (Wie gesagt, es geht nicht um die Einbußen ihres persönlichen Wohlergehens, die sie womöglich als Folge der praktischen Umsetzung des Beschlusses erfahren; hier könnten Entschädigungen natürlich gerechtfertigt werden und sie sind in solchen Fällen ja auch üblich.)

Bei unpersönlichen Präferenzen kann es genauso wie bei den persönlichen kostspieligen Vorlieben sein, dass manche von ihnen die Gemeinschaft besonders teuer zu stehen kämen.

> Nehmen wir an, Charles würde zutiefst und innigst hoffen, daß auf dem Mars Leben entdeckt wird oder daß der große amerikanische Roman noch zu seinen Lebzeiten geschrieben wird oder daß die Küste von Martha's Vineyard nicht weiter durch die See abgetragen wird, wie es aber unvermeidlich geschieht. Gleichheit verlangt nicht, daß von denen Geld genommen wird, deren Hoffnungen in bezug auf den Lauf der Welt leicht zu erfüllen sind, und an Charles überwiesen wird, damit er sich andere Wünsche, die er hat, erfüllen kann und dadurch der Grad an Ungleichheit reduziert wird, indem seine und die nichtpolitischen Präferenzen anderer erfüllt sind. (ebd.: 27)

Natürlich stehen Charles genau wie allen anderen die gleichen Möglichkeiten zu, dass er auf politischem Weg einen kollektiven Beschluss herbeizuführen versucht, mit dem die Verfolgung dieser Ziele angestrebt wird. Tatsächlich kann ja die Besiedlung des Mars durchaus in einem bestimmten gesamtgesellschaftlichen Interesse liegen, wie die Mondlandung, deren Wert neben dem Schub für bestimmte technologische Entwicklungen wohl vor allem in der symbolischen Geste bestand, mit der die Menschheit ihr Selbstverständnis gegen sich klären wollte. Aber Charles hat eben nicht als Einzelperson ein Recht darauf, dass die entsprechenden Ressourcen bereitgestellt werden müssen, weil er sich sonst unglücklich fühlen würde. (Unproblematisch ist es natürlich, wenn Charles Elon Musk heißt und die Marslandung als privater Unternehmer finanzieren will.)

Kommen wir noch einmal zu den persönlichen Präferenzen zurück und hier insbesondere zu den Personen mit kostspieligen Vorlieben. Dworkin nennt – unter Rückgriff auf ein Beispiel von Arrow – hier die fiktive Person Louis, der einen solchen sehr kostspieligen Geschmack für Regenpfeifereier und einen sehr teuren Wein hat. Das besondere Problem in Hinsicht auf die Gerechtigkeit entsteht nun daraus, dass Louis diesen Geschmack bewusst entwickelt und kultiviert haben könnte. Allerdings hat er diesen Geschmack insofern nicht gänzlich „freiwillig" entwickelt, als er dabei Überzeugungen folgt, die ihm von der Kultur um ihn herum vermittelt worden sind. Der kostspielige Geschmack muss also nicht – wie im zugespitzten Beispiel mit den Regenpfeifereiern – Züge eines dekadenten und völlig überzogenen Luxus aufweisen, sondern Louis kann mit der Entwicklung dieser Vorliebe durchaus das Ziel verfolgen, ein besserer und wertvollerer Mensch zu werden, weil er die angestrebte Kultiviertheit als Veredelung seiner selbst sieht vor dem Hintergrund der Vorbilder, die ihm die Gesellschaft, in der er lebt, täglich als anstrebenswerte Ideale anpreist. Dennoch sind diese Überzeugungen eben keine „Behinderungen [...] wie Blindheit, von denen die Leute heimgesucht werden und von denen sie sich nicht befreien können" (ebd.: 63). Denn Louis hat eine Wahl, die der Blinde nicht hat. Louis kann sich zwar nicht entscheiden, in welcher Gesellschaft mit welchen von ihr propagierten Idealen er leben will, aber er kann sich entscheiden, wie weit er sich den gesellschaftlichen Vorgaben beugen will.

> Es ist richtig, daß die Menschen sich ihre Vorstellungen eines insgesamt erfolgreichen Lebens nicht selbst aussuchen. Aber sie entscheiden sich, ob und inwiefern sie diesen Vorstellungen folgen wollen. Louis weiß, oder sollte zumindest wissen, daß er zum Beispiel das Vergnügen der anderen mindert, wenn er kostspielige Vorlieben in einer Gesellschaft kultiviert, die sich für Vergnügensgleichheit entschieden hat, und er für diese Vorlieben kompensiert wird. Wenn er in diesem Wissen das kostspielige Leben wählt, dann *verdient* er keine Kompensation. (ebd.: 69)

Louis ist kein Opfer unglücklicher Umstände wie der Blinde, seine Situation ist mit dessen Situation nicht vergleichbar. Wenn er sich entscheidet, ein „kultiviertes" Leben zu führen, das mit entsprechendem Verzicht und damit einhergehender Unzufriedenheit verbunden ist, weil er sich nicht alle Vergnügungen in dem Umfang leisten kann, wie er es gerne möchte, so hat er sich dennoch immer noch dafür entschieden. „Menschen [sollten] den Preis für das Leben zahlen [...], für das sie sich entschieden haben [...]." (ebd.: 94) Ihre Ressourcenausstattung im Nachhinein an diese Entscheidungen anzupassen, wäre falsch und in gewisser Weise zirkulär, weil diese Entscheidungen – also welchen Lebensplan mit der Kultivierung welcher Geschmäcker die Menschen entwerfen – überhaupt nur sinnvoll unter Berücksichtigung der ihnen dafür zur Verfügung stehenden Ressourcen getroffen werden können. Es wäre offensichtlich völlig absurd, einen in jeder Hinsicht maßlosen Lebensplan aufzustellen, um sich hinterher darüber zu beschweren, dass die dafür benötigten Mittel nicht bereitgestellt werden. „Es kann aber niemand vernünftigerweise bedauern, daß er nicht das Leben gehabt hat, das jemand anders mit einem unfair großen Anteil an den Ressourcen der Welt geführt hätte [...]. Aber man kann vernünftigerweise bedauern, daß man nicht den Anteil der materiellen Ressourcen hat, auf den man einen legitimen Anspruch hat." (ebd.: 44 f.) Der Entwurf eines Lebensplans muss also voraussetzen, dass man eine *faire* Ressourcenausstattung vorfindet. Die Verteilungsgerechtigkeit *muss* also von einer gerechten Ressourcenverteilung ausgehen, die von der Wohlergehensgleichheit unabhängig sein muss und dieser daher sowohl logisch als auch zeitlich vorangehen muss.

Bleibt noch das Problem von Handicaps. Diese sind ja in der Regel auf keine Entscheidungen zurückzuführen, insofern können diejenigen, die Handicaps haben, nicht in gleicher Weise dafür verantwortlich gemacht werden, die entsprechenden Kosten zu tragen, wie es bei den Personen mit teuren Geschmäckern der Fall wäre. Wie schon erwähnt, sind Personen mit Handicaps meist darauf angewiesen, einen überdurchschnittlichen Ressourcenbedarf zugewiesen zu bekommen, damit sie ein lebenswertes Leben führen können. Unsere Gerechtigkeitsintuitionen gehen vermutlich auch fast immer in diese Richtung, dass Personen mit Handicap es gewissermaßen „verdienen" bzw. einen gerechtfertigten Anspruch darauf haben, mit unter Umständen auch kostspieligen Ressourcen durch die Gesellschaft ausgestattet zu werden. Aber auch hier ist nach Ansicht Dworkins das Konzept der Ressourcengleichheit tragfähiger als das der Wohlergehensgleichheit, um diese Kompensationen zu begründen. Jedenfalls ist eine solche Begründung auch innerhalb der Ressourcengleichheit möglich und wir sind nicht auf das Festhalten an der Wohlergehensgleichheit angewiesen, um die besondere Unterstützung von Personen mit Handicaps rechtfertigen zu können.

12.2 Die Auktion und das Konzept der Neidfreiheit

Um das Konzept der Ressourcengleichheit umzusetzen, bedient sich Dworkin bei Marktmechanismen. Denn der Markt ist seiner Ansicht nach einerseits in der Lage, Effekte zu produzieren, die gesamtgesellschaftlichen Zielen dienen; so schafft er unter anderem Wohlstand, indem er für eine effiziente Verteilung von Gütern sorgt, die die Präferenzen der „Kunden", also derjenigen, die bestimmte Güter auf dem Markt nachfragen, berücksichtigt.

Des Weiteren sorgt er für eine effiziente Allokation der Arbeitskraft. Beides zusammen bewirkt, dass der Gesamtwohlstand der Gesellschaft bzw. der Gesamtnutzen davon profitiert bzw. unter idealen Umständen sogar maximiert wird. Noch wichtiger aber ist für Dworkin, dass der Markt ein Mechanismus ist, der die Freiheit der Einzelnen respektiert, sowohl hinsichtlich ihrer Konsumentscheidungen als auch ihrer Entscheidungen, ihre Arbeitskraft dort einzusetzen, wo es im Sinne ihrer Präferenzen am sinnvollsten ist. Die Kritik am Markt, dass er diesen Idealen von Effizenz und Freiheit die Gleichheit opfert, weil es unter den so formulierten Bedingungen zu sehr großer Ungleichheit kommen kann, teilt Dworkin nicht. „Im Gegensatz [zu dieser Kritik am Markt] [...] möchte ich nahelegen, daß die Idee eines ökonomischen Marktes, als Instrument der Preisbildung für eine enorme Vielfalt von Gütern und Dienstleistungen, im Zentrum einer attraktiven theoretischen Darstellung von Ressourcengleichheit stehen muß." (Dworkin 1981/2011: 82 f.)

Zur Illustration dieser Behauptung erzählt er eine Coverstory über eine Gesellschaft von Schiffbrüchigen, die auf einer Insel stranden. Die Insel enthält eine Vielzahl von Ressourcen, die allerdings unterschiedlicher Beschaffenheit sind, sodass eine simple Gleichaufteilung der Ressourcen unter den Schiffbrüchigen nicht möglich wäre. Es gibt außerdem keine sonstige Bevölkerung auf der Insel und keiner der Schiffbrüchigen ist gegenüber den anderen in irgendeiner Weise so hervorgehoben, dass er einen Anspruch auf einen größeren Teil der Ressourcen als die anderen erheben könnte. Unter diesen Bedingungen akzeptieren alle den Grundsatz, dass die Ressourcen gleich zwischen ihnen aufgeteilt werden sollen. Des Weiteren sind sie sich einig, dass eine Ressourcenverteilung, die das relevante Erfordernis von Gleichheit erfüllt, den sogenannten *Neidtest* bestehen muss. „Eine Verteilung der Ressourcen ist dann nicht gleich, wenn nach Beendigung des Verteilungsvorgangs ein Einwanderer lieber das Ressourcenbündel eines anderen hätte als sein eigenes." (ebd.: 83) Eine Verteilung der Ressourcen ist also gleich, wenn sie „neidfrei" ist, d. h. wenn niemand sein Güterbündel mit dem eines anderen tauschen wollen würde.

Der Neidtest hat einige interessante und sehr attraktive Eigenschaften. Die „neidfreie" Verteilung ist ja nicht im physischen Sinne gleich, aber keiner hat Grund, sich zu beschweren. Keiner kann „vernünftigerweise bedauern", dass er nicht den Anteil des anderen erhalten hätte, denn offensichtlich würde er ja nicht mit ihm tauschen wollen, was gleichzusetzen ist damit, dass er das Güterbündel des anderen nicht als wertvoller einschätzt als sein eigenes. Keiner kann sich daher übervorteilt fühlen, denn subjektiv hat niemand anderes „mehr" bekommen als er. Möglicherweise hat er den Eindruck, dass jemand anderes insgesamt zufriedener ist mit seinem Güterbündel als er. Nehmen wir an, es gäbe auf der Insel nur Fische aus einem Teich und Kokosnüsse zu verteilen, dann ist jemand, der weder Fische noch Kokosnüsse mag, immer schlechter dran als jemand, der beides mag oder zumindest eines von beidem. Aber dennoch würde er mit dem anderen nicht tauschen wollen, denn seine Situation würde sich dadurch ja nicht verbessern. Seine niedrigere Zufriedenheit liegt daran, dass er einen anderen Geschmack hat als die anderen. Sich dafür zu bedauern, dass man an den „falschen", d. h. nicht vorhandenen Dingen Geschmack findet bzw. an den vorhandenen Dingen keinen Geschmack, während es bei den anderen umgekehrt ist, ist ungefähr so vernünftig, wie sich dafür zu bedauern, dass man keine Superkräfte hat. Auch wenn Dworkin den Begriff der Gerechtigkeit hier nicht in den Mund nimmt, so können wir durchaus davon ausgehen, dass Neidfreiheit einen Zustand beschreibt, der zumindest nicht offenkundig ungerecht ist. Gleichheit ist ja das, was auch die Gerechtigkeit erfordert, wenn wir keinen Grund haben, einen Unterschied zu machen. Insofern erfüllt der Neidtest sowohl das Gleichheits- als auch das Gerechtigkeitserfordernis.

Wenn wir nun über ein Verfahren verfügen würden, das in der Lage ist, eine Verteilung der auf der Insel vorhandenen Ressourcen in einer Weise zu bewerkstelligen, die den Neidtest besteht, dann können wir sogar sagen, dass dieses Verfahren die Bedingungen von Rawls im Sinn einer perfekten Verfahrensgerechtigkeit in gewisser Weise zu erfüllen scheint, zumindest wenn man diese nicht allzu eng auslegt. Wir haben einen unabhängigen Maßstab zur Beurteilung der Gerechtigkeit der Verteilung, nämlich die Neidfreiheit. Dabei muss ja nicht unbedingt gelten, dass der unabhängige Maßstab vorab ein bestimmtes und eindeutiges Ergebnis festlegt. Denn in der Tat kann es mehrere Verteilungen geben, die die Bedingung der Neidfreiheit erfüllen. Im Sinne der Neidfreiheit sind diese dann alle gleichermaßen gut. Der Maßstab ist aber insofern dennoch unabhängig, als wir für jede gegebene Verteilung feststellen können – unabhängig vom Verfahren, durch das sie zustande gekommen ist –, ob sie neidfrei ist oder nicht. Wenn wir nun also über ein Verfahren verfügen, das aufgrund seiner Beschaffenheit neidfreie Verteilungen generiert, dann darf das keinesfalls mit reiner Verfahrensgerechtigkeit verwechselt werden, denn die Verteilung ist nicht gerecht, weil sie aufgrund eines Verfahrens mit bestimmten Eigenschaften geschaffen wurde, sondern sie ist gerecht, weil sie neidfrei ist, und das Verfahren ist lediglich ein geeignetes Mittel zum Zweck, eine solche neidfreie Verteilung herzustellen.

Tatsächlich aber sucht Dworkin ein Verfahren, das nicht nur eine neidfreie Verteilung hervorzubringen imstande ist, sondern das dies auch auf eine faire Weise tut, womit doch auch ein Hauch der reinen Verfahrensgerechtigkeit mit hereinkommt. Denn da es mehrere neidfreie Verteilungen geben kann, ist es zwar der Fall, dass jeder innerhalb der geschaffenen Verteilung keinen anderen um sein Güterbündel beneidet, er aber sehr wohl wollen kann, dass eine andere neidfreie Verteilung als Ausgangsverteilung z. B. für weitere Tauschgeschäfte zustande gekommen wäre. Nehmen wir an, es gäbe tatsächlich nur zwei Arten von zu verteilenden Gütern in einer bestimmten Anzahl, z. B. zehn Fische und zehn Kokosnüsse und wir hätten nur zwei

Schiffbrüchige, Aaron und Balthasar. Dabei gilt, dass Aaron sowohl Fische als auch Kokosnüsse mag, aber Fische ein kleines bisschen mehr als Kokosnüsse. Seine Nutzenfunktion sieht also folgendermaßen aus:

$$U_{Aaron} = N_{Kokosnüsse} + 1{,}001 * N_{Fische}$$

Ich gehe der Einfachheit halber auch davon aus, dass es keine abnehmenden Grenznutzen gibt, wie man sie üblicherweise in der Ökonomie annimmt. Das heißt, jeder weitere Fisch und jede weitere Kokosnuss mehrt den Nutzen um denselben Betrag, unabhängig davon, wie viele Fische oder Kokosnüsse Aaron schon besitzt. Balthasar wiederum mag nur Kokosnüsse, Fische haben für ihn keinerlei Wert. Seine Nutzenfunktion hat demnach die folgende Form:

$$U_{Balthasar} = N_{Kokosnüsse}$$

Nehmen wir nun an, die Ausgangsverteilung wäre eine Gleichverteilung. Diese ist mit Sicherheit neidfrei, denn jede Gleichverteilung muss neidfrei sein, da, wenn jeder dasselbe erhält, keiner einen anderen beneiden kann, weil er den Eindruck hat, dass er schlechter abgeschnitten hat als der andere. Jeder erhält also fünf Kokosnüsse und fünf Fische. Aber jede Verteilung, bei der Aaron vier Kokosnüsse erhält und Balthasar sechs Kokosnüsse, ist ebenfalls neidfrei, denn Balthasar würde niemals sein Bündel mit sechs Kokosnüssen gegen eines mit vier tauschen wollen, unabhängig davon, wie viele der Fische Aaron erhält. Aber Balthasar würde eine Ausgangsverteilung, bei der er zusätzlich die Fische erhält, einer ohne Fische vorziehen, weil er dann Verhandlungsmacht besitzen würde, um bei weiteren Tauschgeschäften eventuell weitere Kokosnüsse von Aaron erhalten zu können.

Es ist daher nicht völlig unerheblich, wie die neidfreie Verteilung zustande gekommen ist, sondern es ist auch von Bedeutung, ob der, der sie generiert hat, wirklich objektiv und unbefangen war oder dabei persönliche Präferenzen oder Neigungen zu bestimmten Mitgliedern bzw. Abneigungen gegen bestimmte Mitglieder der Schiffbrüchigengesellschaft hat eine Rolle spielen lassen. Wir brauchen also eine neutrale Instanz, die die Verteilung vornimmt, bzw. einen Mechanismus, bei dem die verteilende Instanz mögliche Befangenheiten und Parteilichkeiten nicht ausspielen kann. Dworkin schlägt als Mechanismus eine Auktion vor. Alle Schiffbrüchigen erhalten eine bestimmte Menge einer symbolischen Währung, z. B. könnte diese Währung in Muscheln bestehen, die auf der Insel reichlich vorhanden sind, aber keinen eigenen Wert an sich besitzen. Ihr Nutzen besteht ausschließlich darin, dass sie als Währungsmittel verwendet werden können. Jeder der Schiffbrüchigen soll z. B. als Anfangsvermögen vor der Auktion 30 Muscheln erhalten. (Keiner kann sich mehr Muscheln verschaffen bzw. wäre dies sinnlos, da ja bekannt ist, wie viele Muscheln jeder bei der Auktion einsetzt, d. h., die Gleichverteilung der „Muschelvermögen" ist hundertprozentig kontrol-

12. Ressourcengleichheit: Ronald Dworkin

lierbar.) Ein Auktionator, der dem entspricht, was man in der Ökonomie einen Walras'schen oder walrasianischen Auktionator nennt, bestimmt einen Preisvektor für die zu versteigernden Güter und alle Schiffbrüchigen bieten, indem sie die Menge von jedem Gut angeben, die sie zum angegebenen Preis zu kaufen bereit wären. Der Auktionator verändert nun seinen Preisvektor so lange, bis der Markt geräumt ist, d. h. bis alle Teilnehmer an der Auktion genau die Gütermengen der zu versteigernden Güter ersteigert haben, sodass jeder sein gesamtes Vermögen ausgegeben hat und alle Güter ersteigert worden sind.

Bleiben wir bei unserem Beispiel der zwei Inselbewohner Aaron und Balthasar und nehmen der Einfachheit halber an, der Auktionator sei eine externe Instanz, ein Reisender in Sachen Auktionsveranstaltungen, die er als Hobby betreibt (der aber über so einzigartige Eigenschaften oder Transportmittel verfügt, dass die Schiffbrüchigen damit nicht die Insel verlassen könnten). Wenn der Auktionator z. B. die Preise von Fischen und Kokosnüssen jeweils auf drei Muscheln festlegt, wird Aaron seine 30 Muscheln in zehn Fischen anlegen und Balthasar seine 30 Muscheln in zehn Kokosnüssen.

Dieses Ergebnis hat offenkundig einige sehr attraktive Eigenschaften. Es ist auf jeden Fall neidfrei, denn jedes Bündel wurde mit demselben Grundvermögen an Muscheln erworben. Keiner der beiden wird das Bündel des anderen bevorzugen, denn dann hätte er „ex hypothesi [...] mit seinen Muscheln anstelle seines eigenen genausogut dessen Bündel kaufen können" (ebd.: 86). Dies ist allerdings nur näherungsweise richtig bzw. nur dann, wenn die Anzahl der Steigernden sehr groß wäre, sodass der Einzelne mit seinen Angeboten nur einen vernachlässigbaren Einfluss auf die Marktpreise ausüben kann. Im Normalfall aber würde erst einmal gelten, dass sich, wenn Aaron z. B. auch (entgegen seinen Interessen) auf Kokosnüsse bieten würde, eine Übernachfrage nach Kokosnüssen ergeben würde, sodass der Auktionator entsprechend die Preise anpassen müsste. Wir können aber sagen, dass die Neidfreiheit insofern schon erfüllt ist, als keiner sein Güterbündel mit dem eines anderen tauschen wollen würde (bei einem simplen Tausch von zwei Güterbündeln würden ja die Preise konstant bleiben). Jedenfalls muss das Endergebnis nach diesen diversen Anpassungsprozessen immer neidfrei sein. Vor allem ist der Prozess der Auktion auch insofern fair, als er jedem denselben Einfluss auf die Preisgestaltung und somit auch auf die Endverteilung der Güter zugesteht. Außerdem spiegelt das Ergebnis die Präferenzen der Bieter wider, denn diese drücken sich darin aus, auf welche Bündel jemand bietet; damit nimmt er Einfluss auf die Preisgestaltung durch den Auktionator und somit auch auf die sich am Ende des Prozesses ergebende Verteilung. Da der Preis über die Präferenzen bestimmt wird, gibt er an, inwiefern die Lebenspläne des einen die Lebenspläne des anderen tangieren, weil beide dafür auf dieselben Ressourcen zurückgreifen wollen.

12.2 Die Auktion und das Konzept der Neidfreiheit

Wie wir schon gesehen haben, gibt es mehrere neidfreie Verteilungen. So gibt es auch mehrere markträumende Preisvektoren, die verschiedene neidfreie Endverteilungen hervorbringen könnten. Nehmen wir an, der Auktionator würde die Preise so festlegen, dass Kokosnüsse fünf Muscheln kosten und Fische eine Muschel. Balthasar würde dann seine 30 Muscheln wie immer ausschließlich für Kokosnüsse ausgeben, da Fische sein Wohlbefinden in keiner Weise steigern; er erhielte also sechs Kokosnüsse. Aaron würde die von ihm geschätzten Fische alle zusammen nun für insgesamt zehn Muscheln ersteigern und würde seine restlichen 20 Muscheln zur Ersteigerung von vier Kokosnüssen ausgeben. In der Logik der Wohlergehensgleichheit schneidet Aaron nun wesentlich besser ab, er erhält ein Nutzeneinkommen von ca. 14 Einheiten, während Balthasar nur sechs Nutzeneinheiten erhält. Allerdings würden wir dabei von absoluten und interpersonal vergleichbaren Nutzenwerten ausgehen. Streng genommen geben die jeweiligen Nutzenfunktionen aber nur den relativen Nutzenwert der Fische und Kokosnüsse innerhalb der Bedürfnisbefriedigung einer Person wieder. Es kann durchaus sein, dass Aaron mit seinen insgesamt zehn Fischen und vier Kokosnüssen dennoch weniger Genuss beim Essen verspürt als der Genießer Balthasar beim Verzehr seiner sechs Kokosnüsse. Das weist allerdings lediglich auf das Problem der interpersonalen Vergleichbarkeit von Nutzenwerten hin, dem wir uns ebenfalls zu stellen hätten, wenn wir am Konzept der Wohlergehensgleichheit festhalten würden, das wir aber ja schon längst aus anderen Gründen verworfen haben.

Der markträumende Preisvektor kann also verschiedene Ausprägungen annehmen, von den gleichen Preisen für Fische und Kokosnüsse bis zu einer stark asymmetrischen Preisgestaltung, bei der Kokosnüsse deutlich teurer sind als Fische. Niemals aber wird es einen markträumenden Preisvektor geben, bei dem Fische teurer sind als Kokosnüsse. Denn der höhere Preis von Kokosnüssen ergibt sich dadurch, dass diese für beide wertvoll sind und Aaron und Balthasar so in Konkurrenz zueinander um diese bieten, während Aaron bei den Fischen den Vorteil hat, dass sie außer ihm keiner mag und er diese so eventuell zu einem Schnäppchenpreis erhalten kann. Mit dem Ersteigern der Fische aber schmälert Aaron keineswegs die Möglichkeiten von Balthasar, denn für diesen sind die Fische ja wertlos. Umgekehrt aber nimmt jeder von beiden mit jeder Kokosnuss, die er für sich ersteigert, dem anderen einen potenziellen Wohlfahrtsgewinn weg, der diesem entstanden wäre, wenn er stattdessen die Kokosnuss erhalten hätte. Menschen sollen, so haben wir Dworkin zitiert, „den Preis für das Leben zahlen […], für das sie sich entschieden haben […]". Aber dieser Preis wird daran gemessen, „was die anderen aufgeben müssen, damit sie dies können" (ebd.: 94). Im Gegensatz zur

12. Ressourcengleichheit: Ronald Dworkin

Wohlergehensgleichheit, bei der jeder Mensch selbst eine Insel ist,[1] dessen „Zielfunktion" ausschließlich auf die eigene Bedürfnisbefriedigung gerichtet ist, berücksichtigen die Menschen im System der Ressourcengleichheit auch die Informationen, die sie über die Bedürfnisse anderer in Form von deren kumuliertem Nachfrageverhalten, ausgedrückt als die Preise auf dem Markt, erhalten. „In einem System von Ressourcengleichheit aber entscheiden die Menschen darüber, welche Art von Leben sie führen wollen, in Anbetracht einer Vielzahl von Informationen über die tatsächlichen Kosten, die ihre Entscheidungen anderen Menschen auferlegen, und daher über die Gesamtmenge an Ressourcen, die fairerweise von ihnen verwendet werden kann." (ebd.: 87) Der Markt schafft insofern Fairness und Gleichheit, als er über den Preismechanismus alle zwingt, ihre Bedürfnisse immer nur in Relation dazu zu betrachten, wie sie durch die Erfüllung ihrer Bedürfnisse gleichzeitig die Möglichkeiten der anderen einschränken, ihrerseits ihre Bedürfnisse zu erfüllen.

12.3 Kalkuliertes Glück, reines Glück und Versicherungen

Die Auktion ist aus den genannten Gründen ein gelungener Mechanismus, wenn es um das Ziel der Herstellung von Ressourcengleichheit geht. Aber die fiktive Geschichte unserer gestrandeten Inselbewohner ging bisher zur Lösung des Problems der Ressourcengleichheit lediglich davon aus, dass eine vorgefundene Menge von Gütern zwischen den Gestrandeten aufzuteilen ist und es keinen von ihnen gibt, der größere Ansprüche anmelden kann, sodass hinsichtlich dieser Anfangsaufteilung alle gleich zu behandeln sind.

Diese Zuteilung der auf der Insel vorgefundenen Güter, zu denen unter anderem Landparzellen gehören werden, stellt aber ja nur das Startvermögen dar, mit dem die Schiffbrüchigen ihr neues Leben auf der Insel beginnen. Dieses Vermögen aber wird sich nun im Laufe der Zeit verändern, je nachdem wie die einzelnen Personen dieses nutzen oder neues hinzuerwerben. Von der statischen Verteilung der vorhandenen Güter kommen wir also nun zur dynamischen Entwicklung der Vermögensbestände über die Zeit, und die entscheidende Frage ist, ob wir auch für diese Prozesse Instrumente finden können, die eine ökonomische Marktlogik im Sinne der Ressourcengleichheit genauso gut umsetzen, wie es bei der Auktion für die statische Situation war. Dworkin untersucht im Wesentlichen zwei Prozesse, die die Veränderung der Vermögensstände bewirken: Glück und Arbeit. Beginnen wir mit dem Glück.

Eine sehr hilfreiche Methode aus der Ökonomie, Glück und Zufall zu modellieren, besteht in der Verwendung von Lotterien. Lotterien verkörpern alle

---

[1] In Umkehrung des Originalzitats von John Donne und in der Form des von Hugh Grant gespielten, in den Tag hineinlebenden Will in *About a Boy*, nach einem Roman von Nick Hornby.

12.3 Kalkuliertes Glück, reines Glück und Versicherungen

wesentlichen Elemente, die in Zusammenhängen auftreten, bei denen wir davon sprechen, dass jemand Glück oder Pech gehabt hat, bei denen also der Zufall im Spiel war. Es gibt in der Lotterie Lose, die entweder Nieten sind oder Gewinne, wobei jeder Gewinn (und jede Niete) mit einer bestimmten Wahrscheinlichkeit auftritt. Wenn wir Pech ebenfalls mit Lotterien modellieren, dann kann man sich einfach vorstellen, dass manche „Gewinne" eben negativer Natur sind, d. h. dass man hier z. B. einen bestimmten Betrag zahlen muss. In gewisser Weise sind alle Nieten solche negativen Gewinne, bei denen dieser jeweils dem Lospreis entspricht.

Dworkin unterscheidet nun zwischen kalkuliertem Glück und reinem Glück.

> Bei kalkuliertem Glück geht es darum, wie eine bewußt eingegangene aber risikobehaftete Entscheidung ausgeht – ob jemand gewinnt oder verliert, wenn er ein bestimmtes Risiko eingeht, das er hätte voraussehen sollen und hätte ablehnen können. Bei reinem Glück geht es um die Folgen von Risiken, die nicht in diesem Sinn auf bewußt getroffene Entscheidungen zurückzuführen sind. (Dworkin 1981/2011: 92 f.)

Kalkuliertes Glück (option luck) betrifft also Lotterien, bei denen man sich freiwillig entscheidet, sie zu spielen, reines Glück (brute luck) hingegen sind Lotterien, die mit uns ohne unser Zutun gespielt werden, die uns vom Schicksal auferlegt werden.

Kalkuliertes Glück wird zu bestimmten Ungleichheiten führen. Nämlich diejenigen, die ein Los gekauft und gewonnen haben, stellen sich nun besser als die, die erst gar kein Los gekauft haben, und die letzte Gruppe stellt sich wiederum besser als diejenigen, die ein Los gekauft und verloren haben, denn diese haben nun im Vergleich zur sicheren Lebensweise ja den Verlust der Teilnahmekosten für die Lotterie zu tragen. Wir haben also drei neu entstandene Vermögensgefälle: das zwischen Lotteriegewinnern und Lotterieverlierern, das zwischen Lotteriegewinnern und Sicherheitsaposteln und das zwischen Sicherheitsaposteln und Lotterieverlierern. Tatsächlich sind diese verschiedenen Gefälle aber alle mit der Grundkonzeption von Ressourcengleichheit vereinbar, d. h., sie bestehen alle eine modifizierte Form des Neidtests. Denn die Lotterielose sind ganz genauso zu behandeln wie alle anderen Güter, die wir mit unserer Grundausstattung an Muscheln ersteigern konnten. Denn der relevante Vergleich in Hinsicht auf Gerechtigkeit und Gleichheit muss sozusagen a priori, also zum Zeitpunkt des Verkaufs der Lose der Lotterie erfolgen, also zu dem Zeitpunkt, an dem jeder die gleiche Chance hat, sich an der Lotterie zu beteiligen und zu gewinnen, und nicht a posteriori, nachdem die Gewinnerzahlen gezogen worden sind und wir wissen, wer gewonnen und wer verloren hat. Der Lotterieverlierer wäre natürlich lieber an Stelle des Lotteriegewinners, dennoch hat er keinen gerechtfertigten Grund, sich zu beschweren, denn das Wesen der Lotterie besteht ja genau darin, dass die Chance auf den Gewinn nur durch das Risiko des Verlusts erkauft werden kann. Das Risiko, verlieren zu können, *ist* der Preis,

12. Ressourcengleichheit: Ronald Dworkin

den man dafür bezahlen muss, die Chance auf den Gewinn zu erhalten. Es ist aber niemals unfair, den Preis für etwas zu verlangen, das der Käufer im Wissen um den Preis, den er dafür zu entrichten haben wird, erworben hat. Das Grundprinzip der Ressourcengleichheit besteht, wie wir wissen, darin, die Personen die Kosten ihrer Lebensentscheidungen selbst tragen zu lassen. Aber Risiken einzugehen ist auch eine Art von Geschmack, genauso wie die Vorliebe für teuren Champagner oder Regenpfeifereier. Würde man die durch Lotterien entstandenen Ungleichheiten durch Umverteilung kompensieren, würde man also den Gewinnern die Gewinne wegnehmen und zur Deckung der Verluste der Verlierer nutzen, dann wäre die Lotterie eben keine Lotterie mehr und das Ergebnis ungefähr so spannend wie eine Partie der kommunistischen Variante von Monopoly nach der Art von Marc-Uwe Klings Känguru, bei der alle Spieler gemeinsam starten und alle immer mit der gemeinsam gewürfelten Würfelzahl vorrücken. Der Ausgleich der durch kalkuliertes Glück zustande gekommenen Ungleichheiten würde in einer Nivellierung landen, bei der alle faktisch gezwungen sind, die sichere Variante zu spielen bzw. das Lotteriespielen eben zu unterlassen.

Abgesehen von Lotterien im wörtlichen Sinn, wie Lotto, Glücksspirale etc., spielen wir in unserem Leben permanent solche Lotterien, denn wir stehen häufig vor der Entscheidung, ein bewusstes Risiko einzugehen oder lieber auf die sichere Variante zu setzen. Soll ich als ausgebildeter Programmierer zum schillernden Start-up mit der aufregenden Geschäftsidee gehen, die mich zwar schlecht bezahlen, von denen ich aber ein sattes Paket Aktienoptionen bekomme, mit denen ich reich werden könnte, wenn die Geschäftsidee einschlägt? Oder soll ich doch lieber zum seit 100 Jahren bestehenden Großkonzern gehen, der „too big to fail" ist und unter anderem mit einer schönen betrieblichen Rente lockt? Soll ich den riskanten Beruf eines Schauspielers wählen oder den berechenbaren (hinsichtlich des Gehalts, weniger hinsichtlich der Konfrontation mit Schülern bestimmter Grundtypen) eines Lehrers? Die Schauspielberuf-Lotterie enthält als Gewinnlos „Erfolgreich sein wie George Clooney" (oder, in einer abgespeckten Version, „Erfolgreich wie Til Schweiger"), die Nieten bestehen aber in einem lebenslangen Durchhangeln mit kaum bezahlten Auftritten an freien Theatergruppen und dem Jobben im Bistro zum Gewährleisten des Lebensunterhalts. Der erfolglose Schauspieler kann nicht „neidisch" sein auf den Lehrer, d. h., er kann ihn nicht vernünftigerweise beneiden, denn auch er hätte Lehrer sein können, wenn er gewollt hätte. Der Lehrer andererseits kann nicht zu Recht neidisch sein auf George Clooney, denn auch ihm hätte es freigestanden, sich für den riskanten Beruf des Schauspielers zu entscheiden. Um mit Glück „George Clooney" sein zu können, muss man das Risiko in Kauf nehmen, als unterbeschäftigter, unterbezahlter Schauspieler in Kneipen seinen Lebensunterhalt zu verdienen. Kurz: Ungleichheiten, die aufgrund von kalkuliertem Glück zustande kommen, bestehen den Neidtest in seiner modifizierten Form und stehen somit im Einklang mit dem Prinzip der Ressourcengleichheit. Die so entstandenen Ungleichheiten sind insofern gerechtfertigt und es besteht keinerlei Anlass, sie zu kompensieren.

Bevor wir allerdings nun in die Gefahr geraten, Dworkin zu schnell in die Ecke der Libertären wie Nozick zu stellen – denn vieles erscheint bisher sehr ähnlich zu seiner Position zu sein –, sollten wir uns dem Bereich zuwenden, in dem es zu Ungleichheiten aufgrund von reinem Glück kommt. Reines Glück bezieht sich auf Zufallsereignisse, für die wir uns nicht entschieden haben, sondern die uns überfallen: der Einschlag eines Meteors oder eines Blitzes, ein schwerer Verkehrsunfall, der sich aufgrund einer unglücklichen Verkettung vieler nicht vorhersehbarer Umstände ergibt, aber vor allem Handicaps wie schwere Erkrankungen. Wenn es sich um Unglücksfälle handelt, die wir in keiner Weise durch vorsorgliches Handeln hätten vermeiden können, dann ist das nicht nur reines Pech, sondern wir würden auch zu Recht mit dem Schicksal hadern: „Warum ich und nicht ein anderer bzw. warum überhaupt jemand?" In diesen Fällen scheint daher eine Kompensation der damit verbundenen Ungleichheit sinnvoll. Wir wollen nicht, dass das Unglücksopfer oder der Schwerkranke zusätzlich zu der eh schon vorhandenen Einschränkung, die das Unglück nach sich zieht, weitere vermeidbare Schwierigkeiten erfährt, wie dass sein Unglück z. B. auch noch seinen finanziellen Ruin bedeutet. Ausgleich und Hilfe erscheinen hier angemessen und vernünftig. Allerdings müssen die Fälle, in denen ein solcher sozialer Ausgleich geleistet werden soll, präzisiert werden, und vor allem muss die Höhe der Hilfeleistung näher bestimmt werden.

Für die Behandlung dieses Problem eignet sich das Konzept der Versicherung. In der Tat gibt es in vielen Fällen von reinem Unglück die Möglichkeit, sich dagegen zu versichern, womit es zumindest zu dem Teil, gegen den es versichert werden kann, zum kalkulierten Glück wird. Ein Blitzeinschlag in ein Haus kann neben der Bedrohung für Leben und Gesundheit auch desaströse finanzielle Folgen haben. Mechanische Vorkehrungen wie ein Blitzableiter sind eine Art technische Versicherung gegen das Eintreten des Unglücks, Feuerversicherungen eine zusätzliche Absicherung finanzieller Art, falls der Blitzableiter das Feuer dann doch nicht verhindern konnte, oder natürlich für all die Fälle, in denen das Feuer andere natürliche Ursachen hat. Wie gesagt kann die Feuerversicherung nur den finanziellen Aspekt des Schadens abdecken und nur dieser kann so zu einem kalkulierten Risiko werden. Beeinträchtigungen von Gesundheit und Leben bleiben reines Glück bzw. Pech. Aber nehmen wir an, es befinden sich keine Personen im Haus oder sie konnten es rechtzeitig verlassen, sodass das Feuer tatsächlich in erster Linie finanziellen Schaden verursacht. Auch wenn das Ereignis des Blitzeinschlags selbst weiterhin reines Pech war – denn der Hausbesitzer hat sich natürlich nicht dafür entschieden, dieses Risiko bewusst einzugehen

12. Ressourcengleichheit: Ronald Dworkin

(wir gehen davon aus, dass er die üblichen technischen Vorsichtsmaßnahmen ergriffen hat) –, so wäre der finanzielle Schaden kalkuliertes Pech, wenn der Hausbesitzer die Möglichkeit der Versicherung gehabt und aus Unvernunft oder Sorglosigkeit darauf verzichtet hätte. Entsteht nun ein derartiger Schaden, dann ist er gewissermaßen die eigene Schuld des Hausbesitzers, er ist dafür selbst verantwortlich und es gibt keinen Grund, ihn zu kompensieren, denn er selbst hätte ja die Kompensation durch die Beteiligung an einer Versicherung erzielen können. Denn Versicherungen sind nichts anderes als die Umlage der Gesamtheit aller entstandenen Schäden auf alle versicherten Personen, sodass jede versicherte Person als Police immer den durchschnittlich entstandenen Schaden bezahlt (zusätzlich zu den Unterhaltungskosten der Versicherung als Unternehmen). Damit sein Anspruch auf Kompensation durch die Gesellschaft entfällt, müsste allerdings die Versicherung, die abzuschließen er unterlassen hat, eine gewesen sein, die ein „vernünftiger" Mensch abgeschlossen hätte. Wäre der Schaden tatsächlich durch einen Meteor entstanden, dann würden wir dem Geschädigten nicht vorwerfen, dass er sich nicht versichert hat, denn kein vernünftiger Mensch käme auf die Idee, sich als Privatperson gegen Meteore zu versichern.[2] Deshalb würden wir hier den Geschädigten natürlich sehr wohl vonseiten der Gesellschaft kompensieren.

Man kann das Versicherungsmodell daher auch auf schwere Erkrankungen anwenden, die genauso wie das durch Blitzeinschlag verursachte Feuer selbst reines Pech darstellen, bei denen man sich aber gegen sekundäre Effekte versichern kann. Dworkin führt hier das Beispiel einer Versicherung gegen Blindheit an. Nehmen wir an, es gäbe für alle dieselbe A-priori-Wahrscheinlichkeit, an Blindheit zu erkranken. Auch wenn man sich gegen die Krankheit selbst nicht versichern kann, weil diese eben einen Schicksalsschlag in Form reinen Pechs darstellt, so könnte man sich gegen die sekundären Effekte wie Verdienstausfall und Angewiesenheit auf teure technische Hilfsmittel, die es einem ermöglichen, weiterhin am gesellschaftlichen Leben teilnehmen bzw. ein Leben *führen* zu können, sehr wohl versichern. Wenn das Risiko für alle dasselbe ist und alle die jeweiligen Folgen kennen und wir davon ausgehen, dass wir es mit vernünftigen Personen zu tun haben, die die Risiken angemessen einschätzen können, dann kann es nach Dworkin jedem selbst überlassen bleiben, ob er sich gegen die Blindheit bzw. ihre sekundären Folgen versichert oder nicht. Eine solche Versicherung wäre

---

2 Das könnte für die Menschheit als Ganzes durchaus anders aussehen, vor allem wenn der Meteoreinschlag das Weiterbestehen der Menschheit an sich gefährden könnte. Technische Programme gegen eine solche Gefahr mögen erst einmal nach Science Fiction wie *Deep Impact* und *Armageddon* klingen, können aber sehr wohl rational begründet sein. Sie wären eine Form von Versicherung gegen den Meteoreinschlag. Tatsächlich existiert unter anderem mit der *Space Mission Planning Advisory Group (SMPAG)* der UN eine entsprechende Organisation (https://www.unoosa.org/oosa/en/ourwork/topics/neos/smpag.html).

wohl relativ teuer und würde reale Wohlstandseinbußen nach sich ziehen, solange man gesund ist, und da diese Erkrankung zur Blindheit ja eher selten auftritt, wären diese Policen in den meisten Fällen „verschwendet", weil der Versicherungsfall nicht eintritt. Auf die Versicherung zu verzichten, muss also keineswegs unvernünftig sein, sondern hängt von der rationalen und vernünftigen Abwägung der Pro- und Contra-Gründe ab. Kann man sich z. B. die Versicherung nur leisten, wenn man dafür auf einen jährlichen Urlaub mit der Familie verzichtet, dann dürfte die Entscheidung alles andere als leichtfallen, denn dieser Urlaub generiert nicht-reproduzierbare einmalige Wohlstandsgewinne, auf die man verzichten würde, „nur" um für den unwahrscheinlichen Fall einer Erblindung das schwere Los etwas abmildern zu können. Die Entscheidung, sich zu versichern oder nicht, hängt also von den Präferenzen der Personen, ihrer Risikoneigung und vielen anderen Faktoren ab. Aber wenn jeder bei seiner Entscheidung das für ihn Vernünftige getan hat, dann gibt es keinen Grund, die Personen nicht auch selbst die Folgen ihrer Entscheidungen tragen zu lassen. Hat sich also jemand nicht versichert und wird er blind und muss dann auf die hilfreichen technischen Hilfsmittel verzichten, dann ist das eben die Konsequenz aus seinen Entscheidungen. Diese Entscheidungen sind auch nicht deshalb auf einmal unvernünftig, weil sich nun *im Nachhinein* herausstellt, dass er auf das falsche Pferd gesetzt hat. Hätte er gewusst, dass er blind wird, dann hätte er sich versichert, aber er hat es nicht gewusst und bei der für ihn wie alle anderen gleichen und sehr niedrigen Wahrscheinlichkeit, blind zu werden, war es dennoch aus seiner Sicht rational, sich nicht zu versichern. (Hätte er übrigens gewusst, dass er blind wird, dann hätte es vermutlich auch seine prospektive Versicherung gewusst oder zumindest ahnen oder erfahren können und dann hätte er überhaupt keine Versicherung erhalten können.)

Soweit gilt also das Prinzip der Ressourcengleichheit weiterhin und wir haben freiwillige Versicherungen gegen diese Formen von reinem Pech. Allerdings gelten diese Überlegungen nicht, wenn der eintretende Schaden einer ist, dem wir dem Unglücklichen aus humanitären Gründen nicht aufbürden können. Geht es z. B. um lebenserhaltende medizinische Maßnahmen, dann können wir sie aus ethischen Gründen niemandem verweigern, unabhängig davon, ob er versichert ist oder nicht. Da diese medizinischen Maßnahmen geleistet werden müssen, wäre es daher auch grundsätzlich vernünftig, sich dagegen freiwillig zu versichern. Wer sich „unvernünftig" verhält und sich nicht versichert, bürdet dann nur im Fall einer Erkrankung die Kosten der Gesellschaft auf. In solchen Fällen wäre daher dann eine Pflicht- bzw. Zwangsversicherung durchaus vermutlich auch nach Dworkin zu rechtfertigen.

Mit diesen Vorüberlegungen haben wir nun das Rüstzeug, um uns dem komplexen Problem von Handicaps, die angeboren sind, bzw. für die eine genetische Disposition besteht, zu widmen. In diesem Fall sind die Wahr-

12. Ressourcengleichheit: Ronald Dworkin

scheinlichkeiten nicht mehr für alle gleich, sondern manche wissen schon von vornherein, dass sie das „Verliererlos" gezogen haben, nämlich zu dem Zeitpunkt, als sie mit einer schweren Krankheit auf die Welt gekommen sind. Da der „Schadensfall" (aus Sicht der Versicherung) damit schon eingetreten ist, bevor es überhaupt zur Verhandlung über eine Versicherung kommen kann, würden diese Fälle auch logischerweise auf dem freien Markt niemals eine Versicherung finden. Hierfür schlägt Dworkin nun das interessante Modell eines *hypothetischen Versicherungsmarktes* vor.

Der hypothetische Versicherungsmarkt erinnert nicht nur vom Namen her an Rawls, er bedient sich auch einer Fiktion, die sehr an den *Schleier des Nichtwissens* erinnert. Als Beispiel für die Fälle, die mit ihm erfasst werden, nehme ich Erbkrankheiten, die von Geburt an (und durch pränatale Diagnostik möglicherweise auch schon vorher) bekannt sind. Solche Erkrankungen könnten auf einem freien Versicherungsmarkt niemals versichert werden. Wenn wir uns grundsätzlich darin einig sind, dass die damit verbundenen Kosten nicht dem Erkrankten aufgebürdet werden sollen, wie es ein libertäres Weltbild vorsehen würde, dann müssen diese von der Gemeinschaft übernommen werden, entweder über direkt steuerfinanzierte spezielle Zuwendungen oder über die Krankheitsleistungen einer Pflichtversicherung, bei der die überdurchschnittlichen Kosten solidarisch durch Umverteilung der Beiträge aller Versicherten getragen werden. Die „Beitragszahlung" der Gehandicapten selbst müsste durch soziale Transferleistungen, also letztlich auch wieder durch den Staat bzw. Steuern, finanziert werden. Die entscheidende Frage ist nun die: Wie groß soll der Umfang dieser Leistungen sein, die durch die Solidargemeinschaft bezahlt werden? Wenn es nur darum ginge, durch weitere Unterstützungsmaßnahmen, weitere Pflege, die Anschaffung weiterer technischer Geräte, medizinische Operationen und Medikamente die Situation des Erkrankten noch einmal zu verbessern, gibt es keine theoretischen Grenzen dieser Kosten, denn ein Mehr an Aufwand wird in der Regel auch zu einer verbesserten Situation des Kranken führen. Aber es wäre offenkundig absurd, alles zu bezahlen, was möglich ist und zu einer Besserung führen könnte, eben weil diese Kosten nur noch durch logistische Engpässe bei der Bereitstellung der Leistungen begrenzt wären. Aber die Mittel, die die Solidargemeinschaft bereitstellt, sind knapp und könnten auch immer für andere Zwecke ausgegeben werden, die ja ebenfalls – in der Diktion von Peter Singer – „moralisch signifikant" sind. Der hypothetische Versicherungsmarkt soll nun genau dieses Problem der Bestimmung des angemessenen Umfangs der Unterstützung lösen.

Hinter dem Schleier des Nichtwissens des hypothetischen Versicherungsmarkts nehmen wir daher an, dass alle Mitglieder der politischen Gemeinschaft vorab über dieselbe A-priori-Wahrscheinlichkeit verfügen, die besagte Erbkrankheit zu erhalten. Wir versetzen uns also in einen hypothetischen Zustand, in dem wir nicht wissen, ob wir zu denjenigen Personen gehören, die diese Erbkrankheit bekommen werden. Wir stehen also vor derselben Entscheidung wie die Personen in unserem Beispiel der Versicherung gegen Blindheit. Wir müssen abwägen, wie viel wir für die Maßnahmen zur Linderung der Folgen der Erbkrankheit, für die medizinische Behandlung, die Medikamente etc. ausgeben wollen würden, wenn wir wissen, mit welcher Wahrscheinlichkeit wir die Erbkrankheit bekommen, und gleichzeitig die vielen anderen moralisch signifikanten Ziele kennen, die wir gerne verfolgen würden, wenn wir das „andere" Leben – das ohne Erbkrankheit – zugewiesen bekommen würden. Wir müssen also vorab entscheiden, wie wir unsere zur Verfügung stehenden Ressourcen auf diese beiden möglichen Leben – das mit und das ohne Erbkrankheit – verteilen würden, unter Berücksichtigung der Wahrscheinlichkeiten, mit denen wir das eine oder das andere Leben zugewiesen bekommen, und den Zielen, die wir dann im jeweiligen Leben verfolgen wollen würden. Die Höhe der Versicherungspolicen würde je nach persönlicher Veranlagung wieder variieren, aber wir können annehmen, dass die mittlere Versicherungspolice dem nahekommt, was ein „vernünftiger" Mensch wählen würde. Die Versicherung wäre also die, die ein vernünftiger Mensch auf einem freien Versicherungsmarkt abschließen würde, wenn es diesen denn gäbe. Dworkin spricht hier auch von einem „Prudent insurance"-Ideal (Dworkin 2000: 311). Die vernünftige Versicherungspolice hätte sicherlich einen Umfang, der deutlich unter dem liegt, womit alles, was medizinisch möglich ist, finanziert werden könnte. Denn die Kosten für eine umfänglichere Versicherung für den Fall, die Erbkrankheit zu bekommen, lägen in all den entgangenen Chancen und Möglichkeiten, wenn man die Erbkrankheit nicht bekommt, die wegen der Policen nicht mehr bezahlt werden können und von moralisch signifikantem Wert sind. Für die Inanspruchnahme welcher medizinischen Zusatzversorgung für den Fall, dass ich die Erbkrankheit bekomme, würde ich mich entscheiden, wenn ich dafür auf Urlaub mit meinen Kindern und eine größere Wohnung usw. verzichten müsste, wenn ich die Erbkrankheit nicht bekomme?

Die so festgelegte Höhe der Police bestimmt also den Umfang der medizinisch zur Verfügung gestellten Maßnahmen. Die Police wird durch die Solidargemeinschaft in Form von Steuern getragen. Wenn der Erkrankte nicht alle Behandlungen erhält, die möglich wären, so ist dies aus Sicht Dworkins dennoch fair, denn er erhält genau das, wofür er sich selbst entschieden hätte, wenn er sich unter den Bedingungen des hypothetischen Versicherungsmarktes hätte entscheiden müssen. Die Unfairness gegenüber dem mit einer Erbkrankheit Geschlagenen besteht nicht darin, dass die Unterstützung beschränkt ist, sondern darin, dass er normalerweise keinen fairen Versicherungsvertrag angeboten bekommt. Mit dem hypothetischen Versicherungsmarkt ist das aber nun gewährleistet. Natürlich ist dies erst einmal ein Gedankenexperiment, aber es kann als Richtschnur dienen, wenn es darum geht, sich zu überlegen, was denn die „vernünftige" Höhe einer solchen Versicherung sein könnte. Das Modell lässt sich jenseits von Erberkrankungen auf den Personenkreis all derjenigen erweitern, die auf einem freien Versicherungsmarkt keine fairen oder womöglich überhaupt keine Verträge angeboten bekämen. Es lässt sich daher auch anwenden zur Bestimmung des Leistungskatalogs von gesetzlichen Pflichtversicherungen, bei denen die Policen von allen, die sich diese nicht leisten können, vom Staat finanziert werden. Dworkins Modell spielte daher z. B. eine wichtige Rolle bei den Diskussionen in den USA über die Einführung einer gesetzlichen Krankenversicherung, die in den 90er-Jahren vor allem von der damaligen Präsidentengattin Hillary Clinton vorangetrieben wurde (und aus der dann mit etwas Verzögerung *Obamacare* wurde).

12.4 Arbeit, Ehrgeiz und Talent

Der zweite Faktor neben Glück, der auf dynamische Weise Ungleichheit erzeugt, ist Arbeit. Dabei ist die Argumentation von Dworkin auch in dieser Hinsicht im Wesentlichen an dem Bestehen des Neidtests ausgerichtet und sie verläuft analog zu den beiden Formen von Glück. Dem kalkulierten Glück („option luck"), das Ungleichheit erzeugt aufgrund von Risiken, auf die sich die handelnden Personen freiwillig eingelassen haben, für das sie sich also *entschieden* haben, entspricht dann der persönliche Ehrgeiz, die Anstrengungen und Zielstrebigkeit einer Person.

Um den „isolierten" Effekt von Anstrengung zu untersuchen, geht Dworkin zuerst einmal davon aus, dass alle Personen in Hinsicht auf Talente und Begabungen gleich gut ausgestattet sind. Wie bei einem kontrollierten Experiment in den Sozialwissenschaften hält also Dworkin andere Faktoren, die als Störfaktoren das Ergebnis „verfälschen" könnten, konstant, sodass die Unterschiede nur noch auf einen Faktor zurückgeführt werden können, der dann gewissermaßen die sogenannte *Treatmentvariable* des Gedankenexperiments darstellt; das ist das Element der Versuchsanordnung, das systematisch variiert wird. Wir gehen also davon aus, dass zwei Personen gleiches Talent haben und dass sie bei der Verteilung der Anfangsressourcen im Sinne der Ressourcengleichheit ihren fairen Anteil erhalten haben, insbesondere in Form von Land. Adrian benutzt nun seine Landparzelle, um darauf Tomaten, andere Früchte und Gemüse anzubauen, von denen er weiß, dass er sie hinterher mit den anderen Bewohnern zu für ihn günstigen Bedingungen eintauschen kann. Bruce hingegen baut sein Grundstück zu einem Tennisplatz um, auf dem er mit Freunden seiner Leidenschaft für Sport nachgeht, und führt auch ansonsten ein sehr sorgloses Leben, ganz nach seinen Neigungen und Launen. Adrian ist der fleißigste aller Bewohner und wird daher im Laufe der Zeit zum reichsten Insulaner.

Natürlich würden nun alle anderen Inselbewohner, insbesondere Bruce, gerne den Reichtum von Adrian besitzen. Insofern beneiden sie ihn darum. Aber nach der inhärenten Logik des Neidtests ist dieser Neid nicht gerechtfertigt. Denn es wäre völlig falsch, den Neidtest zu einem Zeitpunkt durchzuführen, bei dem sich die finanzielle Situation zwischen den Inselbewohnern aufgrund von in der Vergangenheit getroffenen Entscheidungen, also aufgrund eines in der Vergangenheit unterschiedlich gelebten Lebens, unterscheidet. Auch hier gilt wieder, dass alle „den Preis für das Leben zahlen, für das sie sich entschieden haben". Um die verschiedenen Leben im Sinne des Neidtests miteinander zu vergleichen, darf man also nicht eine Situation zu einem bestimmten Zeitpunkt heraussuchen, die nur eine bestimmte Phase in einem Lebensverlauf, für den man sich als Ganzes entschieden hat, beschreibt. Wie man bei der Lotterie den Hauptgewinn nur erzielen kann, wenn man das Risiko des Verlusts in Kauf zu nehmen bereit ist, so kann man bestimmte Ergebnisse, die nur in einem bestimmten „Typ" von Lebenslauf auftreten, nur dann erlangen, wenn man sich, als die Entscheidung anstand, für ebendiesen Typ von Lebenslauf auch entschieden hat. Wie das Güterbündel, das man durch seine Muscheln bei der Auktion ersteigert, besteht ein solcher gewählter Typ von Lebenslauf aus einem Bündel von zeitlich gereihten Lebenssituationen, die sich erwartbar als Konsequenz aus dem gewählten Lebenslauf ergeben. Der Neidtest muss daher „diachron" angewandt werden. „Er fordert, daß niemand eine andere Person über die gesamte Lebenszeit gesehen um ihr Bündel von Beschäftigung und Ressourcen beneidet, auch wenn jemand eine andere Person um ihr Bündel zu einem gewissen Zeitpunkt beneiden mag." (Dworkin 1981/2011: 109) Wenn Bruce nach zehn Jahren den reich gewordenen Adrian um seinen Reichtum beneidet, dann ist dies eine unangebrachte Sichtweise. Denn Adrian hat dafür auf Spaß in der Freizeit verzichtet, er hat stattdessen permanent und hart gearbeitet, womöglich hat er zu wenig Zeit für seine Familie verwendet oder gar darauf verzichtet, eine zu gründen. Nicht der Reichtum von Adrian und die Armut von Bruce stehen zur Auswahl. Vielmehr stehen sich das Gesamtpaket von Adrian, das aus Reichtum *und* zehn Jahren harter Arbeit und Verzicht auf Freizeitvergnügen und ein erfüllendes Familienleben besteht, und das Gesamtpaket von Bruce, Armut *und* viel Freizeit und womöglich ein abwechslungsreiches Liebesleben oder/und ein erfülltes Familienleben, in der Wahlentscheidung gegenüber. Wenn Bruce der Ansicht sein sollte, dass zehn Jahre exzessive Freizeitgestaltung in Form welcher Betätigungen auch immer es nicht wert sind, dafür auf den von Adrian erworbenen Reichtum zu verzichten, so hätte er sich ja dafür entscheiden können. (Wir gehen davon aus, dass alle Beteiligten über hinreichende Informationen verfügen, um vernünftige Erwartungen ihres Lebensverlaufs in Abhängigkeit von den von ihnen getroffenen Entscheidungen zu bilden.) Was aber nicht geht: den Reichtum von Adrian haben zu wollen, *ohne* den entsprechenden Verzicht zu leisten, denn die entbehrungsreiche Lebensweise von Adrian ist ja die notwendige Voraussetzung dafür, dass er diesen Reichtum erwerben konnte.

So weit, so gut: Der Neidtest wird also weiterhin eingehalten, auch wenn Ungleichheiten aufgrund von Arbeit und des Ertrags der Arbeit entstehen.

12. Ressourcengleichheit: Ronald Dworkin

Allerdings wurde dafür vorausgesetzt, dass alle über dasselbe Ausmaß an Talent verfügen. Wie verändert sich nun die Situation, wenn die Personen, wie es ja in Wirklichkeit auch der Fall ist, über deutlich unterschiedliche Begabungen verfügen? Getreu seiner grundsätzlichen Logik geht Dworkin davon aus, dass wir Talente analog zu Handicaps zu behandeln haben bzw. den Mangel an Talent wie eine angeborene Behinderung betrachten können. Die so entstandenen Ungleichheiten würden daher den Neidtest nicht bestehen und müssen entsprechend kompensiert werden.

> Einerseits müssen wir, um Gleichheit zu bewahren, zulassen, daß die Ressourcenverteilung zu jedem Zeitpunkt (wie man sagen könnte) ambitions-sensibel [ambition-sensitive] ist. [...] Andererseits dürfen wir es nicht zulassen, daß die Verteilung der Ressourcen in irgendeinem Moment begabungs-sensibel [endowment-sensitive] ist, also durch Unterschiede der Fähigkeiten beeinflußt wird, die in einer Laisser-faire-Volkswirtschaft Einkommensunterschiede zwischen Menschen mit den gleichen Ambitionen bewirken. (ebd.: 114 f.)

Damit der Neidtest auch in Hinsicht auf den Einfluss der unterschiedlichen Talente auf die Arbeitsproduktivität bzw. die Nachfrage von mithilfe der Arbeit hergestellten Produkte oder Dienstleistungen angewandt werden kann, benötigen wir also ein Verfahren, das den Anteil der Ungleichheit, der gerechtfertigt werden kann, weil er das Ergebnis von Entscheidungen ist, die alle in gleicher Weise hätten treffen können, von dem Anteil der Ungleichheit, der nicht gerechtfertigt werden kann, weil er auf Zufälligkeiten wie den Talenten beruht, separiert.

> Wir möchten eine Methode finden, um die fairen von den unfairen Ungleichheiten in den Vermögen unterscheiden zu können, die durch unterschiedliche Beschäftigungen hervorgerufen werden. Unfaire Unterschiede sind solche, die sich auf genetisches Glück zurückführen lassen, also auf Talente, die für einige Wohlstand mit sich bringen, anderen, die sie vollständig ausschöpfen würden, wenn sie sie hätten, aber versagt bleiben. (ebd.: 119)

Um diese Methode zu entwickeln, „wäre es praktisch, wenn es möglich wäre, zu jedem erdenklichen Zeitpunkt die Komponente im Vermögen einer jeden Person feststellen zu können, die sich auf Unterschiede im Talent und nicht auf die Unterschiede in den Ambitionen zurückführen lassen" (ebd.: 118).

Die „Methode", die Dworkin als Lösung dieses Problems vorschwebt, besteht in einer Kombination von einem passenden Modell von Einkommensteuern und einer Versicherung gegen Arbeitslosigkeit bzw. allgemein Unterbeschäftigung. Auch wenn Dworkin in einer Fußnote darauf hinweist, dass die Logik der Ressourcengleichheit bei unterschiedlichen Arbeitseinkommen aufgrund von Talenten in erster Linie eine bestimmte Form von Einkommensteuern erforderlich macht, kann man seinen diversen Äußerungen entnehmen, dass wohl auch bestimmte Formen der Vermögenssteuer durchaus eine Rolle spielen könnten. Erbschaftssteuern kommen nicht vor, weil Dworkin eine Ein-Generationen-Gesellschaft analysiert.

Die konkreten Details seines Steuermodells lässt Dworkin weithin offen (der Ökonom John Roemer (1993) hat sich an einer Präzisierung versucht), aber er lässt nicht den geringsten Zweifel daran, dass sein Konzept der Ressourcengleichheit die „periodische Umverteilung von Ressourcen" (Dworkin 1981/2011: 116) notwendig macht. Denn gerade die Logik, die bei der Erstausstattung mit Ressourcen im Zuge der Auktion der vorgefundenen Güter zum Zuge kommt, macht es aus Konsistenzgründen unerlässlich, dass bei den später auf diese Anfangsverteilung aufsetzenden Prozessen, die eine dynamische Veränderung der Eigentumsverteilung bewirken, ebenfalls dieselbe Logik angewandt wird. Die Vorstellung von Nozick, dass es nur eine Art von „gerechter" Anfangsverteilung braucht, von der ausgehend man dann den Prozess der Veränderung der Eigentumsverhältnisse ungehindert laufen lassen kann, weil es sonst zu einem ungerechtfertigten Eingriff in Eigentumsrechte käme, bezeichnet Dworkin als „zirkulär". „Denn wir überlegen uns ja gerade, ob überhaupt ein System von Eigentumsrechten eingeführt werden soll, das diese Konsequenz hätte, oder ob ein anderes System von Eigentumsrechten ausgewählt werden sollte, das jede Aneignung nur vorbehaltlich eines späteren Umverteilungssystems zuläßt." (ebd.: 113) Die Kritik von Dworkin geht in dieselbe Richtung wie die kritischen Anmerkungen zu Nozicks Eigentumsbegriff in Kap. 11.3 bzw. Hamptons Kritik am zu „absoluten" Eigentumsbegriff von Nozick. Denn da Eigentum ein Recht ist, hängt es eben auch von der Definition dieses Rechts ab, welche Eingriffsmöglichkeiten der Staat in dasselbe hat. Nach Dworkin offensichtlich nicht wenige. Insofern ähnelt er Rawls in weiten Teilen, vor allem, was seine Absicht betrifft, „unfaire" Ungleichheiten zu kompensieren. Was ihn aber von Rawls deutlich unterscheidet und gewisse Anknüpfungspunkte zu Nozick liefert, ist seine Betonung der großen Rolle, die Entscheidungen spielen, für die man die Handelnden persönlich haftbar machen kann. Die große Faszination von Dworkin besteht gerade in dieser interessanten Mittelposition zwischen radikalen Egalitaristen und dem libertären Lager, aus der sich eine Breite fruchtbarer Anwendungsmöglichkeiten ergibt.

Literatur zur Einführung

Kymlicka, Will (2002): Contemporary Political Philosophy. An Introduction. Oxford: Oxford University Press, 75–87.
Steinvorth, Ulrich (1999): Gleiche Freiheit. Politische Philosophie und Verteilungsgerechtigkeit. Berlin: Akademie Verlag, Zweiter Teil, Kap. 4.

Weiterführende Literatur

Brown, Alexander (2009): Ronald Dworkin's Theory of Equality. Domestic and Global Perspectives. Basingstoke: Palgrave Macmillan.
Burley, Justine (Hg.) (2004): Dworkin and his critics. With Replies by Dworkin. London: Blackwell.
Lippert-Rasmussen, Kasper (2016): Luck Egalitarianism. London [u. a.]: Bloomsbury.

Literatur

Albert, Hans (1968/1991): Traktat über kritische Vernunft. 5., verb. und erw. Aufl., Tübingen: Mohr.

Aldrich, John (1993): Rational Choice and Turnout. In: American Journal of Political Science, 37, 246–278.

Aldrich, John (1997): When is it Rational to vote? In: Dennis C. Mueller (Hg.): Perspectives on Public Choice. Cambridge: Cambridge University Press, 373–391.

Almås, Ingvild/Cappelen, Alexander W./Sørensen, Erik Ø./Tungodden, Bertil (2010): Fairness and the Development of Inequality Acceptance. In: Science, 328, 1176–1178.

Anscombe, G. E. M. (1981): On the source of the authority of the state. In: G. E. M. Anscombe (Hg.): Ethics, Religion and Politics. Collected Philosophical Papers. Vol. 3. Minneapolis: University of Minnesota Press, 130–155.

Atiyah, P. S. (1983): Promises, Morals, and Law. Oxford: Oxford University Press.

Axelrod, Robert M. (1987): Die Evolution der Kooperation. München: Oldenbourg.

Bader, Ralf M./Meadowcroft, John (Hg.) (2011): The Cambridge Companion to Nozick's anarchy, state, and utopia. Cambridge: Cambridge University Press.

Barry, Brian (1965): Political Argument. London: Routledge & Kegan.

Bartels, Larry M. (2005): Homer gets a Tax Cut: Inequality and Public Policy in the American Mind. In: Perspectives on Politics, 3, 15–31.

Becker, Gary S. (1976): The Economic Approach to Human Behavior. Chicago/London: University of Chicago Press.

Becker, Michael/Schmidt, Johannes/Zintl, Reinhard (2020): Politische Philosophie. 5., aktual. Aufl., Paderborn: Schöningh.

Behnke, Joachim (2007): Das Wahlsystem der Bundesrepublik Deutschland. Logik, Technik und Praxis der Verhältniswahl. Baden-Baden: Nomos.

Behnke, Joachim (2011): Condorcet und die „soziale Mathematik". Eine kurze Einführung in Leben und Werk. In: Marie Jean Antoine-Nicolas Caritat de Condorcet: Ausgewählte Schriften zu Wahlen und Abstimmungen. Hrsg. und übers. von Joachim Behnke, Carolin Stange, Reinhard Zintl. Tübingen: Mohr Siebeck, 1–48 (= Die Einheit der Gesellschaftswissenschaften, Bd. 144).

Behnke, Joachim (2012): Der Nutzen experimenteller Spieltheorie für das Design politischer Institutionen. In: Regina Kreide/Claudia Landwehr/Katrin Toens (Hg.): Demokratie und Gerechtigkeit in Verteilungskonflikten. Baden-Baden: Nomos, 161–184.

Behnke, Joachim (2015): Die Mehrheitsentscheidung – ihre politische und philosophische Bedeutung. In: Erwägen – Wissen – Ethik, 25/3, 384–386.

Behnke, Joachim (2020): Entscheidungs- und Spieltheorie. 2., durchges. u. aktualisierte Aufl., Baden-Baden: Nomos.

Behnke, Joachim/Behnke, Nathalie (2006): Grundlagen der statistischen Datenanalyse. Eine Einführung für Politikwissenschaftler. Wiesbaden: VS Verlag für Sozialwissenschaften.

Behnke, Joachim/Hintermaier, Johannes/Rudolph, Lukas (2010): Die Bedeutung von Werten für Verteilungsergebnisse im Ultimatum- und Diktatorspiel. In: Joachim Behnke/Thomas Bräuninger/Susumu Shikano (Hg.): Jahrbuch für Handlungs- und Entscheidungstheorie. Band 6. Wiesbaden: VS Verlag für Sozialwissenschaften, 165–192.

Binmore, Ken (2007): Game Theory. A very short Introduction. Oxford: Oxford University Press.

Bowles, Samuel/Gintis, Herbert (2011): A Cooperative Species. Human Reciprocity and Its Evolution. Princeton: Princeton University Press.

Literatur

Brennan, Geoffrey/Hamlin, Alan (2000): Democratic devices and desires. Cambridge: Cambridge University Press.

Brown, Alexander (2009): Ronald Dworkin's Theory of Equality. Domestic and Global Perspectives. Basingstoke: Palgrave Macmillan.

Buchanan, Allen/Powell, Russell (2018): The Evolution of Moral Progress: A Biocultural Theory. Oxford: Oxford University Press.

Buchanan, James M. (1975): The Limits of Liberty. Chicago: Chicago University Press.

Buchanan, James M./Tullock, Gordon (1962): The Calculus of Consent. Logical Foundations of Constitutional Democracy. Ann Arbor: The University of Michigan Press.

Buchstein, Hubertus (2009): Bausteine für eine aleatorische Demokratietheorie. In: Leviathan, 37, 327–352.

Burke, Edmund (1774/1999): Speech to the Electors of Bristol. In: Francis Canavan (Hg.): Select Works of Edmund Burke: Miscellaneous Writings. Indianapolis: Liberty Fund, 3–13.

Burley, Justine (Hg.) (2004): Dworkin and his Critics. With Replies by Dworkin. London: Blackwell.

Chamberlain, Gary/Rothschild, Michael (1981): A Note on the Probability of Casting a Decisive Vote. In: Journal of Economic Theory, 25, 152–162.

Christiano, Thomas (2018): The Rule of the Many: Fundamental Issues in Democratic Theory. London: Routledge.

Colomer, Josep M. (2001): Political Institutions. Democracy and Social Change. Oxford: Oxford University Press.

Condorcet, Marie Jean Antoine-Nicolas Caritat, Marquis de (2011): Ausgewählte Schriften zu Wahl- und Entscheidungsverfahren. Hrsg. und übers. von Joachim Behnke. Tübingen: Mohr Siebeck (= Die Einheit der Gesellschaftswissenschaften, Bd. 144).

Dahl, Robert A. (1956): A Preface to Democratic Theory. Chicago: The University of Chicago Press.

Dahl, Robert A. (1989): Democracy and its Critics. New Haven: Yale University Press.

Daniels, Norman (Hg.) (1989): Reading Rawls: Critical studies on Rawls',A theory of justice'. Stanford, Cal.: Stanford University Press.

De Lazari-Radek, Katarzyna/Singer, Peter (2014): The Point of View of the Universe: Sidgwick & Contemporary Ethics. Oxford: Oxford University Press.

Devlin, Patrick (1959/2010): The Enforcement of Morals. Carmel: Liberty Fund.

Downs, Anthony (1957): An Economic Theory of Democracy. New York: Harper & Row.

dpa (2023): US-Kongress: Aufgeladene Stimmung bei Anhörung zu Antisemitismus an Unis. In: Zeit Online, 06.12.2023, URL: https://www.zeit.de/news/2023-12/06/aufgeladene-stimmung-bei-anhoerung-zu-antisemitismus-an-unis (abgerufen am 17.02.2024).

Dryzek, John S. (2000): Deliberative Democracy and Beyond. Liberals, Critics, Contestations. Oxford: Oxford University Press.

Dworkin, Ronald (1973): The Original Position. In: The University of Chicago Law Review, 40, 500–533.

Dworkin, Ronald (2000): Sovereign Virtue. The Theory and Practice of Equality. Cambridge: Harvard University Press.

Dworkin, Ronald (1981/2011): Was ist Gleichheit? Berlin: Suhrkamp.

Edmonds, David (2013): Would you kill the Fat Man? The Trolley Problem and what your Answer tells us about Right and Wrong. Princeton: Princeton University Press.

Eliot, George (1872/2021): Middlemarch. Eine Studie über das Leben in der Provinz. Roman. München: dtv.

Estlund, David M. (2008): Democratic Authority. A Philosophical Framework. Princeton, New Jersey: Princeton University Press.
Euchner, Walter (2017): John Locke zur Einführung. Hamburg: Junius.
Fehr, Ernst/Gächter, Simon (2000): Cooperation and Punishment in Public Goods Experiments. In: American Economic Review, 90, 980–994.
Feinberg, Joel (1984): The Moral Limits of the Criminal Law. Harm to Others. New York: Oxford University Press.
Feinberg, Joel (1985): The Moral Limits of the Criminal Law. Offense to Others. New York: Oxford University Press.
Feinberg, Joel (1986): The Moral Limits of the Criminal Law. Harm to Self. New York: Oxford University Press.
Fishkin, James S. (1995): The Voice of the People. Public Opinion and Democracy. New Haven: Yale University Press.
Frankfurt, Harry (1987): Equality as a Moral Ideal. In: Ethics, 98, 21–43.
Friedman, Milton/Friedman, Rose (1980): Free to Choose. A Personal Statement. New York [u. a.]: Hartcourt Books.
Gastil, John (2000): By Popular Demand. Revitalizing Representative Democracy by Deliberative Elections. Berkeley: University of California Press.
Gauthier, David P. (1987): Morals by Agreement. Oxford: Clarendon Press.
Goodin, Robert E. (1986): Laundering Preferences. In: Jon Elster/Aanund Hylland (Hg.): Foundations of Social Choice Theory. Cambridge: Cambridge University Press, 75–101.
Goodin, Robert E. (1988): Reasons for Welfare. The Political Theory of the Welfare State. Princeton: Princeton University Press.
Gray, John/Smith, G. W. (Hg.) (2012): John Stuart Mill *On Liberty* in Focus. London: Routledge.
Greene, Joshua (2014): Moral Tribes: Emotion, Reason, and the Gap between Us and Them. London: Penguin Books.
Grimm, Jacob und Wilhelm (1819/1983): Der alte Großvater und der Enkel. In: Kinder- und Hausmärchen. Darmstadt: Wissenschaftliche Buchgesellschaft, 403–404.
Grofman, Bernard/Feld, Scott L. (1988): Rousseau's General Will: A Condorcetian Perspective. In: American Political Science Review, 82, 567–576.
Grofman, Bernard (1995): Is Turnout the Paradox That Ate Rational Choice Theory? In: Bernard Grofman (Hg.): Information, Participation, and Choice. Ann Arbor, Mich.: The University of Michigan Press, 93–103.
Güth, Werner/Schmittberger, Rolf/Schwarze, Bernd (1982): An Experimental Analysis of Ultimatum Bargaining. In: Journal of Economic Behavior & Organization, 3, 367–388.
Habermas, Jürgen (1992): Faktizität und Geltung. Beiträge zur Diskurstheorie des Rechts und des demokratischen Rechtsstaats. Frankfurt/Main: Suhrkamp.
Haidt, Jonathan (2012): The Righteous Mind: Why Good People are Divided by Politics and Religion. New York: Vintage.
Hamilton, Alexander/Madison, James/Jay, John (1788/1982): The Federalist Papers. New York: Bantam Books.
Hampton, Jean (1986): Hobbes and the Social Contract Tradition. Cambridge: Cambridge University Press.
Hampton, Jean (1997): Political Philosophy. Boulder, Col.: Westview Press.
Hare, Thomas (1859/1865): The Election of Representatives, Parliamentary and Municipal. A Treatise. London: Longman, Green, Longman & Roberts.

Harsanyi, John C. C./Selten, Reinhard (1988): A General Theory of Equilibrium Selection in Games. Cambridge: MIT Press.
Hart, H. L. A. (1963): Law, Liberty, and Morality. Stanford, Cal.: Stanford University Press.
Hayek, Friedrich A. v. (1969): Die Ergebnisse menschlichen Handelns, aber nicht menschlichen Entwurfs. In: Friedrich A. v. Hayek (Hg.): Freiburger Studien. Tübingen: Mohr-Siebeck, 97–107.
Hayek, Friedrich A. v. (1976): Law, Legislation and Liberty. Vol 2: The Mirage of Social Justice. Chicago: University of Chicago Press.
Hempel, Carl G./Oppenheim, Paul (1948): Studies in the Logic of Explanation. In: Philosophy of Science, 15, 135–175.
Henrich, Joseph (2016): The secret of our success: How culture is driving human evolution, domesticating our species, and making us smarter. Princeton: Princeton University Press.
Hirschman, Albert O. (1970/1974): Abwanderung und Widerspruch. Reaktionen auf Leistungsabfall bei Unternehmungen, Organisationen und Staaten. Tübingen: Mohr.
Hobbes, Thomas (1651/1984): Leviathan oder Stoff, Form und Gewalt eines kirchlichen und bürgerlichen Staates. Frankfurt/Main: Suhrkamp.
Höffe, Otfried (Hg.) (1998): John Rawls. Eine Theorie der Gerechtigkeit. Berlin: Akademie Verlag.
Höffe, Otfried (Hg.) (2013): Einführung in die utilitaristische Ethik. 5., überarb. u. erw. Aufl., Tübingen/Basel: Francke.
Jecke, Jenny (2022): Der wichtigste Star Trek-Kuss gelang nur, weil Nichelle Nichols & William Shatner absichtlich Szenen ruinierten. In: Moviepilot, 02.08.2022, URL: https://www.moviepilot.de/news/der-wichtigste-star-trek-kuss-gelang-nur-weil-nichelle-nichols-william-shatner-absichtlich-szenen-ruinierten-1137585 (abgerufen am 15.02.2024).
Kästner, Erich (1998): Wir sind so frei. Chanson, Kabarett, Kleine Prosa. Hrsg. v. Hermann Kurzke in Zusammenarbeit mit Lena Kurzke (= Erich Kästner: Werke. Hrsg. v. Franz Josef Görtz, Bd. 2). München: Hanser.
Kavka, Gregory S. (1986): Hobbesian Moral and Political Theory. Princeton: Princeton University Press.
Keil, Geert (2019): Wenn ich mich nicht irre. Ein Versuch über die menschliche Fehlbarkeit. Ditzingen: Reclam.
Kersting, Wolfgang (1994): Die politische Philosophie des Gesellschaftsvertrags. Darmstadt: Wissenschaftliche Buchgesellschaft.
Kliemt, Hartmut (2009): Philosophy and Economics I: Methods and Models. München: Oldenbourg.
Klosko, George (2005): Political Obligations. Oxford [u. a.]: Oxford University Press.
Koestler, Arthur (1978): Sonnenfinsternis. Roman. Wien [u. a.]: Europaverlag.
Kymlicka, Will (2002): Contemporary Political Philosophy. An Introduction. Oxford: Oxford University Press.
Ladwig, Bernd (2009): Moderne politische Theorie. Fünfzehn Vorlesungen zur Einführung. Schwalbach am Taunus: Wochenschauverlag.
Ladwig, Bernd (2016): Gerechtigkeitstheorien zur Einführung. Hamburg: Junius.
Landemore, Hélène (2013): Democratic Reason. Politics, Collective Intelligence, and the Rule of the Many. Princeton: Princeton University Press.

Le Guin, Ursula K. (2017): The Ones Who Walk Away from Omelas. In: Ursula K. Le Guin (Hg.): The Unreal and the Real. The Selected Short Stories of Ursula K. Le Guin. London: SAGA Press, 329–336.
Lepore, Jill (2019): These Truths. A History of the United States. New York/London: Norton & Company.
Lessig, Lawrence (2005): Free Culture: The Nature and Future of Creativity. London: Penguin Books.
Lippert-Rasmussen, Kasper (2016): Luck Egalitarianism. London [u. a.]: Bloomsbury.
Locke, John (1689/1977): Zwei Abhandlungen über die Regierung. Frankfurt/Main: Suhrkamp.
MacLean, Nancy (2017): Democracy in Chains: The Deep History of the Radical Right's Stealth Plan for America. London: Penguin.
Mann, Heinrich (1914/1980): Der Untertan. Roman. Gütersloh: Bertelsmann.
Manin, Bernard (1997): The Principles of Representative Government. Cambridge: Cambridge University Press.
May, Kenneth O. (1952): A Set of Independent Necessary and Sufficient Conditions for Simple Majority Decision. In: Econometrica, 20, 680–684.
Meehl, P. E. (1977): The Selfish Voter Paradox and the Thrown-Away Vote Argument. In: American Political Science Review, 71, 11–30.
Mill, John Stuart (1859/1991): On Liberty and other essays. Oxford: Oxford University Press.
Mill, John Stuart (1859/2010): Über die Freiheit. Stuttgart: Reclam.
Mill, John Stuart (1861/1998): Considerations on Representative Government. In: John Gray (Hg.): John Stuart Mill: On liberty and other essays. Oxford: Oxford University Press, 203–467.
Mill, John Stuart (1861/2022): Utilitarianism. Der Utilitarismus. Stuttgart: Reclam.
Miller, David (1992): Distributive Justice: What the People Think. In: Ethics, 102, 555–593.
Miller, David (1999): Principles of Social Justice. Cambridge: Harvard University Press.
Miller, David (2007): National Responsibility and Global Justice. Oxford [u. a.]: Oxford University Press.
Mischel, Walter (2016): Der Marshmallow-Effekt. Wie Willensstärke unsere Persönlichkeit prägt. München: Pantheon.
Monaco, James (1984): Film verstehen. Kunst, Technik, Sprache, Geschichte und Theorie des Films. Reinbek bei Hamburg: Rowohlt.
Morris, Christopher W. (Hg.) (1999): The Social Contract Theorists. Critical Essays on Hobbes, Locke, and Rousseau. Lanham: Rowman & Littlefield.
Nagel, Thomas (1991): Equality and Partiality. Oxford: Oxford University Press.
Nasar, Sylvia (1999): A Beautiful Mind. London: Faber and Faber.
Niemczyk, Ralf (2023): Taylor Swift: Tournee-Einnahmen höher als das Bruttoinlandsprodukt mancher Länder. In: Rolling Stone, 04.07.2023, URL: https://www.rollingstone.de/taylor-swift-erstaunliche-unglaubliche-unvorstellbare-live-umsaetze-2607365/ (abgerufen am 11.03.2024).
Nozick, Robert (1974/2011): Anarchie Staat Utopia. München: Olzog.
Ostrom, Elinor (1999): Die Verfassung der Allmende. Jenseits von Staat und Markt. Tübingen: Mohr Siebeck.
Parfit, Derek (1986): Reasons and Persons. Oxford: Oxford University Press.
Parfit, Derek (2000): Equality or Priority? In: Matthew Clayton/Andrew Williams (Hg.): The Ideal of Equality. Basingstoke: Palgrave, 81–125.

Parfit, Derek (2011): On what matters. Vol. 1. Oxford: Oxford University Press.
Parijs, Philippe van (1995): Real Freedom for All. What (if Anything) Can Justify Capitalism? Oxford: Oxford University Press.
Phillips, Anne (1995): The Politics of Presence. Oxford: Oxford University Press.
Pitkin, Hanna Fenichel (1967): The Concept of Representation. Berkeley: University of California Press.
Platon (ca. 399 v. Chr./2011): Kriton. In: Sämtliche Werke. Band 1. Reinbek: Rowohlt, 45–63.
Popper, Karl R. (1935/1989): Logik der Forschung. 9., verb. Aufl., Tübingen: Mohr.
Popper, Karl R. (1963/1994): Wahrheit, Rationalität und das Wachstum der wissenschaftlichen Erkenntnis. In: Karl R. Popper: Vermutungen und Widerlegungen. Band I. Tübingen: Mohr, 312–365.
Popper, Karl R. (1973): Objektive Erkenntnis. Ein evolutionärer Entwurf. Hamburg: Hoffmann und Campe.
Rae, Douglas W. (1969): Decision Rules and Individual Values in Constitutional Choice. In: American Political Science Review, 63, 40–56.
Rawls, John (1971/1979): Eine Theorie der Gerechtigkeit. Frankfurt/Main: Suhrkamp.
Rawls, John (2001): Justice as Fairness. A Restatement. Cambridge: Harvard University Press.
Reybrouck, David van (2016): Gegen Wahlen. Warum Abstimmen nicht demokratisch ist. Göttingen: Wallstein.
Riker, William H./Ordeshook, Peter C. (1968): A Theory of the Calculus of Voting. In: American Political Science Review, 62, 25–42.
Roemer, John (1993): A Pragmatic Theory of Responsibility of the Egalitarian Planner. In: Philosophy and Public Affairs, 22, 146–166.
Rousseau, Jean-Jacques (1755/1984): Diskurs über die Ungleichheit. Paderborn [u. a.]: Schöningh.
Rousseau, Jean-Jacques (1755/1995): Politische Schriften. Paderborn [u. a.]: Schöningh.
Rousseau, Jean-Jacques (1762/1977): Der Gesellschaftsvertrag. Stuttgart: Reclam.
Rushdie, Salman (2023): Dankesrede. Wäre der Frieden ein Preis. In: Börsenverein des Deutschen Buchhandels (Hg.): Salman Rushdie. Ansprachen aus Anlass der Verleihung. Frankfurt/Main: MVB, 53–66.
Salmon, Wesley C. (2001): Logik. Stuttgart: Reclam.
Scanlon, Thomas M. (1998): What we owe to each other. Cambridge: Belknap Press.
Scanlon, Thomas (2020): Why does Inequality matter? Oxford/New York: Oxford University Press.
Schefczyk, Michael/Schramme, Thomas (Hg.) (2015): John Stuart Mill: Über die Freiheit. Berlin/Boston: de Gruyter.
Schirach, Ferdinand von (2016): Terror: ein Theaterstück und eine Rede. München: btb.
Schirrmacher, Frank (2013): Ego. Das Spiel des Lebens. München: Blessing.
Schreyer, Bernhard/Schwarzmeier, Manfred (2005): Grundkurs Politikwissenschaft: Studium der politischen Systeme. Eine studienorientierte Einführung. 2., durchges. Aufl., Wiesbaden: Springer VS.
Schumpeter, Joseph A. (1942/1993): Kapitalismus, Sozialismus und Demokratie. 7., erw. Aufl., Tübingen/Basel: Francke.
Scriven, Michael (1966): Primary Philosophie. New York: McGraw-Hill.
Sen, Amartya K. (1970a): The Impossibility of a Paretian Liberal. In: Journal of Political Economy, 78, 152–157.

Sen, Amartya K. (1970b): Collective Choice and Social Welfare. San Francisco: Holden-Day.

Sen, Amartya/Williams, Bernard (Hg.) (2008): Utilitarianism and Beyond. Cambridge: Cambridge University Press.

Shaw, Alex/Olson, Kristina (2012): Children Discard a Resource to Avoid Inequity. In: Journal of Experimental Psychology, 141, 382–395.

Simmons, A. John (1999): Locke's State of Nature. In: Christopher W. Morris (Hg.): The Social Contract Theorists. Critical Essays on Hobbes, Locke, and Rousseau. Lanham: Rowman & Littlefield, 97–120.

Simmons, A. John (2001): Justification and Legitimacy. Essays on Rights and Obligations. Cambridge: Cambridge University Press.

Simmons, A. John (2007): Political Philosophy. Oxford: Oxford University Press.

Simmons, A. John (2014): On the Edge of Anarchy: Locke, Consent, and the Limits of Society. Princeton: Princeton University Press.

Singer, Peter (1972): Famine, Affluence, and Morality. In: Philosophy & Public Affairs, 1, 229–243.

Singer, Peter (2011): The expanding circle. Ethics, Evolution, and Moral Progress. Princeton: Princeton University Press.

Skyrms, Brian (1996): Evolution of the Social Contract. Cambridge: Cambridge University Press.

Stegmüller, Wolfgang (1987): Hauptströmungen der Gegenwarts-Philosophie. Eine kritische Einführung. Band II. 8. Aufl., Stuttgart: Kröner.

Steinvorth, Ulrich (1999): Gleiche Freiheit. Politische Philosophie und Verteilungsgerechtigkeit. Berlin: Akademie Verlag.

Stephen, James Fitzjames (1874/1993): Liberty, Equality, Fraternity. Carmel: Liberty Fund.

Steinke, Ronen (2023): Nahost-Konflikt: Wo die Meinungsfreiheit endet. In: Süddeutsche Zeitung Online, 25.10.2023, URL: https://www.sueddeutsche.de/politik/palaestinenser-demonstrationen-strafrecht-meinungsfreiheit-1.6293495 (abgerufen am 17.02.2024).

Swift, Adam (2006): Political Philosophy: A Beginners' Guide for Students and Politicians. Cambridge: Polity Press.

Taylor, Michael (1987): The Possibility of Cooperation. Cambridge: Cambridge University Press.

Tocqueville, Alexis de (1835/1986): Über die Demokratie in Amerika. Stuttgart: Reclam.

Unger, Peter (1996): Living High & Letting Die. Our illusion of innocence. Oxford: Oxford University Press.

Urbinati, Nadia (2006): Representative Democracy: Principles and Genealogy. Chicago: University of Chicago Press.

Volk, Stefan (2016): Legendäre Filmküsse: Wie Hollywood knutschen lernte. In: Spiegel Online, 02.05.2016, URL: https://www.spiegel.de/geschichte/hollywood-knutscht-legendaere-kuss-szenen-in-filmen-a-1089526.html (abgerufen am 15.02.2024).

Vonnegut, Kurt (1998): Harrison Bergeron. In: Kurt Vonnegut (Hg.): Welcome to the Monkey House. A collection of short works by Kurt Vonnegut. New York: Dell Publishing, 7–14.

Walzer, Michael (1981): The Distribution of Membership. In: Peter G. Brown/Henry Shue (Hg.): Boundaries: National Autonomy and its Limits. Totowa: Rowman & Littlefield, 1–35.

Weber, Max (1921/1972): Wirtschaft und Gesellschaft. Grundriß der verstehenden Soziologie. Tübingen: Mohr.

Weber, Max (1922/1988): Die „Objektivität" sozialwissenschaftlicher und sozialpolitischer Erkenntnis. In: ders.: Gesammelte Aufsätze zur Wissenschaftslehre. Hrsg. von Johannes Winckelmann. Tübingen: Mohr, 146–214.

Wellman, Christopher/Simmons, A. John (2005): Is there a duty to obey the law? Cambridge: Cambridge University Press.

Wittgenstein, Ludwig (1922/1984): Tractatus logico-philosophicus. Frankfurt: Suhrkamp.

Wolff, Jonathan (1991): Robert Nozick: Property, Justice and the Minimal State. Oxford: Polity Press.

Wolff, Jonathan (2016): An Introduction to Political Philosophy. Oxford [u. a.]: Oxford University Press.

Wright, Georg Henrik von (1991): Erklären und Verstehen. 3. Aufl., Frankfurt/Main: Hain.

Zekri, Sonja (2021): Initiative „Tax me now": Hoch die Steuern! In: Süddeutsche Zeitung Online, 12.06.2021, URL: https://www.sueddeutsche.de/politik/millionaere-steuern-superreiche-taxmenow-vermoegen-1.5319499?reduced=true (abgerufen am 14.01.2024).

Personenregister

A

Adorno, Theodor W. 130
Albert, Hans 33, 180
Andrae, Carl 146
Aristoteles 247
Arrow, Kenneth 61, 253
Axelrod, Robert 66, 67

B

Bagehot, Walter 147
Barry, Brian 112
Bentham, Jeremy 163
Bernoulli, Jakob 141
Binmore, Ken 65, 71
Buchanan, James M. 56, 117, 133, 135, 219, 235, 243
Burke, Edmund 147, 149, 150, 153–155
Bush, George W. 197

C

Cäsar 17
Chaplin, Charlie 233
Cicero 57
Clausewitz 55
Clinton, Hillary 268
Clooney, George 262
Condorcet 34, 103, 108, 116, 133, 149–152, 155
Crowe, Russell 61

D

Dahl, Robert 6, 112, 116
Devlin, Patrick 174
Dickson, William K. L. 233
Donne, John 260
Downs, Anthony 155, 157
Dresher, Melvin 61
Dunst, Kirsten 182
Dworkin, Ronald 7, 191, 221, 247–257, 259–261, 263–271

E

Edison, Thomas Alva 233

Eliot, George 214

F

Feinberg, Joel 163, 165, 167, 168, 170, 186
Filmer, Robert 19, 79
Flood, Merrill 61
Fonda, Henry 105
Fontane, Theodor 177
Franklin, Benjamin 193
Friedman, Milton 221
Friedman, Rose 221

G

Gay, Claudine 183, 184
Goodin, Robert 135, 198, 212
Grant, Hugh 260
Griffith, David Wark 195
Grofman, Bernard 150, 157
Grotius, Hugo 57
Guinness, Alec 213

H

Habermas, Jürgen 155, 162
Hamilton, Alexander 138, 154
Hampton, Jean 5, 25, 72, 75, 77, 93, 95–97, 101, 220, 222, 238, 239, 242
Hare, Thomas 146–148, 154
Harsanyi, John 68, 69
Hart, H. L. A 174
Hayek, Friedrich 176, 194
Heine, Heinrich 176
Heston, Charlton 181
Hill, Thomas W. 38, 146
Hirschman, Albert 148
Hitchcock, Alfred 214
Hobbes, Thomas 25, 55, 57–60, 64, 66, 68, 70–73, 75, 77–80, 83, 87–89, 93–97, 100, 101, 119–121, 123, 125, 127, 128, 131, 136, 145, 159, 160, 220, 235, 243, 247
Holmes, Oliver Wendell 202
Hornby, Nick 260
Howard, Ron 61
Hume, David 50, 59

Personenregister

J

Jefferson, Thomas 153, 193

K

Kant, Immanuel 94, 177, 197, 201, 203, 216, 239, 243
Kästner, Erich 53
Kliemt, Hartmut 59
Kling, Marc-Uwe 262
Koestler, Arthur 131

L

La Fontaine, Jean de 223
Lanthimos, Giorgos 176
Lawrence, D. H. 140, 238, 240
Le Guin, Ursula 111, 115
Leibniz, Gottfried Wilhelm 124
Lessig, Lawrence 238
Leviathan 57, 70–75, 93, 95–97, 100
Locke, John 19, 25, 58, 75, 77–85, 87–101, 119–121, 126, 128–133, 136, 137, 143, 144, 153, 163, 164, 193, 194, 201, 203, 215, 221, 224, 232, 234, 238, 243, 244, 247
Lumet, Sidney 105

M

Madison, James 138, 149, 150, 161, 195
Mann, Heinrich 50, 52
Mann, Klaus 53
Martin, George R. R. 18
Marx, Karl 128, 131, 212
Mill, James 155
Mill, John Stuart 83, 146, 155, 156, 159, 163, 167, 180, 181, 186, 193, 195, 230
Miller, David 37, 176–178, 212
Mischel, Walter 69

N

Nagel, Thomas 35, 114
Nasar, Sylvia 61
Nash, John 61
Nichols, Nichelle 173
Nimoy, Leonard 46

Nozick, Robert 6, 25, 192, 219–225, 227–239, 241–243, 245, 247, 249, 263, 271

P

Parfit, Derek 27, 38, 65, 66, 212
Peirce, Charles Sanders 180
Pitkin, Hanna F. 137, 138, 157
Platon 41
Popper, Karl 78, 104, 180

R

Rae, Douglas 112
Rawls, John 25, 47, 54, 111, 112, 187–194, 196–206, 208–213, 215–217, 219–223, 230, 243, 247, 248, 250, 256, 266, 271
Rousseau, Jean-Jacques 25, 67, 69, 75, 101, 119–138, 143, 149–152, 155, 160, 163, 178, 181, 185, 186, 197, 198, 201, 233
Rushdie, Salman 234, 237

S

Schelling, Thomas 61
Schiller, Friedrich 244
Schumpeter, Joseph 155
Schweiger, Til 262
Selten, Reinhard 68, 69
Sen, Amartya 7, 67, 111, 162, 239–242
Shatner, William 173
Sherman, William T. 58
Simmons, John 5, 41, 45, 56, 88, 91, 101
Singer, Peter 29, 31, 36, 37, 54, 113, 115, 266
Skyrms, Brian 68
Smith, Adam 140, 186, 243
Sokrates 41, 179
Spock 46, 112, 113, 115
Stefanik, Elise 184
Stephen, James Fitzjames 174
Stewart, James 140, 214
Swift, Taylor 228–230

T

Tocqueville, Alexis de 120, 163
Trump, Donald 197
Tucker, Albert W. 60

Tullock, Gordon 117, 133, 135

U

Unger, Peter K. 37

V

van Parijs, Philippe 212, 213
Van Trier, Lars 181, 182
Voltaire 124
von Humboldt, Wilhelm 170, 178

Vonnegut, Kurt 199
von Neumann, John 59, 61
von Reybrouck, David 142
von Schirach, Ferdinand 112

W

Weber, Max 15, 16, 18, 19, 28
Wellman, William A. 56, 140
Wilde, Oscar 176
Wittgenstein, Ludwig 103

Stichwortregister

A

About a boy, Film 260
Agency-Vertrag 77, 97, 98, 101, 160
Antecedens 28, 238
Argumente 5–7, 28, 32, 37, 41, 54, 184
Armageddon, Film 181, 264
Assurance-Spiel (auch Assurance-Game) 65, 67–70
Ausbeutung 212

B

Big Bang Theory, Fernsehserie 46
Birth of a Nation, Film 195
Bürgerräte 142, 144

C

Candide, Roman 124
Charismatische Herrschaft 16–18
Checks and Balances 161

D

Dankbarkeit 44, 47
Deep Impact, Film 182, 264
Deliberative Demokratietheorie 142
Der kleine Lord, (Film) 213
Der Untertan, Roman 50
Der Zorn des Khan, Film 112
Deskriptive Repräsentation 139
Die Grille und die Ameise, Fabel 223
Die zwölf Geschworenen, Film 105
Diktatorspiele 206
Dominante Strategie 62, 65, 73
Drogen 165, 166

E

Effi Briest, Roman 177
Eigenliebe 125, 126
Eigentum 81, 86, 100, 124, 126, 131, 195, 198, 201, 215, 224, 225, 232–235, 271
Einstimmigkeit 27, 91, 97, 129, 130, 133, 152, 159, 161, 162, 197, 200
Einzelwillen 132, 152, 162, 163, 198
Entäußerungsvertrag 72, 77, 93, 94, 97, 101, 120, 131, 144
Erklärung von Sachverhalten 29
Exekutive 90, 96–101, 135, 143
Explizite Zustimmung 54

F

Fabian, Roman 31
Faire Wette 221
Fallibilismus 180
Falsifikationismus 180
Fenster zum Hof, Film 214
Freiheit 23, 79, 87–90, 93, 119, 127–130, 133, 134, 159, 160, 163, 164, 166, 167, 169, 170, 176–178, 184, 186, 193, 195, 196, 201, 211, 214, 217, 219, 224, 237, 243, 245, 255, 271
Freiheitsprinzip 164

G

Game of Thrones, Fernsehserie 18
Gedankenexperiment 44, 198, 199, 203, 228, 267, 268
Gefangenendilemma 59, 60, 62, 64–68, 71, 80, 89
Gemeinwille 131, 132, 135, 152
Gemeinwohl 119, 131–133, 135, 148, 150, 162
Gerechtigkeitsgrundsätze 196, 199, 200, 203, 204, 216
Geschworene 105
Gesellschaftsrat 142, 143
Gesetz der großen Zahlen 141
Gewalten (Staatsgewalten) 52, 57
Gewaltmonopol 244
Gleichgewicht 61, 63, 67–69, 71
Gleichverteilung 188, 190, 198, 204, 206, 207, 257
Glück 45, 46, 71, 111, 134, 193, 198, 214, 220, 221, 260–263, 268, 270
Goldene Regel 59, 66, 79, 202
Grundeinkommen, bedingungsloses 212
Grundgesamtheit 116, 140, 141, 149
Grundgüter 187, 193, 194, 201, 250
Grundsatz der Berichtigung 230

Stichwortregister

Grundsatz der gerechten Aneignung 224, 227, 228, 232, 238
Grundsatz der gerechten Übertragung 224, 227, 228, 231, 242
Grundstruktur der Gesellschaft 193, 198, 200, 248

H

Handikaps 251, 254, 263, 265, 270
Harm-Principle 160
Harrison Bergeron, Erzählung 199
Haus der Spiele, Film 104
Hempel-Oppenheim-Schema 29
Herrschaft, bei Max Weber 15
Heuristiken 155
Hirschjagd-Spiel 67
Homo oeconomicus 60, 121, 123, 196
Hypothetischer Versicherungsmarkt 266, 267

I

Imperfekte Verfahrensgerechtigkeit 189
Implikation 28, 29, 227, 238
Implizite Zustimmung 52, 53
Interessen 13, 15, 40, 43, 47, 59, 71, 89, 92, 94, 96, 98, 103, 110, 111, 114, 115, 121–123, 127, 129, 132, 135–143, 145, 147, 148, 150–152, 154–157, 159, 162, 163, 165, 169, 174–179, 182, 196, 199, 216, 219, 230, 231, 247, 248, 252, 258
Interessensurteile 149
Iteriertes Gefangenendilemma 67

J

Judikative 90
Jury-Theorem 103, 109, 114, 149

K

Kalkuliertes Glück 260–263, 268
Kategorischer Imperativ 66, 177, 201, 216
Kinetograph 233
Konklusion 28, 30, 32–34, 77
Konsequens 28, 32
Kranzgeld 49

L

Lady Chatterleys Lover, Roman 240
Legale Herrschaft 19, 20
Legislative 90, 94, 96–101, 143
Letztinstanzlichkeitsproblem 72
Lexikalische Ordnung 202–204
Libertarismus 220, 221, 249
Logik 6, 28, 32, 38, 72, 77, 78, 82, 83, 143, 152, 157, 166, 208, 225, 227, 234, 259, 269–271
Lotterien 221, 260–262
Luck Egalitarianism 221, 271

M

Macht, bei Max Weber 15
Magic Town, Film 140
Markt 155, 254, 255, 258, 260, 266
Marshmallow-Experiment 69
Matthäus-Prinzip 222
Mehrheit 17, 35, 55, 56, 91–93, 98, 106–111, 113–116, 120, 130, 132, 133, 135, 143, 147, 148, 153, 160–163, 170, 219, 248
Mehrheitsregel 5, 91–94, 100, 101, 103, 110–116, 119, 120, 130, 133, 151, 162, 163
Melancholia, Film 181, 182
Mephisto, Roman 53
Middlemarch, Roman 214
Minderheit 93, 94, 109, 111, 113, 115, 116, 130, 133, 147, 162, 163, 219, 248
Minimalstaat 47, 242, 243
Mirabeau 138
Mitleid 125
Modus Ponens 28, 75

N

Nachtwächterstaat 243
Natürliche Ausstattung 198, 199, 211, 216, 221
Natürliche Gesetze 64, 67, 68, 73
Natürliche Pflichten 54, 59, 215, 216, 243
Naturrecht (bei Locke) 79
Negative Rechte 39, 40
Neidfreiheit 191, 254, 256, 258
Neidtest 255, 256, 261, 262, 268–270

Stichwortregister

P

Paretokriterium 62, 63, 205, 206
Paternalismus 165, 167–169, 182
Perfekte Verfahrensgerechtigkeit 188, 191, 192, 256
Perfektibilität 124, 129
Planet der Affen, Film 181
Politische Entscheidungen 13, 22, 24, 39, 110, 138, 142, 149, 155
Positive Rechte 39, 40, 42
Prämisse 30–32, 34–36, 114, 144
Prärogative 99, 100, 143
Prinzip des unzureichenden Grunds 188
Prognose von Sachverhalten 29
Prostitution 165, 166, 168, 174
Proviso 83–86, 231, 234, 235, 237, 238
Public Choice-Theorie 219

Q

Quod omnes tangit ab omnibus approbari debet 24

R

RAND 61, 65, 66
Rational Choice 59
Rechte 39, 40, 42, 72, 79, 88, 93, 100, 119, 129–131, 135, 144, 160, 163, 164, 174, 175, 177, 178, 193–196, 200, 201, 211, 219, 220, 224, 229–231, 238, 239, 241–245
Regeln 19, 21–23, 49, 58, 59, 70, 72, 74, 77–80, 130, 159, 161, 170, 174, 187, 190, 192–194, 203, 225
Reines Glück 134, 220, 221, 260, 261, 263
Reine Verfahrensgerechtigkeit 192
Repräsentative Stichprobe 140, 141
Reservationspreis 113
Ressourcengleichheit 247, 250, 254, 255, 260–263, 265, 268, 270, 271
Reziprozität 45, 46
Rounders, Film 104
Rubikon 17

S

Schadensprinzip 164
Schleier des Nichtwissens 192, 193, 199, 200, 203, 212, 213, 215, 216, 220, 266
Schutzgemeinschaft 244
Selbstvervollkommnung 129, 178, 242
Single Transferable Vote 146
Social Choice-Theorie 240
Song of Ice and Fire, Roman 18
Sonnenfinsternis, Roman 131
Soziale Entscheidungsfunktion 240
Star Trek, Fernsehserie 14, 46, 173
Statistical-sampling-Modell 141, 142, 144, 145, 149
Sterbehilfe 165, 167
Stichprobe 116, 140, 141, 149

T

Talente, (siehe auch Natürliche Ausstattung) 198, 199, 215, 222, 223, 268, 270
Terror, Theaterstück 112
The Lobster, Film 176
The Ones Who Walk Away from Omelas, Erzählung 111, 115
Traditionale Herrschaft 17, 18
Transaktionstheorien 45, 216
Trickle-down-Effekt 196

U

Ultimatumspiele 206
Ultraminimalstaat 244
Ungleichheit 85, 87, 121, 126–128, 131, 221, 223, 230, 247, 248, 252, 255, 263, 268, 270
Urzustand 193, 199, 200, 216, 247

V

Verfahrensgerechtigkeit 188–192, 199, 221, 256
Verhältniswahlsystem 144–146, 151, 154, 156
Verpflichtungen 30, 31, 37, 39–51, 54, 72, 92, 169
Verpflichtungen, aufgrund von Gruppenzugehörigkeiten 41
Versicherungen 46, 120, 212, 263–268, 270
Versprechen 48–50, 52, 128
Vertrag 48, 50–52, 72, 77, 93–98, 119, 127, 129, 131, 144, 160, 201, 215, 216, 243, 247
Vertragstheorie 5, 23, 57, 215, 243, 247

Stichwortregister

Volenti non fit iniuria 23, 24, 167
volonté de tous 132
volonté générale 131, 132, 134, 135, 151, 163, 164, 197, 198
volonté particulière 132
Vom Winde verweht, Film 195

W

Wahrheit 28, 55, 104, 132, 150, 152, 179–182, 184, 185
Wahrheitsgehalt moralischer Aussagen 27
Wahrheitsurteile 103, 111, 114, 132, 133, 149
Wahrscheinlichkeit 34, 35, 67, 90, 105–110, 116, 141, 142, 150, 152, 153, 156, 197, 261, 264–267

Werturteilsstreit 28
West Side Story, Film 244
Wilhelm Tell, Theaterstück 244
Willensschwäche 69
Wilt Chamberlain-Beispiel 247
Wohlergehensgleichheit 250, 252, 254, 259, 260

Z

Zufallsstichprobe 116, 140–142, 145, 149
Zustimmungstheorien 45, 47, 216